Aber die Liebe

Das Buch

Ida Dehmel wächst in der gutbürgerlichen Welt einer alteingesessenen jüdischen Weinhandelsfamilie in Bingen am Rhein auf. Schon bald geht sie jedoch auf Distanz zum Elternhaus und flüchtet sich in schöne Träume von Liebe, Kunst und Dichtung. Als ebenso eigenwillige wie leidenschaftliche Gefährtin des berühmten Dichters Richard Dehmel trotzt die schöne Frau mutig allen Konventionen – und führt ein bewegtes Leben zwischen Unsicherheit, Zuversicht, Unterwerfung und Befreiung.

Der Autor

Matthias Wegner wurde 1937 in Hamburg geboren. Nach einem Studium der Literatur- und Kunstgeschichte arbeitete er jahrelang als Verleger, u.a. für Rowohlt und Bertelsmann, und ist seit 1990 als freier Publizist und Herausgeber tätig. Er verfaßte zahlreiche Bücher, darunter »Hamburg« (1994), »Klabund und Carola Neher. Eine Geschichte von Liebe und Tod« (1996) und »Hanseaten. Von stolzen Bürgern und schönen Legenden« (1999) sowie »Ja. In Hamburg bin ich gewesen. Dichter in Hamburg« (2000).

Warum ein Buch über eine Frau, deren Name hinter bedeutenderen zurücktritt und ohnehin nur noch wenigen ein Begriff ist? Warum an ein Leben erinnern, das vor mehr als einem halben Jahrhundert endete und – zumindest auf den ersten Blick – weniger von eigener Leistung als vom Licht eines anderen bestrahlt wurde? Über diesen anderen, nicht zuletzt sein umfangreiches Werk, geben uns Nachschlagewerke, Erinnerungen und tiefsinnige Betrachtungen Auskunft. Die Literatur über seine Frau und Muse ist hingegen spärlich. Hans Wolffheim, ein unkonventioneller, anregender Literaturprofessor der Nachkriegszeit, beklagte 1955: »Noch immer haben wir keine Monographie über Ida Dehmel, wie wir sie über die Frauen aus der klassischen Zeit unserer Literatur, wie wir sie über die Frauen der Romantik haben.«

Es blieb dennoch bei einzelnen Bruchstücken zu einer Biographie im Umkreis der Wissenschaft. Ich stieß auf Wolffheims Bemerkung erst, als ich mich bereits gründlicher mit Ida Coblenz, verheiratete Auerbach, spätere Ida Dehmel, beschäftigt hatte. Die Forderung Wolffheims hat mich, obwohl mir der darin formulierte Anspruch Respekt einflößte und ich mir nicht anmaßen will, ihn einlösen zu können, in meinem Interesse für diese seltsame Frau noch bestärkt.

Das Werk Richard Dehmels hatte zuerst meine Aufmerksamkeit auf sich gezogen. Ich wollte wissen, warum Zeitgenossen in ihm einen Heroen der Epoche sahen, ihn glühend verehrten – und man ihn nach seinem Tode so schnell vergaß. Über der Lektüre seiner Dichtung begann ich mich mehr noch für die Frau an seiner Seite als für den Dichter und sein Werk zu interessieren. Zuerst zog mich ein Gemälde an, das die Freundin Julie Wolfthorn von ihr angefertigt hatte und das heute ein Dasein im verborgenen führt (es wird hier zum ersten Mal publiziert). In diesem Bild, auch in vielen Photographien, begegnete mir eine irritierende, zwischen Melancholie und Keckheit changierende Frau, die ohne Zweifel wußte, was sie wollte. Aber was wollte sie? War sie nur die Frau im Schatten eines berühmten Mannes, die man vielleicht in ihr gesehen hat?

Ich versenkte mich in eine Unzahl weitgehend unveröffentlichter Briefe und Dokumente, die in dem von ihr selbst noch eingerichteten, inzwischen beträchtlich erweiterten Hamburger Dehmel-Archiv zu finden sind, las vergriffene Bücher und verstreute Aufsätze, befragte Vertreter(innen) der Wissenschaft. Zunehmend fühlte ich mich vom Schicksal dieser Frau fasziniert. Die Urteile über sie, auf die ich stieß, widersprechen sich auf eigentümliche Weise, denn diese Frau polarisierte ihre Umgebung von Anfang an.

Ida Dehmels Zeit liegt weit hinter uns, und ihre Geschichte gehört einer uns entrückten Vergangenheit an. Einige Aspekte darin scheinen jedoch zeitlos, allen Fortschritten weiblicher Emanzipation zum Trotz. Die Frau an der Seite eines »großen« Mannes, die Art und Weise, wie sie damit umgeht, ist ein Thema jeder Gesellschaft und jeder Zeit, ebenso wie die Umkehrung: der Mann an der Seite einer bedeutenden Frau. Die Frage nach dem Anteil der Muse an der literarisch-künstlerischen Lebensleistung des Partners stellt sich bei vielen Autoren, hier aber schien sie mir besonders spannend, weil es einigen Anlaß gibt, frühere Einschätzungen in Zweifel zu ziehen.

Ich beschloß, den Spuren von Ida Dehmels Leben nachzugehen. Ihre Geschichte erzähle ich dennoch nicht ohne Skrupel. Jede Rekonstruktion eines Lebens anhand von Dokumenten muß unbefriedigend bleiben. Leider kann ich Ida Dehmel nicht mehr fragen, ob ich ihr einigermaßen gerecht geworden bin. Sie war eine Frau mit hohen Ansprüchen an sich und an ihre Umgebung. Gegen ungerechtfertigte Urteile hat sie sich mit spitzer Feder zu wehren gewußt. Sie verfügte über ein eigenwilliges, aber pointiertes Urteil. Ich habe mich streng an das umfangreiche Quellenmaterial gehalten, mich aber dennoch bemüht, jeden Anschein von »Wissenschaftlichkeit« zu vermeiden. Meine

Schlußfolgerungen lassen sich nachprüfen – das umfangreiche Quellenmaterial lädt dazu ein.

Ida Dehmels Lebensgeschichte gleicht einem Roman, den ein Dichter kaum hätte erfinden können. Die reichliche Verwendung von Zitaten mag gelegentlich als störend empfunden werden. Mir lag jedoch daran, die handelnden Personen soweit wie möglich für sich selbst sprechen zu lassen und auf diese Weise der Wahrheit soweit wie möglich entgegenzukommen.

Jede Biographie ist immer auch Erzählung, aber wo es das Material zuläßt, sollte sich der Erzähler um der Genauigkeit willen mit eigenen Zutaten zurückhalten. Da viele Dokumente hier zum ersten Mal ausgebreitet, andere aus entlegenen Winkeln herangezogen werden oder aus privaten Archiven stammen, werden vielleicht auch einige Damen und Herren der Wissenschaft Entdeckungen machen können, die ihnen bei ihrer akademischen Aufarbeitung, die noch viele ungeklärte Fragen bereithält, dienlich sein können. Mein Ziel war es, das Leben der Ida Dehmel einer breiteren Öffentlichkeit zu erschließen. Sie hat es verdient.

M. W.

I

Häuser erzählen Geschichten. In Hamburg-Blankenese, wo um die Wende zum 20. Jahrhundert die vom Erfolg oder vom Glück Bevorzugten – die Handelsherren, Senatoren und Rechtsanwälte, zu ihren Füßen auch Schiffskapitäne und andere Ritter der Seefahrt – von ihren weiträumigen Residenzen mit den hohen Fenstern, das Fernrohr griffbereit, über den Elbstrom blickten, steht das Haus eines Dichters. Es ist das einzige, das für einen Poeten hier jemals errichtet und zudem von ihm selbst mitgestaltet wurde. Sein Tod liegt nun schon fast acht Jahrzehnte zurück. Aber in diesem auf den ersten Blick nicht auffälligen Haus scheint die Zeit stehengeblieben zu sein. Es sieht darin noch immer so aus, als seien der Dichter und seine Ehefrau nur für einen Augenblick in den Garten gegangen. Das ist einem Hamburger Mäzen zu danken, der sich liebevoll um die Erhaltung des Hauses bemüht.

Es kommt nicht oft vor, daß sich Besucher hierher verirren. Den meisten Hamburgern sagt das Gebäude kaum noch etwas. Erbauer und Bewohner sind weitgehend vergessen. Was gestern noch als befreiender Aufbruch in die Moderne gefeiert wurde, erscheint inzwischen, am Beginn eines neuen Jahrhunderts, als überlebte Historie. Dabei lohnen die Blicke in ein anderes Fin de siècle, als die Grundfesten unserer Moderne gelegt wurden, von denen bis heute manche überraschend aktuellen Bezüge sichtbar geblieben sind. Hundert Jahre sind nur ein Windhauch der Geschichte, und den Umwälzungen am Beginn des 20. Jahrhunderts verdanken wir einen beträchtlichen Teil unserer im Vergleich zu damals so unstrittigen Leichtigkeit des Seins.

Der Dichter, der hier einmal wohnte und dessen Spuren hier noch nicht verweht sind – neben der Haustür findet man noch immer das alte Kupferschild mit dem Namen Dehmel –, zählte einmal zu den Erfolgreichen. An der Schwelle zu einem neuen Säkulum galt er einer stattlichen Schar von Bewunderern – und manchmal auch sich selbst – als moderne Wiedergeburt Johann Wolfgang von Goethes. Das war ein mehr als fragwürdiger Vergleich und traf schon gar nicht zu in bezug auf dessen Machtfülle. Mit dem Schreiben von Gedichten allein läßt sich nicht viel Geld verdienen, mögen sie noch so oft gerühmt, zitiert oder gar gesungen werden. Auch dieser Dichter mußte, wie so viele seiner Kollegen vor und nach ihm, unter den Hamburgern ein Fremder bleiben. Das allerdings focht ihn nicht an. Aus der Sicht eines hanseatischen Kaufmanns ist Lyrik das Brot der Armen. Aber der Dichter gab nicht viel auf Wohlstand. Er reklamierte für sich den Adel des Geistes.

Damals, vor hundert Jahren, war das Erscheinungsbild des Dichters das eines sorgfältig gekleideten, sich seiner Wirkung auf die Damenwelt bewußten Gentleman. Die auffällig gewandete Frau an seiner Seite sorgte für Aufmerksamkeit – und in der Hansestadt für mancherlei despektierliches Geflüster. Ihr waren die Annehmlichkeiten bürgerlicher Sicherheit wohlvertraut, materielle Sorglosigkeit war ihr in die Wiege gelegt worden. Ihre nicht eben freiwillige erste Heirat mit einem Berliner Geschäftsmann hatte die gewohnten Lebensumstände erst einmal abgesichert. Doch dann war alles überraschend anders gekommen, und sie hatte Hals über Kopf auf jedwede Sicherheit verzichtet. Auf ihre Wirkung und auf ihre unkonventionelle Garderobe legte sie großen Wert – bei den zurückhaltenden Hanseaten stieß das auf einiges Befremden.

Hamburg und seine malerischen Elbvororte sind nicht gerade ein bevorzugter Ort der Musen. In der Geschichte der alten, von freien Bürgern seit Jahrhunderten auf imponierende, wenngleich auch ein wenig nüchterne Weise zu großer Blüte geführten Patrizierstadt zählen mehr als alles andere Wirtschaft und Handel. Das Leben ist schön, solange es sich rechnen läßt – die Devise der hanseatischen Kaufleute hat ihre Gültigkeit bis heute bewahrt. Der pragmatische Sinn für das Machbare, eine traditionelle Skepsis gegenüber kühnen Utopien und Entwürfen jenseits des Berechenbaren haben eine von Wind und Wetter gestählte Bevölkerung herausgebildet, die das Reale und Reelle liebt, die in großen und kleinen Fragen von Kultur und Gesellschaft den Spatz in der Hand allen Tauben auf dem Dach vorzieht. So nimmt es nicht wunder, daß sich die Vertreter der schönen Künste, vor allem die der für gesellige Unterhaltung weniger geeigneten Dichtkunst hier immer ein wenig ausnahmen wie einsame Rufer in der Wüste.

Es wohnt sich schön an und über der Elbe. Hamburger, die es sich leisten konnten, zogen seit dem 18. Jahrhundert deren Ufer dem Logis im Stadtgebiet vor. Da in Hamburg weder König noch Adel, sondern immer die fleißigen Hüter und Vermehrer des Geldes die Geschicke der Bürger bestimmten, ließen sich hier königliche Kaufleute weißglänzende Bürger-Schlösser und -Paläste errichten. Was Könige und Adlige vermochten, das vermochte ein königlicher Kaufmann allemal. Sein Reich war ja auch viel weiter gespannt: Es umfaßte die ganze Welt. Und von den Hängen an der Elbe ließen sich die Handelsverbindungen in alle Welt am Auf und Ab der Schiffe gelassen kontrollieren.

Das Haus des Dichters war im Jahre 1911 von einem Blankeneser Architekten in enger Absprache mit dem Mann der Feder errichtet worden, und es kommt einem kleinen Wunder gleich, daß es sich bis heute so unversehrt erhalten hat. Wenn es um Hamburgs bevorzugte Wohnquartiere und Bauten geht, pflegt das Interesse an zweckmäßiger Nutzung größer zu sein als die Ehrfurcht vor den einstigen Bewohnern – wer immer diese gewesen sein mögen. Von diesem Haus aus kann man den breiten Elbstrom mit seinen der Nordsee zustrebenden oder von dort zurückkehrenden Schiffen nur erahnen – dafür sorgt schon das laute Tönen der Nebelhörner –, und der Dichter wollte ja auch nicht Schiffe beobachten, sondern nachdenken, phantasieren und sich ungestört über sein Papier beugen. Den Blick auf das Wasser verstellen hier dunkle, hohe Bäume. Einige von ihnen hatten noch das Wohlgefallen des Dichters gefunden, hinter ihrem Wall fühlte er sich so geborgen wie hinter den Kiefern der Mark Brandenburg, aus der er stammte. Er liebte es, sein Privatleben zu verhüllen. »Das Leben des Dichters geht die Menschheit gar nichts an; sie soll sich an seine Werke halten«, war seine trotzige Devise. Freilich hatte er auch einige Gründe, seine privaten Abenteuer nicht an die Glocken der Öffentlichkeit zu hängen. In seiner Dichtung gab er, lyrisch überhöht und ausgeschmückt, manches von seinem Innersten preis. Aber es erschien so verfremdet, daß ein Schleier des Geheimnisvollen gewahrt blieb und er selbst dahinter zurücktrat.

Jeder bewohnt gerne ein eigenes Haus – dieses Dichters Traum vom eigenen Haus entsprang dem Wunsch nach anonymer Abgeschiedenheit. Er wußte nur allzu gut um seine vitale und unstillbare Suche nach erregenden Begegnungen, nach Wechsel und Neuem, aber um so mehr sehnte er sich nach stiller Geborgenheit:

Ja, die ganze Welt kannst du wild durchschweifen
in deinem freiheitstrunknen Flug,
kannst Kometen begleiten durch Urnebelstreifen,
Stürme, Wolken, Blitz dir zum Spielzeug greifen,
ach, hast nicht Kraft genug,
ein Haus auf der festen Erde zu bauen,
für dich und die Deinen ein sichres Bett,
kannst dir nicht einen Balken selber hauen,
nicht ein Tischlein zu zimmern dich getrauen,
nicht ein Brett,
hockst wie ein unbeholfenes Tier
unter den fremden Fichten hier

so hat er seinen Zwiespalt zwischen Wort und Tat besungen, wobei man das von ihm in diesen Versen gebrauchte Wort »Kraft« wohl besser durch »Geld« ersetzen sollte – daran fehlte es ihm mehr als an Kraft. Dann hatte er euphorisch hinzugefügt:

während du schweiftest von Traum zu Traum,
ward Stein auf Stein zur Mauer geschichtet,
der dunkle Hain zum Garten gelichtet,
dir zum heimatlichen Raum.

Seine Begeisterung über das neue Domizil zieht sich noch über viele weitere Strophen hin, in denen das Wort *Ich* häufig vertreten ist. Daß das Haus nicht nur *ihn*, sondern ebenso *seine Gattin* beherbergen sollte, daß Wotans und Frickas hehre Burg nicht allein, wie es in Wagners »Rheingold« heißt, »des Gebieters gastlich bergend nun harrt(e)« – es schien ihm wohl zu selbstverständlich, als daß er es der Erwähnung für wert erachtete. Und in der Tat waren es ja auch *seine* poetischen Verdienste, die dem von Bewunderern geradezu als olympisch gefeierten Ehepaar den »hehren, herrlichen Bau«, die »Götterburg auf Berges Gipfel« eingebracht hatten, und das auch noch – für die Bewohner von Hamburgs malerischer Wohnterrasse Blankenese sonderbar genug – ganz umsonst.

Das Ehepaar, das sich im ersten Jahr des neuen Jahrhunderts in Blankenese niedergelassen hatte – zuerst in einer Wohnung mit Elbblick, einige Jahre später dann in der neuen, stolzen Herberge –, war von der Hamburger Gesellschaft nicht gerade mit offenen Armen empfangen worden. Die beiden, die in Berlin zu den begehrten Persönlichkeiten des kulturellen Lebens gezählt hatten, suchten auch nicht die schnelle Integration. Sie bevorzugten erst einmal das Gefühl eines Insel-Daseins, zogen sich gerne in die Zweisamkeit zurück – oder verreisten. Der Dichter, den immerhin kein Geringerer als August Strindberg einmal als »Deutschlands ersten« bezeichnet hat, war überall in Deutschland ein gefragterer Gast als in Blankenese. Er gab Rezitationsabende, bei denen er nicht nur aus eigenen Werken, sondern besonders gerne und mit unverwechselbarem rhetorischen Pathos auch aus den Werken anderer Dichter vorlas. Schließlich verstand er sich als Botschafter der Erziehung des Menschengeschlechts durch die Kunst.

Allmählich wurden die künstlerisch interessierten Kreise in der Stadt dann aber doch auf die beiden Neuzugänge aus Berlin aufmerksam. Kenner der Literatur machten in ihnen die Protagonisten eines »Romans in Romanzen« aus, eines langen, hochdramatischen Gedichtzyklus über eine quälend-leidenschaftliche, ja skandalöse Liebesbeziehung, der schon vor seiner Drucklegung in Auszügen zirkuliert hatte.

Dem Sohn eines märkischen Försters war, anders als seiner Ehefrau, die Hamburger Gesellschaft gleichgültig. Er gab sich keinen Illusionen darüber hin, welch befremdlichen Eindruck er und seine Gattin bei den Hanseaten hinterließen. Man läse hier seine Bücher ohnehin nicht, meinte er ohne jedes Selbstmitleid. Er wußte die nüchternen Hamburger Kaufleute einzuschätzen: Ihr Interesse gelte nun einmal dem geschäftlichen Vorteil. Auch für seine Frau, die nicht nur er als Verehrer Richard Wagners – vielleicht auch in Anspielung auf dessen mythische Heldin Isolde – »Frau Isi« nannte, interessiere man sich hier nicht sonderlich. Dafür erkenne man, so meinte er, »instinktiv in uns die solide Firma«, und das genügte ihm. Seine Welt und sein Publikum waren von anderer Art. Seinem engsten Freund, dem gleichfalls dichtenden Baron Detlev von Liliencron, der im nahen Rahlstedt sein heiteres, aber ökonomisch klägliches Dasein fristete, erging es als Dichter inmitten all der fleißigen Bürger nicht anders. Allein die Nähe zu diesem Bruder im Geiste versöhnte ihn mit der fremden Stadt. Zudem beschwor ihre landschaftlich so reizvolle Weite die Ahnung von Meer und Wellen herauf. Das Meer liebte er über alles.

Einladungen in Hamburger Bürgerhäuser häuften sich schließlich doch. Insbesondere die Zusammenkünfte, zu denen der Jurist und Kunstliebhaber Gustav Schiefler das kulturell aufgeschlossene Hamburg in seine privaten Räume lud, zogen das Ehepaar an. Der korrekte, aber allem Musischen und besonders allem Neuen äußerst aufgeschlossene Herr aus Hildesheim war 1888 als Amtsrichter nach Hamburg gekommen, war 1905 Direktor des Landgerichts geworden und hatte unter Anleitung

Salon und Eßzimmer

Alfred Lichtwarks, des angesehenen Leiters der Kunsthalle, eine beachtliche zeitgenössische Bildersammlung zusammengetragen – damals noch eine Seltenheit in dieser Stadt. Er verfertigte gewissenhafte Œuvre-Verzeichnisse junger Künstler, hielt Vorträge zu Fragen von Kunst und Gesellschaft, verkehrte und korrespondierte kenntnisreich mit Malern wie Edvard Munch, Emil Nolde, Ernst Ludwig Kirchner oder Karl Schmidt-Rotluff und sollte einmal zum wichtigsten Chronisten der jüngeren Hamburger Kulturgeschichte werden.

Allmählich lud das Paar seine bevorzugten Gesprächspartner zweimal monatlich mit einfachem, aber stilvollem Gepränge nach Blankenese ein. Berühmte Geister der Zeit wie Richard Strauss oder Max Reger, Gerhart Hauptmann oder Max Dauthendey, Paul Claudel oder Detlev von Liliencron machten des öfteren Besuch. Die Dame des Hauses war die Rolle der gewandten Gastgeberin von Berlin her gewohnt. Dort hatte sie wie weiland Rahel Varnhagen eine Art literarischen Salon geführt und die interessantesten Köpfe der Stadt im Hause ihres ersten Ehemanns, eines an derlei Dingen weniger interessierten Kaufmanns, versammelt. Ihre mit bescheidener Eleganz arrangierten Empfänge gaben ihr und ihrem Dichtergatten Gelegenheit, ihren untrüglichen Sinn für den neuesten Geschmack der Zeit zur Schau zu stellen. Es ging hier etwas ungezwungener zu als bei den bürgerlich-ritualisierten Gesellschaften der Hansestadt. Mit Stolz und nicht ohne Lust an theatralischem Dekor konnte die Gastgeberin dabei auch die von ihrem Mann für sie entworfenen, fließenden »Reformkleider« präsentieren, nicht ohne sie mit kostbarem Schmuck zu dekorieren.

Der scharfäugige Gustav Schiefler hat die Neuzugänge eingehend charakterisiert. Nicht ohne Seitenhiebe auf seine hanseatische Umgebung meinte er: »Die Hamburger Familien konnten sehr gut ohne Verkehr mit Dichtern und Künstlern auskommen, zumal wenn deren Anschauungen nicht mit den Forderungen der bürgerlichen Wohlanständigkeit im Einklang zu stehen schienen.« Einmal habe er das Blankeneser Paar im Hause eines vermögenden Kaufmanns getroffen, auch der freisinnige Reichstagsabgeordnete und Vordenker des modernen Liberalismus, Friedrich Naumann, sei zugegen gewesen. Der Dichter habe einige seiner Gedichte vorgelesen. Die Gäste hätten »mit offenen Mündern dabeigesessen und wußten nichts damit anzufangen«.

Schiefler interessierte sich aufrichtig für das Dichten und Trachten des Poeten. Er hielt ihn für einen der bedeutsamsten unter den zeitgenössischen Autoren. Der Frau gegenüber bewahrte er dagegen Distanz. Eine angeborene Unverfrorenheit sei ihr eigen gewesen, etwas »erdhaft Sinnliches, Fruchtbar-Mütterliches« habe sie ausgestrahlt. Wie eine »Schicksalsgöttin« sei sie ihm erschienen, »hochgewachsen, starkknochig, von dunkler Hautfarbe« sei sie gewesen, gelegentlich immerhin von einer »sieghaft strahlenden Heiterkeit«. Aber leider habe sie »irgendwie ein Mittelpunkt« sein wollen, und es habe sich ihm die Frage aufgedrängt, »wer von beiden auf Dauer die Oberhand behalten würde«. In ihrem Hause habe sie immer öfter einen »eigenartig gefärbten geselligen Kreis« versammelt. Ihr Wunsch nach einer gesellschaftlichen Rolle konnte, so befürchtete er, dem poetischen Wirken ihres Gatten nicht förderlich sein. »Die Gefahr der Zersplitterung und der Veräußerlichung« drohe dem Dichter daraus. Und dann folgte der sehr zeitgemäße Stoßseufzer: »Frauen dieser Art unterjochen und erniedrigen letzten Endes den Mann.« Ihr vermeintlicher Wunsch, »sich unentbehrlich zu machen – hatte sie das nötig?« –, mißfiel dem klugen Juristen gründlich. Immerhin registrierte er auch Gründe für dieses Streben nach Anerkennung: Er habe den Dichter »auf Gesellschaftsabenden und Sommerfesten mit jungen schönen Frauen so leidenschaftlich tanzen sehen, daß es an die Brunst eines Tieres gemahnte«.

Schiefler hielt »Frau Isis« Einfluß auf ihren Mann für »verderblich«. Später erst, bei Betrachtung der in Hamburg nicht mehr so schwungvoll wie zuvor in Berlin sprießenden Verse des Dichters, wurde ihm klar, daß dieser schon »viel von dem sonnigen Glanz verloren (habe), der in der Liebe Blütezeit auf ihm lag; man gewahrte gelegentlich einen Ausdruck verdrießlicher Abgespanntheit, als sei er selbst mit sich nicht recht im Geleise oder im Klaren«. Das konnte nur an der Ehefrau liegen, die eben nicht »den eigenpersönlichen von dem höher gearteten, gleichsam unpersönlichen Ehrgeiz« zu trennen vermocht habe, wie es einer treusorgenden, ganz dem Genie und seinem Werk verpflichteten Gattin geziemte. An des Dichters fünfzigstem Geburtstag – das ganze Land feierte seinen großen Barden – erreichte sie, »daß die Sammlung einer Summe ins Werk gesetzt wurde, die ihm überreicht werden und es ihm ermöglichen sollte, ein von dem Architekten Baedeker nach seinen Ideen erbautes und inzwischen mietweise bezogenes Haus zu eigen zu erwerben«. Aber das sei wohl nur darauf zurückzuführen gewesen, daß sie wegen des Gatten anhaltend freundlichen Beziehungen zu seiner ersten Ehefrau immer wieder »in schwere Unruhe« versetzt worden sei. Im oberen Stockwerk seines Hauses sei sie »wie ein wildes Tier« umhergelaufen, »klagend, sie könne es nicht aushalten, das anzuhören«. Mit solcher Widerborstigkeit habe sie »am Mark seiner Künstlerseele« gesogen. Zu diesem Zeitpunkt habe sie aber, »inzwischen stark gealtert, durch eine Operation ihr Weibtum verloren«. Kurz, der Landgerichtsdirektor fand bei aller Liebe zur Welt der Kunst gegenüber der Dichtermuse »Anlaß zu einer gewissen Zurückhaltung«. Er teilte diese Empfindung mit nicht wenigen seiner Gäste.

»Das Weib« an der Wende vom 19. zum 20. Jahrhundert entflammte und beunruhigte – wir wissen es nicht zuletzt aus Kunst und Literatur – die männlichen Gemüter auf besonders verstörende Weise. Nach außen bietet im ersten Jahrzehnt des neuen Jahrhunderts das kaiserliche Deutschland noch immer das Bild triumphaler Kraft und Herrlichkeit. Aber im Innern wanken bereits die Fundamente seiner Identität. Die Entdeckung der Sexualität und ihrer Triebfedern verspricht explosive Befreiung von Unwissenheit und Sittenstrenge. Die Institution der Ehe wird so radikal in Frage gestellt wie niemals zuvor. Aber diese

Befreiung gebiert neue Ängste, und diese richten sich vor allem gegen die Frau, das unbekannte Wesen. Diese hatte drängend wie nie zuvor damit begonnen, die Fesseln ihrer Unterwerfung abzustreifen und die einst so uneinnehmbar erscheinenden Festen der Männlichkeit mit den Kräften der Verführung (das ließ man sich gerne gefallen) wie mit gesteigertem Selbstbewußtsein und damit dem verunsichernden Anspruch auf gesellschaftliche Gleichberechtigung zu schleifen. Emphatische Idealisierung und angstvolle Verteufelung waren die Waffen, mit denen die Verfechter des Patriarchats ihren Status als Herrscher über die Welt zu verteidigen gedachten. Aber noch galt der Begriff der Emanzipation als Schimpfwort, und die Zeit sozialer, gar politischer Gleichberechtigung der Geschlechter stand erst bevor.

Die Frau des Dichters sorgte mit ihrer feierlichen, auf manche geheimnisvoll lockend, auf manche befremdlich wirkenden Ausstrahlung für Verwirrung. Dazu trugen wohl auch antisemitische Empfindungen ihrer Umgebung bei. Zwar war sie die Gattin eines germanisch-patriotischen Sängers, aber als geborene Jüdin aus dem Rheinland entsprach sie nicht dem Klischee einer treusorgenden hanseatischen Ehefrau. Es gab aber auch Zeitgenossen, die an der von Schiefler so befremdlich geschilderten Dame gerade deren aus allen Rahmen fallende und bevorzugt von Frauen auf der Leinwand oder mit dem Zeichenstift festgehaltene Schönheit rühmten, die zu besingen auch ihr Ehemann nicht müde wurde. Sie schwärmten geradezu von dieser »großen, herbkühlen Erscheinung voll geistig, künstlerischen Interessen« (so der Berliner Kritiker Julius Bab), betonten ihre »medeaartige Erscheinung« (so der Hamburger Baudirektor Fritz Schumacher), witterten sogar eine »gewisse literarische Bedeutsamkeit« (so der nicht immer ritterliche Kritiker Alfred Kerr). Schönheit ist Ansichtssache, vor allem dann, wenn sie die Normen des Herkömmlichen sprengt. Und diese Frau wollte – wie ihr Mann – nicht von gestern, sondern von heute und morgen sein. »Zwei Menschen« hat der Dichter seinen »Roman in Romanzen« genannt und darin ein nur wenig verfremdetes Porträt ihrer Liebe jenseits aller Konvention verklärend gemalt.

»Jugendstil« nannte man damals jene kurze, den Naturalismus ablösende, dem expressionistischen Aufbruch der modernen Kunst vorangehende Form einer bahnbrechenden neuen Ästhetik. In den eher zweckmäßig oder repräsentativ historisierenden Bauten Hamburgs hat er nur verhältnismäßig oberflächliche Spuren hinterlassen. Aber der dichtende Neuankömmling und seine Frau hatten während ihres vorübergehenden Aufenthaltes in Heidelberg Kontakte zum nahen Darmstadt geknüpft, wo eine Gruppe von Künstlern eben darangegangen war, die neue Formensprache auch an der Architektur zu erproben. Insbesondere Peter Behrens, dessen Farbholzschnitt »Der Kuß« so etwas wie eine ganz neue Maßstäbe setzende Ikone dieser Stilrichtung und der Epoche wurde, stand mit dem Dichter in enger, freundschaftlicher Beziehung. So nahm es nicht wunder, daß dieser den leidenschaftlichen Möbeldesigner dazu verleiten konnte, sich an den Dekorationsentwürfen für seine Behausung nachhaltig zu beteiligen.

Wie Behrens war auch der Dichter vom ständigen Prozeß des Sich-Veränderns in der Natur fasziniert. Aber die Natur konnte ja nur »Rohstoff für den Künstler« sein. Nicht ihre möglichst abbildhafte Rekonstruktion galt es in Kunst und Dichtung zu zeigen, sondern ihr organisches Wachsen, ihren fortwährenden Wandel in Richtung auf ein fernes Ideal von Reife und Vollendung. Behrens, aber ebenso der Graphiker und Bühnenbildner Emil Orlik und der elegante »Designer« Henry van der Velde statteten das Haus des Dichters über den so betulichen Fischer- und Bürgerhäusern am Elbhang mit jener ornamentfreudigen Linienverliebtheit aus, die schon auf der Darmstädter Mathildenhöhe für Aufsehen gesorgt hatte. So entstand mit Hilfe des Landhausarchitekten Walther Baedeker (der aus der berühmten Essener Verlegerfamilie stammte) eine für Hamburg einzigartige Dichterklause, ein jedenfalls im Innern neuartiges Gesamtkunstwerk, in das sich »Frau Isis« Sinn für alles Kühn-Dekorative auf harmonische Weise einfügte. Natürlich waren die schönsten Räume des Hauses dem Dichter und seiner Arbeit vorbehalten. Wer immer hier einen Besuch machte, mußte die symbiotische Einheit des Dichters und seiner Gattin bewundern, darauf legte diese Wert. Auch sie hatte in jungen Jahren davon geträumt, eine Dichterin zu werden. Es kam anders.

2

Die Ereignisse des Jahres 1870 haben Deutschlands Gesicht und Gesellschaft nachdrücklich verändert. Am 19. Juli, unmittelbar nachdem Otto von Bismarck ein Gespräch des französischen Botschafters mit Wilhelm I. in Ems über den von Frankreich geforderten Verzicht des Hauses Hohenzollern auf den spanischen Thron in provozierender Form öffentlich gemacht hatte, erklärte Frankreich Deutschland den Krieg. Es setzten gewissermaßen die Wehen vor der Niederkunft des verspäteten deutschen Kaiserreiches ein. Am 2. September kapitulierte die französische Armee nach der Schlacht von Sedan vor den preußisch-deutschen Truppen. Es war die Geburtsstunde eines kraftstrotzenden neuen Deutschland im Kreis der europäischen Großmächte.

Während Frankreich seinen Kaiser Napoleon III. stürzt und in Paris die Dritte Republik ausruft, werden die Deutschen vom nationalen Taumel ergriffen. Ein Traum ist Wirklichkeit geworden. Ein halbes Jahr später wird im Spiegelsaal von Versailles unter für Frankreich demütigenden Umständen der Preußenkönig Wilhelm I. zum deutschen Kaiser ausgerufen. Daß die folgenden Jahrzehnte sich im Rückblick wie eines verhängnisvollen langen Tages Reise in die Nacht ausnehmen werden, daß das neue, siegreich-strahlende Reich seine Pfründen schnell wieder verspielen wird – die patriotische Begeisterung verbietet solch düstere Ahnungen. Die ersehnte Einheit war erreicht, ihr Preis Nebensache.

Der glücklicherweise nur kurze Krieg war nahe der belgischen Grenze entschieden worden. In Deutschland hatte man von ihm kaum etwas bemerken müssen. Auch in dem kleinen Städtchen Bingen am Rhein blieb die Welt weitgehend in Ordnung. Die Bürger gingen ihren Geschäften nach, die neben der Verarbeitung von Holz vor allem dem Weinanbau und dem damit verbundenen Handel galten. Wenige Jahre vor der christlichen Zeitrechnung hatten hier die Römer auf den Resten einer keltischen Siedlung ein Kastell errichtet und ihm den Namen Bingium gegeben. Daraus war ein blühendes Städtchen erwachsen, dessen Bewohner die Vorteile der fruchtbaren Lage zwischen Rhein und Nahe fleißig zu nutzen und zu mehren wußten. Wie in anderen Orten am Rhein hatte sich hier eine kleine jüdische Gemeinde niedergelassen, die es auch im Weinbau bald zu bemerkenswerten Erfolgen bringen sollte und von der vergnügten Offenheit und Toleranz der Rheinländer profitierte.

In der Kirchstraße 3 stand bis nach dem Zweiten Weltkrieg ein großbürgerlich-prächtiges Haus mit weitläufigem Garten, in dem die Nachfolger einer alten, weitverzweigten Familie residierten. Heute läßt sich davon kaum noch etwas erahnen. Die Straße trägt einen anderen Namen (Basilikastraße). Das Gelände ist mit einem jener abstoßenden, klobigen Warenhausblöcke überbaut, die, mehr noch als die Bomben des Krieges, dem vertraut-faltigen Gesicht so vieler alter Stadtzentren schaurige Verzerrungen zugefügt haben. Die Familie, die hier einst wohnte, gehörte in einer Zeit zu den einflußreichsten der Stadt, da das Zusammenleben von Juden und Nichtjuden in Deutschland, besonders aber auch in Bingen, noch selbstverständlich war. Es war eine jüdische Familie, deren Spuren sich bis ins 17. Jahrhundert zurückverfolgen lassen. Niemals hatte sie die Enge eines Ghettos kennenlernen müssen, schon seit Generationen betrieb sie Weinbau.

Der aus Paris stammende Kommerzienrat Simon Zacharias Coblenz war (neben fünf nichtjüdischen Vorstandsmitgliedern) Vorsitzender der Binger Handelskammer und einer der größten Weingutsbesitzer der Stadt. Schon der Vater von Emilie Meyer, seiner Frau, hatte in Bingen in großem Stile Wein angebaut. Auf mehr als zweihundert Stellen wohnten seine Pächter, die wöchentlich zur Berichterstattung über den Verlauf ihrer

Geschäfte vorzusprechen hatten. Dem zukünftigen Ehemann seiner Tochter hatte er zur Auflage gemacht, sich in Bingen niederzulassen. So war die große Weinhandelsfirma Meyer und Coblenz entstanden, die mit der ganzen Welt regen Handel trieb.

Wer auf dem weitläufigen, terrassenförmig angelegten alten Judenfriedhof oben am Rochusberg über der Stadt zwischen den von Efeu und vielerlei Gesträuch malerisch überwucherten Gräbern umherstreift, findet dort noch das Areal der verwitterten Grabsteine dieser Familien. Einst reichten die Viehweiden der Binger Bauern so dicht an den Friedhof heran, daß die Rinder sich immer wieder einmal zwischen die nach Osten, zum Heiligen Land, ausgerichteten Gräber verirrten. Erst nach mehreren Anläufen war es der jüdischen Gemeinde im Jahre 1750 gelungen, den Bau einer Mauer durchzusetzen, die zwar nicht höher als »acht Schuh« sein durfte, aber immerhin etwas Schutz gegen die tierischen – und gelegentlich wohl auch menschlichen – Grabschänder bot. Von der alten Mauer aus genießt der Besucher den weiten Blick über das geschwungene Rheintal, das Binger Loch mit seinem berühmten Mäuseturm und die Weinlagen diesseits und jenseits des Flusses. Unten im Tal liegt die inzwischen durch viele, wenig malerische Neubauten ausgefächerte Stadt mit ihrer mittelalterlichen Burg und der alten Basilika.

Die verblaßten Inschriften auf den mehr als tausend alten Grabtafeln und Gedenksteinen, welche sich hier oben in zwanzig Grabreihen aneinanderschmiegen, erzählen von einem prosperierenden jüdischen Leben, das jahrhundertelang den Aufstieg der kleinen Stadt symbiotisch-patriotisch begleitete und maßgeblich beförderte. Es ist nicht der einzige jüdische Friedhof von Bingen, in anderen Stadtteilen befinden sich noch zwei weitere, aber es ist der schönste und prächtigste. Wer hier bestattet wurde, gehörte zu Bingens »besseren« Kreisen.

Gemessen an der Gesamtzahl der Binger Bürger war die jüdische Gemeinde Bingens klein. Im Jahr 1850 zählte sie fünfhundert Mitglieder, um die Jahrhundertwende waren es siebenhundert – bei einer Einwohnerzahl von insgesamt knapp zehntausend. Der Lokalchronist Friedrich Rudolf Engelhard, der 1982, gegen Ende seines langen in Bingen verbrachten Lebens, die Geschichte der Binger Juden unter Zuhilfenahme eigener Erinnerungen aufgezeichnet hat und immer wieder den engen Zusammenhalt der nichtjüdischen und der jüdischen Bewohner betont, verweist dabei auch auf den Ursprung alteingesessener Weinfirmen. So verbirgt sich etwa hinter der heutigen Weinkellerei EDEKA eine Firma der jüdischen Familie Roos, hinter der weit über Bingen hinaus bekannten Firma Racke (»Racke rauchzart«) die einstige jüdische Firma »Feist und Reinach« – doch diese und andere alte Namen des jüdischen Bingen sind inzwischen (und das in des Wortes makaberstem Sinn) Schall und Rauch.

Der Aufstieg in die oberen Binger Kreise war jahrhundertelang mit harter Arbeit und vielen gemeinnützigen Anstrengungen erkauft worden. Die männlichen Familienmitglieder der Weinhandelsfirmen waren strenge Patriarchen. Die Frauen führten ein großes Haus. Weit verzweigte Verwandtschaften reichten bis nach Paris und Berlin. Noch großzügiger als im Hause Coblenz ging es im Hause Meyer zu, das unmittelbar am Marktplatz von Bingen stand. Ein italienischer Kaufmann Manera hatte das hübsche Empirepalais 1780 im Zopfstil erbauen lassen. Von diesem hatte es die wohlhabende Industriellenfamilie Puricelli als Stadtresidenz erworben und später an die Familie Meyer weiterverkauft. Noch heute wird das Gebäude am Marktplatz, das glücklicherweise die Zerstörungen des Krieges (und die der Nachkriegszeit!) überstand und nun ein nüchtern-zeitgemäßes Café beherbergt, in allen Beschreibungen Bingens stolz erwähnt, ohne daß dabei freilich seiner einstigen Bewohner gedacht wird. Erkundigt man sich nach diesen, stößt man auf Ratlosigkeit. In die hohen, einstmals bleiverglasten Fenster waren damals bunte Familienwappen eingelassen. Das Haus Coblenz dagegen lag inmitten eines parkartigen Gartens, der durch schwere und hohe Eisentore verschlossen war. Von den Wänden des geräumigen Eßsaals blickten aus dunklen Rahmen die Vorfahren auf die große Runde am Familientisch. Man hielt eisern auf Tradition.

Haus Coblenz in Bingen

In diesem Hause kam am 14. Januar des Jahres 1870, morgens um halb drei Uhr, die dritte Tochter des Ehepaares Coblenz, das Mädchen Ida, zur Welt. Die Schwestern Elise Rosa, genannt Alice, und Julie Hedwig waren sechs beziehungsweise fünf, der Bruder Cornelius drei Jahre zuvor geboren worden. Eine Schwester sollte noch folgen.

Vater Coblenz führte ein strenges Regiment. Das Hauptinteresse des konservativen, preußentreuen Patrioten, der für keines seiner Kinder einen jüdischen Vornamen gewählt hatte, galt seinen Geschäften. Er war ein überaus erfolgreicher Unternehmer. Es lag ihm viel daran, seine Kinder früh an harte Arbeit und Entbehrungen zu gewöhnen und sie zu mustergültigen Bürgern heranzuziehen. Mit äußerster Pünktlichkeit hatte sich die Familie täglich zu Tisch zu versammeln. Um ein Uhr mittags mußten die Kinder hinter ihren Stühlen um den Eßtisch stehen und dort das Eintreten des Vaters erwarten. Nachdem jedes Kind ihm einen Kuß auf die Wangen gedrückt hatte, den er aber nicht erwiderte, durfte man sich setzen. Was auf den Teller kam, mußte aufgegessen werden. Es wurde nicht nur viel französisch gesprochen, sondern auch nahrhaft französisch gekocht und nicht danach gefragt, was den Kindern schmeckte. Im Prinzip, so empfand es jedenfalls Ida im Rückblick, herrschte das Gebot: »Die Großen hatten immer recht, die Kinder immer unrecht«, wenn auch die Mutter versuchte, das strenge Ritual des Hausherrn durch ihre Zärtlichkeit abzumildern, und dafür sorgte, daß die Kinder mit ihren Nöten bei ihr Verständnis und seelischen Beistand fanden.

Nach dem Essen folgte »jahraus, jahrein« ein zweistündiger Spaziergang mit dem Vater durch die Weinberge – und das unabhängig vom Wetter. Um das Angenehme mit dem Nützlichen zu verbinden, wurden dabei Konversationsspiele gespielt, in denen beispielsweise die Lage von Städten erraten werden mußte. Schließlich sollten aus den Kindern weltgewandte Menschen werden. Versammelte sich die Familie abends im eleganten Salon des Hauses, so wurden dort die Kerzen entzündet, deren Licht die roten Damastsessel und den weißen Kamin aus Marmor erglänzen ließ. Da sich der Vater allzu viele Fragen verbat und die ernste Atmosphäre in seiner Gegenwart einschüchternd wirkte, waren bei den Kindern Besuche der Großtante und des Großonkels in der Stadt sehr beliebt. Dort ging es zwar auch förmlich, aber weniger streng zu. Für die Kinder lagen immer Äpfel und Schokolade bereit, und sie fanden dort ein offenes Ohr. Gelegentlich nahm der Onkel sie in eine der beiden Binger Synagogen mit. Vater Coblenz dagegen hielt wenig vom Beten.

Die kleine Ida, ein etwas zur Molligkeit neigendes, schwarzgelocktes Kind mit kräftiger Nase und sanftem, geheimnisvollem Blick aus großen, dunklen Augen, hielt sich besonders gerne im Haus der Großeltern am Binger Marktplatz auf, in dessen weiträumigen Sälen edle Möbel standen und in dessen Wohnstube ein Bild des Berliner Schlosses anzeigte, wo die Musik in Deutschland spielte. Die Binger Großmutter mütterlicherseits war eine begeisterte Sammlerin alter Steine, die sie in einem Glashaus im Garten aufbewahrte, das sie schon von ihren Eltern geerbt hatte. Im Hause pflegte sie, die Lorgnette in der Hand und in kostbare Seidenstoffe gehüllt, in einem großen Sessel zu sitzen. Gerne unterhielt sie sich mit ihrem Gatten und den Kindern auf französisch. Bei ihr mußte Ida keinen Lebertran trinken, hier lief sie nicht Gefahr, morgens zur Ertüchtigung mit einem Eimer kalten Wassers überschüttet zu werden. Sie konnte sich an den eleganten Gewändern der Großmutter nicht satt sehen und entwickelte bald eine besondere Vorliebe für schöne Kleider und alles Dekorative. Sie haßte frühes Aufstehen und blieb morgens so lange wie möglich im Bett – es waren wohl die Verwundungen ihrer jungen Seele, die sie so sehr vor dem Eintritt in den Tag zögern ließen. Dann aber verwandte sie viel Aufmerksamkeit auf ihre Garderobe, spielte gerne Klavier und flüchtete sich vor der Außenwelt in Tagträume. Den Weg dahin wiesen ihr oftmals die Märchen der Gebrüder Grimm, die sie heiß und innig liebte.

Als Ida sieben Jahre alt war, gebar die Mutter eine weitere Schwester, die den Namen Marie Louise erhielt. Die zarte Mutter konnte sich von der Geburt nur schwer erholen und lag immer häufiger krank zu Bett. Die Kinder dachten sich nicht viel dabei. Doch es waren die Vorboten einer Katastrophe.

Nur ein halbes Jahr nach der Geburt des jüngsten Kindes starb die Mutter. Ihr Tod kam für die Familie einem Erdbeben gleich. Ida drohte dieser Schicksalsschlag den Boden unter den

Füßen wegzureißen. Die Großmutter geleitete die Kinder in das Sterbezimmer, wo sie von der Toten Abschied nehmen sollten. Dort saß der bleiche Vater: wortlos, mit abgewandtem Gesicht, keine Notiz von den Kindern nehmend. Verwandte waren herbeigereist, fremde Menschen gingen mit düsteren Mienen im Hause ein und aus. Die Erziehung der Kinder wurde einer Hausdame übertragen. Die kleine Ida spürte fortan das nagende Gefühl unendlicher Verlassenheit. Die Mutter war ihr ein und alles gewesen. Sie allein hatte ihr die Wärme zu geben vermocht, die in Gegenwart des Vaters nicht aufkommen konnte. Nun fand sie unter den Erwachsenen im Hause, das Dienstpersonal eingeschlossen, niemanden mehr, dem sie sich anvertrauen konnte oder wollte. Der gestrenge Vater rückte in noch weitere Ferne.

Kurz nach dem Tod der Mutter wurde die siebenjährige Ida auf eine sowohl jüdisch als auch protestantisch geleitete Privatschule geschickt. Vom ersten Tage an empfand sie sich wegen ihrer sehr anders gelagerten Interessen und ihrer Versponnenheit in sich selbst unter den Mitschülerinnen als Außenseiterin, konnte sie dem schulischen Alltag wenig abgewinnen. Ihre Traumverlorenheit und Abwehr entzogen sie der Umwelt. Das einzige Mädchen der Klasse, dem sie sich leidlich anvertraute, stammte aus Amerika – und war daher eine Außenseiterin wie sie.

Mit dem Tod der Mutter zerbrach auch der bis dahin enge Kontakt der Kinder untereinander. Die älteste Schwester hatte als Pensionsschülerin in Frankfurt und Paris schon ein Stück von der großen weiten Welt kennenlernen dürfen und fühlte sich zu den Erwachsenen hingezogen. Mit den anderen Geschwistern – abgesehen von ihrem kleinen Schützling – verband Ida immer weniger. Die Hausdamen wechselten, ohne daß auch nur eine von ihnen Zugang zur ihr fand. Erst als einer vornehmen adligen Dame aus dem Badischen die Obhut der Kinder übertragen wurde, schienen sich die dunklen Wolken über dem Haus wieder etwas zu lichten. Die Dame hatte bereits die ferne Welt bis nach Mexiko kennengelernt, spielte stundenlang Klavier, pflegte mit

Ida – oben! – mit ihrer Schulklasse

Hingabe die Blumen und gab sich ansonsten alle Mühe, den Kindern die Mutter so liebevoll wie möglich zu ersetzen.

Am wenigsten konnte sie allerdings die kleine Ida für sich einnehmen. Das Kind empfand sich den anderen gegenüber als benachteiligt und weniger geliebt, wozu es selbst wegen seiner undurchdringlichen Abwehr – der Vater nannte es »Verstocktheit« – nicht unerheblich beitrug. Idas Liebe galt ihrer kleineren Schwester, mit der zusammen zu sein ihr eine eigene Welt bedeutete, in der Zärtlichkeit und Vertrauen herrschten.

Je mehr sich Ida in ihre Einsamkeit verspann, desto öfter schickte sie sich an, ihre geheimsten Träume aufzuschreiben. Die Notate verbarg sie sorgfältig zwischen zwei Schränken. Niemand sollte sie jemals einsehen dürfen. Kleine, ungelenke, aber um so seelenvollere Gedichte, spontane, offenherzige Briefe mit zornigen Offenbarungen oder knappe Bekenntnisse wie »Ich will einen neuen Himmel und eine neue Erde schaffen« formulierten ihre verborgenen inneren Fluchtwege aus dem mutterlosen, streng regulierten Alltag. Doch als sie eines Tages aus der Schule kam, waren die Schränke auseinandergeschoben und die Papiere verschwunden. Angstvoll traf sie zuerst auf die Hausdame, die sie – das war alarmierend genug – keines Blickes würdigte. Dann wurde sie vom Vater zur Rede gestellt und nach Einzelheiten zum Inhalt der Aufzeichnungen befragt. Eine Tracht Prügel und das Versprechen, alle in diesen Papieren erwähnten Personen innerlich um Verzeihung zu bitten, waren die Folge. Der Vater habe sie noch wochenlang fühlen lassen, »daß er sie nicht nur für ein völlig verdorbenes, sondern auch für ein nur halb zurechnungsfähiges Geschöpf hielt«. »Papa«, so schrieb Ida später in einem als Fragment erhaltenen Brief an ihre älteste Schwester, »ist mir nie eine Stunde lang Vater gewesen, *nie* hat er mir auch nur eine Liebkosung gegönnt.«

Nach dem Ende der Schulzeit, die das »schwierige« Mädchen schließlich freudlos und weitgehend isoliert einigermaßen hinter sich gebracht hatte – ihre Lieblingsfächer waren immerhin Physik und Chemie, Geschichte und Geographie –, sollte Ida wie die älteren Schwestern in ein Mädchenpensionat geschickt werden. Das gehörte sich für höhere Töchter jener Zeit, deren Erziehung nur ein Ziel kannte: die Heirat mit einem gutsituierten, vielversprechenden Versorger. Der Vater entschied sich für eine Pension in Brüssel, denn dort gab es Verwandte. Die französische Sprache beherrschte das junge Mädchen ja bereits fließend. Die älteste Schwester Alice war schon unter der Haube, sie hatte sich mit einem erfolgreichen Zeitungsverleger in Mannheim verheiratet. In Brüssel lebten zwei »verhutzelte« Schwestern der Pariser Großmutter väterlicherseits, die dem jungen Mädchen gegenüber manche Vorbehalte pflegten. Eine der Großtanten war mit einem belgischen Rabbiner verheiratet und hatte einen kränkelnden Sohn, der als Musiker eng mit Jacques Offenbach befreundet war, nach dessen Tod aber, tatenlos und ganz in seine Musik vergraben, den Erinnerungen an den großen Freund nachhing.

Dem kleinen Privatpensionat stand eine strenge Leiterin vor. Die ihr anvertrauten Schülerinnen hatten schwarze Uniformkleidung zu tragen. Ida wurde einer Klasse zugeteilt, in der sie die einzige Deutsche und die einzige Jüdin, also wieder eine Außenseiterin, war. Ein Mädchen aus England, das bei Idas Ankunft gerade im Begriff stand, in sein Elternhaus zurückzukehren, gab ihr einen Rat mit auf den Weg: »Sie müssen sagen, daß Sie evangelisch sind, sonst halten Sie es hier nicht aus.« Juden gälten den Mitschülerinnen als »Parias, verachtetes, gehaßtes Volk«. Zu Hause war Ida nicht religiös erzogen worden. Jüdische Feiertage wurden vom Vater ignoriert, und so hatte Ida sich gelegentlich entweder in die evangelische Kirche geschlichen, in der ihre Mitschülerinnen konfirmiert wurden, oder – das am liebsten – in die katholische. Ihrem Sinn für alles Dekorative kamen die kostbaren Gewänder entgegen, sie liebte das Läuten der Glocken und den Gesang des Ave-Maria, die festlichen Prozessionen und das laute Tönen der Orgel. Im Alter von zwölf Jahren hatte sie zum ersten Mal eine Synagoge von innen gesehen und dabei auch einigen Stolz auf die Zugehörigkeit zum auserwählten Volk Gottes empfunden, aber dennoch war sie ihrer Religion gegenüber auf Distanz geblieben. Im Brüsseler Mädchenpensionat wurde nicht weniger als elfmal am Tag katholisch gebetet. Einmal in der Woche gingen die Schülerinnen zur Frühmesse und am Sonntag zum Hochamt in den Dom. Ida war oft dabei; von der Beichte blieb sie zu ihrem Leidwesen ausgeschlossen.

In Bingen war Ida eine fleißige Schülerin gewesen, aber hier in Brüssel erlahmte ihr schulisches Interesse. Das ständige Pauken französischer Texte und Tabellen ermüdete sie, der ganz auf französische Belange und Geschichte zugeschnittene Unterricht erschien ihr allzu mechanisch und trocken. Um so mehr fühlte sie sich nun von der Musik in den Bann gezogen. Doch auch die Paukstunden des Klavierunterrichts behagten ihr wenig, vergällten ihr nur das Vergnügen. Da sie aber bereits einige Beethoven-

und Chopin-Sonaten mit Bravour spielen konnte, schickte man sie zum weiteren Musikunterricht an das Konservatorium der Stadt. Das erschien ihr wie eine Befreiung. Bald hatte sie ihr Klavierspiel auf beachtliche Weise perfektioniert, was vor allem darauf zurückzuführen war, daß ihr Lehrer Wert legte auf freies und lockeres Spiel und nicht auf stereotype Übung.

Eines schönen Tages wurde das Mädchen von drei Mitschülerinnen in ein Gespräch über Fragen der Religion verwickelt, welches sich zu einer Art Verhör ausweitete. Sie ginge in die katholische Kirche, ohne sich zu bekreuzigen oder an der Beichte teilzunehmen, auch in die evangelische Kirche ginge sie zuweilen – welcher Religion sie denn eigentlich angehöre? Als sie bekannte, Jüdin zu sein, brach das Gespräch abrupt ab. Von nun an hatte sie es sich sogar mit den beiden deutschen Schülerinnen aus einer anderen Klasse gründlich verdorben, obgleich diese doch wie sie aus dem Rheinland stammten. »Ein raffiniertes Qualsystem« hätten ihre Mitschülerinnen von da an ihr gegenüber angewandt, berichtete sie später. Die Tage in Brüssel wurden zum Martyrium. Der Schmerz über den Verlust der Mutter, das immer wieder aufwallende Gefühl grenzenlosen Alleinseins stürzten sie oft in Verzweiflung. Sie war inzwischen eine junge Dame geworden, warf gelegentlich schon neugierige Blicke auf junge Herren, doch weit und breit gab es niemanden, mit dem sie über ihre Empfindungen sprechen konnte.

Aus Bingen erreichte sie schließlich die Nachricht, daß das Kleid der Hausdame während der Lektüre eines Buches vor dem häuslichen Kamin vom Feuer erfaßt worden und diese dabei auf schreckliche Weise zu Tode gekommen sei. Umgehend verabschiedete sich Ida mit Einwilligung – wenn nicht auf Befehl – ihres Vaters aus dem Pensionat und trat die Heimreise an. Zu Hause fand sie die Familie »in der starren Trauer, die sie schon kannte«, vor. Die Großmutter aus Paris war angereist, um von nun an den Haushalt zu übernehmen. Ida sollte nicht mehr nach Brüssel zurückkehren, sondern sich an der Seite der Großmutter darauf vorbereiten, das Haus zu führen. Zwischen der Mutter ihres Vaters und Ida war das Klima von Anfang an getrübt. »Du hast viel zu viel im Zimmer gehockt«, meinte die Großmutter. Die geheizten Schlafräume seien Gift. »Du wirst jetzt den Haushalt lernen, das gibt gesunde Bewegung, morgens früh heraus, abends früh ins Bett und kräftige Nahrung« – das nämlich sei »die beste Lebensweise gegen Bleichsucht«.

Der resoluten Dame mißfiel Idas vermeintliche Bequemlichkeit zutiefst. Diese lag oft und lange im Bett und wirkte bisweilen tagelang apathisch. Die Großmutter sah darin die Allüren eines verwöhnten jungen Mädchens. Schließlich wurde der Hausarzt befragt, der schon die Mutter behandelt hatte, was es mit den Beschwerden des Mädchens auf sich habe. Er ordnete für die »bleichsüchtige« junge Dame erst einmal das Gegenteil der großmütterlichen Strategie an: »Morgens lange liegen, Frühstück im Bett, leichte Kost, Ruhe, Ruhe, Ruhe, ablenkende heitere Gesichter« – das sei das beste Mittel gegen die Apathie der Patientin.

Idas gesundheitlicher Zustand war zeitlebens labil; sie mußte später oft Sanatorien aufsuchen. Zu ihren häufigen Unpäßlichkeiten trug die Zweitracht mit der Großmutter möglicherweise auch nicht unwesentlich bei. Dieser schien die Wurzel des Übels in der Disziplinlosigkeit des Mädchens zu liegen: Sie hielt Ida ganz einfach für faul. »Hopfen und Malz« sei an diesem Mädchen verloren, seufzte sie und schloß die Enkelin schon einmal vorsichtshalber von ihrem Erbe aus. Besonderen Anstoß nahm sie an Idas Lust an schönen Kleidern. Die setzte der mißratenen Erziehung nur noch die Krone auf. Aber die häusliche Tristesse sollte – zumindest für einige Zeit – ein Ende finden, als man in Bingen eine neue Hausdame engagierte, eine aparte Erscheinung mit blondem Haar und tiefblauen Augen. Ida freute sich an ihrer Sorglosigkeit und Fröhlichkeit, empfand ihr gegenüber sogar bald so etwas wie Freundschaft.

Noch etwas anderes war geschehen: Ida hatte begonnen, sich ihrer Weiblichkeit bewußt zu werden. Sie betrachtete sich mit neuer Aufmerksamkeit im Spiegel und fühlte irritierende Veränderungen in sich vorgehen. Sie war zu einer hübschen, fraulichüppigen Erscheinung herangereift. Ihre dunklen Augen waren noch immer melancholisch verschattet, aber zugleich voller Ausdruck und Lebenshunger. Ihre weichen Wangen und ein schön geschwungener Mund, der ein unergründliches, maliziöses Lächeln nur andeutete, ließen erkennen, daß in Ida eine verführerische, eigenwillige Persönlichkeit heranwuchs, die sich zudem mit viel Phantasie zu kleiden wußte. Etwas Orientalisch-Lockendes, unbestimmte Signale einer Scheherezade, gingen von ihr aus, was durch laszive Bewegungen und eine scheinbare Trägheit noch unterstrichen wurde. Sie konnte, wenn sie wollte, diesen Zauber auf raffinierte Weise einsetzen.

Noch mehr als zuvor hielt sie jede Tätigkeit im Haushalt für »völlig überflüssig, daher sinnlos«. Sie war lieber bei der eleganten Großmutter am Marktplatz, in deren Haus alles so viel schöner und lichter war, wo voller Anteilnahme Fragen der Kleidung und des Stils erörtert werden konnten, wo überdies der Haushalt allein dem Dienstpersonal oblag. Auch in diesem Haus herrschte eine strenge Etikette, aber »Mama Fine« war doch ungleich viel anziehender als die streitsüchtige alte Dame aus Paris, bei ihr standen andere und vor allem schönere Dinge im Vordergrund als der banale Haushalt.

Ida nahm das Klavierspiel wieder auf. Sie liebte die Musik leidenschaftlich und bemerkte Jahre später in einem Brief an ihre ältere Schwester (21. März 1901) einmal: »Jede Note, die ich höre, gräbt sich in mein Gehirn ein wie in die Platte eines Phonographen der Ton.« Aber das verwies nur auf ihre besondere Fähigkeit des Hörens. Wenn sie selbst spielte, empfand sie das zwar als einigermaßen gut, aber nicht als genialisch. Die Zweifel am eigenen Talent sorgten für beunruhigende Wechselbäder der Gefühle. Mit allen Fasern ihrer Seele wollte sie im Leben »etwas Sinnvolles« tun, sich niemals mit der Rolle als treusorgende Hausfrau zufriedengeben. Aber bis wohin reichten ihre Kräfte und Anlagen? Und wo lag der Schlüssel zu einem anderen Leben als dem ihrer Mitschülerinnen, einem Leben jenseits eines trivialen, vordergründigen Bürgerglücks? Im Sturm und Drang jener

Jahre kannte sie noch kein genaues Ziel, auch keinen genauen Weg. Sie wußte nur eines sehr genau: Die nüchterne Arbeitswelt, in der sie lebte, war nicht ihre Welt, durfte es nicht sein. »Selbständiger Teil eines Größeren« zu werden, die hermetische Einsamkeit zu durchbrechen, Empfindungen nicht zu unterdrücken, sondern herauszulassen, sich in gegenseitigem Verständnis auszutauschen – das war es, wonach sie sich sehnte. Vorerst war da allenfalls die Musik, die ihr Fluchten aus dem engen Käfig ermöglichte, oder ihre Sammlungen von Handschriften berühmter Männer.

Die von der Pariser Großmutter als arbeitsscheu und oberflächlich Geziehene konnte, wenn sie nur wollte, sehr wohl hart an sich arbeiten. Sie war keineswegs »arbeitsscheu« – wenn die Arbeit ihren Anlagen entgegenkam. Dafür waren die Voraussetzungen zu ihrer Zeit nicht gerade günstig. Die traditionellen Rollen waren in ihren Kreisen fest umrissen, Frauen hatten zu dienen und nicht zu verlangen. Ida vertiefte sich noch mehr als zuvor in die strengen Exerzitien des Klavierspiels, erarbeitete sich mit Disziplin und Ausdauer die Kunst der Bachschen Fuge. Aber die nagenden Zweifel an einer außerordentlichen oder wenigstens hinreichenden Begabung, die drängende Frage nach dem Wohin und Wozu blieben ungelöst. Doch ihre leidenschaftliche Suche nach einem beglückenden Lebensziel, ihr noch unsicheres, manche vor den Kopf stoßendes Tasten nach – wie sie es später genannt hat – »unbestechlicher Gewißheit« waren unzerstörbar.

Allmählich begann die nun Sechzehnjährige wieder ihre Mitschülerinnen von einst aufzusuchen, schloß sie die eine oder andere zaghafte Freundschaft mit gleichaltrigen jungen Damen. Aber selbst ihrer vertrautesten Freundin vermochte sie sich nicht wirklich zu öffnen. Sie nähme doch alles viel zu schwer, meinte diese, »das Leben ist viel einfacher und harmloser und freundlicher als du denkst«, war deren vergnügte Empfehlung. So vertiefte sich Ida mehr und mehr in alle Bücher, deren sie habhaft werden konnte. Die Lektüre ihrer Altersgenossinnen er-

Leutnant Heinz von Hahn

schien ihr zu seicht; diese lasen die Werke Felix Dahns oder andere Unterhaltungsromane. Da griff sie schon lieber nach den Klassikern, die in der Hausbibliothek nicht fehlen durften. Sie las Shakespeares Königsdramen, las »Othello« und »Romeo und Julia«. Fasziniert und abgestoßen von den Grausamkeiten und Julias Liebesemphase – schließlich war Julia ein Kind von vierzehn Jahren –, blieb sie nach der Lektüre aber eher verwirrt als erfüllt zurück.

Bei dem Hochzeitsfest ihrer zweitältesten Schwester Julie Hedwig in München, das in ihr ein nie gekanntes, ein brandendes Gefühl »wolkenloser, heiterster Fröhlichkeit« hervorrief, erfuhr das Mädchen zum ersten Mal, aber das offensichtlich mit Nachdruck, die werbende Aufmerksamkeit junger Männer. Einen davon, der sich an ihre Fersen heftete, wies sie allerdings entrüstet als »Hemdenbrust« zurück. So sollte er nicht aussehen, der Mann ihrer Träume. Auch der Hinweis einer Tante auf die günstigen wirtschaftlichen Verhältnisse des Kavaliers konnte sie nicht umstimmen. Zurück in Bingen, begegnete sie dann einem jungen Gast ihrer Hausdame – und in diesen verliebte sie sich glühend.

Heinz von Hahn, vier Jahre älter als sie, war ein junger Leutnant aus adliger Familie. Die beiden ließen sich im Frühling heimlich über den Rhein rudern, saßen verklärt unter Kirsch- und Birnenblüten in einer verschwiegenen Laube und ergingen sich in Liebesschwüren. Erstaunt registrierte Ida, daß diesmal »das Gefühl der Blutfremdheit, das ihr den Umgang mit Menschen so oft erschwerte«, ausblieb, und als der stürmische junge Mann gar von Heirat spricht, beginnt sie bereits von einer eigenen Familie zu träumen, deren Gesetze nicht ihr Vater – und nicht der Tod – bestimmen sollte. Ein erster Kuß löste ein nie gekanntes Verlangen aus, schon sah sie ein »köstliches Leben in Gemeinsamkeit« vor sich. Zum ersten Mal in ihrem Leben habe sie damals das »Wunder der Einheitlichkeit« erfahren, wird sie später schreiben. Endlich bietet sich ihr die ersehnte Brücke zu einem anderen Leben. Mit der ganzen Leidenschaft eines jungen, unerfahrenen Mädchens setzt sie entschlossen auf den sich hier eröffnenden Ausweg aus den Fesseln von Apathie und Trauer. Sie war bereit, für den Geliebten ihrer Religion zu entsagen, damit der Zweisamkeit mit dem Offizier aus Darmstadt nichts im Wege stünde. Sie fühlte sich von einer Woge der Emotionen und des Glücks emporgehoben.

Aber sie hatte die Rechnung ohne den Vater gemacht. »Er tobte. Ein solcher Wahnsinn war unausdenkbar. Ein Leutnant! Irgend ein Leutnant! Was mußte das für ein Flegel sein, der zuerst mit der Tochter sprach und dann erst sich gütigst an den Vater wenden wollte! War dergleichen in guter Familie denkbar? Von allem anderen Undiskutierten abgesehen: Niemals würde ein Mensch, der sich das erlaubt hatte, die Schwelle dieses Hauses übertreten. Die Tochter schien den Verstand verloren zu haben, war offenbar hysterisch und gehörte in eine Erziehungsanstalt« – der Vater sah all seine sorgsam verfolgten Pläne einer standesgemäßen Verbindung seiner Tochter gefährdet. Nur er meinte zu wissen, was diesem störrischen Mädchen – und der Familienehre – bekömmlich sei, und überdies war er entschlossen, seine Tochter nur einem jüdischen Ehemann anzuvertrauen, wie das in seiner Familie von jeher Sitte war.

Auf die Eröffnung der Hausdame, daß der junge Mann um die Hand der Tochter anzuhalten wünsche, hatte der Vater wütend erklärt, er werde »niemals seine Hand zur Aufführung einer derartigen Komödie bieten«. Sollte die Tochter sich über sein entschiedenes Veto hinwegsetzen, so stünde es ihr frei, das Haus zu verlassen. Ihr Erbteil werde sie allerdings erst im Alter von vierundzwanzig Jahren beanspruchen können, eine Mitgift sei ausgeschlossen. Die Familienbande seien dann ein für allemal abgeschnitten. Aber auch wenn es nicht zu diesem närrischen Antrag komme, müsse die Beziehung zwischen den beiden sofort abgebrochen werden. Er erwarte diesbezüglich das Ehrenwort des jungen Mannes.

Die Hausdame wurde entlassen und durch eine andere ersetzt. Noch im selben Jahr starb Idas schärfste Kritikerin, die Großmutter aus Paris, ohne daß die Enkelin ihr eine Träne nachweinte. Sie empfand diesen Tod als Erleichterung. Aber der Vater wußte nun, was die Stunde geschlagen hatte: Ida sollte so schnell wie möglich »unter die Haube« kommen. Es mußte nur der Richtige gefunden werden.

Ida, aufgewühlt durch die Erfahrung ihrer ersten großen Liebe, versenkte sich wieder in die Musik. Im weiträumigen Garten hatte der Vater auf ihr Drängen hin ein kleines Gartenhaus installiert. Dort versuchte sie sich in der Malerei, doch auch hier erkannte sie bald die Grenzen ihres Talents. Sie las mehr denn je, spürte einen »Heißhunger nach schönen Worten, die sie wiegten oder davontrugen in fremde Schicksale«, notierte sich Gedichte, die sie begeisterten, und lebte beharrlich das Leben eines jungen Mädchens, das sich vor der Realität versteckt, um nicht an ihr zu zerbrechen. Sie, »die sonst niemals zu Menschen ging, von denen sie sich nicht angezogen fühlte, überwand sich nun, jeden aufzusuchen, bei dem sie Bücher vermutete«. Besonders der zwei Jahre ältere Leo Seligmann, der mit ihrem Bruder in die Schule ging, versorgte sie regelmäßig mit Lektüre – die enge Beziehung zu dem anregenden Jugendfreund, der später in München Jura studierte und Rechtsanwalt wurde, sollte lange währen. »L.S. war mein Toggenburg. Daß in meiner Jugend gar keine Aussicht für ihn war, das merkte er. Vielleicht, so hoffte er, würde mein Lebensschifflein nach 10 oder 20 Jahren einmal in seinen Hafen einlaufen« – aber dazu kam es nicht.

Idas Sehnsüchte und Vorlieben waren keineswegs originell. Sie unterschieden sich nicht grundsätzlich von denen anderer junger Mädchen ihrer und jeder anderen Zeit. Eigenwilliger als ihre noch vagen Interessen und ihre ernsthaften Erprobungen auf dem Gebiet der Kunst war ihr nach außen hin oft schroffes Wesen, das ebenso von Isolationsängsten und Enttäuschungen wie von der Suche nach Möglichkeiten der uneingeschränkten Hingabe an eine große Aufgabe, einer tiefen Sehnsucht nach Vertrauen und Vollkommenheit bestimmt war. Ihre Begabungen traten nur zaghaft an die Oberfläche – und wurden durch Selbstzweifel behindert. Aber sie war jetzt eine höchst attraktive junge Dame geworden, und die Normen der Zeit duldeten keinen längeren Aufschub: Ein »gestandener« Ehemann sollte sie endlich aus ihrem Dornröschenschlaf erlösen.

Als sich der Vater auf eine Geschäftsreise nach Rußland begeben mußte – das Handelsnetz des Hauses Meyer und Coblenz war weit gespannt –, nahm er seine Tochter bis Berlin mit, um sie dort in die Obhut einer Tante zu geben, deren gutem Urteil über geeignete Freier er vertraute. Ida ihrerseits ließ sich nur deswegen dazu überreden, weil sie in Berlin die Zwillingsschwester ihres abgewiesenen Liebhabers zu sehen hoffte, vielleicht sogar ihn selbst. Der Wunsch sollte nicht in Erfüllung gehen. Es gelang ihr nicht, die Adresse der Schwester ausfindig zu machen. Die

Tante hingegen schleuste sie während des dreimonatigen Aufenthalts zu den verschiedensten Anlässen für eine passable Eheanbahnung, zu Tanzabenden und Diners. Einmal durfte sie sogar als Klavierspielerin bei einem Hauskonzert einspringen.

Die junge Dame aus der rheinischen Provinz hatte in Brüssel schon das Großstadtleben kennengelernt, aber das Berlin des ausgehenden 19. Jahrhunderts stellte alles in den Schatten, was sie bisher von der Welt gesehen hatte. Die Stadt, die sich ihr darbot, war eine Metropole mit mehr als anderthalb Millionen Einwohnern, ein hektischer Marktplatz des Handels und Wandels, des Geldes und des Bürgerstolzes. Es war ein vibrierender Ort aufregender Begegnungen und festlicher Vergnügungen. Sie sah freilich nur dieses eine Gesicht der Stadt: das Berlin der Erfolgreichen und Gutsituierten. Das andere Berlin, das der Armut und der Boheme, sah sie nicht; die Tante wußte es zu verhindern. So wurde sie vom Glanz der Fassaden und von gastlichen Menschen bezaubert. Zum ersten Mal konnte sie ihre aufblühende Schönheit auf der großen Bühne einer Weltstadt präsentieren.

Auf einer Abendveranstaltung, zu der ein größerer Kreis von Gästen geladen war, stand ein älterer Herr im Mittelpunkt der Aufmerksamkeit. Er war ein Dichter, dessen Romane oft Stadtgespräch waren, weil sie von gefährlichen weiblichen Kapriolen handelten: Theodor Fontane. Ida war von dem Gespräch mit ihm und von seiner warmherzigen, väterlichen Ausstrahlung fasziniert. Er gab sich ihr gegenüber sehr aufgeschlossen, lud sie sogar ein, ihn zu besuchen. Sie empfand ihm gegenüber eine befreiende Lust, sich rückhaltlos auszusprechen. Nach dem zweiten Zusammentreffen schenkte ihr der freundliche alte Herr, der in allem das Gegenteil ihres gestrengen Vaters verkörperte, ein Bild von sich. Sie war geschmeichelt – und zum ersten Mal in ihrem Leben nicht nur von der Dichtung, sondern von einem angesehenen Dichter in Bann gezogen.

So vergaß sie allmählich ihren Kummer und genoß die Abwechslungen. Auf eleganten Bällen fühlte sie sich von Verehrern umringt, wobei sie sich nicht ganz darüber im klaren war, inwieweit sie gesucht wurde oder selbst nur auf der Suche war. »Schwan, kleb an«, urteilten die Cousins, die ihre Wirkung auf Männer genau beobachteten, mißbilligend. »Geradezu kompromittierend« fanden sie ihre Anziehungskraft. Idas Ausstrahlung durfte bereits – betrachtet man die erhaltenen Photographien aus jener Zeit – als verführerisch bezeichnet werden. Nicht nur ihre glühenden Augen und ihr lang herabfallendes oder kunstvoll aufgetürmtes schwarzes Haar dürften damals so manchem Jüngling den Kopf verdreht haben. Es war wohl auch der ständige Wechsel zwischen Zurückhaltung und Bereitschaft, zwischen Angst und Hunger nach Zuneigung, ja, auch die Lust zu unterwerfen, der ihre Verehrer in Atem hielt. Sie hatte inzwischen gelernt, die Männer weniger zurückhaltend als früher auf ihre Ansprüche aufmerksam zu machen, nicht zuletzt durch ihren untrüglichen Sinn für ihre Garderobe.

Bei ihrer letzten Abendeinladung in Berlin hat sie den Sohn des AEG-Industriellen und späteren Außenminister Walther Rathenau zum Tischherrn, und sie empfindet zu diesem eine spontane Nähe, als sie sich sehr offenherzig über die langen Schatten ihrer Väter unterhalten. Als »verzweifelten Versuch, den Koloß zu umgehen und durch fieberhaftes Wachsen einen eigenen Platz an der Sonne zu erreichen«, beschrieb sie ihren damaligen Seelenzustand später. Ihr Tischherr habe das Wort »Vater« mit derselben Distanz gebraucht wie sie. »Eine Leistung vollbringen, die größer ist als man selbst« – dieser Wunsch sei damals in ihr übermächtig geworden. Zugleich aber habe sie immer nach einem »Gefäß« Ausschau gehalten, »in das sie sich ergießen könnte«. Wie immer dieses Gefäß aussehen würde, es mußte dem Bereich der Kunst angehören. Das, was sie an Dichtung und Musik bereits kennengelernt hatte, wies ihr den Weg. Aber das Ziel blieb noch diffus.

Eine zauberische Beglückung brachte ein erster Opernbesuch – alleine! – in Berlin. Wagners »Walküre« löste in ihr ein Glücksgefühl »von einer gottgleichen Neuschöpfung voll Wärme, Glanz und Größe« aus. Wenig später empfand sie in »Tristan und

Isolde« »ein Glück vollkommenen Erfülltseins«, sie fühlte sich in höchste Sphären gehoben.

Immer deutlicher trat in dem jungen Mädchen eine nagende Kluft zwischen Sehnen und Erreichen, zwischen Talent und Ausführung, Ansatz und Vollendung zutage. Ida Coblenz, die »höhere Tochter« aus Bingen, spürte, daß sie ihren Weg ins Leben nicht alleine finden würde, daß sich ihre Fähigkeiten nur mit einem alle Hemmungen lösenden Gegenüber richtig entwickeln konnten. Der frühe Tod der Mutter, die Strenge des Vaters, die religiöse Isolation und ihre Empfindung, anders zu sein als die anderen – dies alles beförderte ihren Hunger nach dem Aufgehen in einer einzigen großen Anstrengung: der Jagd nach Liebe und der Teilhabe an einem Reich der Kunst jenseits allem Geordneten und Trivialen. »Nichtanpassung an den Geschmack der andern, Ablehnung des ›gesunden Menschenverstandes‹ ihrer Umgebung« sei damals ihr fester Vorsatz geworden. Als sie nach drei Monaten Berlin verläßt und nach Bingen zurückkehrt – eine ernsthafte Eheanbahnung war fürs erste noch ausgeblieben –, erwartete sie dort abermals eine Katastrophe, die ihr mühsam erreichtes Gleichgewicht auf das grausigste erschütterte.

Die kleine Schwester Marie Louise, Idas über alles geliebter Schützling, erkrankte an der Lunge, wurde von ständigem Schwindel und hohem Fieber geschüttelt, verlor für Stunden das Bewußtsein. Ida saß Tag und Nacht am Bett des Kindes, flehte zu Gott für die Kranke. Doch am 11. April 1892 starb die kleine Schwester – sie war ganze neun Jahre alt geworden.

Ida Coblenz hatte seit ihren frühen Jahren gerne Kirchen besucht, hatte den katholischen Ritus bewundert und sich von Zeit zu Zeit auch in evangelische Kirchen geschlichen. Am wenigsten hatte sie sich in Synagogen aufgehalten. Ihr religiöses Empfinden war immer verschwommen, gelegentlich auch etwas pathetisch gewesen. Nun aber brach ihre schwankende religiöse Empathie vollends in sich zusammen. »Es mochte da ein weltzusammenhaltendes Gebilde geben, aber doch wohl mehr physikalischer Art; das mochte dem winzigen Bestandteil Menschheit die elementaren Vorbedingungen seines Daseins erhalten – aber Gott als gütiger Vater im Himmel: Ammenmärchen, Narretei … Wenn Gott, indem er das geliebte Kind leben ließ, den Funken jauchzender Dankbarkeit in ihr geschürt hätte, vielleicht wäre die Flamme lodernd hell aufgestiegen. Nun aber lagen Glaube und Liebesbereitschaft zu Schlacken verbrannt in ihrer Seele.«

Als Ida Coblenz in späteren Jahren ihr Leben in einem nur notdürftig als »Roman« verschlüsselten und nie gedruckten Manuskript Revue passieren ließ – unsere Einblicke in ihre Mädchenjahre beruhen darauf –, hat sie den Tod der kleinen Schwester als traurigen Anlaß zur jähen Abkehr von allen religiösen Hoffnungen bezeichnet. Nach dem Tod der Mutter, nach der Zerstörung ihrer ersten Liebe hatte sie der vorerst letzte furchtbare Verlust erneut in tiefe Verstörung und Selbstzweifel gestürzt. Mit all der Liebe, die zu geben sie imstande war, hatte sie an ihrer kleinen Schwester gehangen. Sie war ihr das einzige Pfand gewesen, das die Mutter hinterlassen hatte. Nun war die Empfindung von Verlassenheit und Einsamkeit mit aller Macht wieder auf sie herabgesunken. Ihr ganzes Leben lang sollte sie unter diesem Verlust zu leiden haben.

Die schwere, lang anhaltende Krise setzte in ihr schließlich aber auch jene Kräfte endgültig frei, die von nun an – bei aller Unvollkommenheit ihrer Talente – ihren weiteren Lebensweg bestimmen sollten. »Eine Leistung, die größer ist als man selbst« – dieser Traum ließ sich weniger durch die Erweiterung ihrer musikalischen oder anderen künstlerischen Fähigkeiten erfüllen als durch unbedingte Hingabe an andere, deren (künstlerische) Leistung des Verständnisses und der Förderung bedurfte. Ida Coblenz würde anderen den Weg zu sich selbst finden helfen. Und sie würde der (modernen) Kunst ihr Leben lang eine leidenschaftliche Maklerin sein.

3

In den Zaubergarten der Kunst führen viele Wege. Der dornenreichste und beschwerlichste davon ist der zur eigenständigen Künstlerin. Doch Ida Coblenz wußte schon früh, daß ihrer Sehnsucht nach Lektüre und Büchern ebensowenig eine ausreichende Begabung zur eigenen literarischen Leistung zur Seite stand, wie sie als redliche Pianistin oder zaghaft autodidaktische Malerin – in einem Brief an eine Freundin nannte sie sich einmal »einen ohne Hände gebornen Raffael« – mehr als einige passable Ergebnisse für den Hausgebrauch zustande brachte. Und doch hat Ida Coblenz damals nicht auf jeden Versuch verzichtet, ihre Grenzen als schreibende und literaturverliebte Jüngerin der Kunst vorsichtig abzutasten. Dazu diente ihr vor allem ihr heimliches Tagebuch, dem sie sich zwanglos und nach ihren Grenzen tastend anvertraute.

Idas ältere Schwester Alice hatte den Mannheimer Zeitungsverleger Julius Bensheimer geheiratet. In dessen »Neuer Badischer Landeszeitung« durfte Ida gelegentlich unter dem Pseudonym »Coba Lenz« (später, in anderen Zeitungen, auch unter »I.S.I«) kleine, freilich unbedeutende Artikel über die heimische Landschaft und Rezensionen über Bücher veröffentlichen, die sie gelesen hatte – zu ihrer bevorzugten Lektüre zählten inzwischen Ibsen, Strindberg und vor allem Nietzsche. Das Bedürfnis, sich in andere Autoren einzufühlen, mit ihnen einen Dialog nicht über die eigenen Versuche, sondern über *deren* Gedankenwelt zu beginnen, gewann zunehmend die Oberhand. Bald sollte ihre Fähigkeit, das ausreichende künstlerische Talent, das sie in sich vergeblich gesucht hatte, in anderen zu erkennen und, wo immer es möglich war, zu befördern, eine ernsthafte Herausforderung erfahren.

Das kleine Bingen, in dem Ida Coblenz wohlbehütet, aber oft leidvoll ihre Jugendjahre verbrachte, ist – sieht man von der großen Hildegard ab – nicht gerade als eine Stadt der Dichter und Denker hervorgetreten. Die Kreise, mit denen das junge Mädchen damals vornehmlich in Verbindung stand, hatten mit Weinbau und -handel zu tun, arbeiteten hart und hatten wenig übrig für die imaginären Räume von Kunst und Kultur. »Aber eines Sonntagnachmittags, es mag 1884 gewesen sein, als wir Mädels forsch-modisch mit den eben erst erfundenen weißen Blusen am sonnigen Rheinkai einherstolzierten, kam da ein blasser hagerer Junge im Gehrock zur Seite seiner auch farblosen altjüngferlichen Schwester, und die Backfische kicherten: ›S' Schorsche Schtefan‹«, erinnerte sich Ida Coblenz ein halbes Jahrhundert später. Dieser »Schorsche Schtefan« war nicht irgendein junger Mann aus Bingen, sondern einer, der die deutsche Literaturgeschichte noch nachhaltig prägen, ja verändern sollte: Stefan George. Er war zwei Jahre älter als Ida. Seine Familie war einmal aus Frankreich eingewandert. »Der Vorname des Vaters war Etienne; die harte norddeutsche Aussprache hat sich erst viel später Stefan ausgedacht; es ist zu verstehen, daß er das rheinische ›Schorsch‹ unerträglich fand ... Der Vater genoß allgemeine Achtung; er war Wein-Expert. Die Familie lebte zurückgezogen in einem Häuschen ganz nahe der katholischen Kirche; Mutter und Schwester führten ein nonnenhaft strenges Leben.«

Zu den jugendlichen Tanzpartnern Idas gehörte der jüngere Bruder Stefan Georges. »Fritz, der ein harmloser, freundlicher, netter, guter Tänzer war, gelang es einige Jahre später, in unseren Kreis zu kommen, und da mein Vaterhaus auch in der Nähe der Kirche lag – die beiden Häuser waren nur durch den Kirchgarten getrennt –, brachte er mich oft abends heim.« Nach einem abendlichen Tanzvergnügen Anfang des Jahres 1892 gab sich der junge Mann einen Ruck und klärte seine Begleiterin, von der er wußte, wie sehr sie sich für Literatur interessierte, zaghaft auf: »Fräulein Ida, ich möchte Ihnen was anvertrauen. Mein Bruder Schtefan – ja, unser Schtefan dicht't! Und denken Sie, jetzt sind seine ersten Gedichte gedruckt worden, und wir können sie nicht verstehen, keiner von uns, und ich meine bestimmt, Sie würden sie verstehen.«

Der freundliche Tanzpartner hatte sich in seiner Ratlosigkeit an die Richtige gewandt. Sie nahm die alles andere als leichtverständlichen Gedichte an sich und vertiefte sich in sie. Ihr untrügliches Sensorium für Kunst und Künstler, für alles Unkonventionelle und Neuartige, folgte einer ganz persönlichen Zielsetzung. Der literarische Geschmack der Zeit, vornehmlich am »revolutionären« Naturalismus orientiert, konnte mit diesen Gedichten herzlich wenig anfangen, sie aber witterte darin nicht allein das Moderne, sondern den Gegenentwurf zu ihrer Wirklichkeit. Ihre häusliche Realität erschien ihr zunehmend unerträglich, um so mehr fühlte sie sich von einer autonomen Kunstwelt angezogen, in der ganz andere Gesetze galten.

Der Verfasser der Verse, Stefan George, hielt sich zu diesem Zeitpunkt gerade in München auf. Nachdem sein Bruder ihm die Nachricht hatte zukommen lassen, daß er eine Interessentin für seine Arbeiten in der unmittelbaren Nachbarschaft habe, wandte sich der Geehrte an die junge Dame. Ida Coblenz war dem angehenden Poeten schon gelegentlich in Bingen begegnet. Einmal habe sie ihn beobachtet, wie er, in Begleitung seiner Schwester Anna Maria Ottilie, steifen Ganges im Gehrock zur Kommunion geschritten sei.

Der flüchtige Eindruck, den sie von ihm gewonnen hatte, war alles andere als vorteilhaft gewesen. In ihrem nur geringfügig verschlüsselten Lebensbericht hat sie erzählt, der blasse Jüngling habe stets wie ein »künftiger Kleriker« auf sie gewirkt, habe schmalwangig und fahl ausgesehen, sei ihr wie ein Mensch erschienen, »der sich in verschlossener Zelle auf das entsagende Leben eines Priesters vorbereitet ... Auf einem hohen Körper ragt ein langgestreckter Kopf; die Stirn, umbauscht von dichtem, langem, glattem Haar, fliegt weit zurück; die Nase schmal und gerade; das Kinn schlank, in kühnem Bogen weit vorgeschoben. Tief versenkt, dunkel umrandet die Augen, glanzlos ver-

Der junge Stefan George

loschen. Das Antlitz wie graues Pergament, wächsern, völlig blutleer.« Der überzeugende Ernst dieses jungen Dichters sei ihr nicht entgangen, zugleich aber habe sie der eisige Hauch befremdet, der von ihm ausgegangen sei: »... nie ... würde er das Blut einer Frau erwärmen können.« Ausgerechnet dieser Mann hatte ihr nun seine ersten dichterischen Versuche anvertraut und sie um ihre Meinung dazu befragt.

Stefan George wurde am 12. Juli 1868 in dem kleinen Dörfchen Büdesheim bei Bingen als zweites Kind des Gastwirts Etienne (Stefan) George, dessen Familie aus Lothringen stammte, und seiner Frau Eva geboren, die aus Münster an der Nahe kam. Mit diesen Eltern verhielt es sich umgekehrt zu den Eltern Coblenz: Der streng katholische Vater gewährte dem Sohn alle Freiheiten, die ebenso streng katholische Mutter hingegen war eine schweigsame und ehrgeizige Frau, und Georges Freund Robert Boehringer hielt es für schwer vorstellbar, daß sie ihre Kinder jemals geküßt habe, »nicht einmal beim Gutnachtsagen«. 1873 war die Familie nach Bingen gezogen, der Vater hatte mit dem Weinhandel begonnen und es bis zum Stadtverordneten gebracht. 1882 hatten die Eltern ihren Sohn auf ein Gymnasium nach Darmstadt geschickt, wo der Knabe durch sein unbeirrbares Einzelgängertum und seine feierlich-erhabene Selbststilisierung auffiel.

Er war anders als seine Klassengefährten und wollte auch anders sein. Zuerst ganz im geheimen begann er damit, Texte der Weltliteratur zu übersetzen und auch eigene literarische Pläne zu schmieden. Umgeben vom »Nimbus des Geheimnisvollen und Rätselhaften« – so Franz Schonauer –, hatte er sich an pubertärer Erkenntnislyrik versucht. Unter falschem Namen hatte er einige dieser Gedichte bereits veröffentlicht, 1897 aber diese ersten literarischen Gehversuche relativiert, das sei »von einem, der George noch nicht kannte ... Damals gab es noch keinen Stefan George.« Im Alter von dreiunddreißig Jahren hatte er sie aber doch in einem kleinen Büchlein veröffentlicht und dazu gemeint: »Wir die dichter ... erkennen uns in diesen zarten Erstlingen wieder und möchten sie unter unsre besondere Obhut nehmen ... wir sehen in ihnen die ungestalten puppen aus denen später die Falter leuchtender Gesänge fliegen und lassen uns gern durch sie erinnern an die zeit unsrer reinsten Begeisterung und unsrer vollen blühwilligkeit.«

Am Darmstädter Gymnasium hatte der Knabe schon eine Schülerzeitung herausgegeben, deren hektographierte Exemplare er seinen Mitschülern und Freunden in vierzehntägigem Abstand zum Kauf anbot. Die Zeitschrift sei, so hatte er im Vorwort zur ersten Ausgabe verlauten lassen, »dem Bedürfnis entsprungen, gegen die oft ermüdende und abstumpfende Tätigkeit in der Schule eine anregende und erfrischende Beschäftigung einzutauschen«.

Im Alter von zwanzig Jahren durfte der junge Dichter nach London, danach nach Montreux reisen, im folgenden Jahr nach Mailand und Turin, schließlich nach Paris, wo er bei dem Symbolisten Stéphane Mallarmé und seinem alles andere als bürgerlichen Freundeskreis Zugang fand. Dessen düster-melodische, das Unbewußte assoziativ und suggestiv erforschende und beschwörende Verse hatten den jungen Deutschen ebenso fasziniert wie die schaurig-schöne und morbide, rhythmische und metaphorische Poesie des schon 1867 verstorbenen Charles Baudelaire. In diesen französischen Vorbildern erkannte er die Verwandtschaft zu seinem Ideal vom autonomen Kunstwerk und Dichter jenseits aller dinglichen Realität.

Wieder einmal, wie schon im 18. Jahrhundert, war es die französische Literatur, die die Wurzeln für eine Erneuerung der deutschen Dichtersprache legte, aber Stefan George sollte bald zum ganz und gar eigenwilligen und eigenständigen Sprachkünstler und zu einem gefeierten Dichter werden. »Hier«, so charakterisierte Rudolph Kassner die Lyrik des frühen George trefflich, »schien die Sprache selbst Flügel zu bekommen. Es war ein Rauschen und ein Wehen des Worts, ein Atmen der Bilder, ein Aufbrechen innerer Feuer, wie es die Dichtung der Zeit sonst nicht mehr aufzuweisen hatte. Und dieser geheimnisvoll atmende Glanz der Sprache, von dem man nicht wußte, ob er mehr aus der Pracht der Bilder oder aus dem Feuer des Geistes kam, er war auch im übrigen Europa nicht mehr zu finden.« In einer Zeit radikaler Industrialisierung und Profanierung wurde George zu einem mythischen Beschwörer von Jugend und Aufbruch. Er sammelte um sich einen Kreis von erlesenen Jüngern und Geistesgrößen, wurde zu einem wortgewaltigen, sprachbildnerischen Beschwörer von Schönheit und Empfindung – und einem der größten deutschen Dichter des 20. Jahrhunderts.

Mit diesem aus allen Rastern herkömmlicher Dichterexistenz fallenden genialischen Jüngling hatte die idyllische Enge von Bingen die literaturhungrige Ida Coblenz vereint, und es ist für ihre gesamte weitere Entwicklung höchst bedeutsam, wie sie mit dieser Begegnung bis ans Ende ihres Lebens umgegangen ist – vor allem nachdem sich ein schwerer Schatten auf die Beziehung gelegt hatte. Ida Coblenz, der das Talent zur eigenen literarischen Schöpfung versagt blieb, deren musischer Spürsinn für alles Neue und Unausgeschrittene in der Kunst – vor allem für ihre Schöpfer – aber um so stärker war, beschrieb später ihre Lektüre von Georges frühesten Versen so: »Es geschah das Wunder, daß ich, die Zwanzigjährige, Ahnungslose, nachdem ich die ersten Gedichte gelesen hatte, wußte, nicht nur fühlte, was ich da in Händen hielt. Ich gab mich dem nie gehörten Klang ganz und gar hin; ich war Georgianerin geworden; die erste, die es gab.«

Die junge Frau hatte mit sicherer und scharfer Selbstkritik Abschied von der Idee genommen, jenseits des nur Epigonalen an die Grenzen künstlerischer Vollkommenheit vorzustoßen, und vermutlich war sie – ohne einschlägige Vorbildung – gerade deshalb imstande, das Grenzenverschiebende in der Kunst zu erspüren, ohne sich im geringsten von konventionellen Erwartungen und Traditionen hemmen zu lassen. Vielleicht mehr noch als ihr literarisches Urteilsvermögen verhalf ihr dazu ihr unvoreingenommener, neugieriger Blick auf alle Künstler, wobei sie nie der Erfolg »an sich« anzog, sondern alles Außergewöhnliche und Explosiv-Andersartige. Für eine Weingutsbesitzerstochter aus Bingen am Rhein war das – man muß es sich immer wieder in Erinnerung rufen – alles andere als selbstverständlich. »Sie war in Deutschland wirklich die erste, die mit leidenschaftlicher Geistigkeit, mit feiner Empfindung für das Gedicht, George unbedingt bejahend begegnete«, schrieb Georg Peter Lachmann, der gemeinsam mit Elisabeth Höpker-Herberg den Briefwechsel zwischen Ida Coblenz und Stefan George herausgegeben hat.

Als ihr der fremdartige, hagere und stets ein wenig düsterumwölkt wirkende Dichter in ihrem Binger Zuhause zum ersten Mal gegenübersaß – er hatte ihr schriftlich seinen Besuch angekündigt –, kam es zu einem vorsichtigen »Prüfungsgespräch«. George zitierte einen Satz von Nietzsche so, als könne er sich gerade nicht der Quelle erinnern. Es war ganz offensichtlich, daß er die Nietzsche-Kenntnisse seines Gegenübers auf die Probe stellen wollte.

Der ersten Unterredung folgten bald ausführliche Spaziergänge am Rheinufer und auf Seitenwegen des Nahetals. »Im Wandern«, so meinte Ida später, habe sie leichter »ein Wort von sich sagen (können) als daheim in den steifen Stühlen«. Auch wenn sie trotz aller Bewunderung stets eine beklemmende, unüberwindliche menschliche Distanz zu dem seltsamen Gast empfand, sei in seiner Gegenwart die Fähigkeit in ihr erwacht, »die Welt mit den Augen eines anderen zu sehen. Sie gab sich darum nicht auf, verkleinerte sich nicht zum Echo; sie erweiterte ihr eigenes Gesichtsfeld durch die Einstellung auf das Weltbild des jungen Dichters an ihrer Seite.« Dieser legte, so Ida Coblenz im Abstand vieler Jahre, alles andere als Umgänglichkeit und Entgegenkommen an den Tag. »Wenn er von Veröffentlichungen Mitlebender sprach, die seiner eigenen Überzeugung vom künstlerischen Wert zuwiderliefen, so bog ein Zug fast hämischer Verachtung seine Mundwinkel tief herab.« Sie habe die »Schlacken einer menschlichen Schwäche« in Stefan George damals nicht übersehen, aber sie wußte bald, was es mit seinen künstlerischen Ansprüchen auf sich hatte. Dieser Mann, sie spürte es, war ein ganz und gar unvergleichlicher Dichter, und das war ihr wichtiger als alles andere.

In regelmäßigen Abständen versah George sie nun mit kleinen schriftlichen Botschaften, Notizen auf seinen Visitenkarten oder knappen Briefen, meist, um ein neues Zusammentreffen vorzuschlagen, ja zu verlangen. Er wußte um ihre Bewunderung seiner Texte – und nutzte das aus. »gnädiges Fräulein und geschäzte freundin (wenn Sie zugestehn)«, schrieb er am 22. Juni 1892 aus Berlin, wohin er eben gereist war, »kaum hatte ich Sie vorgestern verlassen – wie man sich doch in ein paar tagen so nah treten kann! – da merkte ich dass ich noch einiges zu sagen vergessen Wie war das doch mit jener stelle in den ›Pilgerfahrten‹ S. 13 Absatz 2 war es nicht ein lesezeichen das Ihnen das verständnis erschwerte? und würden Sie mein drittes buch vor dem druck einmal lesen? es ist soweit. diese vorwegnahme ist nicht immer empfehlenswert. Sie giebt (scheint es) eine ehre und nimmt (oder nicht?) einen genuss – In achtung und ergebenheit Ihr Stefan George.«

Schon bevor Ida Coblenz mit George in Kontakt getreten war, hatte sie das »Beichtbuch« eines Fritz Kögel, im Hauptberuf Kaufmann, im Nebenberuf Autor, Komponist und Psychologe – es erschien mit dem Titel »Vox humana« unter Pseudonym –, gelesen und mit dem Autor eine kleine Korrespondenz begonnen. Noch viele Jahre später sollte dieser ihr »verehrungsvoll« das Manuskript eines Schauspiels zusenden. Ida erkannte nun die Chance, ihre später mit Leidenschaft ausgeübte Rolle der Maklerin und Vermittlerin auszuprobieren. Sie stellte eine Verbindung her zwischen George und Fritz Kögel, und wenig später gewann sie auch eine andere Bingerin, Luise Schulze-Brück, für ihn. George wußte das sehr zu schätzen.

Das ständige Drängen nach Begegnungen beantwortet Ida meist knapp und zurückhaltend, so am 20. Oktober 1892: »Wollen Sie morgen Mittag um Punkt 3 an der Post sein?« Punkt drei – Ida wußte genau, was sie wollte. Wenig später, am 4. November, schrieb sie kokett: »Machen Sie jetzt zum ersten Male die Erfahrung, daß es größere Hindernisse giebt als Berge und Flüsse? Sie wissen ja, ich bin der Unfreiesten eine! Auch heute ist es mir unmöglich Ihnen bestimmt zu sagen, wann für mich wieder einmal eine freie Stunde sein wird. Wir müssen ein Begegnen dem Zufall überlassen, er scheint uns freilich nicht gewogen zu sein!«

Eine Woche später mußte Ida Coblenz, infolge gesundheitlicher Labilität immer wieder zu längeren Ruhepausen gezwungen, den lauernden Gesprächspartner wieder warnen: »Ich liege schon seit ein paar Tagen; will heute versuchen, sehr gegen den Wunsch des Arztes, aufzustehn, vielleicht sogar auszugehen. Wenn es irgend möglich ist, werde ich morgen, Freitag um 3, an der Post sein; ich fürchte aber sehr, daß alle Energie diesem absoluten Schwächezustand gegenüber machtlos ist. Hoffentlich ist es mir noch möglich, Ihnen Adieu zu sagen; ich bin so pessimistisch, daß ich keinem auf längere Zeit hinaus ›auf Wiedersehen‹ sage. Herzlichsten Gruß.« Der Adressat erwiderte, daß sich »das alles sehr unglücklich macht«, und erinnerte sie daran, daß er erst einmal verreisen müsse. Kaum zurück, erhielt er erneut eine Nachricht: »Haben Sie Lust nachher mit mir zu gehen? Ich werde um 3 Uhr am Postgebäude sein. U.A.w.g.«

Es war ein ständiges Hin und Her zwischen Verabredung und Absage, das das Verhältnis der beiden zueinander bestimmte, aber beide brauchten inzwischen einander. Als George (wahrscheinlich) vor Weihnachten 1892 von einer Reise zurückkehrte, schickte er wieder eine seiner Visitenkarten: »Komme eben an und erhoffe bald das vergnügen Sie zu sehen – Gebieten Sie!« Etwa um die gleiche Zeit muß George sie zur literarischen Mitarbeit aufgefordert haben. Ida antwortete ihm mit einem Bekenntnis, das ihre Selbsteinschätzung, ihr genaues Wissen um die eigenen Grenzen deutlicher zum Ausdruck brachte als jemals zuvor: »Mein Reich ist nicht die Sprache – ich kann mich nur in Tönen ausströmen, vielleicht auch in Farben. Wenn ich an meinem Flügel sitze, bin ich Musiker, Maler und Dichter in Einem – ich habe aber noch nie Worte gefunden, die genügen, mein Empfinden auszudrücken. Und ein Bruchteil gebe ich nicht her, da ich doch ein Ganzes besitze!«

Ein Ganzes: Die gerade dreiundzwanzigjährige Frau war sich bei aller Unsicherheit und ihren wechselnden Stimmungen bewußt, daß sie entgegen der Skepsis von Vater und Großmutter auf dem Wege zu einer eigenen Persönlichkeit war. An den Gedichten und dem Auftreten Georges hatte sie die geradezu priesterliche Unbedingtheit, der resolute Wille zur zeitlos-gültigen Form angezogen, der sie schon bei ihrer Nietzsche-Lektüre fasziniert hatte. Das stilisierte, feierliche Pathos dieses stolzen Jünglings kündete von einer radikalen Gegenwelt, einer Aufforderung, dem nüchternen Leben zu »entsagen« und mit der Unterwerfung unter ein ästhetisch-überhöhtes Programm ein radikales Opfer darzubringen. Das Ideal des Verzichts auf irdisches Glück und Zufriedenheit zugunsten eines Traums von höherer Würde des Schönen und Geistigen und der Versuch, ihn nach Kräften zu realisieren, kam ihrem Bedürfnis, sich aus den Fesseln ihrer

Umgebung zu befreien, in geradezu berauschender Weise entgegen. Wie sinnlos erschienen ihr dagegen die Abwechslungen während der Monate in Berlin, das unbeschwerte Kokettieren mit jungen Verehrern.

Die Weltabkehr Georges hatte sie mitgerissen. Sehr viel später wird sie (in einem Brief an Robert Boehringer vom 21. Januar 1937) schreiben: »Wenn er zu mir gesagt hätte: Wir wollen einen Orden gründen: Sie werden Schwester. Ich hätte es getan. Denn Liebesgeschichten waren Spielereien (letztenendes) für I. C. Nichts war da von Verlangen nach Mann und Kind. Aber eine solche Aufgabe wurde mir nicht gestellt« – glücklicherweise, darf man hinzufügen. »Ich mache die umgekehrte Wandlung durch wie andere Mädchen«, meinte sie einmal, als sie sich wieder ganz und gar in ihr Schneckenhaus zurückgezogen hatte, in einem (undatierten) Brief an George. »Die Andern gleichen, wenn sie ins Leben treten, einer geschlossenen Muschel. Die öffnet sich dann immer mehr, und wenn sie ihre Perle, ihre Liebe, hergegeben hat – nun, dann ists eben eine moderne Frau. Ach und von der habe ich halt nur die oberflächlichste Außenseite. Ich kann nicht anders als mich immer fester verschließen und gebe mir darum doppelte Mühe, zu scheinen wie die Andern. Ihnen gegenüber könnte ich ja diesen Schein fallen lassen, das weiß ich! Aber gerade darum vermeide ich ein Zusammensein mit Ihnen, mündlich und schriftlich, weil ich weiß, daß ich mit Ihnen von meinem Abgeschlossensten reden müßte. Das aber ist der Unterschied: Dem Dichter ist es eine Erlösung, wenn sich das, was er geschaut und empfunden, in Worten loslöst; mir ist (es) ein Schmerz.«

Doch solchen Augenblicken der Verzagtheit, die gleichwohl erkennen lassen, wie genau sie die Gesetzmäßigkeiten des Schöpferischen zu würdigen wußte, stand sogleich wieder das Bedürfnis nach Gedankenaustausch gegenüber: »Ich habe mich aufrichtig gefreut zu hören, daß Sie wieder da sind, und sehr gerne möchte ich Sie bald sprechen. Ihnen vorläufig eine Stunde zu bestimmen, ist mir aber leider unmöglich. Ich bin mit den peinlichsten Angelegenheiten überhäuft. Vielleicht halten Sie sich den Samstag Nachmittag frei, ich lasse bald mehr hören.« Dann regte sich wieder die Lust, dem Dichter bei seiner weiteren Entwicklung zu helfen: »Es gelüstet mich, dem Herausgeber der ›Neuen freien Bühne‹, Herrn Otto Julius Bierbaum, etwas über Stefan George zu schreiben ... Wollen Sie es mir erlauben? ... Ist Ihnen daran gelegen, mit mir über die Sache zu reden, so sind Sie vielleicht heute Mittag um 4 Uhr am Bingerbrücker Bahnhof. Ich warte auf Ihren Bescheid.« In einem anderen – wie so oft bei ihr – undatierten Brief heißt es: »... mein elender Körper hatte mir wieder einmal den Dienst versagt. Ich kann kaum mehr etwas für den kommenden Tag bestimmen, so sehr bin ich von ihm, der doch meinem Wollen unterthan sein sollte, abhängig. Vielleicht paßt Ihnen der Montag Nachmittag; wenn ich inzwischen nicht gezwungen werde, krank zu sein, so werde ich Sie um dieselbe Zeit erwarten.« Und am 29. Dezember 1894: »Ich habe wieder einmal 8 Tage liegen müssen, sonst hätte ich Ihnen schon früher geschrieben, ob wir nicht noch einmal ›das Gedicht‹ durchsprechen wollen? Ich werde morgen, Sonntag Nachmittag, aufstehen; wenn es Ihrer Stimmung genehm ist, so kommen Sie etwa um 5 Uhr zu mir. Wollen Sie mich recht erfreuen, so bringen Sie mir die Semiramislieder mit.«

Es gibt einige Gedichte Stefan Georges aus diesen Jahren, die sich direkt oder indirekt an seine damalige »Muse« wenden oder sie jedenfalls einbeziehen. »Eine ganze Reihe sehr berühmter Georgescher Gedichte ist unmittelbar aus seinen Stunden bei Ida Coblenz hervorgegangen, selbst bestimmte Räumlichkeiten dieses reichen Hauses sind ... im ›Jahr der Seele‹ erkenntlich nachgebildet«, meinte der Kritiker Julius Bab, mit dem sie sehr viel später noch einmal eine interessante Kontroverse über diese Frage ausfechten sollte. Nicht ohne gute Gründe fügte dieser hinzu: »In der ... seelischen Atmosphäre, die mit dem Sinnlichen unmittelbar verwoben ist, blieb ihr George völlig fremd, und so war diese Dichterfreundschaft auch keineswegs imstande, ihr Leben mit unmittelbarer Schicksalsgewalt zu erfüllen.« Damit bezog sich Bab auf – wie Franz Schonauer es treffend genannt hat – »Georges tiefe, anlagebedingte Unsicherheit und Gefühlsambivalenz gegen diese Frau und wahrscheinlich gegen das Weibliche überhaupt«. Taktvoller läßt sich kaum ausdrücken, was Ida Coblenz möglicherweise instinktiv ahnte, aber damals gewiß nicht näher verstehen konnte oder wollte: Georges priesterliche Verschlossenheit und Strenge beruhte auch auf seiner homoerotischen Veranlagung, über die ein einziges distanzierendes Wort zu verlieren Ida Coblenz bis ins hohe Alter niemals in den Sinn gekommen ist.

Die Anspielungen auf Ida Coblenz in Georges frühen Gedichten sind so versteckt, daß sie den George-Interpreten viel Anlaß zu Spekulationen gegeben haben (sogar eine Dissertation an der Universität von Chicago aus dem Jahre 1975 hat sich des Themas angenommen). Häufig wird in diesem Zusammenhang das Gedicht »Im unglücklichen Tone dessen von …« zitiert:

Löset von diesem brief sanft den knoten ·
Empfanget ohne groll meinen boten ·
Denket er käme von einem toten!

Als ich zuerst euch traf habt ihr gesprochen:
»Dort haust ein wurm der jeden feind verachtet«
Zu seinen klüften bin ich flugs gesprengt ·
Nach heissem Ringen hab ich ihn erstochen ·
Doch seitdem blieb mein haar versengt –
Worob ihr lachtet …

»Ich hätte gern den turban des korsaren«
So scherztet ihr – ich folgte blind
Und bin aufs meer in lärm und streit gefahren ·
Mit meinem linken arme musst ich's büssen ·
Den turban legt ich euch zu füssen ·
Ihr schenktet ihn als spielzeug einem kind.

Ihr saht wie ich mein glück und meinen leib
In eurem dienst verdarb ·
Euch grämte nicht in fährden mein verbleib ·
Ihr danktet kaum wenn ich in sturm und staub
Euch ruhm erwarb
Und bliebet meinem flehen taub.

Nun leid ich an einer tiefen wunde ·
Doch dringt euer lob bis zur letzten stunde ·
Schöne dame · aus meinem munde.

Das Gedicht gehört gewiß nicht zu Georges besten, bessere sollten bald folgen. Wenn wir die Verse aber als ein persönliches Bekenntnis lesen, wird deutlich, daß sich da einer im Leiden verzehrt. Die schöne Dame wird ihm für immer unerreichbar sein. Die kleine Geschichte mit dem Turban wird wohl für immer unaufgelöst bleiben, man mag ihren Verlauf allenfalls erahnen. Das Muster des mittelalterlichen Minneliedes (das des gestrengen Reinmars von Hagenau, nicht das des freizügigen Walthers von der Vogelweide) dürfte für dieses Gedicht wie für den ganzen Zyklus der »Sagen und Sänge« Pate gestanden haben. Doch sollte der Autor das Versprechen, das Lob der schönen Dame »bis zur letzten stunde« zu singen, nicht halten. Ein Gedicht der Sammlung »Die Bücher der Hirten- und Preisgedichte, der Sagen und Sänge und der hängenden Gärten«(1895 als Privatdruck in Berlin erschienen und von Ida als »Semiramislieder« bezeichnet), lautet:

Wenn ich heut nicht deinen leib berühre
Wird der faden meiner seele reissen
Wie zu sehr gespannte sehne.
Liebe zeichen seien trauerflöre
Mir der leidet seit ich dir gehöre.
Richte ob mir solche qual gebühre ·
Kühlung sprenge mir dem fieberheissen
Der ich wankend draußen lehne.

Was auf den ersten Blick (nicht für George-Kenner) befremdlich klingt, läßt sich durch die imaginäre Ergänzung von Satzzeichen leicht entschlüsseln: Hier spricht ohne jeden Zweifel ein Liebender, der um sein Scheitern weiß und leidet, seit er der Geliebten »gehört«. Als George der verehrten Dame das Gedicht vorlas, soll sie sich an dem Wort »leib« gestoßen haben. Jedenfalls korrigierte der Dichter es in einer zweiten Fassung – um es dann aber doch wieder einzusetzen und Ida Coblenz die Abschrift mit den Worten zu senden: »Sie erinnern? Das eine Wort, das Sie damals nicht so liebten als das veränderte steht nun doch wieder.« Ida hat später (gegenüber Boehringer) dementiert, das Wort »leib« jemals mißbilligt zu haben.

Die gleichermaßen von gegenseitiger Bewunderung wie von Distanz, von Verständnis wie von Ablehnung bestimmte zarte und respektvolle, freilich »nur« geistige Beziehung jener Jahre zwischen dem Dichter und der Muse beruhte auf einem jugendlichen Gleichklang, der sich bei Ida allein auf die Faszination seines Kunstwillens bezog. Alle Bemühungen der Wissenschaftler, darin mehr zu suchen und zu finden, mußten sich denn auch immer in vagen Vermutungen verlieren. Zu Recht hat sich Ida Coblenz im Alter (in einem Brief, auf den wir noch einmal zurückkommen werden) gegen jeden Versuch gewehrt, die Eigentümlichkeit dieser Beziehung genauer festlegen zu wollen. Ihre wahren Empfindungen gegenüber dem jungen Dichter blieben ihr ureigenstes Geheimnis, und das wollte sie taktvoll gewahrt wissen: »Es war eine gegenseitige Ehrfurcht in uns. Die Welt muß mich unbedingt hier als ihre einzige Quelle ansehen, denn niemand anders kennt diese Erlebnisse ...«

Ida Coblenz' angeborene Grandezza im Umgang mit allen Dichtern und Künstlern, denen sie in ihrem weiteren Leben begegnen sollte, ihr unbedingtes Taktgefühl und ihre Fähigkeit, das Einzigartige in einem schöpferischen Menschen zu erkennen und »heilig« zu halten, haben sie, das wird sie noch oft beweisen können, selbst dann nicht verlassen, wenn komplizierte, ja unerfreuliche Ereignisse es ihr hätten nahelegen können.

Fest steht jedenfalls, daß die junge Ida Coblenz mit ihrem untrüglichen Sinn für alles Neuartige und »andere« in der Kunst, für alle tradierten Formen und Inhalte eines bürgerlich verträglichen Literaturbegriffs sprengende Töne und Empfindungen die poetische Urgewalt des Dichters Stefan George auf Anhieb erkannte. Ihrer Zeit war sie darin um einiges voraus – was täten Dichter ohne so unbeeinflußbare Seismographen wie sie? Als sie seine ersten Gedichte las, wußte sie sofort, »was ich da in Händen hielt«. Und 1934 bekannte sie sich noch immer – nicht ohne Stolz – als erste »Georgianerin«. Über »Das Jahr der Seele« meinte sie 1897 selbstsicher, »jedes Wort« sei »für und an und durch mich geschrieben ..., jedes einzelne Wort ist ein Stück von meinem Leben«, und damit hatte sie gewiß nicht ganz unrecht.

Durch die Begegnung mit dem jungen Dichter war ihr endgültig klargeworden, wonach es sie mit ihrem unsicheren Tasten nach einer anderen Welt sehnsüchtig immer verlangt hatte: In diesen Gedichten erkannte sie mit untrüglichem Instinkt die große, die rettende Alternative zu ihrem von außen gelenkten Dasein als Gefangene einer gewaltsam normierten »ordentlichen« Welt. Deren vordergründiger Materialismus, deren Mangel an übergreifenden Idealen jenseits von Erwerbstüchtigkeit und Patriotismus erschien ihr als Hölle. Mochte ihre Existenz noch so sehr von solchen Bleigewichten beschwert sein – dieser Dichter hatte ihr endgültig gezeigt, daß es zumindest in der Literatur noch ein ganz anderes Diesseits gab, ein ganz andersartiges, grenzenloses Reich für Gedanken und Träume, Erkenntnis und Erfahrung.

Der Bruch mit Stefan George war dennoch unvermeidlich. Nicht die unsichtbare Grenze, die ihn von der Gefährtin trennte, lieferte dazu den Anlaß, sondern die Empfindlichkeit des Dichters, der keine Götter neben sich dulden mochte. Sein Anspruch an Welt und Kunst war der des heroisch-einsamen Leitbildes ohne störende Schatten. Der Briefwechsel zwischen den beiden sollte noch eine Zeitlang fortgeführt werden, aber zu einem unbelasteten Gespräch sollte es nicht mehr kommen, seitdem ein anderer Dichter in Idas Leben getreten war.

Schon um die Weihnachtszeit 1892 hatte sie George brieflich einmal gefragt: »Kennen Sie Richard Dehmels ›Erlösungen‹ in Stuttgart erschienen?«, und arglos hinzugefügt: »Er dürfte ein Mitarbeiter für Sie werden – es geht ein großer Zug durch seine Dichtungen.« George antwortete im Januar des folgenden Jahres etwas umständlich: »Mein gnädiges Fräulein: sollten Sie vielleicht keine zeit haben mit mir zusammenzutreffen oder mich zu empfangen so bitte ich Sie um gütige Nachricht damit ich wegen der in Ihrem lezten Brief berührten fragen mich sogleich schriftlich an Sie wende« Etwa zur gleichen Zeit aber schrieb er an Hugo von Hofmannsthal, den er bei einem Besuch in Wien ein Jahr zuvor im Café Griensteidl kennengelernt und dem er dort in feierlichen Worten seinen Wunsch nach einer »geistigen Allianz« formuliert hatte, er habe in jüngster Zeit »viele missliche Sendungen« erhalten, »auch sind noch nicht lang dichte Schatten über mir hingezogen: eine person die mir früher teuer war und von der ich heut nicht weiss ob sie gross oder klein hoch oder niedrig ist«. Noch blieb es bei solch dunklen Andeutungen, noch kam es zu weiteren Besuchskontakten. Doch es war mit Idas Hinweis auf Richard Dehmel ein Keim der Entfremdung gelegt, der zu Beginn des Jahres 1896 ihre Freundschaft für immer zerstörte.

Einmal hatte Ida Coblenz Stefan George in München besucht – dort wohnte inzwischen ihre Schwester Hedwig mit ihrem Mann –, war mit ihm durch den Nymphenburger Park gestreift, hatte mit ihm über seine Kunst und ihre Seelen gesprochen. Die Düsternis der wenig später entstandenen Gedichte »Traurige Tänze« könnte bereits auf Georges Wissen um ein bevorstehendes Ende dieser Freundschaft hinweisen.

Diese von beiden Seiten äußerst zarte und zurückhaltende, fast scheue, vor allem ganz und gar auf »geistige« Gespräche konzentrierte Beziehung hatte unter der fast marmornen Verschlossenheit des Dichters in persönlichen Angelegenheiten und Idas

Empfindung einer unüberbrückbaren physischen Fremdheit zu diesem Manne immer gelitten. Schließlich wurde sie nur durch das Band einer grundsätzlichen Übereinstimmung in einer metaphysischen Sphäre zusammengehalten, was aber bei den Empfindlichkeiten des ambitionierten Dichters und der nach dem richtigen Lebensweg suchenden jungen Frau auch immer wieder die Gefahr von Verletzungen in sich barg. Georges »überzeugender Ernst« und sein »eisiger Hauch«, aber auch Idas Verlangen nach Kunst, verbunden mit dem Wissen um die eigenen Grenzen, hatten ein labiles Gleichgewicht entstehen lassen, das bei der geringsten Erschütterung in gegenseitige Ablehnung umzuschlagen drohte. »Eines Nachmittags«, so erinnerte sich Ida später (»Berliner Tageblatt« vom 1. und 2. Juli 1935), »verließ mich George zufällig in dem Augenblick, als Dehmel hereingeführt wurde. Die beiden trafen sich unter der Portiere meines Zimmers. Sie gingen stumm, gesenkten Hauptes aneinander vorbei. Das überstieg Georges Kraft. Kurz danach schrieb er mir ein Briefchen, unsere Freundschaft sei dadurch entstanden, ›dass eines sein grosses und edles ins andere hineinzutragen vermag‹, aber sie schwinde dahin, wenn der eine etwas als groß und edel empfinde, was dem anderen gegenteilig scheine … Diese Form des Abschlusses einer so lange bewährten Gemeinschaft habe ich immer bedauert.«

»Geh ich an deinem haus vorbei
So send ich ein gebet hinauf
Als lägest du darinnen tot«

unter diesem Motto hat George der zerbrochenen Beziehung in einem lyrischen Nachklang gedacht, in dem sich Trauer und Enttäuschung mischen:

Wenn ich auf deiner brücke steh
Sagt mir ein flüstern aus dem fluss:
Hier stieg vordem dein licht mir auf.

Und kommst du selber meines wegs
So haftet nicht mein aug und kehrt
Sich ohne schauder ohne gruss

Mit einem inneren neigen nur
Wie wir es pflegen zieht daher
Ein fremder auf dem letzten gang.

4

Die junge Dame aus Bingen war am Scheideweg zwischen »geordnetem« Leben und Kunst angekommen. Unwillkürlich erinnert man sich an die Gespräche Tonio Krögers mit der Freundin Lisaweta Iwanowna. In dieser nur wenige Jahre später erschienenen Erzählung Thomas Manns geht es ja um den Zwiespalt zwischen »dem Harmlosen, Einfachen und Lebendigen« und dem »kranken Adel der Literatur ... – welcher Anblick wäre kläglicher als der des Lebens, wenn es sich in der Kunst versucht?«

Lisaweta nennt Tonio einen »Bürger auf Irrwegen« – Ida Coblenz, die die Bürgerwelt verachtete, aber auch wußte, daß ihre Begabungen für ein eigenständiges Künstlertum kaum ausreichen würden, die sich freilich von der »kranken« Ausstrahlung Stefan Georges angezogen fühlte, muß sich damals von ähnlichen Empfindungen bedrängt gefühlt gesehen haben wie Tonio Kröger, der im Gegensatz zu ihr aber das Vermögen in sich wußte, der »gesunden« Welt sein künstlerisches Talent entgegenstellen zu können.

Der Konflikt zwischen Kunst und Leben war nicht allein in der Person Thomas Manns angelegt. Es war vielmehr ein symptomatischer Konflikt des Wilhelminismus: Die Leistung des »rechtschaffenen«, sich den strengen Normen der Gesellschaft diszipliniert, wenn nicht gar ergeben unterordnenden Mitglieds einer um »Tüchtigkeit« und materiellen Erfolg bemühten patriotischen Gesellschaft stand dem Ausbruch aus aller Sicherheit, dem Wagnis einer auf keinerlei gesellschaftliche Konventionen Rücksicht nehmenden Freiheit des Denkens schroff entgegen. »Wahre« Künstler wußten, wofür sie sich zu entscheiden hatten, wie aber mußte es um eine junge Frau stehen, deren Zugang zur

Welt der Kunst auf die Fähigkeit des Interpretierens und Verehrens beschränkt war?

Für die Väter von damals stand fest, wie sie diesen Konflikt zwischen dem Spatz in der Hand und der Taube auf dem Dach für ihre Töchter zu lösen hatten. Als der Briefträger eines Tages ein Kuvert ohne Anschrift im Hause Coblenz abgab (so jedenfalls hat es Ida später in ihrem autobiographischen »Roman« erzählt), wußte er Ida über die Begleitumstände aufzuklären. Er hatte den Umschlag geöffnet und darin folgende Anrede gefunden: »Lieber guter Briefträger! Wenn Fräulein Daja Lenzing (hinter diesem Namen hat sich Ida Coblenz in ihren Aufzeichnungen versteckt) noch unverheiratet und unverlobt ist, so geben Sie ihr den beiliegenden Brief. Sie tun damit nichts Unrechtes, sondern Sie können es vor unserm Herrgott verantworten.« Dem Brief habe ein »reichliches Trinkgeld« beigelegen. Da sie schließlich noch unverheiratet sei, wolle er ihr nun diesen Brief aushändigen.

Wer war der Absender? Es war der Geliebte von einst, den der entrüstete Vater wie mit einem eisernen Besen aus dem Hause verbannt und den Ida seither nie wieder gesehen hatte. Sie »stürmt in ihr Zimmer, verschließt die Tür; lacht, weint in einem Atem; schluchzt, jubelt, reißt die geliebten Schriftzüge an ihre Lippen«. Das mußte sie sein, die Erlösung von gebrochenem Herzen und Lebenskrise. Und in der Tat war das, was der ausführliche Brief enthielt, dazu angetan, sie in Euphorie zu versetzen. Die Fakten waren nüchtern, aber die Konsequenz, die der Schreibende daraus zu ziehen vorschlug, klang wie Sphärengesang: Eine unerwartete Erbschaft hatte den jungen Leutnant zum Gutsbesitzer gemacht, und er hatte seinen Abschied vom Militär genommen. Er hoffe nun, die seinerzeit durch ihren Vater verhinderte Eheschließung nachholen zu können. Schließlich habe damals der Grund in seinem Soldatenberuf gelegen, nun sei es für Ida nicht einmal mehr nötig, der Trauung wegen auf ihre Religion zu verzichten. Das einsame Gut nahe der Ostsee sei zwar klein und vernachlässigt, bedürfe vieler Arbeit, die aber wolle er mit ihr gemeinsam leisten – seien sie denn nicht beide »jung, stark, hoffnungsfreudig und glücksgewiß«?

Abgesehen von der Jugend hatte davon bis zu diesem Zeitpunkt nichts auf Idas Gemütszustand zugetroffen. Nun aber waren alle düsteren Schatten, die über ihrer Seele gelegen hatten, mit einem Schlage wie weggewischt. Gewiß, die Vorstellung, von nun an ihr Leben als tatkräftige Landfrau zuzubringen, war noch nie in ihren Träumen aufgetaucht, denn mit Kunst hatte diese Rolle rein gar nichts zu tun. Aber vielleicht ließ sich das eine mit dem anderen, notfalls eingeschränkt, auf irgendeine Weise doch verbinden. Zweifellos wies das Schicksal ihr einen Ausweg aus dieser Lebenskrise, und das Leben lag ja noch vor ihr. Zwar erforderte die prekäre Sachlage eine wohldurchdachte Strategie, wollte sie den Vater von seinem seinerzeitigen Nein gegen diese Verbindung abbringen und das schaurige Zerwürfnis von einst in einer Woge der Versöhnung ersticken. Doch sie war sich sicher, daß er diesmal keine Argumente mehr gegen die Heirat vorbringen konnte. Das Militär und die zu geringe materielle Sicherheit konnten nun gottlob nicht mehr als Hindernis auf ihrem Weg in die Freiheit gelten.

Ida suchte vorsichtig Rat bei ihrem Binger Onkel und bat ihn, er möge sich zu ihrem Fürsprecher machen. Dieser nahm den Auftrag gerne und voller Zuversicht an und begab sich unverzüglich zu ihrem Vater. Zwei Stunden lang sprach er mit ihm, legte ihm die guten Gründe für eine väterliche Einwilligung in diese Heirat dar. Nach zwei Stunden kehrte er zurück und mußte bekennen: »Es ist aussichtslos.« Ein Mann, so habe der Vater trotzig und eisig erklärt, gegen den er drei Jahre lang tiefen Groll empfunden habe, sei als Schwiegersohn undenkbar. Schließlich habe dieser ihm damals sein Ehrenwort gegeben, daß er auf der »Beziehung« nicht weiter bestehen werde.

Überlassen wir die Darstellung der nun folgenden Ereignisse Idas eigenen Worten in ihren Aufzeichnungen: »Die Tröstungen, Fragen und Bitten des Onkels bleiben ohne Antwort. Endlich stößt sie hervor: ›Bitte laß mich allein.‹ Unbewegten Gesichtes verläßt sie ihr Zimmer, das Haus, ohne Besinnen geht sie zum Rhein. Es gibt nur noch ein Ziel: von den barmherzigen Wellen des Stromes ins Bewußtlose getragen zu werden. Der freiwillige Verzicht auf ein Weiterleben schien ihr der einzige Ausweg aus einem Leben zu sein, dem nach allen Seiten hin der Zugang zu einer emotionalen Selbstverwirklichung und das vertraute Miteinander mit einem geliebten Menschen verschlossen war. Doch der mitfühlende Onkel wußte um ihren Zustand, ließ sie nicht mehr aus den Augen, und so hat man sie nicht sterben lassen.« Aber das Gefühl der Ausweglosigkeit, die Empfindung des Scheiterns und Verlorenseins, vor allem der Gedanke an den Freitod hatten Ida Coblenz nicht zum letzten Mal heimgesucht.

Noch einmal bat sie um Fürsprache, diesmal ihre ältere Schwester. Diese versuchte es brieflich, den Vater umzustimmen. Vergeblich. Ida zog nun, so hat sie sich in späteren Jahren erinnert, eine bittere Bilanz ihres bisherigen Lebens: »Die Menschen, an denen sie mit ganzer Liebe hing, hat sie hergeben müssen. Die Mutter, die kleine Schwester, und nun entreißt es (das Leben, M.W.) ihr endgültig den geliebten Mann. Vom Tode geraubt oder vom Leben – es ist das Gleiche.«

Wenig später äußerte der Vater gegenüber der Schwester, zu der sich die Verzweifelte erst einmal geflüchtet hatte, deutlicher, wie er Idas Zukunft mit den eigenen Plänen und Ansichten in Einklang zu bringen gedenke. Seine Darlegung verriet den weitsichtigen wilhelminischen Unternehmer, der alle privaten Dinge des Lebens, insbesondere die seiner Familie, dem eigenen Geschäft und der bürgerlichen Form unterzuordnen fest entschlossen war.

Zuerst und zuletzt ging es dabei um ihn selbst. Folgen wir weitgehend dem Wortlaut eines Briefes, wie ihn Ida in ihrem »Roman« wiedergegeben hat: »In einer festen klaren Handschrift ..., jeder Strich wie ein geschwungener Säbel«, habe der Vater so argumentiert: »Meine liebe Älteste! Es haben sich in der letzten Zeit verschiedene wichtige Ereignisse zugetragen, die einen längeren Bericht an Dich ... notwendig machen. Ich deutete ja schon einmal an, daß man regierungsseitig mit der Anfrage an mich herangetreten ist, ob ich die Führung der deutschen Delegation für den Weinbau auf der amerikanischen Weltausstellung übernehmen wolle. Dieses ehrenvolle, aber recht verantwortliche Amt anzunehmen, habe ich mich nun entschlossen, und zwar nicht nur im Interesse der Sache, sondern auch mit persönlichen Absichten. Über diese Eure Meinung zu hören ist mir wertvoll. Es ist mir der Gedanke gekommen, unsere Firma in ein Aktiengeschäft zu verwandeln.«

Die wohldurchdachten Gründe, die er nun im einzelnen darlegte, lägen im besonderen darin, daß der einzige Sohn sich leider nur durch »eine mir unverständliche Ungelenkheit, ... die unerträgliche Langsamkeit und Schwerfälligkeit seines Geistes« auszeichne und während seines einjährigen Dienstes beim Militär von seinen Kameraden nur »übermäßiges Geldausgeben« gelernt habe. Überdies habe er auch noch während seines derzeitigen Englandaufenthaltes seinen Monatswechsel überzogen. Die Schwiegersöhne kämen für die Übernahme der Geschäfte nicht in Frage: der eine sei ja bereits selbst Unternehmer, dem anderen fehlten »die zur Leitung eines so bedeutenden Unternehmens notwendigen Eigenschaften«. Was nun aber Ida angehe, so sei diese für »ein dauerndes Leben« in Bingen (das im »Roman« Erdingen genannt wird) »durchaus ungeeignet, ... darüber können wir nicht im Unklaren sein«.

Sodann fuhr der Vater mit sachlicher Kühle fort: »Es sind mir nun in letzter Zeit, das ist die zweite wichtige Mitteilung, die ich Euch zu machen habe, mehrere junge Leute aus höchst angesehenen Familien angetragen worden, die, wie man mir versicherte, den Wunsch haben, durch eine Heirat mit meiner jüngsten Tochter in unsere Familie einzutreten ... Ich hoffe, daß Dein guter Einfluß ... sie inzwischen von der Unausführbarkeit ihrer romantischen Idee überzeugt hat, so daß sie nun bereit sein wird, sich mit einem jungen Mann in gesicherten Verhältnissen zu verloben. Es wäre mir eine große Beruhigung, sie noch vor meiner Fahrt nach Amerika verheiratet, ihre Zukunft also versichert zu sehen. Ich wünsche deshalb ihre Rückkehr in mein Haus. Die sechs Monate bis zu meiner Abreise werden viel Trubel bringen. Die regelmäßigen Sitzungen der an der Ausstellung interessierten Firmen finden bei mir statt; es wird sich jedesmal ein Diner anschließen. Frau Möller (die Hausdame, M.W.) ist bei aller wirtschaftlichen Tüchtigkeit den gesellschaftlichen Anforderungen doch nicht ganz gewachsen.« Daher sei es die Pflicht der Tochter, »die Familie zu repräsentieren. In Verfolg dieser häufigen Gastereien wird sich leicht die Gelegenheit ergeben, den einen oder andern der vorher erwähnten Kandidaten unauffällig einzuführen. Ein mir besonders gut empfohlener Tuchfabrikant aus Aachen scheint eine wirklich wünschenswerte Partie.«

Der Plan, den der Vater bereits seit einigen Jahren mit unbeirrbarer Konsequenz verfolgte – was seiner Tochter ja bereits den anregenden Berlin-Aufenthalt beschert hatte –, jetzt sollte er möglichst umgehend in die Tat umgesetzt werden. Bis zu seiner Abreise nach Amerika sollte Ida für den reibungslosen Ablauf der geselligen Herrenzusammenkünfte sorgen – wer weiß, ob dabei nicht noch ein weiterer Heiratskandidat zum Vorschein kommen würde –, und das Kapitel Eheschließung sollte glücklich beendet werden, damit während seiner Abwesenheit die sperrige Tochter nicht mehr alleinige Herrin im Hause war. Zu groß schien ihm die Gefahr, daß der unerwünschte Stürmer und Dränger mit seinem lächerlichen Gut an der Ostsee (und der anderen Religion) die Gelegenheit ausnutzte. Gelegenheit macht Diebe.

Etwa aus derselben Zeit findet sich unter Idas Briefen an eine Freundin einer, aus dem hervorgeht, daß sie an eine Heirat dachte. »Ich bin kein Stück Ware, das sich verkaufen läßt oder verkauft, und die Ehe ist für mich keine pekuniäre Versorgung. Zuerst kommt die Persönlichkeit und dann das Geld«, schrieb sie darin. »Wie ich froh bin, daß ich frei bin, nichts mich bindet und hält«, zitiert sie »eine meiner Lieblingsstellen aus *Siegfried*«, aber sie hoffe immerhin, daß sie später doch noch einmal einem

Manne gefalle, »der mir zusagt«. So lange wollte der Vater nicht warten. Schließlich war Ida inzwischen beinahe fünfundzwanzig Jahre alt: Auch das lieferte Anlaß zur Eile.

Ida Coblenz war in ihrem ganzen Fühlen und Denken eine Frau erstaunlich modernen Zuschnitts – und doch war sie gefangen in einem schwer zerreißbaren wilhelminisch-bürgerlichen Spinnennetz der Konventionen. Ebenso war sie aber auch die Gefangene ihres halbherzigen Schwankens zwischen Pflicht und Neigung, ihrer Unsicherheit gegenüber allen Festlegungen, wohin sie ihr Weg denn nun endgültig führen sollte. Es fällt leicht, darin eine Schwäche zu sehen – doch wer von uns kann sich schon wirklich in die Zeit vor hundert Jahren zurückversetzen?

Idas Begegnung mit Stefan George, aber auch ihre intensive Lektüre, ihr Klavierspiel hatten ihr den Weg gewiesen, aber eine Mischung aus Lebensangst und Konvention, Erziehung und »Entsagung« hatten sie zuletzt gezwungen, ihren Widerstand gegen die Strategien des Vaters aufzugeben. Mit den Worten des Literaturkritikers Julius Bab geschah nun das Folgende: »Um dem Druck des Vaterhauses zu entrinnen, um aus der angebundenen Mädchenexistenz in die unvergleichlich größere Freiheit der Frau zu gelangen, heiratete Ida Coblenz enttäuscht, erbittert, bis zur Hoffnungslosigkeit ermüdet, schließlich irgendeinen der Bewerber, die der Vater ins Haus brachte.« Der Bewerber kam aus Berlin und hatte vieles im Sinn, nur nicht die Kunst.

Persönliche Aussagen Idas zu ihrem Entschluß, dem Drängen des Vaters nachzugeben, finden sich nur wenige. Es ist auffallend, daß auch in der umfangreichen, sehr vertraulichen Korrespondenz mit der ältesten Schwester Einzelheiten darüber fehlen. Manchmal scheint es, als habe sie Passagen aus den Briefen herausgeschnitten, die heute im Dehmel-Archiv der Hamburgischen Staats- und Universitätsbibliothek aufbewahrt werden. Das Sich-Fügen in die Pläne des Vaters nach all den vorangegangenen Versuchen, sich einen eigenen Weg zu bahnen, muß zuletzt auf einer Art Kurzschlußreaktion beruht haben. Sie sei nicht verkäuflich, hatte sie stolz behauptet – nun war sie es offenbar doch. Oder gab es vielleicht noch andere Gründe für ihre Resignation?

Während ihres mehrmonatigen Aufenthaltes in Berlin hatte sie die große Weltbühne dieser Stadt schätzen gelernt. In Bingen war ihr zwar Stefan George begegnet, in Berlin aber der berühmte Theodor Fontane. Wenn sie ein Sprungbrett in eine Atmosphäre voller Anregungen und kulturellem Kitzel gesucht hatte, dann war das Berlin der Kaiserzeit das ideale. Die Enge der rheinischen Provinz, das ungeliebte Zuhause hinter sich zu lassen, um in Berlin als respektierte – weil verheiratete – Dame der Gesellschaft vielleicht mit den großen Geistern der europäischen Metropole in Berührung zu kommen – war das nicht der Strohhalm, der sich noch anbot, der einzige rettende Fluchtweg aus ihrem aus alleiniger Kraft nicht mehr zu sprengenden inneren und äußeren Käfig? Was auch immer Ida bewogen haben mag: Ihr Bedürfnis, die eigene Unsicherheit durch einen männlichen Partner auszugleichen, für und durch ihn mit aller Kraft zu wirken, mag man als Schwäche auslegen, doch die Bindung an einen Ehemann war damals wohl die einzige Chance zu einem anderen, »ihrem« Leben.

Ganz so schnell, wie sich der Vater die Verheiratung seiner Tochter gewünscht hatte, ging die Sache dann doch nicht ab. Ihrem »Roman« zufolge mußte der Vater seine weite Reise antreten, bevor er sein Ziel erreicht hatte. Und wie er befürchtet hatte, scheint während seiner Abwesenheit noch einmal ein Verehrer auf den Plan getreten zu sein, den er, hätte er ihn gekannt, ebenso radikal verworfen hätte wie den jungen Leutnant. Ida nennt ihn in ihrem »Roman« Carl Georg. Er habe aus einem »regierenden Hause« gestammt, habe um ihre Hand angehalten und mit ihr kühne Pläne für ein neues Leben in fernen deutschen Kolonien geschmiedet. Die gegenseitige Zuneigung muß eine ganze Weile angehalten haben, doch dann sei es plötzlich zu einer dramatischen Auseinandersetzung gekommen: Der Herr sei allzu vertraulich geworden, habe ihr unvermittelt das Kleid aufgerissen und nach ihrer Brust getastet. Das war denn doch zuviel. Sollte es sich wirklich so zugetragen haben, wirft dieser Überfall nur einen weiteren Lichtstrahl auf eine alles andere als freie, vielmehr wilhelminisch-verklemmte Gesellschaft – aber ebenso auf Idas Scheu vor einer sexuellen Begegnung, solange sie nicht »ordentlich« verheiratet war. Sie habe, so erzählt sie, nach dieser Attacke den Verehrer zum Teufel gejagt. »Abgetan. Ausgelöscht« – die Beziehung war zerbrochen.

Inzwischen war auch der Vater aus New York zurückgekehrt, »geschäftlich befriedigt, aber vom Amerikanismus abgestoßen«. Als er von einer weiteren Reise, diesmal nach Rußland, zurückkam, brachte er zum Abendessen einen jungen Textilkaufmann mit, den Ida in ihrer Lebensgeschichte »Herrn Arnstaedt« genannt hat, dessen wirklicher Name aber Leopold Auerbach lautete. Den Titel eines argentinischen Konsuls hatte sich der junge Mann aus gesellschaftlichen und sicherlich auch aus geschäftlichen Gründen einfach gekauft. Julius Bab, der Ida persönlich gut kannte, schildert ihn als »Typus des kleinen jüdischen Kaufmanns, der es in der Gründerzeit mit durchschnittlichem Geschick und einigem Glück zu bedeutendem Vermögen gebracht hat und der nun mit Eifer, aber nicht recht zureichendem Talent aristokratische Lebensführung, repräsentativen Glanz und kulturelles Interesse zu zeigen wünscht. Er hatte ein florierendes Agenturgeschäft für Tuchwaren …, ›er sah gut aus‹, was man so nennt, das heißt, er trug sich gesellschaftsfähig und hatte ein Gesicht von unauffälligem, freundlichem Ausdruck mit einer gewissen schlaff weichen Sinnlichkeit. Er war zum mindesten im Äußerlich-Alltäglichen ein gutmütiger Mensch – aber wohl von jener unzuverlässigen Gutmütigkeit des Schwachen, die mit der Güte starker Naturen wenig gemein hat. Denn in allem und vor allem war er doch eine banale Existenz von oberflächlicher Kultur, und in seinem eigenen Bekanntenkreise herrschte unverhohlenes Erstaunen, als er das stolze, vornehme Fräulein vom Rhein heimführte … Alle fühlten irgendwie das Unangemessene und Unhaltbare dieser Ehe.«

Man sieht sich bei den Vorgängen um diese Eheschließung an

Tony Buddenbrooks Verbindung mit Bendix Grünlich erinnert, wo der Vater ebenfalls im festen Vertrauen auf die gesicherte materielle Seite die Ehe vorbereitet. Ähnlich wie bei Tony Buddenbrook muß sich bis zum letzten Augenblick alles in Ida gegen diese Verbindung gewehrt haben. Was Tony (in den nur wenige Jahre später entstandenen »Buddenbrooks«) die seligen Stunden mit Morton Schwarzkopf bedeutet hatten, war für Ida die unglückliche Romanze mit Heinz von Hahn gewesen – hier wie da hatte das Walten des Familienoberhauptes das junge Glück zunichte gemacht. Auch Leopold Auerbachs wirtschaftlicher Wohlstand hätte wie der des Kaufmanns Bendix Grünlich aus der großen, etwas unheimlichen Stadt einer genaueren Überprüfung bedurft; auch der Konsul Auerbach hatte sich nicht ohne List ein Erscheinungsbild gegeben, das nicht unbedingt mit seinen tatsächlichen geschäftlichen Verhältnissen im Einklang stand. Daß der Vater gerade diesen Bewerber auserwählte, daß Ida sich schließlich bereit erklärte, gerade ihm ihr Jawort zu geben – es sollte sich für beide als schrecklicher Irrtum erweisen.

Wie in den »Buddenbrooks« klingt es, wenn Ida in ihrem »Roman« davon erzählt, daß sie bis zuletzt Widerwillen gegen den Bewerber gehegt habe. Als er zum ersten Mal ins Zimmer getreten sei, habe sie sich zu ihrer Cousine gewandt und zwischen zusammengebissenen Zähnen hervorgepreßt: »Ich kann den Mann nicht heiraten.« Den ganzen Abend über sei sie gegen ihn ablehnend geblieben, »ihr ganzes Wesen« habe sich aufgebäumt. »Mit diesem Partner sollte sie die Ehe schließen, er sollte der Gefährte ihres künftigen Lebens werden, der Vater ihrer Kinder? Hatte sie für dieses Los Selbstzucht geübt und sich rein bewahrt?« Auerbach habe sich – wie Thomas Manns Bendix Grünlich – erst einmal verständnisvoll gezeigt und dem Vater gegenüber gemeint, er solle ihm nur Zeit lassen, es werde ihm schon gelingen, die Dame umzustimmen, sie »zu erobern«. Im übrigen habe er über das Einkommen eines Millionärs verfügt, und darauf setzte er gemeinsam mit dem Vater. Erst nach langem Zureden des Vaters gab Ida schließlich nach: »Ich will mich bemühen, Euer aller

Wunsch zu erfüllen«, war das Eingeständnis einer folgenschweren Niederlage.

Euer aller Wunsch? Wer war mit diesem Plural gemeint? Der Schwester gegenüber hatte Ida sich stets vertrauensvoll mitgeteilt, und diese dürfte ihr geraten haben, die Ehe einzugehen. Auch sie meinte wohl, die Heirat sei für Ida am Ende das Beste. Deuten wir den Satz in ihrem später zu Papier gebrachten »Roman« richtig, so galt er einfach der ganzen Familie, auch den Toten, wohl einfach dem Binger Milieu insgesamt: Er bezeugte die Ergebenheit in eine ganz selbstverständliche Erwartung. Wichtiger als das persönliche und partnerschaftliche Glück war die »geordnete« soziale, materiell abgesicherte legitime Verbindung. Wie viele Romane der Zeit erzählen nicht davon? Die Emanzipation, der ganz selbstverständliche Anspruch auf ein freies Leben lagen für die Frau noch in weiter Ferne.

Am 2. April des Jahres 1895 heiratete das Paar. Eine Heiratsanzeige ist nicht überliefert, die erhaltenen Dokumente aus jenen Jahren sind spärlich. Hat Ida einige intimere später vernichtet? In ihrem Schlüssel-»Roman« spricht sie von einer »großen Etage in der Tiergartenstraße, die nun in Berlin bezogen wurde. In Wahrheit lag das neue Domizil in der Lennéstraße 4, am Rande des Tiergartens. Bis es ein Innenarchitekt aufwendig eingerichtet hatte, wohnte das Paar noch einige Wochen in einem Hotel. Die Hochzeitsreise nach Paris offenbarte bereits den radikalen Unterschied der Interessen: Während der Sinn des Gatten offenbar nur Pferderennen und eleganten Restaurants galt, zog es Ida ins Theater. Sie erzählt in ihrem »Roman« auch davon, daß ihr Ehemann sie eines Abends in frivole Lokale, ins »Chat Noir« und ins »Moulin Rouge« auf dem Montmartre ausgeführt habe, und so, wie sie davon erzählt, kann man kaum Zweifel an der Authentizität ihrer Darstellung haben: Kaum hatten sie den Tanzsaal betreten, habe ihr Mann zu ihr gesagt, nun müßten sie sich für einige Zeit trennen und jeder selbst nach seinen Vergnügungen suchen. Er habe sie den begehrlichen Blicken der Männer überlassen und sich nach anderen Tanzpartnerinnen umgesehen. Sie hätten mit verschiedenen Partnern getanzt und sich erst danach wieder zusammengefunden.

Nicht lange nach der Hochzeit und der Reise nach Paris war Ida Auerbach in anderen Umständen. Die Ehe hatte ihren »geordneten Gang« genommen, dafür hatte der Gatte umgehend gesorgt. In ihrem »Roman« erzählt sie, daß die Zeit der Schwangerschaft von der Angst beherrscht gewesen sei, das Kind nicht austragen zu können. Der Arzt habe sie wochenlang zu absoluter Schonung und Bettruhe gezwungen. Gerade in dieser Zeit habe sie mit schweren Selbstvorwürfen über ihre Einwilligung in die Ehe zu kämpfen gehabt. Ihre seelische Labilität war sehr wahrscheinlich die Ursache für körperliche Leiden. »Sie hatte sich gefügt, sie hatte mit sich geschehen lassen; das rächte sich nun furchtbar.«

Wie stand es inzwischen um ihre Zuneigung zu dem Binger Dichterfreund Stefan George, der doch einmal ganz andere Träume und Hoffnungen in ihr wachgerufen hatte als den Gedanken an eine bürgerliche Ehe mit einem ungeliebten Partner? Wie stand es um diesen Repräsentanten einer geistigen Gegenwelt? Waren alle die gemeinsamen Spaziergänge, die Gespräche über (seine) Dichtung vergessen, ja verraten? Noch Jahrzehnte später kehrten Idas Gedanken oft zu den Binger Tagen mit Stefan George zurück. Am 1. März 1937 trug sie in ein Reisetagebuch ein, daß sowohl Georges Freund Robert Boehringer als auch Karl Wolfskehl ihr einmal anvertraut hätten, George habe damals »in mir das weibliche Wesen geliebt«. Sie notierte sich: »Ich glaube es nicht«, und sie unterstrich diesen Satz ausdrücklich. Diese Freundschaft galt den Gesprächen über die Welt der Literatur, sie ging in Wahrheit nie darüber hinaus.

Georges Schwester hatte den Poeten wenige Tage vor Idas Hochzeit darauf aufmerksam gemacht, daß diese im Begriff stehe, sich zu verheiraten. George hatte sich der Freundin gegenüber zu keinerlei Kommentar entschließen können. Drei Wochen nach der Hochzeit hatte ihn die Schwester ermahnt, Ida doch einen Glückwunsch zu senden. Er tat es nicht. Er tat etwas anderes: Am 23. April sandte er der frisch Verheirateten ohne jegliche Erläuterung ein Bildnis von sich.

Waren es die unruhigen Begleitumstände der ersten Ehewochen, war es Verlegenheit, jedenfalls antwortete Ida erst einen Monat später auf dieses wortlose Zeichen der Verbundenheit, das sich wie eine beschwörende Erinnerung ausnahm. Sie bekundete George ihre Trauer darüber, daß sie »nicht ein Wort von Ihrer Hand« erhalten habe, und fügte dann hinzu: »Ich habe die Zusendung Ihres Bildes als stumme Frage aufgefaßt. Und darum will ich Ihnen sagen, daß ich ganz unverändert dieselbe bin.« Und nun folgte ein furchtbarer Satz, einer, der alles über ihren damaligen Seelenzustand verriet und den seltsamen Widerspruch zwischen ihren Träumen von einst und der neuen Wirklichkeit geradezu kalt formulierte: »Ja, ich kann mich nicht entsinnen, daß irgend ein größeres Ereigniß meines Lebens von so geringer Bedeutung für mich gewesen wäre als meine Eheschließung.« Und in der nächsten Zeile: »Früher gehörte ich zu meinem Vater, jetzt zu meinem Mann.« Sie erzählt, daß sie in Paris neben einer Aufführung von »La Princesse lointaine« mit Sarah Bernhardt – »aus ihren Lilien wuchsen rote Rosen. Das muß ein wunderbares Glück sein, trotz stechender Dornen« – auch »eine wunderbare Statue der Musik« gesehen und sie gerne gekauft hätte. Ihr Mann habe ihr diesen Kauf jedoch untersagt, ihr statt dessen »ein nacktes Weib in Lebensgrösse« (des damals hochberühmten Bildhauers Gustav Eberlein, M.W.) gekauft, deren Kopf »wie in bacchantischer Lust« zurückgeworfen sei und die in ihren Armen einen Blütenzweig trage. »Mich stechen keine Dornen«, meinte sie – gewiß nicht wahrheitsgemäß.

Sie zwang sich förmlich zur Anerkennung ihrer neuen Rolle: »Mein Weg ist so glatt, so geebnet. Ich werde von der Welt darum sehr beneidet. Mein Mann freut sich um meinetwillen dieses Neides.« Nur notdürftig verbarg sich zynische Trauer hinter solchen Worten. »Wenn es meine Gesundheit erlaubt, leider kränkle ich viel, gehe ich fast täglich zu den Bildern ..., wenn ich zu Böcklin komme! Dann habe ich Eindrücke! Nicht immer, denn an seiner ›Grablegung‹ z.B. stört mir manches Detail den reinen Genuß; die von Ihnen besungene Pietà ist mir dafür ein Labsal, eine geklärte Freude sonder gleichen. Über dem ganzen die Stimmung unsäglichster Trauer und doch diese Schönheit. Diese himmlische reine Schönheit. Diese Vereinigung ist höchste Kunst.« Der Brief an den Dichterfreund scheint ihr endlich die Zunge ganz gelöst zu haben, und unschwer lassen sich hinter den Verweisen auf die Museumsbesuche ihre wahren Empfindungen erspüren: »Wie viel ich rede!« fügte sie am Schluß des Briefes hinzu, »das habe ich mir ganz abgewöhnt zum Kummer meines Mannes, der mich lebensprühend und geistreich will ... Lassen Sie von sich hören. Wieso sind Sie wieder in Bingen, da Sie Vaterland und -stadt doch lange meiden wollten. Ich grüße Sie. Ida Auerbach.«

Sie war tatsächlich keine andere geworden, auch wenn sie fürs erste unter Schmerzen auf alles ihr Wichtige verzichten mußte, nachdem sie sich schließlich in die vom Vater für sie vorgeschriebenen Lebenspläne gefügt hatte. In einem Brief vom 15. Juni des Jahres, also einen Monat später, fragt sie George, ob er ihre Ansicht über einen Aufsatz von Ludwig Klages teile. Der formuliere zwar »künstlerisch, aber überhaupt nicht persönlich fühlbar« – ihre Gedanken kreisten auch weiterhin nur um die Kunst.

Neun Tage später raffte sich George zu einem längeren Brief an die Freundin auf, in dem er ihr dezent, aber anschaulich vorwarf, ihre Empfindungen nicht deutlich genug zum Ausdruck zu bringen: »warum blos in Ihren Briefen die andeutungen – übel des körpers, übel der seele? Zuerst geleiten Sie Ihren leser über friedliche felder und lassen ihn dann geheimnisvoll an einer gähnenden kluft stehen.« Dann versuchte er, Ida Auerbach wieder in die Rolle der vertrauten Partnerin zu locken: »Sie wollten sehen was in meinen werken form, was mit blut geschrieben ist ... zu meinem bedauern! denn sehen darf man solches nie. die kunst – meine kunst vielmehr – kann kein erlebnis keine erregung unmittelbar wiedergeben. sie wartet auf die rhythmische umsetzung. durch diese heraus die tiefe erregung ›das blutende‹ klingend zu empfinden sei sache meiner wenigen leser. Was meinen Sie weiter? gerade hierin müssten Sie einen neuen gedanken entdecken helfen. Mit den gewissen nebenbeiträgen in den ›Blättern‹ (gemeint ist die Zeitschrift »Blätter für die Kunst«, in denen der Aufsatz seines Freundes Klages abgedruckt worden war, M.W.) die nicht persönlich fühlbar sind haben Sie recht – einige davon sind es bis jezt *noch* nicht, (ich hoffe) nur ganz wenige werden es nie sein und sind deshalb überflüssig. Muss man aber nicht voll nachsicht sein einem unternehmen gegenüber das bei uns einen veränderten ausblick in eine ganz veränderte kunst- und bildungswelt eröffnet hat? auch muß ich Ihnen leider zustimmen dass nicht einmal alle leser der ›Blätter‹ einen vollen begriff von zeitgenössischer kunst haben. man braucht nicht ins ausland zu sehen, man höre nur wahrhaft grosse Deutsche (Nietzsche) um zu erfahren dass bei keinem bildungsvolk eine grössere armut des kunstgefühls sich zeigt als bei uns eben jezt. Tröstende nachricht erwartend Ihr Stefan George.«

Es schien zumindest so, als werde sich zwischen der Berliner Frau Konsul und dem Poeten der vertraute Dialog über Fragen der Kunst auch unter den neuen Umständen, auch über die Entfernung hinweg fortsetzen lassen. Drei Wochen nach dem Eintreffen von Georges Brief antwortete Ida, ohne eine direkte Anrede zu wählen: »Niemals kommt mir die Armut der Sprache, vielleicht nur der meinen, deutlicher vor Augen, als wenn ich eine Anrede suche. ›Freund‹, das Wort ist meist nur ein Zerrbild seiner eigentlichsten Bedeutung, daher es für empfindliche Ohren stets einen leisen Mißklang enthält. ›Kamerad‹, das ist derb, kriegerisch, als ginge es zum gemeinschaftlichen Angriff. ›Gehilfe‹ als könnte der Eine dem Andern selbst mit dem heiligsten Willen wahrhaft helfen. Vielleicht Bruder? Für die wenigen, allzu wenigen, die irgend verwandtes Blut in den Adern haben. Ich habe seit einiger Zeit gar manche Stunden ›innerer Geselligkeit‹ mit Ihnen verbracht. Ich habe den ganzen 2ten Jahrgang der B.f.d.K (»Blätter für die Kunst«, M.W.) durchgenommen, mich lange Stunden lesend, genießend, denkend, empfindend hineinversenkt.«

Dann kam sie auf einige Beiträge zu sprechen, und zuletzt wurde sie ganz persönlich. In einer stürmischen Offenbarung bekannte Ida George die ganze Tragödie, in die sie, eben verheiratet und bereits schwanger, geraten war: »Sie haben den ersten Brief, den ich Ihnen von Berlin aus schrieb, nicht verstanden. Er war wohl auch nicht zu verstehen. Denn wenn ich auch die Scheu einzelner Künstler, das wahrhaft Erlebte auszusprechen (teile), teile ich doch nicht ihre Kunst, ›meine stolzen unvermeidlichen Verzweiflungen in Blut und Purpur eines Sonnenniederganges‹ zu tragen.« Es folgt ein einziger Aufschrei: »*Sie* kannten mich doch, ich hatte Ihnen mich gezeigt wie vielleicht, nein gewiß keinem Andern. Warum nahmen Sie mich nicht bei der Hand und sagten: ›Das kannst Du nicht tragen. Der Schlamm wird über Dir zusammenschlagen und über Deinen Lilien.‹ Und wäre der Mann, dem ich bereit war, mich hinzugeben, weil ich nicht wußte, was hingeben sei, der Klügste, der Beste, der Schönste gewesen – mein Elend wäre dasselbe. Ich ersticke, ersticke im Schlamm. Es gibt für dieses Grauen, für dieses Gräßliche keine Worte, keine Farben, keine Töne. Es ist dafür nur völlige Verzweiflung, Entsetzen bis zum Wahnsinn, Wahnsinn.«

Die verheiratete Frau Konsul hatte ihrer Verzweiflung Worte verliehen, und diese Worte waren ein einziger Schrei um Hilfe. Vierzehn Tage hatte sie den Brief nicht abzusenden gewagt – bis sie schließlich »das Papier nicht mehr sehen« konnte, »das von solchem Martyrium weiß«. Wie zum Schutz vor ihrem eigenen Mut zur uneingeschränkten Wahrheit fügte sie am Ende des Briefes hinzu, sie hoffe, daß der Dichter dennoch nicht ahne, was sich wirklich hinter diesen Worten verberge, »ich wünsche das auch, um Sie zu verschonen«, und sie benutzte dabei des Dichters eigene Worte aus einem Gedicht im »Jahr der Seele«.

Der Vorwurf, der Dichter habe sie vor ihrem Schritt warnen müssen, war alles andere als gerechtfertigt. Hatte sie selbst nicht stets den quälenden Prozeß ihrer Suche nach dem für sie richtigen Leben hinter einem Nebel von Andeutungen verborgen? War sie nicht trotz aller heimlichen Eingeständnisse sich selbst gegenüber, trotz mancher Stoßseufzer gegenüber der Schwester den Konsequenzen ihrer Unterwerfung zuletzt immer ausgewichen? Zweifellos: Was sie sich mit dieser Ehe aufladen würde – das Ausmaß dieser Entscheidung mochte ihr trotz aller Ahnungen nicht deutlich genug gewesen sein, und sie war nicht die einzige Tochter aus gutem Hause, die von den Anforderungen einer Ehe nicht allzuviel wußte. Im Hause der ältesten Schwester hatte sie die Ehe von ihrer besten Seite kennengelernt. Dort war von einem Martyrium nichts zu spüren gewesen, vielmehr hatte sie die Vertraulichkeit des Paares wohl eher zuversichtlich gestimmt, daß diesem »ewigen Bund« viele angenehme Seiten abzugewinnen seien.

An der Seite ihres Konsuls hatten sich derlei Hoffnungen umgehend in Luft aufgelöst. Sie wußte, daß sie – wie selb- oder unselbständig auch immer – den verhängnisvollsten Fehler ihres jungen Lebens begangen hatte. Und nichts konnte ihn ungeschehen machen. Nun war sie endgültig eine Gefangene, gefesselt in einem Verlies der Gefühle, aus dem zu befreien – sie mußte es wissen – auch der Dichter nicht die Macht hatte. Sie war das Opfer ihrer nagenden Unsicherheit geworden, welcher Weg zwischen der Verachtung alles Äußerlich-Materiellen und dem Bedürfnis nach einer Welt der Kunst für sie der richtige war. Ida Auerbach, die Frau des geschäftigen Berliner Konsuls, saß nun wirklich in der Falle, eingeschlossen in ein Haus und ein Ritual bürgerlicher Konvention, finanziell abhängig sowohl von ihrem Ehemann als auch von ihrem ahnungslosen Vater, gebunden an eine ihr wesensfremde Rolle als werdende Mutter und repräsentierende Gattin.

George hatte den Aufschrei sogleich richtig verstanden. Er antwortete schon einen Tag später: »teuerste freundin: aus Ihrem brief nahm ich grad die schmerzlichste stelle zuerst: ›Sie hätten sollen …‹ kann man (etwas) darauf erwiedern das nicht hart sei? ich fürchte hartes zu sagen darum warten Sie bis ein gedicht vielleicht eines mit redenden personen antwortet. Soll man überhaupt vom ›grässlichen‹ – ja ich kenne es – reden? Haben sie denn in meinem gesicht nie geraten dass es (mit ganz kleinen äusserlichen veränderungen) das nämliche ›grässliche‹ war was meines lebens qual gewesen ist und möglicherweise sein wird? Giebt es nicht einen ausdruck des schmerzes der wenigen sichtbar und ohne ach und oh? Ich bewundere, dass es Ihrer feder gelingt sich hierüber zu verbreiten. mir gelingt es nicht.« Dann fügte er noch tröstend hinzu: »doch höre ich dass Sie im nächsten monat einmal hierherkommen, wo wir (gewiss!) bruder und schwester waren erwachsen in derselben landschaft und eng verbunden ... Dann werden wir uns sprechen«

Aus dem geplanten Besuch in Bingen wurde dann nichts. Sie blieb erst einmal in Berlin und spielte, nach außen hin freundlich und würdevoll, die ihr zugewiesene Rolle als Gattin. Sie ließ – abgesehen von diesem Brief an den Dichter – niemanden ihre Verzweiflung erkennen. Sie erledigte so angepaßt wie möglich die ihr von dem Gatten übertragenen Aufgaben und suchte das Beste aus ihrer Lage als werdende Mutter zu machen. Aber sie war, wie Elisabeth Höpker-Herberg es lapidar und zutreffend genannt hat, »unglücklich, unglücklicher als je in ihrer nichts weniger als glücklichen Kindheit«.

Betrachtet man die erhaltenen Photographien des frischvermählten Paares, lassen sich natürlich keinerlei Anzeichen auf irgendwelche Vorbehalte gegenüber dem Gatten und dem »heiligen Bund« der Ehe erahnen. Das Paar wirkt wie das Abbild der jungen Effi Briest und des selbstsicheren Barons von Instetten. Ida ist auf diesen Bildern eine junge Frau von gewinnender Anmut mit offenen, strahlenden Augen, sorgfältig zurückgekämmtem schwarzen, dicht-gelocktem Haar, gekleidet in ein aufwendig gerüschtes Seidenkleid mit hochgeschlossenem Kragen und weit gebauschten Ärmeln. Die Taille wird von einem breiten Seidengürtel eng geschnürt – alles ist so, wie es die Mode des ausgehenden 19. Jahrhunderts vorschrieb. Ida ließ sich immer gerne photographieren und unternahm schon in Bingen alles, um eine

Das jungvermählte Ehepaar Auerbach

formvollendete, elegante Dame abzugeben. Neben ihr der Ehemann: Jovial hat er sie mit der linken, etwas breitfingrigen Hand untergehakt, während die Rechte lässig auf der Lehne eines für die Gründerjahre typischen samtbezogenen, steifen Stuhls ruht. Das freundliche, glatte Gesicht verrät den geschmeichelten Stolz des Siegers. Ein üppiger, an den Enden ein wenig gezwirbelter

Schnurrbart verleiht der behaglichen Miene die stereotype bürgerliche Steifheit der Epoche. Die ausdruckslosen Augen werden von einer zierlichen, randlosen Brille nur andeutungsweise verdeckt. Der gutsitzende Frack bedeckt die seidene Weste mit breiten Schalrevers über einem wohlgenährten Körper nur wenig. Der hochstehende Kragen und eine makellose, erkennbar nicht eigenhändig gebundene Seidenfliege sorgen für wilhelminische Korrektheit. So sieht ein Paar aus, das auf der Erfolgsleiter schon ziemlich weit oben steht und von nun an gemeinsam den Weg durchs Leben meistern will. Ein wackerer Berufsphotograph hat seinen Dienst mit professioneller Akkuratesse versehen und in den beiden porträtierten Personen willige Darsteller konventioneller Zweisamkeit gefunden.

Auch den späteren Aufnahmen Idas haftet etwas Würdevoll-Selbstdiszipliniertes an: Wenn sie sich beobachtet oder gar photographiert fühlte, nahm sie immer – bewußt oder unbewußt – »Haltung« an, tat sie ihre Pflicht als zumeist bewunderte, zumindest aber respektierte Ikone. Nachlässigkeit in Mimik und Garderobe war ihre Sache nicht, davor schützte sie nicht nur ihre Lust an der repräsentativen Dekoration, sondern wohl vor allem ihr Bemühen, zumindest öffentlich nicht aus der Rolle zu fallen. Die Eleganz einer Anna Karenina lag ihr weit mehr als die Unbedachtheit einer schönen Salonlöwin – dem stand allein schon ihr oft schwankendes Selbstbewußtsein, ihre Scheu vor der hemmungslosen Preisgabe entgegen –, darin war sie ganz Bürgerin. Wie anders nehmen sich dagegen etwa die Bilder einer bohemehaften Lou Andreas-Salomé aus!

Ida wird sich rein äußerlich immer den Erwartungen ihrer Umgebung anzupassen versuchen – nicht ohne Würde, aber auch ohne jede Lust an der Provokation. Sie wußte nur zu gut, daß ihre Rolle nach vielen Seiten hin begrenzt, daß sie keine ungebundene, selbständige Frau und schon gar nicht eine eigenständige Künstlerin war, die ihrer Umwelt die Gesetze ihrer Persönlichkeit aufzwingen kann. Ida wird sich immer als Teil eines Ganzen verstehen, aber eben nur als den einen Teil, der zur

Komplementierung eines gleich starken, wenn nicht sehr viel stärkeren Partners bedarf. Das mag ihre zur Schau gestellte Selbständigkeit relativieren – es bedeutet aber niemals, daß sie sich mit der Rolle der ergebenen Dienerin zufrieden gab. Selbstlose, untergebene Sklavin war sie nie und wollte sie nie sein. Das macht das Betrachten der Photographien, die wir von ihr kennen, oft spannend: Man ahnt auf den ersten Blick, daß sich hinter der korrekten, hoheitsvollen Pose eine vielschichtige Persönlichkeit verbirgt, die die angemessene Form sucht, nicht aber die Konvention.

Die angemessene Form für eine jungverheiratete Berliner Kaufmanns- und Konsulsgattin in »anderen Umständen« war zurückhaltende Würde und die Zurschaustellung glücklicher Häuslichkeit. Ida Auerbach litt jedoch, so hat es Elisabeth Höpker-Herberg einfühlsam formuliert, »bis zum Ekel an der Ehe und stand der Schwangerschaft, die sich eingestellt hatte, freudlos, manchmal sogar verzweifelt gegenüber. Sie fühlte sich vergewaltigt und in ihrer Substanz verletzt, ... sie fürchtete, auf die Dauer in dieser aufgezwungenen Ehe nicht sie selbst bleiben zu können. Doch diese Rolle, die ihr die Konvention erteilte, half ihr, auch dieses ›Elend‹ nach außen zu überspielen.« Immerhin verlor sie nicht aus den Augen, daß dieses Leben gegenüber ihrem Dasein als unverheiratete Frau in Bingen einen Vorzug hatte: Der neue gesellschaftliche Rahmen an der Seite eines anerkannten und integrierten Mitglieds der Berliner Gesellschaft bot ihr die Chance zum ersehnten Umgang mit bedeutenden Persönlichkeiten, und »bedeutend« waren für sie vor allen anderen: Persönlichkeiten der Kunst, Menschen mit neuen, anderen Ideen und Visionen als denen von bürgerlicher Ordnung und materiellem Wohlergehen.

Solche Persönlichkeiten lebten einige in der Stadt, nur mußte man sie erst einmal aufspüren. 1895, im Jahr ihrer Ankunft, zählt Berlin 1,7 Millionen Einwohner. Auf die vielen, die im Dunkeln lebten, traf Ida nicht. Sie gehörte zur eleganten Gesellschaft des Westens, die schon damals zu den östlichen Bezirken selbstgefällige Distanz hielt. Sie residierte zwischen Kurfürstendamm und Tiergarten, wo »alle Leute wohnen, die etwas können, etwas sind und etwas haben und sich dreimal so viel einbilden, als sie können, sind und haben«, wie Alfred Kerr einmal in einem seiner pointierten Feuilletons schrieb.

Die junge Dame vom Rhein genoß den großstädtischen Luxus, doch ihr Interesse richtete sich mit beharrlicher Konsequenz nur auf eines: das vielfältige Kulturangebot. Sie las viel und begann beinahe systematisch damit, Personen des Berliner Kulturbetriebs, auf die sie aufmerksam geworden war, zu sich nach Hause zu locken. Schließlich ging eine Frau von Anstand damals nicht einfach in Literatencafés, wie das heute selbstverständlich ist. Dem geschäftigen Konsul war der häusliche Trubel nur recht. Er schmückte sich geschmeichelt mit der ihm exotisch erscheinenden Welt, zu der ihm bisher jeder persönliche Zugang gefehlt hatte. Er war es zufrieden, wenn seine schöne Ehefrau auf Anerkennung und Neugierde stieß. Schließlich lebte man in einer Metropole, die sich um die Regeln des gehobenen Lebensstandards nach Pariser Vorbild bemühte. Ida Auerbach wußte sich mit Sicherheit auf diesem Parkett zu bewegen, und das, was ihre mißgünstigen Vettern einmal »Schwan, kleb an« genannt hatten, also ihre Fähigkeit, Verehrer an sich zu binden, erfüllte aufs schönste die Anforderungen an ein geselliges, auch in des Konsuls Geschäftskreisen geschätztes Haus.

Zu Idas bevorzugter Lektüre gehörte die junge avantgardistische Kunst- und Literaturzeitschrift »Pan«. Hier traf sie auf jene Geister, nach denen ihr spätestens seit der Begegnung mit Stefan George der Sinn stand. Die ersten Hefte der 1895 in Berlin auf genossenschaftlicher Basis gegründeten Zeitschrift wurden von Otto Julius Bierbaum, einem umstrittenen literarischen Flaneur, und dem Connaisseur neuester Kunstrichtungen, Julius Meier-Graefe, redigiert. Im zweiten Heft dieses exquisiten Bandes für Kunstkenner hatte sie mit größtem Interesse einen Bericht über neue Formen der Lyrik verfolgt. Darin vermißte sie nur einen Namen: Stefan George. Autor des langen Aufsatzes war ein

Dichter, auf den sie schon in ihrer Binger Zeit aufmerksam geworden war. Im Jahre 1892 war ihr sein Gedichtband »Erlösungen« in die Hände gefallen. Nach der Lektüre hatte sie Leo Seligmann, von dem sie den Band erhalten hatte, sofort geschrieben: »Das ist Geist von meinem Geiste … Richard Dehmel ist einer von den ganz Großen.« Und dann hatte sie noch hinzugefügt: »Ich wollte, ich wäre das Weib, das er liebt.«

Als sie nun, drei Jahre später, wieder auf diesen Dichter stieß, griff sie unverzüglich zur Feder, um diesmal dem Autor selbst zu schreiben: »Geehrter Herr! Vor einigen Jahren schon wollte ich Ihnen schreiben; das war, als ich am Weihnachtsabend von einem kunstsinnigen Freund Ihre ›Erlösungen‹ bekam.« Dann folgt ein selbstbewußter Einblick in ihr Innenleben: »Ich gehöre zu den Menschen, die noch starke Eindrücke empfangen können; Eindrücke, die *bleiben* – Ihre Dichtungen stehen heute noch auf meinem Schreibtisch bei den Allerheiligsten, bei ›Also sprach Zarathustra‹ etc. etc.; ein groß Teil kann ich, im Schlaf danach gefragt, hersagen … Vieles in den ›Erlösungen‹ schlug in mir so verwandte Saiten an, daß es mich durchschüttelte. Vieles schien mir mit *eigenem* Blut geschrieben – mit Blut aber jedes Wort.« Doch die Frau Konsul wollte es nicht bei der bloßen Anhimmelei belassen, und so folgte sogleich eine gestrenge Relativierung, als sie auf die Lektüre im »Pan« zu sprechen kam. »Diese Empfindung blieb in den Lebensblättern manchmal aus; verzeihen Sie das offene Geständnis.«

Das einschränkende Urteil verriet die inzwischen schon etwas erfahrenere – und selbstbewußtere – Kunstkennerin. Aber es verriet wohl auch noch etwas anderes: Damals, als sie der Dichtung Richard Dehmels zum ersten Mal begegnete, drängten all ihre Sehnsüchte noch ungebremst zu Kunst und Künstler. Jetzt hatte sie um sich doch so etwas wie einen Sicherheitsring gelegt, war sie ihrer Bereitschaft zur Begeisterung nicht mehr ganz so hemmungslos ausgesetzt. Damals war sie eine junge Elevin – jetzt war sie Frau Konsul Auerbach.

Im weiteren Verlauf des Briefes kam sie dann auf den zweiten Anlaß zu sprechen, der sie – neben der Suche nach einem persönlichen Kontakt – veranlaßt hatte, sich an den Dichter zu wenden. Sie bedauere, daß der »geehrte Herr« in seinem Überblick nicht auf Stefan Georges »Blätter für die Kunst« und vor allem auf dessen Lyrik eingegangen sei: »Wie kommt es, daß ›Pan‹, der dieselben Wege in der Kunst geht, die Stefan George vor langen Jahren gefunden hatte, daß dieser sich nicht um ihn bewirbt, stolz nach seiner Mitarbeit strebt? Ich bedaure das nicht um Stefan Georges willen, der ein einsamer, weltscheuer Mensch ist u. jedes Hervortreten in die Öffentlichkeit scheut; ich bedaure es der Menschen wegen, der *Geschichte* wegen. Es ist gar so beschämend, der Nachwelt die Kenntnis und die Verehrung eines Künstlers zu überlassen.« Sie beeilte sich, dem »geehrten Herrn« den letzten Jahrgang der »Blätter für die Kunst« zu schicken, dessen Lektüre werde ihm »besser sagen, als ich es kann, welcher Platz Stefan George in der deutschen Kunst und im ›Pan‹ gebührt. Mit vorzüglicher Hochachtung Frau Consul Auerbach.«

Der Pfeil hatte gesessen. Allerdings ahnten weder die Absenderin des Briefes noch sein Empfänger, was er noch auslösen sollte. Erst einmal erfolgte eine elegante Anwort des Adressaten. Er wußte, wie er sich gegenüber einer kunstinteressierten Konsulin zu benehmen hatte. Als kultivierter, ja geradezu blendender

Briefschreiber, als vollendeter Kavalier gab er erst einmal seiner Freude Ausdruck: »Sie hätten mir ruhig schon ›vor Jahren‹ schreiben sollen; solche Briefe sind ja jungen Dichtern das Erfreulichste, was es giebt, außer der Schaffensfreude.« Dann freilich setzte er der »Frau Consul« behutsam, aber bestimmt auseinander, welche Vorbehalte er gegenüber dem von ihr so geschätzten Stefan George hege, warum er ihn in seinem Aufsatz nicht berücksichtigt habe. »›Pan‹ will durchaus nicht dasselbe, was jener will.« George nämlich »glaube ›die Kunst‹ gepachtet zu haben; das glauben wir durchaus nicht ... Jener will die Kunst um der Kunst willen; wir wollen eine Kunst fürs Leben, und das Leben ist vielgestaltig, durchaus kein Tempel für nur Eingeweihte.« Präziser hätte er den Unterschied zwischen George und sich selbst, zwischen einem weltabgewandten Schöngeist und einem sanguinischen Vitalisten, zwischen dessen esoterischer und seiner diesseitstrunkenen Lyrik kaum auf den Begriff bringen können.

Doch Richard Dehmel war nicht nur im Umgang mit Damen Diplomat, und so versprach er in bezug auf George Besserung. Den Sammelband der »Blätter für die Kunst« habe er gar nicht gekannt, sonst hätte er auch George »selbstverständlich ein paar Sätze gewidmet«. Diesem Bekenntnis folgte jedoch sogleich wieder eine Distanzierung: Die »Vornehmtuerei« Georges und seiner Freunde, die sich in den »Blättern für die Kunst« artikuliere, erinnere ihn an die Fabel vom Fuchs und den sauren Trauben. Diplomatisch werden George – ebenso aber auch Max Dauthendey, mit dem er eng befreundet sei – und Hugo von Hofmannsthal von der Kritik ausgenommen, »die andern aber, die ich aus dem ersten Jahrgang kenne, sind höchstens Tapezierer im Tempel der Kunst: stilistische Virtuosen, die an Blutarmut leiden«.

Der Schreiber wußte auch die Gelegenheit zur Selbstreklame zu nutzen, denn er wies die interessierte Dame der Berliner Gesellschaft bei dieser Gelegenheit auf seinen neuesten Lyrikband hin. Autor, Brief und besonders der Titel des Werkes – »Aber die Liebe« – mußten die Angesprochene gleichermaßen elektrisieren, zumal die angedeutete Einschränkung gegenüber George einige Zeilen später wieder zurückgenommen und diesem selbst das Fehlen eines Beitrages im »Pan« angekreidet wurde: »Er hat uns aber nicht nur keine Beiträge geliefert, sondern hat bei seinen Pariser Freunden unser Unternehmen sogar zu diskreditieren versucht als eine Brutstätte des deutschen Naturalismus.« Dann folgte sie noch einmal, die deutliche Mißbilligung der Lyrik Georges: »Es ist doch einfach traurig, daß ein Künstler vom Range Georges über die Schlagwörterei noch nicht hinaus ist.«

Jeder Spitze folgte die – freilich etwas gequälte – Einschränkung auf dem Fuße: »Möglich übrigens, daß Herr George sich verletzt gefühlt hat, weil wir ihm nicht eine ganz besondere, handschriftliche Aufforderung zur Mitarbeit gespendet haben, ... jeder, der sich für berufen hält, ist eingeladen, wir backen keine Extra-Pretzeln. Ich persönlich, gnädige Frau, bin freilich gern bereit, wie manchem andern so auch Herrn George um der lieben Eintracht willen ein gutes Wort zu geben, und wenn Sie in der Lage sind, mir seine gegenwärtige Adresse mitzuteilen, werde ich ihn zu bekehren suchen. Mitte nächster Woche bin ich wieder in Berlin und darf mir wohl erlauben, dann deshalb bei Ihnen vorzusprechen, zugleich auch den mir freundlichst übersandten Sammelband an Sie zurückzugeben. Mit vorzüglicher Hochachtung Richard Dehmel.«

Hatte die kunstbegierige Frau Konsul mit ihrem ersten Brief bewußt oder unbewußt ein Netz gewebt, in dem sich der Dichter bald heillos verfangen sollte? Hatte sie absichtsvoll Amors Bogen gespannt? Sie selbst hat einige Jahre später (am 9. Mai 1902) in ihrem Tagebuch festgehalten, sie habe mit diesem Brief »nicht den leisesten Nebengedanken« verbunden, sei nur ihrem literarischen Interesse gefolgt, »ganz ohne daran zu denken, ob ich dadurch einen Menschen kennenlernen würde oder nicht. Damals machte ich ja jeden Tag 10 neue Bekanntschaften.« Verschämt fügte sie aber dann noch hinzu, sie sei zumindest »einer Suggestion gefolgt«.

Ida Auerbach war jetzt fünfundzwanzig Jahre alt, im fünften Monat schwanger, führte ein großes Haus, hatte ihre Antennen für alles Musische weit ausgefahren. Sie dürstete nach Aufmerksamkeit. Was ihr später von kritischen Weggefährten wie Gustav Schiefler als bloßes Bedürfnis nach Bewunderung ausgelegt wurde, war nur ihr unstillbares Begehren, Kunst und Künstler nicht einfach passiv auf sich wirken zu lassen, sondern teilzuhaben an der Entstehung von Kunst, und das hieß für sie zuallererst: Lyrik. Was sie mehr brauchte als alles andere waren Künstler, die sich ihr öffneten, sie in ihre Gedankenwelt einbezogen. Sie wollte ihrer eigenen künstlerischen Ohnmacht entrinnen – und dafür jeden Preis zahlen. »Es gibt für mich kein Glück der Welt, das sich mit dem messen kann, Zeugin der schmerzlosen Geburt eines vollendeten Kunstwerks zu sein«, schrieb sie einmal an ihre Schwester. Der Traum ihres Lebens war jede Form von Teilhabe an der Entstehung von Kunst – auch sie selbst würde dadurch vielleicht zu einem Kunstwerk erhöht werden.

Nicht lange nach dem Eintreffen des Briefes in der Lennéstraße meldete sich Dehmel selbst als Besucher dort an. Julius Bab, der Berliner Kritiker und glühende Verehrer des Dichters Dehmel, hat die erste Begegnung eingehend geschildert. Sein dreißig Jahre später erschienenes Buch provozierte indes umgehend einige gehörige Proteste von Idas Seite. Die vermeintlich so auf Anerkennung Erpichte, von Bab wie eine »hohe Frau« Vergötterte nahm es mit ihrer Rolle sehr genau: Nichts als die Wahrheit sollte der Nachwelt überliefert werden. Sie habe, wird sie später schreiben, an diesem Tage ein besonderes Kleid angelegt, ein Gewand aus einem »weißgrundigen, türkischen Shawl, das die Form des Tuches bewahrt(e); es wirkte wie nur eben umgeschlungen. Das Jäckchen (war) über der Brust mit einem Goldpfeil gehalten.« Dazu habe sie »orientalisch bestickte Schuhe« getragen. Nichts schien sie dem Zufall überlassen zu wollen. Als der Besucher eintrat, saß die Dame des Hauses in ihrem Boudoir und »hatte die Plätze so gewählt, daß sie im Schatten bleibt, während er von der hereinfallenden Sonne beleuchtet ist«.

Wenn es darauf ankam, wußte Ida sich ins richtige Licht zu setzen. Ihre Familie, nicht zuletzt die kritische Großmutter, hatte daran nicht selten Anstoß genommen. Es hatte Ida den Vorwurf der Äußerlichkeit eingebracht, aber das war nur die halbe Wahrheit. Zu ihrem Selbstverständnis als Förderin alles Schönen und Herausragenden gehörte nun einmal die kapriziöse (Selbst-)Dekoration, sie mußte einfach die alltägliche Welt auf eine andere Höhe heben und ihr jenen Glanz verleihen, der das Leben erst lebenswert machte. In Richard Dehmels »Erlösungen« hatte sie sofort jenen verheißungsvollen, sinnlichen Ton wahrgenommen, der nicht nur auf sie, sondern auf die Leser(innen) der Epoche überhaupt eine magische Anziehung ausüben sollte. Dieser Dichter versprach gleichermaßen erotische wie ästhetische Befreiung von überkommenen Normen. Das war sie, die neue Zeit, die einen Schlußstrich zu ziehen versprach unter all die drückenden Konventionen bürgerlicher Wohlanständigkeit. Dieser neuen Zeit fühlte Ida sich zugehörig, und sie war bereit, das auf jede erdenkliche Art zu bekunden. Ihr Handeln mag nicht frei gewesen sein von Berechnung, ganz gewiß aber lag ihm eine tief empfundene Symbiose zugrunde. Idas Antennen spürten die Herausforderung, und von nun an spielte sie – bewußt oder unbewußt – die Rolle der empfindsamen Seele mit allen Mitteln, die sie besaß.

Dehmel übergab den Band, den Ida ihm geschickt hatte, man wechselte höfliche und galante Worte. »Du gefielst mir ja gleich *sehr* gut ..., aber als Du mich da, in halber Wendung zu mir, zu dir riefest, und, als ich auf dich zuging, da war ein solches Ziehen in deinen Augen, daß ich mich festhalten mußte, um nicht vor dir auf die Knie zu stürzen und zu sagen, mach mit mir, was Du willst«, so sei ihm damals zumute gewesen, gestand ihr Dehmel später, und er habe sich aufgefordert: »Mensch, nimm dich zusammen, sonst hält dich die Frau für verrückt« (so jedenfalls gab Ida es 1903 in ihrem »Blauen Buch« wieder).

Schnell kam das Gespräch auf die Literatur. »Ida erhob sich und stand auf der Schwelle zum Nebenzimmer, in dem ihre Bibliothek war. Sie hob die Portiere hoch und fragte: ›Wollen Sie nicht in mein Zimmer kommen?‹ Und wie diese große heroische

Gestalt mit dem kühnen, hart geschnittenen Kopf in einladender Gebärde dort vor ihm stand – da fiel der Blitz in Dehmels Seele«, heißt es bei Bab. Ida aber korrigierte den ihr zugeschriebenen Satz mit pedantischer Genauigkeit: »Wollen Sie nicht mit mir kommen?«, habe sie ihn gefragt – das sei »noch symbolischer« gewesen. Das mit dem Blitz brauchte sie nicht zu korrigieren. Er war nicht nur in die Seele des Gastes, er war auch in die ihre gefallen. Der Donner würde folgen, es war nur noch eine Frage der Zeit. Als er unüberhörbar wurde, begann, wie Julius Bab mit überschwenglicher Verzückung jubelte, »eine Beziehung, die wohl Aussicht hat, unter den großen Liebesgeschichten der Menschheit ihren Platz zu erhalten«.

5

Von aussen gesehen hatte die eben erst verheiratete Ida Auerbach alles erreicht, was einer jungen Frau im Berlin des ausgehenden 19. Jahrhunderts erstrebenswert erscheinen mußte: ein prächtiges und gastfreies Haus, ein wohlhabender, korrekter Ehemann und damit materielle Sicherheit, die zunehmende Aufmerksamkeit der Berliner Gesellschaft – nicht anders hatten sich der Vater und die Familie ihr Glück vorgestellt. Und war ihr die Unterwerfung unter die Gebote bürgerlicher Wohlanständigkeit noch so schwer gefallen – sie begann, sich mit dem Verzicht auf eine andere, poetischere Welt abzufinden und fast so etwas wie Stolz zu empfinden.

Nicht viele hatten es doch so gut wie sie getroffen. Und war es nicht doch vernünftig gewesen, den Spatz in der Hand der Taube auf dem Dach vorzuziehen? Gerade die Freiheit, sich mit den eigenen Geldmitteln – oder zumindest denen des eigenen Haushalts – das tägliche Leben weitgehend selbst einrichten zu können, hatte sie doch in ihrem Binger Zuhause herbeigesehnt. Zwar war ihr keine Herzensliebe und auch keine ländlich-idyllische Zweisamkeit beschieden, aber sie war nun eine Dame von Welt, die sich nicht mehr stürmischer Verehrer zu erwehren hatte. Das Heft des Handelns konnte sie endlich selbst in die Hand nehmen. Ihrem keineswegs stabilen Selbstbewußtsein kam das zugute. Alle Zweifel am richtigen Weg des Lebens waren erst einmal betäubt. Der Ehestand hatte nicht zu verachtende Vorteile, der Konsul war ein allseits geschätzter Gefährte. Der großzügige Zuschnitt ihrer neuen Existenzform bot immerhin eine strahlende Bühne sowohl der Selbstdarstellung wie, das zumindest, der intensiven Kontakte zu jener anderen Welt, die aus eigener Kraft zu erreichen ihr aufgrund begrenzter Talente nun einmal verwehrt schien. Zum ersten Mal verspürte die junge Frau so etwas wie Ruhe in sich, und das übertrug sich wohltuend auf ihre Umgebung. Das vollkommene Glück ließ sich eben niemals erzwingen.

Im nachhinein betrachtet nehmen sich ihre gescheiterten Amouren wie erste, vergebliche Fluchtversuche aus. Ihre Sinne waren dabei nur zaghaft entflammt worden, überhaupt war es ihr nicht um den körperlichen Rausch, sondern um die Flucht auf einen anderen Stern gegangen. Sie war prüde erzogen worden, und was immer sie an Männern angezogen hatte, hatte am wenigsten mit erotischen Begierden zu schaffen gehabt. Es war das Grundlegend-Andersartige gewesen, das sie für kurze Zeit in schöne Träume entführt hatte. Sinnenfreuden hatte sie zuletzt gesucht. So etwas gab es allenfalls unter Künstlern, und sie, das wußte sie, würde nie eine Künstlerin werden.

Der Besucher aber, der ihr nun gegenüberstand und einen jähen, in dieser Heftigkeit nie gekannten Blitz in ihre Seele gelenkt hatte, strahlte auf eine verstörende Weise zwei Seiten geradezu bedrohlicher Sinnlichkeit aus, die ihr als Einheit in einem Menschen noch niemals begegnet waren: eine geradezu brennende Erotik von Körper *und* Geist. Bei ihrem Gefährten aus Binger Tagen, dem stolzen und über allem Irdischen förmlich schwebenden Stefan George, schien alles Sinnliche zugunsten hehrer Geistigkeit aufgehoben. Was ihren verliebten Leutnant betraf, so stand das Geistige und Künstlerische nicht im Zentrum ihrer Zuneigung. Dieser Mann aber versprühte eine Mischung aus kaum gezügeltem Temperament und flackernder Ekstase, konzentrierter Hingabe an alles Künstlerische und grenzenloser Freiheit von aller hemmenden Konvention. Er wußte sich ihr allerdings mühelos mit aufgewühlter Höflichkeit und spielerischer Eleganz zu unterwerfen, wenn es ihm angebracht erschien.

Schon sein Äußeres mußte sich ihr und ihrem wachen Sinn für Schönheit und Stil auf erregende Weise einprägen: Sein ebenmäßiges, fein geschnittenes Gesicht wurde von einem dichten, bis über die Ohren reichenden, wohldrapierten Schopf dunkler Haare umrahmt, zu dem der gepflegte Kinn- und Lippenbart vortrefflich paßten. Die dichte Haar- und Bartpracht verbarg nur unvollkommen eine kräftige Narbe, die auf einen mutigen Fechter hinwies. Unter den breiten Augenbrauen lagen äußerst aufmerksame, düster-lodernde Augen, die hinter einer randlosen Brille ohne Bügel, nur mit seitwärts herabfallender Schnur, verführerisch funkelten. Die ganze Erscheinung war die eines vollendeten Kavaliers. Die unaufdringliche, aber fast elegant stilisierte Kleidung verriet den erfahrenen Connaisseur und selbstsicheren Individualisten. Mit der eigenartig samtenen Stimme, der nur andeutungsweise berlinernden, sorgsam gewählten, dabei aber höchst lebendigen und nuancenreichen Sprache artikulierte sich eine Persönlichkeit, die Zartheit und Energie, Zielstrebigkeit und Ernst in sich vereinte – und den Anspruch auf Führung und Ritterlichkeit. Dieser Mann war ein Dichter, aber einer, der sich dem Leben nicht zu entziehen suchte, sondern danach geradezu gierte. Diesem Hunger nach Leben hatte er – sehr anders als die streng behütete Ida Auerbach – stets nachgegeben.

Überlassen wir die von dieser Begegnung im Innersten getroffene Frau Konsul nun für eine Weile ihren beunruhigenden Empfindungen und Eindrücken. Überlassen wir sie ein wenig ihrem häuslichen und gesellschaftlichen Leben im geschäftigen Berlin des ausgehenden 19. Jahrhunderts. Ida Auerbach muß erst ihre Rolle als fürsorgliche Gattin und werdende Mutter, als aufmerksame Beobachterin der Kunst- und Kulturszene, als regelmäßige, temperamentvolle Briefpartnerin ihrer Familie auskosten und versuchen, ihre elemantare Erschütterung halbwegs unter Kontrolle zu bringen. Ihr seelisches Gleichgewicht hat allerdings einen Stoß erhalten, der ihr Leben in eine andere Richtung drängen wird. All das, was sie soeben erst zu beherrschen gelernt hat, die Qualen von Entsagung und Verzicht gemessen zu erdulden, wird ihr schon bald wieder abhanden kommen, ohne daß der vornehmlich seinen Geschäften nachgehende

Ehemann und ihre Umgebung fürs erste davon etwas bemerkt haben dürften. Die äußere Form bürgerlichen Zusammenlebens blieb erhalten, und darauf kam es ihr erst einmal an.

Wer war dieser Besucher wirklich, der da mit seinem verführerischen Zauber wie ein Schwanenritter in den eben erst planvoll eingerichteten Hausstand des Ehepaars Auerbach eingedrungen und wohl nur der Dame des Hauses nachdrücklich aufgefallen war? Schon bei der jungen Ida Coblenz in Bingen hatte sein Name einen verstörenden Schauder hinterlassen, ohne daß sie viel über seinen Träger wußte. Damals war es jedoch nicht seine Person, sondern nur ein Gedicht von ihm gewesen, das schon so etwas wie eine Zündschnur in sie eingegraben hatte, deren explosive Auswirkungen sich jetzt ganz allmählich zeigen sollten.

Richard Dehmel stammte gewissermaßen aus dem tiefsten preußischen Wald. Am 18. November 1863 – sieben Jahre vor Ida Coblenz – war er in Hermsdorf, einem kleinen märkischen Dorf, auf die Welt gekommen. Sein aus Schlesien stammender Vater Fedor, Sohn eines Seilermeisters, war aus Begeisterung für Wald und Flur Förster geworden. Seine Mutter entstammte einer Bauernfamilie aus dem Spreewald. Sie war aber – welch merkwürdiger Zufall! – als Tochter eines Zollbeamten in Bingen am Rhein geboren worden. Julius Bab hat ihr eine »durchaus aristokratische Erscheinung von ganz ungewöhnlicher Schönheit« attestiert, und etwas von diesem Glanz mußte sich zumindest auf den Sohn Richard übertragen haben. Sie brachte neun Kinder zur Welt, von denen aber nur fünf die Geburt lebend überstanden. Gemeinsam mit seinen beiden Schwestern und seinen zwei Brüdern wuchs der kleine Richard zwischen Kiefern und Eichen wohlbehütet und vornehmlich heiter auf. Er wurde vor allem der Obhut seiner Großmutter mütterlicherseits anvertraut, später, nach deren frühem Tod, der Pflege der Großmutter väterlicherseits. Diese Großmutter zeichnete sich im Gegensatz zu der verstorbenen durch beharrliche evangelische Frömmigkeit aus. Sie war von Beruf Lehrerin, hatte in Berlin bereits eine Schule gegründet.

Das Leben der Kinder spielte sich vornehmlich in einem alten Försterhaus ab, bis Richard auf die Schule im nahen Kremmen geschickt wurde. Die klugen Anleitungen der Großmutter, die den Enkel zwei Jahre lang bei ihrer Familie in Schlesien selbst ausgebildet hatte, bewirkten, daß der auffallend intelligente Knabe sogleich in die vierte Schulklasse eingewiesen werden konnte. Dem Vater war es nur allzu recht, denn man habe ihn, wie Richard Dehmel in einem kurzen Bericht über seine Jugendjahre später schrieb, »seiner Charakteranlage nach als eine Personifizierung des Wahlspruches ›Vorwärts‹ bezeichnen« können. Ebenso gefiel es ihm wohl, daß sein Sohn schon früh eine besondere Vorliebe für »das anziehende Schauspiel der Soldatenkolonnen« entwickelte, eine Neigung, die später noch einmal Folgen haben sollte.

Bei der Einschulung in Kremmen hatte sich der Knabe einem Aufnahmetest zu unterziehen, in dessen höchst erfolgreichem Verlauf er den Satz »Der Wolf ist ein Raubtier« niederschreiben sollte, »was man damals noch Raubthier schrieb, und es wollte mir nicht in den Sinn, daß das h, welches ich ausließ, notwendig sei. Ich war also – man verzeihe den Scherz – meiner Zeit um ein Jahrzehnt voraus.« Der Knabe wurde schnell ein herausragender Schüler: »Stets hatte ich die Nummer 1 auf meinen Zeugnissen stehen, und nur einmal wurde dieselbe durch ein hinzugefügtes b zum Schlechteren moduliert, da es mir, wie all den übrigen jungen Gehirnen, zuerst etwas schwer fiel, mich in den Geheimnissen der Geometrie heimisch zu fühlen.«

Im Jahr 1873 wurde er zu der Schwester seiner Mutter und deren Mann in Berlin in Obhut gegeben, denn der aufgeweckte Junge sollte einmal »eine freiere Lebensstellung erringen als die«, welche der Vater »der Ungunst des Schicksals zu danken hatte«. Bald darauf wechselte der kleine Richard auf das Berliner Sophien-Gymnasium, wo es ihm aber zu seinem Kummer nicht wieder gestattet wurde, gleich eine Klasse zu überspringen: »Ich, der den Pythagoras beweisen konnte, mußte nun noch einmal mit der regula tri anfangen, nur weil ich die 5 Deklinationen und

4 Konjugationen nicht wußte ... Damals aber ging ich fröhlichen Mutes an meinen Vorsatz, mir auch hier bald den ersten Platz zu gewinnen. Das war nun freilich nicht so leicht, und es war eine schmerzliche Erfahrung für mich, als ich meinen Eltern beim nächsten Schulschluß nicht wie sonst den ersten Platz und die Nummer 1, sondern nur eine 1a mit dem dritten Platz vorlegen konnte. Doch ich hatte mir die 1 vorgenommen und erlangte sie auch: am nächsten Osterfeste bei der Versetzung nach Quinta konnte ich sogar noch einen ›Jugendfreund‹ als Prämie ›für Fleiß und löbliches Verhalten‹ meinen lieben Eltern überreichen. Den ersten Platz hatte ich allerdings nicht zu erringen vermocht. Ich war Zweiter geworden und blieb es auch, wenigstens für lange Zeit. An Leistungen und auch an Fleiß war ich meinem über mir sitzenden Freunde wohl ebenbürtig, aber ich verkümmerte mir den Erfolg selbst dadurch, daß ich mit der Zeit ein recht übermütiger Schlingel geworden war, dem allerlei Raupen und Schmetterlinge durch das tolle Gehirnchen krochen und flatterten.«

Das tolle Gehirnchen sollte noch manche Kapriolen schlagen. Richard Dehmels schulische Leistungen warfen bereits früh ein Licht auf seine vielfältigen Talente. Anders als viele seiner späteren Dichterkollegen zeichnete ihn ein extrem weites Spektrum von Interessen und Begabungen aus, das gerade vor der Mathematik und den Naturwissenschaften nicht haltmachte und das schöne alte Klischee vom verträumten, aber wirklichkeitsfremden Poeten auf den Kopf stellte. Richard Dehmel verfügte über einen ausgeprägten analytischen Verstand, und so wurde bald erkennbar, daß ihm im Leben die gegensätzlichsten Wege offenstanden. Da es ihm auch an einer gehörigen Portion Ehrgeiz nicht mangelte, konnte es kaum verwundern, daß er auf eine Frage seiner Mutter, was er denn einmal werden wolle, schlichtweg antwortete: König oder, wenn das schon nicht möglich sei, Minister.

Das Leben bei Tante und Onkel, der den schönen Namen Bollfraß trug, war allerdings wenig dazu angetan, den Knaben die Wärme seines märkischen Zuhauses vergessen zu machen. Man überließ ihn weitgehend sich selbst. Als er wieder einmal die Ferien im elterlichen Forsthause zubringen durfte, passierte ein schrecklicher Unfall: Bei einer Turnübung – einer Riesenwelle vom Reck – stürzte der Knabe auf den gepflasterten Hof und zog sich eine so schwere Gehirnerschütterung zu, daß er für einige Zeit der Schule fernbleiben mußte. Der Sturz sollte später noch einmal häßliche Nebenwirkungen haben: Jahrelang neigte Richard Dehmel zu heftigen epileptischen Anfällen. Nach der vorläufigen Genesung aber nahm er erst einmal seine schulischen Pflichten in Berlin wieder auf, und nun gelang es ihm auch, »den lange erstrebten Platz« als Primus zu erreichen, den er für drei Jahre nicht mehr abgab.

»Während meiner Krankheit oder vielmehr zur Zeit meiner Genesung habe ich, wie stets, in der Natur meine schönste Erholung genossen. Aber schon hatte ich angefangen, im herrlichen Buche der Natur, das ich bisher staunend gleichsam nur in der Folie betrachtet hatte, prüfend und musternd Blatt für Blatt zu wenden. Jetzt lag ich nicht mehr bloß träumend im Moose: ich schweifte auch durch Wiese und Hain, suchend und untersuchend, und ich weiß noch, wie namenlos es mich beglückte, als ich in mein Herbarium eine Schmarotzerpflanze, von einer Buchenwurzel gelesen, kleben konnte, welche ich in keinem der verschiedenen großen und kleinen botanischen Lehrbücher verzeichnet fand ..., mehr und mehr befestigte sich der Wunsch in mir, ein umfassendes naturwissenschaftliches Wissen mein eigen zu nennen.«

Mit Eifer gab sich der Knabe bald intensiven Studien der Zoologie und der vergleichenden Anatomie hin. Mit der Obersekunda traten Physik und Mathematik in den Vordergrund seines Interesses – aber auch »die Literatur aller Völker und Zeiten«. In Übersetzungen las er indische und chinesische, arabische und ägyptische Gedichte und Erzählungen. »Im Hebräischen habe ich es wenigstens dahin gebracht, daß ich mit Hülfe des Lexikons den Text ohne Schwierigkeiten verstehen kann.« Die

Lektüre griechischer und römischer Autoren fesselte ihn nicht weniger. Vor allem aber wußte der gelehrige Schüler sich allmählich eine ziemlich umfassende Kenntnis der deutschsprachigen Literatur anzueignen.

Dehmel stand erst in seinem fünfzehnten Lebensjahr, als das Berliner Großstadtleben ihn in seinen Bann zu ziehen begann, worüber er später allerdings nur kryptische Andeutungen machte: »... ich ward in die kotige Straße des jugendlichen Bummellebens gezogen, aber ich hielt mich rein von dem Schmutze, der wohl hin und wieder an mich spritzte.« Die Freundschaft mit einem gleichaltrigen Sohn adliger Eltern, der vorzüglich Violine spielte, gestaltete sich zu einer tiefen Seelenbeziehung – bis der Freund sich durch eigene Hand das Leben nahm. Die Gründe dieses Verlustes hat Richard Dehmel, der die Eltern des Freundes nicht kannte, nie erfahren.

In der Oberprima war der strebsame Schüler zum großen Verdruß der Eltern wieder auf den zweiten Platz in der Klasse gesunken. »Doch was nun folgte, sollte ihnen graue Haare auf den Scheitel streuen. Ich war nämlich auf den Geschmack gekommen, daß es bei weitem interessanter sei, des Vormittags das Kollegium eines Universitätsprofessors zu hören oder im ›Tiergarten‹ zu botanisieren, als auf der Schulbank zu sitzen, und des Nachmittags sich nach Belieben beschäftigen, abends aber an den Belustigungen der Studiosen teilnehmen angenehmer als Schularbeiten anfertigen.« Der Schüler Dehmel begann sich von den Zwängen konventioneller Regelmäßigkeit gründlich zu befreien, zeigte eine Lust am Aufbegehren, die sein späteres Leben immer wieder bestimmen sollte. Schließlich kam es auch zu einem schweren Zerwürfnis mit dem Schuldirektor, der am Inhalt der darwinistischen Schriften Anstoß nahm, mit denen sich sein zunehmend sperriger Schüler gerade beschäftigte. In der Hitze des Wortgefechts »schleuderte ich dem alten Herrn die garstigen Worte in das Gesicht, die ich nachher oft genug bereut habe: ›Das geht Sie gar nichts an, Herr Direktor. Im preußischen Staat kann jeder nach seiner Fasson selig werden. Im übrigen empfehle ich mich.‹ Damit hatte ich mich natürlich auf dieser Anstalt unmöglich gemacht.«

Aus dem fernen Kremmen empfahl der besorgte Vater seinem Schwager, dem Knaben »ein paar derbe Maulschellen« zu verabreichen. »Wehe ihm, wollte er sich einer Widersetzlichkeit schuldig machen!« Gleichzeitig erging ein gestrenger Brief an den Sohn: »Du bist gegen Tante und Onkel frech und grob, behandelst die kleinen Kinder durchaus nicht, wie es einem billig wohnenden Kostgänger zusteht, gehst aus dem Hause, ohne um Erlaubnis zu bitten … Pfui über Dich! Ich rate Dir, gehe sofort in Dich und hüte Dich, je wieder in diese Fehler zu verfallen; ich möchte sonst ein Wort aussprechen, das ich nicht zurücknehme. Dein Dein ferneres Wohl im Auge habender Vater Dehmel.« Die Antwort des Sohnes ist leider nicht überliefert.

Nach dem unglücklichen Abgang vom Sophien-Gymnasium vermittelte ein ehemaliger Griechischlehrer einen Platz im Gymnasium von Königsberg. Den aber wollte der stolze junge Mann nicht einnehmen, weil er dort erst ein halbes Jahr später zum Abitur zugelassen worden wäre. So wechselte er nach Danzig, wo ihn ein Lehrer bei sich aufnahm. In Danzig erhielt er 1882 sein Reifezeugnis mit – abgesehen vom Fach Religion – vorzüglichem Ergebnis.

Im Oktober desselben Jahres schrieb Richard Dehmel sich an der Berliner Universität ein, um Physik, Mathematik, Philosophie, Staatswissenschaften und Wirtschaftslehre zu studieren. Noch war er sich seines beruflichen Weges keineswegs sicher. Er lebte nun wieder in der Stadt, die, so schrieb es der Berliner Zeitzeuge und Chronist Julius Bab, »seit zwölf Jahren neue deutsche Reichshauptstadt, mit wildem Wirtschaftslärm zur Weltstadt emporschnellte. In dem Berlin, das in der Tiefe immer dichtere, elend und dumpf gärende Proletariermassen ansammelte und oben den geistlos prunkenden, alle Kunst zu Dekoration und Spiel verflachenden Luxus der Gründerzeit entfachte. In dem Berlin, dessen Studentenschaft das geistigere Freiheitsstreben der alten Burschenschaft aus romantischer Zeit mit den Schneidigkeitsidealen des siegestrunkenen neuen Reiches vertauscht hatte.«

Richard Dehmel warf sich mit aller Energie in das studentische Treiben, wurde in der Burschenschaft Hevellia ein kühner Fechter, war im Geldausgeben alles andere als vorsichtig, was die Beziehung zum gestrengen, aber dennoch liebevollen Vater sehr belastete. Bei allen Spannungen liebte Richard Dehmel diesen sehr. Bab, der Dehmel persönlich gut kannte, berichtet davon, wie froh der Sohn immer gewesen sei, »diesen kraftstrotzenden, humorig klugen, unbeugsamen stolzen Waldmenschen zum Vater zu haben«.

Noch immer fühlte er sich am wohlsten im heimatlichen Forsthaus, und er zog die Mark Brandenburg sein ganzes Leben lang allen anderen Landschaften und schon gar allen Städten vor. Auch in Hamburg, das ihm später zur zweiten Heimat werden sollte, hat er ihre Weite und ihre Verlockung zur Einsamkeit oft beschworen. Nur die Nähe zum Wasser kompensierte das Fehlen des heimischen Bodens. Das Meer zog ihn besonders an. Die Aufenthalte an der Nordsee versetzten ihn geradezu in Euphorie und ließen Berge von Gedichten entstehen.

Richard Dehmel war in seiner Naturliebe wie in seinem wissenschaftlichen und künstlerischen Interesse ein Nachfahre der deutschen Romantik, wenn er auch wenig von nostalgischen Rückblicken – geschweige denn von der Verklärung des Mittelalters – hielt, vielmehr das Gebot des Vaters – »Vorwärts!« – zeitlebens zu dem seinen machte und sich als Künder einer neuen Zeit empfand. Dehmel konnte ein brillanter Methodiker des Denkens und ein harter Arbeiter sein – aber der Ariadnefaden seines Suchens war die ungebremste Leidenschaft: Er war vielleicht nicht als Sanguiniker auf die Welt gekommen, um so mehr aber wollte er ein solcher sein. Gewöhnliche Natur galt ihm nicht viel, extreme Natur – Höhen und Tiefen, Stein und Wasser – steigerte seine kühne Phantasie aufs höchste, rief schwelgerische Träume vom Einssein mit dem Kosmos in ihm hervor.

Wie die extreme Natur, so suchte er aber auch das Extreme in den Menschen oder solche, die das Extreme liebten. Er umgab sich am liebsten mit vulkanischen Gemütern wie er selbst eines war – zumindest aber mit solchen, die in ihm den exzessiven Furor zu wecken verstanden, und das waren am wenigsten die treulichen Anhänger von Sitte und Anstand. Dennoch war dieser märkische Försterssohn alles andere als ein Anarch: Er wußte sich fast wie ein Dandy zu pflegen und sich vollkommener Umgangsformen zu bedienen. Schließlich empfand er sich nicht als Revolutionär, sondern als konsequent und unabhängig seinen Weg als Individualist und Gipfelstürmer gehenden, stürmisch genießenden Verführer in Wort und Tat – und als einen ritterlichen Helfer, der auch anderen diesen freien Lebensweg mit geradezu pädagogischem Eifer als den einzig gangbaren eröffnen wollte. Darin waren seine Natur- und seine Menschenliebe ein und dasselbe: gewaltig und groß, ungestüm und ungebunden, vital und furchtlos sollten sich Elemente und Freunde zeigen. Erst recht galt das für Freundinnen.

Zurück in Berlin, hatte der Abiturient das Studium der Naturwissenschaften ins Auge gefaßt, um zu ergründen, was die Welt im Innersten zusammenhält. Das Geld war mehr als knapp, aber der junge Mann verstand es, Freunde zu gewinnen, bei denen man, wenn nötig, auch einigermaßen unbedenklich Schulden machen konnte. Alle möglichen Versuche, den vom Vater sehr eingeschränkten Lebensunterhalt aufzubessern, ergriff er, doch viel konnte dabei nicht herauskommen. Eine Zeitlang redigierte er eine Berliner Jagdzeitung. Einmal schrieb er sogar einen Roman für dieses Organ, über den Julius Bab vermutlich zu Recht meinte: »Möge es nie einem ehrgeizigen Philologen gelingen, diesen Roman aufzufinden. Es gehörte geradezu zu den Angstträumen in Dehmels späterem Leben, daß jemand den Roman gefunden und unter seinem Namen veröffentlicht habe.«

Als die finanzielle Situation des Berliner Studenten endgültig unhaltbar schien, ergriff Dehmel erst einmal die Flucht: In Neunkirchen im Saarland, einem Städtchen mit damals siebzehntausend Einwohnern, nahm er Ende 1884 eine Stelle in der

Redaktion eines freikonservativen Kreisblatts an. Die Zeitung habe ihn »planmäßig zum Patriotismus erzogen«, schrieb er scherzhaft an seinen Berliner Freund, weil er genötigt sei, deutsche Lettern und nicht, wie in Berlin, Antiqua-Schrift zu verwenden. Vor sechs Uhr hatte er aufzustehen, um halb sieben hatte er in der Redaktion zu sein. Beim »Geschrei der Marktweiber, die dicht bei meinem Bureau Kohl au naturel feilbieten«, mußte er bis zum Geläut der Mittagsglocken mit »Feder, Schere und Kleistertopf ... meinen Kohl (spirituel) unter das Publikum« bringen, dann, nach einem ausführlichen Spaziergang, noch bis sieben Uhr abends Dienst tun – so aber hatte er sich das Leben nicht vorgestellt. Eiserne Bürodisziplin, gleichmäßige Arbeitsabläufe, beliebige, nicht selbst gewählte Inhalte: Solche Anforderungen sollten ihn noch oft im Leben bis an den Rand der Selbstzerstörung bringen.

Der umtriebige Freigeist kehrte bald nach Berlin zurück, um sich wieder ganz dem Studium zu widmen. Die trostlose Geldknappheit nahm er notgedrungen in Kauf. Schon vor dem kurzen Ausflug an die Saar hatte sich Dehmel in Berlin einer Burschenschaft angeschlossen. Das war für einen mittellosen Studenten des ausgehenden 19. Jahrhunderts alles andere als gewöhnlich, waren mit der Mitgliedschaft in derlei Korporationen doch ein geselliges und damit dem späteren Berufe förderliches Miteinander aller Fakultäten, beträchtlicher Alkoholgenuß und, nicht zuletzt, kühne Fechtkämpfe verbunden. In Berlin fand sich Dehmel dann sogleich wieder bei seinen Corpsbrüdern ein – doch das alte Vertrauensverhältnis wollte sich nicht wieder einstellen. Es muß mancherlei Konflikte gegeben haben – wohl auch Zank ums Geld –, darunter einen nachhaltigen: In der Burschenschaft, der auch jüdische Studenten angehörten, war es zu antisemitischen Beschlüssen gekommen. Es kam zum Krach und am Ende zu Dehmels Ausschluß. Später hat er, unter Weglassen detaillierterer Gründe, in einem Gedicht an diese Trennung zurückgedacht:

In den Kreis der Zechgenossen
Bin ich wieder eingekehrt,
Wo man mit den alten Possen
Bacchus und Gambrin noch ehrt.

An Comment und Schlägerhieben
Hänget da der Freundschaft Band,
Doch im Wappen steht geschrieben:
Freiheit, Ehre, Vaterland.

Zwar ertönt bei ihren Festen
Manches große, volle Wort:
Zugeschnitten aus den Resten
Toten Ernstes – nun ein Sport!

Und sie haben mich empfangen,
Wie man's einst beim Willkomm hielt;
Doch aus ihrer Worte Prangen
Blassen Augs die Lüge schielt.

Und ich saß und saß und suchte
E i n e s Blickes warmen Strahl, -
Bis ich ihrem Anstand fluchte
Und mich still von dannen stahl.

Die Begeisterung für die Naturwissenschaften hat nicht verhindert, daß der junge Student sich dann doch für ein anderes Fach entschied, das bessere Aussichten auf ein dermaleinst ausreichendes Auskommen verhieß: die Nationalökonomie.

Es war keineswegs Leidenschaft, was ihn zu dieser Entscheidung veranlaßte, sondern die Tatsache, daß dieses Studium als sehr aussichtsreich galt. Er hat es denn auch einigermaßen zielstrebig betrieben – das Lernen war ihm schließlich nie schwergefallen –, aber nicht ohne seinem wahren Ich, dem ausschweifenden Studentenleben, den Eskapaden und Aufbrüchen in

Neues und Beunruhigendes, einen großzügigen Freiraum zu gewähren.

Es waren vor allem die neuen Freunde, die ihm auf diesem Weg begeistert folgten. Franz Oppenheimer, der später ein bedeutender Nationalökonom werden sollte, stand ihm unter diesen am nächsten. An ihn richteten sich die ersten uns erhaltenen Freundschaftsbriefe, mit ihm fühlte er sich geradezu seelenverwandt. Daß Franz Oppenheimer, den er in der Burschenschaft kennen- und schätzengelernt hatte, der Sohn eines Rabbiners war, störte ihn nicht im geringsten. Es hatte eher seine Neugierde geweckt, obgleich er sich für religiöse Fragen und Unterschiede nicht sonderlich interessierte. Seine Weltsicht verlangte radikale Toleranz gegenüber allen Religionen. Seine Gedanken galten dem Diesseits und allenfalls einem fröhlichen Pantheismus.

Wir gehen seit mehr als hundert Jahren ziemlich leichtfertig mit dem Wort »Antisemitismus« um. Der 1879 von dem Journalisten Wilhelm Marr geprägte Begriff ist an sich schon fragwürdig genug, sein Gebrauch macht uns, ob wir wollen oder nicht, obendrein zu willfährigen Jüngern dieses Mannes. Marrs »wissenschaftliche« Beweisführung ist in Wahrheit nichts als ideologisch-polemische Hetze. Mit seinem wirren Opus »Der Sieg des Judentums über das Germanentum« gab er dem Haß auf das Judentum eine verhängnisvolle Wendung, indem er ausführte, daß religiöse Vorurteile zu verwerfen seien, weil »es in Wirklichkeit um die Rasse geht und der Unterschied im ›Blut‹ liegt«. Vor Marr hatte schon der protestantische Hofprediger Adolf Stoecker mit seiner »Berliner Bewegung« und im selben Jahr 1879 der Berliner Universitätsprofessor Heinrich von Treitschke mit Stellungnahmen zur »Judenfrage« und der Parole »Die Juden sind unser Unglück« schärfere Töne im Umgang mit der jüdischen Bevölkerung Berlins angeschlagen. Es waren die ersten deftigen Vorboten einer Apokalypse, die ein gutes halbes Jahrhundert später Deutschland in Schutt und Asche legen sollte. In den wirtschaftlich schwierigen Jahren des jungen Kaiserreichs, als Angst und Mißtrauen gegenüber der kapitalistischen Industriegesellschaft bereits Hochkonjunktur hatten, fielen solche Botschaften – wie immer, wenn man Sündenböcke benötigt – auf fruchtbaren Boden. Mit dem seither üblichen Gebrauch des »objektiven« Begriffs Antisemitismus befinden wir uns, auch wenn wir es gar nicht merken, gewissermaßen unausweichlich auf der Spur des Rassismus. Worte können tödliche Waffen sein.

Franz Oppenheimer war der engste Vertraute des Studenten Richard Dehmel. Aber auch ein anderer Student gehörte zu Dehmels allerengstem Kreis: der mit vielerlei Begabungen ausgestattete angehende Arzt Carl Ludwig Schleich. Neben den Medizinern, die um seine Erfindung der örtlichen Betäubung und manche bahnbrechenden Fachbücher wissen, mag sich der eine oder andere noch eines Buches erinnern, das jahrzehntelang so etwas wie ein heimlicher Bestseller war und dessen Titel fast so etwas wie ein Synonym für die souveräne Rückschau auf ein pralles Leben geworden ist: »Besonnte Vergangenheit«. Schleich war ein ebenso leidenschaftlicher Arzt wie leidenschaftlicher Cellospieler, Maler, Philosoph und Schriftsteller. Mit Dehmel verband ihn die Liebe zur Literatur wie das gemeinsame Interesse an naturwissenschaftlichen Entdeckungen. Der Hang dieser beiden zu übermütigen Ausschweifungen war bald stadtbekannt. Wir wissen von allerlei Untersuchungen der beiden, von lauten und provokanten Gesängen im Grunewald, von alkoholgeschwängerten – »König Alkohol« war Schleichs finsterste Bedrohung, und auch Dehmel zeigte sich dafür anfällig – Szenen im nächtlichen Berlin: »Jeder von ihnen ist auf andere Art hart an den Abgrund des Lebens getaumelt. Aber beiden war es bestimmt, zwischen Scylla und Charybdis hindurchzukommen zu einem ›Lebenswerk‹.«

Wiederholt hat Schleich in seiner formulierfreudigen Rückschau, die eine der schönsten Epochendarstellungen seiner Zeit geworden ist, von seinem Freund Dehmel erzählt und ihn dabei so anschaulich wie kaum ein anderer charakterisiert. »Welch sonderbarer Mensch!«, meinte er einmal. »Schon damals dieses tief vergrübelte Gesicht mit den blitz-sprühenden, oft zugekniffenen, an sich schön geschnittenen und leuchtenden großen Augen, deren Winkel die so charakteristischen Krähenfüße zeigten, mit der scharfen, aristokratischen Nase und den energisch geschweiften Nüstern. Die Lippen blaß, die untere auffallend breiter, die er leicht zu einer verächtlichen, mürrischen ›Schippe‹ verzog. Hoch der Altar der Stirn, dem so viel Heiligendes noch entströmen sollte, kreuz und quer durchfaltet, drei tiefe konvergierende Furchen über der Nasenwurzel. Zwei türkensäbelkrumme tiefe Falten begrenzten scharf vom Nüsternansatz schräg die Wangen und verloren sich in die breit ausgeladenen Kiefer. Die Brauen wie zwei weitgeschweifte gotische Bogen. Schön gewelltes, tiefschwarzes, dichtes Haar mit dem Geniestrudel in der Mitte, wie aus der Stirn emporflammend. Schlank die Gestalt, eine etwas gebückte Haltung, sein Gang bis ins Alter hinein eigentümlich schiebend, seine Haltung wie stürmisch vorgebeugt«, so sei ihm der Freund erschienen, aber eigentlich habe dieser Mann aus Preußen »ein schmerzdurchwühltes« Kainsgesicht mit deutlich südländischem Einschlag« gehabt. Seine »oft schneidende und dann wieder glockentief wogende Sprache« habe »stets etwas Ringendes, Pressendes, Drückendes im Wort, Satzbilden, eine Suche nach dem Treffendsten, begleitet mit Ballungen der Faust« gezeigt. Aber zugleich sei ihm eine Scheu eigen gewesen, »seine innere Glut zu offenbaren«.

Selbstbewußt, aber von aristokratischem Takt sei Dehmel gewesen, und einmal habe er gegenüber Schleich gesagt: »Warum jedem zeigen, wieviel man in sich trägt, wir machen uns Feinde mit unseren Edelsteinen. Besitzen ja, aber nicht damit protzen.« Richard Dehmel, der märkische Försterssohn, war bei allem Hang zu Ausschweifung und Provokation ein preußisch-beherrschter Bürger, auch darauf beruhte sein späterer Erfolg als Dichter. Diese Formentreue bewirkte zuletzt aber, daß seine Persönlichkeit und sein poetisches Werk nur eine begrenzte Zeit als zeitgemäß empfunden wurden – bald nach seinem Tod sollten sich Ruhm und Ansehen als höchst brüchig erweisen, und wer heute in den Literaturgeschichten nach Richard Dehmel Ausschau hält, wird ihn allenfalls beiläufig erwähnt finden.

War der Student und Zechkumpan Dehmel freilich einmal so richtig entfesselt, und das kam in seinen Berliner Jahren nicht selten vor, dann sei es, so meinte Schleich, »zu ungeheuren, fast gefährlichen Explosionen« gekommen, seien »alle Teufel los« gewesen, »und wir mußten den ekstatischen Phönix mit allen Händen auf der Erde halten. Einmal raste er voll von himmelstürmendem, dionysischem Jauchzen über die Weidendammer Brücke, erklomm ihre Brüstung und wollte emporstreben in die Sternennacht! Mein Bruder Ernst, ein Landmann von riesiger Körperkraft, umklammerte eisern den Rasenden und behauptet noch heute, die ›deutsche Literatur gerettet‹ zu haben, indem er Dehmel in unentrinnbaren Muskelklammern hielt, bis der Schäumende zu sich kam, und zwar mit den tieftraurigen Worten: ›Es ist eine Gemeinheit, einen nicht sterben zu lassen.‹« In seiner Studentenbude habe ihn Schleich dann »mit Cellospiel und Klavierphantasien in einen natürlichen Schlaf gewiegt«.

Dehmel liebte es, seinem Freund Schleich gelegentlich Streiche zu spielen. Einmal fand Schleich beim Nachhausekommen sein geliebtes Cello – das er vorzüglich spielte – »zwischen den Beinen meines Knochenskeletts ..., es hockte kunstgemäß auf einem Stuhl mitten im Zimmer, der Bogen technisch richtig in der rechten Knochenhand; den vierten linken Fingerknöchel auf dem hohen A der ersten Saite«. Als Schleich das Cello einmal zärtlich »seine Braut« nannte, »da war der Witze kein Ende mehr«: Dehmel und einige Kumpane hatten ihm Hütchen und Nachtmützen aufgesetzt und den Stachel mit Spitzenstrumpfbändern geschmückt, und einmal war »es sogar an meinem Kronleuchter aufgehängt mit einem Feigenblatt am Steg. Auf dem Tisch lag ein Zettel! ›Aufgehangen wegen Deines unverbesserlichen Lebenswandels. Leb wohl! Deine viersaitige Braut Cellina‹.« Es waren übermütige Albereien, wie sie unter Studenten gang und gäbe sind, aber sie werfen ein Licht auf die für Dehmel typischen unberechenbaren und ekstatischen Seiten seines widersprüchlichen Charakters.

Bis in Dehmel der moderne Klassiker, ja vielleicht der größte deutsche Dichter seiner Zeit gefeiert werden sollte, war noch ein dornenreicher Weg zurückzulegen. Noch führte er sein Leben nach der Devise »Unruhe ist die erste Bürgerpflicht«, noch dürstete er nach Anerkennung, noch war er sich seiner selbst nicht sicher. Ungestüm und voller Selbstzweifel suchte er, tastete er nach seinen Grenzen und lechzte – nicht zuletzt auf dem Mensurboden – nach gefährlichen Herausforderungen. Die jugendliche Lust an Chaos und Abenteuer verwies auch schon auf Späteres: Als er mit Schleich die Einschüsse in einer alten märkischen Kirche betrachtete, die die Napoleonischen Kriege dort hinterlassen hatten, meinte er ahnungsvoll: »Weißt du, ich möchte wohl so etwas mitmachen! Schlacht, Krieg muß doch der höchste Mannesrausch sein.« Dieser Rausch hat ihm dann noch einmal übel mitgespielt.

Der attraktiv aussehende Student mit dem dunklen Haarschopf und den tiefen Narben stieß – es konnte nicht überraschen – bei der Damenwelt auf beachtliches Interesse. Wiederholt beobachtete Julius Bab bei ihm »Anfälle und Ausbrüche von Leidenschaft«, die ihre Opfer zuerst in Kremmen gesucht und gefunden hatten. Dehmels Briefe und Aufzeichnungen aus jener Zeit geben nicht sehr viel über sein wahres Gesicht preis, aber seinem Biographen hat er immerhin das eine oder andere intimere Erlebnis mitgeteilt. Eine Konditorstochter, »ein offenbar problematisches Geschöpf, das später durch Selbstmord endete«, habe dabei eine verhängnisvolle Rolle gespielt, auch »eine Postbeamtentochter, die Anna hieß und später eine ganz fröhliche Dame wurde«.

Als er dieser Dame seines Herzens einmal in einer Theatergarderobe den Mantel reichte, habe ihn plötzlich ein so jähes, sinnliches Verlangen erfaßt, daß er ihr um den Hals gefallen und »in einen einzigen Wirbel unser beider Gefühl« gerissen worden sei. In »Erlösungen«, der Sammlung früher Gedichte, deren Lektüre Ida Coblenz förmlich elektrisiert hatte, hat er auch diesem Ausbruch »sinnlicher Verrücktheit« einige Verse gewidmet (in seinen Gedichten sind viele autobiographische Versatzstücke verborgen). Es sollten später noch viele solcher »Wirbel« folgen und für noch mehr Komplikationen sorgen.

Richard Dehmel muß damals so manche Nacht unruhig und grüblerisch auf den Bänken des Tiergartens zugebracht haben. Einmal hat ihn dabei eine in seinen Kreisen als »schwarze Felix« bekannte Kellnerin aufgesammelt und mildtätig zu sich nach Hause genommen. Er ist dann einige Zeit bei ihr geblieben, machte sich erst davon, als er bemerkte, daß er nicht der einzige Erwählte war. Nichts konnte ihn mehr verletzen als das Zerbröckeln seiner Macht über Menschen. Nichts konnte seine Zuwendung schneller zunichte machen als Desinteresse an seinen Verführungskräften. Er besaß ihrer viel und wußte sie einzusetzen.

Aber kehren wir noch einmal zu Dehmels Freundschaft mit Franz Oppenheimer zurück. Wie Geschwister fühlten sich die beiden Freunde miteinander verbunden. Dehmel sah sich als Orest, Oppenheimer als der hilfreiche Pylades. Die beiden waren ein Herz und eine Seele. Sie zogen zu zweit oder mit Schleich durch die ländliche Umgebung von Berlin, und wenn sie in das Forsthaus zu Dehmels Eltern kamen, wurde auch Oppenheimer wie zur Familie gehörig behandelt. Umgekehrt führten die Eltern Oppenheimers – der Vater Rabbiner an der Reformgemeinde zu Berlin, die Mutter der Inbegriff einer warmherzigen jüdischen »Mamme« – mit Franzens Bruder und Schwestern ein gastfreundliches Haus, in dem sich auch Dehmel besonders wohl fühlte. Und das blieb nicht ohne tiefgreifende Folgen. Am 6. Juni 1886 schrieb er dem Freund einen Brief, in dem er gut gelaunt darauf zu sprechen kam: »Mein lieber Franz! Mit der Orestschaft ist es nun vorbei, wir sind nun beide Pylades. Ich habe die Iphigenie gefunden und habe obendrein noch das hohe Glück, daß sie nicht *meine* Schwester ist.«

Was war geschehen? Als Dehmel wieder einmal in Franzens

»Bude« saß, war dessen Schwester Paula unvermittelt ins Zimmer getreten. Ihr Bild hatte in Dehmel sofort einen jähen Wirbel des Gefühls ausgelöst. Wann immer Dehmel sich verliebte, und das geschah oft, war es Liebe auf den ersten Blick. Auch bei Paula Oppenheimer war es wohl nicht anders.

Abbildungen von Paula Oppenheimer lassen weder eine auffallende Schönheit noch sonst irgendwelche verführerischen Eigenschaften erkennen. Sie war klein von Wuchs und eher unauffällig. Etwas anderes muß eine magische Kraft auf den Studenten ausgestrahlt haben, etwas, wovon er bereits durch den Freund einiges wußte: Paula war eine äußerst liebenswürdige und sanftmütige junge Frau, deren Auftreten Zurückhaltung und Bescheidenheit verriet, die aber keinen Zweifel daran ließ, wie sehr sie allem Künstlerischen verschworen und wie wenig sie an bürgerlicher Konformität interessiert war. So einer Frau war Dehmel bisher noch nie begegnet. Er empfand sofort, daß sich mit ihr die Brücke zu einer anderen Welt auftat, der Welt der »Erlösung« durch Poesie. So ließ er denn auch später nie einen Zweifel daran zu, daß er erst durch die Begegnung mit Paula Oppenheimer endgültig zum eigenständigen Menschen und auch erst durch sie ein Dichter geworden sei. Der Autor Heinrich Hart, der Jahre später zum Freundeskreis Dehmels stieß, drückte seine Bewunderung für Paula mit den Worten aus: »Sie war eine Frau, die in Gemütsinnigkeit und Zartheit alle Ansprüche, die Rassenideologie an germanische Weiblichkeit zu stellen pflegt, reichlich erfüllte.«

Richard Dehmel hatte sich in eine Frau verliebt, die zu seinen bisherigen Partnerinnen in deutlichem Kontrast stand. Er selbst empfand das als Durchbruch zu einem anderen, neuen, nicht zuletzt sinnvolleren Leben. Er fühlte sich auch vom jüdischen Hintergrund Paulas angezogen, den er schon bei seinem Freund Franz schätzengelernt hatte. In Paula verbanden sich jüdische Geschichte und Religiosität mit der Anmut einer sanften, künstlerischen Seele. Dehmel schwebte auf Wolken. Julius Bab steigerte sich in geradezu hymnische Begeisterung über das junge

Paar: »Ihr beweglicher Geist und ihr weitreichendes Gefühl hielten Schritt mit allen Enthusiasmen, Kühnheiten, in denen aus neuer Sicherheit, in neuer Freiheit Richard Dehmels Genius nun emporbrauste.«

In der Tat hatte die Verbindung mit Paula Oppenheimer den »Genius« in Dehmel – oder jedenfalls das, was Dehmels Generation dafür hielt – aus seinen bisherigen Zwängen befreit. An der Absicht, sein Studium zu einem Abschluß zu bringen, hielt er fest. Er mußte schließlich erst einmal die Voraussetzungen für ein gemeinsames Auskommen schaffen.

Folgen wir jedoch weiter dem Biographen Bab: »Das Wunder dieser Liebe bestand nicht in einem leidenschaftlichen Begehren, wie Dehmel es auch sonst schon gekannt hatte, und war daher mit der Erfüllung eines Begehrens auch nicht zu erschöpfen. Das Wunder bestand darin, daß ein Mädchen von zartem Gefühl und hoher geistiger Sehnsucht, eine Natur von kulturellem Rang, ihm grenzenlos vertraute, seine Kraft, seine Kühnheit, seinen Genius zu ihrem Schicksal zu machen.« Was hat Bab zur mehrfachen Verwendung solcher Begriffe wie »Wunder« und »Genius« bewogen, warum überschlug er sich geradezu in apologetischen Lyrismen, wenn es um die ersten Begegnungen Paula Oppenheimers und Richard Dehmels ging?

Die heftige Liebe der beiden war nicht nur für den deutschpatriotischen, hoch gebildeten deutschjüdischen Intellektuellen, Theaterdramaturgen und Kritiker Julius Bab so etwas wie ein befreiendes Symbol der Assimilation. Wie viele Berliner Literaten der Jahre zwischen den Weltkriegen (Babs Biographie erschien 1925) sah Bab in diesem Paar ein Hoffnungszeichen für eine glückliche Überwindung rassischer Vorurteile. Der märkische Burschenschaftler Dehmel hatte keinen Augenblick gezögert, sich mit aller Schärfe gegen die antisemitischen Argumente in der Hevellia zur Wehr zu setzen, und dafür seinen Abschied aus der einst liebgewonnenen Vereinigung in Kauf genommen. Durch seine Verbindung mit der Tochter eines Rabbiners hatte er vor aller Welt seine Überzeugung bekundet, sich nicht um religiöse, geschweige denn rassistische Denkmuster zu kümmern.

Richard Dehmels als »Erlösung« empfundene Liebe zu Paula feierte auch Bab als eine Form der Erlösung, als die glückliche Symbiose zwischen »Germanischem« und »Jüdischem«, zumal das einigende Band dieser Liebe noch das der gemeinsamen Leidenschaft für die Kunst war. Bab selbst träumte diesen Traum der deutschjüdischen Versöhnung unter der Fahne der Kunst. Auch für ihn sollte es – acht Jahre nach dem Erscheinen seiner Richard-Dehmel-Biographie – ein böses Erwachen geben. Glücklicherweise konnte er denen, die von einer solchen Versöhnung gar nichts hielten, rechtzeitig nach New York entkommen.

Wie tief die existentielle »Erlösung« für Richard Dehmel erst einmal reichte, zeigte sich noch an einem anderen Umstand: Plötzlich sah er sich – und das war wirklich so etwas wie ein Wunder – von seinen epileptischen Anfällen befreit, die ihn seit jenem gefährlichen Unfall auf dem Hof des väterlichen Forsthauses in regelmäßigen Abständen heimgesucht hatten.

Paula Oppenheimer fühlte sich nicht nur zur Literatur hingezogen, sie war auch eine vorzügliche Pianistin, Lieblingsschülerin des Musikers Scherwenka, meisterliche Interpretin vor allem von Beethoven-Sonaten. Wenn ihre Talente auch noch nicht an die Öffentlichkeit gedrungen waren – sie besaß vieles, um es im Bereich der Kunst weit zu bringen.

Bis zur Eheschließung vergingen noch drei Jahre, in denen Dehmel sein Studium abschloß. Als die beiden am 4. Mai 1889 endlich heirateten, hatte er soeben eine Anstellung angetreten. Doch der Dichter in ihm drohte bereits alle beruflichen Pläne zunichte zu machen. Viele Gedichte waren schon entstanden, in denen neben schwärmerischen Tastversuchen ein unkonventioneller, auch die sozialen Probleme der Zeit streifender Ton auffiel. »Dichterkraft ist Gotteskraft«, heißt es darin – der Künstler empfindet sich als übergreifender, autonomer Schöpfer. Es war Lyrik im Geiste und der Nachfolge Friedrich Nietzsches, nicht wirklich revolutionär, aber – so empfanden es die Leser damals –

»modern«. Unter dem Titel: »Erlösungen, eine Seelenwandlung in Gedichten und Sprüchen« erschien dieses erste Buch Dehmels im Göschen Verlag zu Leipzig. Das war für einen Lyriker nicht die erste Adresse, doch ein verheißungsvoller Anfang war gemacht.

Die Stelle als Sekretär der Feuerversicherungsgesellschaft forderte den angehenden Dichter freilich bald mehr, als ihm lieb war. Daß er diese Chance zum Geldverdienen erhalten hatte, war nicht zuletzt seinem Schwiegervater zu verdanken, der seine guten Berliner Beziehungen hatte spielen lassen. Doch der Sekretär mußte oft mehr als zwölf Stunden am Tag in seinem Büro oder auf Reisen zubringen, was – bei allem preußischen Pflichtbewußtsein – den anfänglichen Eifer schnell erkalten ließ.

Das Paar bezog zunächst eine bescheidene Wohnung in einem ärmlichen Viertel des nördlichen Berlin, später übersiedelte es nach Pankow. Während Dehmel tagsüber seinen Dienst versah, spielte seine junge Frau Klavier oder widmete sich ihren literarischen Interessen. Ihr gelangen bald einige zauberhaft anmutige Kindergedichte, die an die schönsten deutschen Kinderlieder erinnern, aber eine sehr fortschrittliche, »antiautoritäre« Autorin erkennen lassen. Nur allzubald zeigte sich jedoch, daß Paula neben ihrem Ehemann nur geringen Spielraum für die eigene Entfaltung fand. Der Haushalt und das Eingehen auf *seine* Anforderungen zur Mithilfe bei *seiner* dichterischen Arbeit ließen ein ungestörtes *eigenes* Arbeiten nur sehr bedingt zu.

Wenn Dehmel für seine Feuerversicherungsgesellschaft verreisen mußte – und das kam nicht selten vor –, schrieb er seiner Frau glühende, lange Briefe. So verständnisvoll er sie darin in seine eigenen Erfahrungen und Pläne einschloß, so teilnehmend und oft ausgesprochen witzig er sich auch mit ihren Nöten beschäftigte – in Wahrheit ging es dabei immer um *seine* Person, *sein* Werk. Die frühen Briefe überschlagen sich förmlich in ekstatischem Furor und explosiven Energien. Sie erzählen von den überbordenden Gefühlen und den wilden Stürmen eines um Ausdruck und Form ringenden literarischen Berserkers: »Dir sagen zu können, was ich alles denke, treibe, fühle – schreiben kann ich das nicht. Da muß der Laut zu Dir reden, nicht bloß das Wort. Ich bin jetzt so recht in der Werdezeit, der Gestaltungsmitte meines Lebens. Und was ich da alles treibe, von innen und nach außen, – das müßte ich Dir sagen und könnte es Dir nur sagen, zugleich wann es geschieht … Es ist ein großes Ringen in mir …«

Paula war vom künstlerischen Genius ihres Mannes früher überzeugt als irgendein anderer, und schon früh gab sie sich damit zufrieden, hinter ihn zurückzutreten. Gegen seine eruptive Urgewalt verfügte sie nicht über die ausreichenden Abwehrmittel. Der polnisch-deutsche Autor krauser Dramen und Romane Stanislaw Przybyszewski (Pschy-by-schewski), einer von Dehmels Freunden, die er nun vor allem im Umkreis der Literatur suchte und fand, meinte über Paula: »Sie vergötterte ihren Mann als Künstler, gleichzeitig aber konnte sie all seine Unzulänglichkeiten nachempfinden – Dehmel maß wohl keinem anderen Urteil so viel Wert bei wie dem ihren –, und sie vergötterte ihn als Mann.« Sie tat alles, um ein jederzeit offenes, geistig anregendes Haus zu führen, war ihrem Mann in jeder Hinsicht eine Stütze – und rieb sich damit bis über die Grenzen der eigenen Belastbarkeit hinaus auf. Zunehmend stellten sich wieder die schweren asthmatischen Störungen ein, die Paula schon früher zu schaffen gemacht hatten und die nun das Zusammenleben zu beeinträchtigen begannen. Es war wie eine Übertragung: Paula hatte Dehmel die Erlösung von seinen krampfartigen Leiden gebracht, Dehmel war durch sie innerlich und äußerlich gesundet – dafür erkrankte sie selbst. Hinzu kamen bald die Pflichten als Mutter: Drei Kinder gebar sie ihrem Mann, die sie umsichtig und liebevoll aufzog.

Immer häufiger versammelte sich in Dehmels Haus Berlins literarische Avantgarde des ausgehenden Jahrhunderts. Einig war man sich darin, der überlebten »klassischen« und bürgerlichen Literatur den Kampf anzusagen – die Formen dieses Kampfes waren aber höchst verschieden. Noch lag die expressionistische Erhebung einer ganzen Generation in einiger Ferne, aber gegen die in kunsthandwerkliche Erstarrung verfallende Poesie der Gründerzeit begann sich eine kulturrevolutionäre Gruppe von Autoren Gehör zu verschaffen, deren Literatur später unter dem Begriff »Naturalismus« zusammengefaßt werden sollte.

In ihren »Kritischen Waffengängen« hatten sich zu Beginn der achtziger Jahre die Brüder Heinrich und Julius Hart gegen nationalistische Töne des Bürgertums und für die solidarische Beschäftigung mit den ärmsten Schichten der industriellen Gesellschaft, den dunklen Abgründen der Großstadt, den Höllen primitiver Lohnarbeit aufgelehnt und eine Literatur gefordert, die diese Schattenseiten der Moderne scharf beleuchten sollte. Junge Autoren wie Gerhart Hauptmann und Arno Holz, Johannes Schlaf und Otto Erich Hartleben erörterten ihre revolutionären Gedanken in einem Berlin, das dabei war, mit den großen Vorbildern Paris und London in technischer Hinsicht gleichzuziehen. Sie trafen sich in Kaffeehäusern und Kneipen, unter denen es eine zu legendärer Berühmtheit brachte. Auch Richard Dehmel wurde hier ein regelmäßiger nächtlicher Gast, allerdings blieb die naturalistische Bewegung seinem idealistisch-ekstatischen Denken ziemlich fremd.

Als Studenten hatten Dehmel und Carl Ludwig Schleich sich einem avantgardistischen Dichterkreis angeschlossen, zu dem auch Stanislaw Przybyszewski gehörte. Die Freunde hatten dem von ihnen bewunderten August Strindberg die Reise nach Berlin ermöglicht, da dieser nach privaten Katastrophen und einer Ehescheidung Stockholm den Rücken kehren wollte. In Niederschönhausen, seinem Berliner Quartier, pflegte Strindberg eine düstere Spelunke aufzusuchen, die er »Schwarzes Ferkel« taufte. Hier ging eine bunte Horde von Freunden und Künstlern, darunter auch Edvard Munch und Frank Wedekind (wenn sie einmal in Berlin waren), ein und aus. Bei einer der vielen nächtlichen, vom Alkohol beflügelten Debatten sollen Dehmel und der geschätzte Strindberg in Fragen der modernen Literatur einmal so hart aneinandergeraten sein, daß Dehmel zornig und beleidigt das Weite gesucht hatte und nur durch einen Besuch Strindbergs in Pankow noch in derselben Nacht wieder beruhigt werden konnte.

Wenn Dehmel wütete, und das kam nicht eben selten vor, kannte er kaum Grenzen. Przybyszewski, dem der Kritiker Willy Haas allerdings selbst ein »dauerndes, ununterbrochenes Fortissimo der Lust, der Qual und überkochenden Sentimentalität« bescheinigte, behauptete, daß Dehmel in einer Silvesternacht unvermutet ins Freie gestürmt und erst nach einer Stunde mit wirrem Blick und zerrissener Kleidung (war es ein epileptischer Anfall?) zurückgekehrt sei. Kaum wieder im »Schwarzen Ferkel«, habe er so zu toben begonnen, daß sich die Gäste, vor allem Strindberg, angsterfüllt hinter dem Buffet versteckt hätten. Bab berichtet von nächtlichen Klettereien auf Laternenpfähle und Strafanzeigen wie der eines Berliner Wachtmeisters mit Namen Tomatschki gegen Dehmel, weil dieser am frühen Morgen in der Friedrichstraße »durch überlautes, straßenweit hörbares Lärmen die Ruhe in ungebührlicher Weise gestört« habe. Einmal sei Dehmel zu einem Kostümfest eines eher bürgerlichen und nationalbewußten Literaturkreises als heiliger Antonius in Mönchskutte und mit einem lebendigen Ferkel an der Leine erschienen, um einige satirisch-polemische Zeilen vorzutragen, die »allgemein blasses Entsetzen« ausgelöst hätten:

Gegen die böse Literatur,
Diese sentimentalen, frechen Poeten,
Diese lästermäuligen Teufelspropheten,
Die alles beim rechten Namen nennen
Und gar keine moralischen Rücksichten kennen.
Und doch ist in Deutschland alles so rein –
Aber dem Schweine ist alles Schwein …
Ja, wenn man solche Lasterjünger wünscht höllenwärts
Das erquickt ein biederes Klausnerherz.

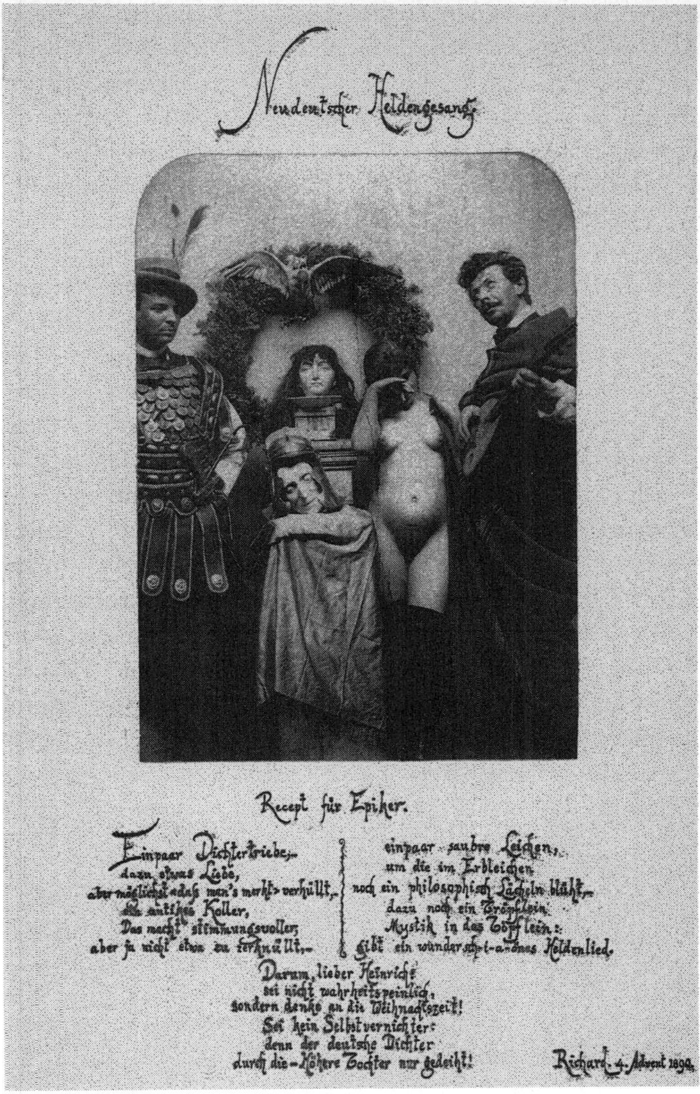

Heinrich Hart (links) und Richard Dehmel (rechts), in der Mitte eine unbekannte Schöne

Das sei »noch eine von den zahmeren Stellen« gewesen. Anklagen wegen Gottes- und Majestätsbeleidigung seien daraufhin erfolgt. Mit Przybyszewski durchzechte Dehmel im »Schwarzen Ferkel« aber nicht nur manche Nacht, mit ihm verband ihn auch die Sehnsucht nach amouröser, um nicht zu sagen sexueller Ausschweifung. Przybyszewski war ein emphatischer Erotomane mit mancherlei widerstreitenden Neigungen. Dehmel aber, eben noch von seinen sinnlichen Wirren »erlöst«, dürfte ihn noch um einiges, nicht nur im Toddy-Trinken – Toddy war ein von Schweden gerne getrunkener Schnaps –, übertroffen haben. Und so kam es, wie es kommen mußte: Er begann wieder – ohne jedoch Paula dabei zu vergessen – auf weibliche Reize mit jähen »Wirbeln« zu reagieren.

Dehmels Energie war unerschöpflich. Mit den zeitraubenden Strapazen seines Berufes und dem nächtlichen Feilen an Gedichten schien er noch längst nicht ausgelastet. Je mehr sein Zuhause unter Geldknappheit und – infolge der Kinder – unter Unruhe zu leiden hatte, desto mehr erwachten in ihm wieder die längst überwunden geglaubten Sehnsüchte nach den Wirren des Gefühls und nach nächtlichen Abenteuern. Die »Erlösung« büßte an Wirkung ein. Die alten Muster brachen wieder auf. »Die Natur im Menschen braucht den Maßstab der Unnatur, um sich selbst zu begründen«, schrieb er am 19. Juli 1891 an Paula, fügte allerdings sogleich beschwichtigend hinzu: »Mir ist Natur, Dir treu zu sein, wie man eben seinem eignen Leibe treu ist« – und es folgte wiederum ein relativierender Zusatz – »auch wenn man ihm Übles antut.«

Es brodelte wieder in ihm. Eine Woche später, am 25. Juli 1891, wurde er Paula gegenüber noch deutlicher: »Herrschwut« hatte sie ihm in einem Disput vorgeworfen und damit einen empfindlichen Kern seines Charakters genau bezeichnet. Seine Antwort war entwaffnend: »Wie ein wilder Hunger überkommt es mich, wenn ein Mensch mir nahetritt, der Eignes in sich hat. Als ob ein Raubtier die Nüstern bläht, fängt dann etwas in mir an zu fiebern: Da ist Nahrung für dich, neues Blut – und wittert heraus, wo dies Eigne pulst und was es ist, und saugt sich voll davon. Und dann eine Lust, den andern es wissen zu lassen, ihm eine Sehnsucht zu geben: Sieh was dir eigen ist, gehört nun Mir ...« Es war das Eingeständnis eines Menschenfressers.

Zuerst war es eine Pankower Haushaltshilfe mit Namen Käthe, deren Sinnlichkeit Dehmel in Paulas Abwesenheit erlag. Der Fehltritt hatte eine kleine Vorgeschichte, die in ihrer Art symptomatisch war: Dehmel hatte damit begonnen, seine Frau und deren »Stütze« fast gleichrangig zu behandeln. »Wie schön, daß die Käthe so zu uns stimmt, gib ihr doch den Schwesternkuß«, schrieb er einmal nach Pankow. Bald verwendete er in seinen Briefen die Anrede: »Meine Geliebtesten«. Während einer Abwesenheit Paulas – sie reiste mit ihrem ersten Kind an die Ostsee – passierte es dann: Dehmel und Käthe ließen alle Hemmungen fahren. Gegenüber seiner Frau spielte Dehmel seinen Fehltritt in dem Brief vom 25. Juli mit den Worten herunter: »Zwei junge Menschenkinder sind in warmer Sommernacht unvernünftig gewesen, Natur und Abenteuerlust und etwas Wein haben sie wildgemacht und ihr stürmisches Blut vergaß, daß es edlere ›Freuden gibt zwischen Menschen‹.« In seinen Gedichten hat er den Unterschied zwischen edleren und unedleren Freuden nicht gelten lassen.

Es ist interessant, wie sowohl bei Julius Bab wie bei Dehmel selbst es immer das Dienstmädchen ist, dem die Kräfte der Verführung angelastet werden. Von »sinnlicher Neugier«, von der »Tiefe ihrer im Grunde hemmungslosen Natur« spricht Bab abschätzig und nimmt wie selbstverständlich den Herrn des Dichterhauses von aller Schuld aus. Der reuige Brief, in dem Dehmel der entrüsteten Paula die Gründe für diesen Seitensprung wortreich erläuterte, macht dennoch deutlich, wessen wilder Hunger die Ursache gewesen war: »Ach, Paula: Das kennst Du nicht. Das ist ein furchtbares Müssen – und dann ist er da, der schlimme Augenblick, wo der Mensch seine Knechtschaft, die Sucht seiner Sinne das Recht der Natur nennt und die Pflicht der Menschenhoheit lüstern vergißt und die Frucht vom Baum der Sünde pflückt, die Frucht der wilden Niedrigkeit. So war's, so hat's uns hingeworfen; – wie hätte Käthe wohl die Achseln gezuckt, hätt ich ›Liebe‹ und ›ganzes Gefühl‹ ihr versprochen?! Ihr, die mit allen Sinnen des begehrenden Weibes belauscht hat, was Du, nur Du mir bist. Nichts hat sie mir geglaubt, nichts hab' ich ihr gesagt, nichts anderes hat sie von mir gewollt als meine Sinnlichkeit, den Durst nach ihrer Sinnlichkeit: Das, was mir gar nichts ist zwischen Dir und mir als ein genossenes Einst, eine süße Erinnerung selbst dann nur, wenn ich in Deinen Armen liege: tief, tief, fast unfühlbar tief unter der Seligkeit Unserer Gemeinschaft, der übersinnlichen Einheit Unseres Mitgefühls, der Liebe *ohne* Herrschwut, *ohne* den Rausch des Selbstgefühls.«

Im weiteren Verlauf des Briefes bemühte Dehmel sich, den Unterschied zwischen sinnlicher Verführung und ehelicher Zusammengehörigkeit noch genauer herauszuarbeiten. Aber zwischen den Zeilen versteckte sich bei aller wortreichen Beschwörung der unauflöslichen Zusammengehörigkeit der Anfang vom Ende ihrer Liebe. »Ach, Paula – vergieb, vergieb: ich kann nicht Reue fühlen«, meinte er ohne Scheu, und Paula – es sollte sich bald als Fehler herausstellen – vergab. Die letzten Worte des seitenlangen Briefes hatten ihr eine Brücke gebaut, über die sie nur allzu bereitwillig ging: »Vor mir ist jetzt jedes Weib sicher. Von nun an kann ich nur noch zwischen Dir und mir an Uns sündigen.« Das schien ein erster Schritt zur Besserung zu sein. Natürlich war er es nicht.

Dehmels treuherzige Offenheit in der Begründung seiner »Wirbel« hat, bei allem Eingeständnis seiner Verfehlungen, den sofortigen Abbruch seiner Liebesbeziehungen oft verhindert. Man muß ihm zugute halten, daß er die Lüge verabscheute, seine inneren Konflikte stets offen ausbreitete und lieber zur radikalen Selbstanalyse Zuflucht nahm. Nicht nur die Frauen haben ihm das radikale Bekenntnis zur Ehrlichkeit als Charakterfestigkeit abgenommen. Altruistisch war diese Offenheit natürlich nicht. Sie hatte auch etwas von einem brutalen Patentrezept.

Die »sündige« Käthe ist lange nicht aus Dehmels Erinnerungen verschwunden, und es gab laut Bab später noch einmal eine kurze Begegnung. Als die junge Frau sich zwei Jahre darauf das Leben nahm, hinterließ sie die Verfügung, daß der Ring, den Dehmel geerbt und Käthe geschenkt hatte, an den Dichter zurückfallen solle. Das einfache Mädchen hatte offenbar Format, mehr jedenfalls, als ihr die Männerwelt zubilligte.

Weich küßt die Zweige
Der weiße Mond;
Ein Flüstern wohnt
Im Laub, als neige,
Als schweige sich der Hain zur Ruh –
Geliebte Du.

So lautet die erste Strophe eines Gedichts von Paul Verlaine, das Dehmel aus dem Französischen übersetzte und am 29. Januar 1892 einer äußerst aparten jungen Frau, Hedwig Lachmann, mit der Frage nach einem geeigneten Titel sandte. Er hatte die Dame wohl bei einer literarischen Veranstaltung kennengelernt, sie zu sich und Paula nach Hause eingeladen – vermutlich hatte auch hier ein erster Blick das Weitere vorgegeben. »Wollen Sie nicht bald einmal wieder zu uns kommen, damit wir auch einmal ganz unter uns sind«, hieß es im Begleitbrief zu dem übersetzten Verlaine-Gedicht, »meine Frau sieht mir über die Schulter und bittet Sie, nächsten Sonntag (übermorgen) unser Mittagsgast zu sein.« Schon wenige Monate später schickte ihr Dehmel ein eigenes Gedicht, das mit der Strophe beginnt:

Wie aus dem Schilf die Wasserfee
tauchtest du zaudernd aus der Schaar
der Andern um uns zu mir her
mit deinem langen schwarzen Haar
und deinem grauen Augenpaar.

In der letzten, der vierten Strophe, in der die Anrede unvermutet ins briefliche, groß geschriebene Du wechselt, wird der Dichter noch konkreter:

Denn in unsern Träumen – oh, ich weiß:
auch Du, auch Du
auch Du, auch Du – dann tauchen wir
Hand in Hand hinunter stumm und heiß
sucht Mund den Mund: holen wir leis,
vom grauen Grund, den Stern vom Grund.

Es war ein leidenschaftliches Liebesgedicht, dem bald viele weitere an die Empfängerin folgten. Wieder hatte ein stürmischer »Wirbel« den Dichter mit sich fortgerissen. Diesmal war die Auserwählte nicht eine Hausgehilfin, sondern eine Dichterin von beachtlichem Talent. Und wieder hatte sich Dehmel in eine Jüdin verliebt.

Hedwig Lachmann war die Tochter eines vornehmen Musikwissenschaftlers, dessen Familie aus Rußland stammte. Hedwigs Vater hatte 1887 für sich und seine Familie die bayrische Staatsangehörigkeit erworben und lebte mit Frau und Kindern im schwäbischen Krumbach-Hürben. Er hatte es abgelehnt, eine Stelle als Kantor anzunehmen, um sich ganz seinen Forschungen zur religiösen jüdischen Musik widmen zu können.

Die Tochter Hedwig hatte als Sprachlehrerin zunächst in England, dann Dresden und zuletzt in Budapest gelebt, bevor sie 1889 als Hauslehrerin nach Berlin zog. Aber ihre eigentliche Leidenschaft galt der Dichtung. Sie übersetzte Lyrik aus dem Ungarischen und Englischen, versuchte sich schließlich selbst als Lyrikerin und machte dadurch die Bekanntschaft Richard Dehmels.

Hedwig Lachmann wurde in zunehmendem Maße das, was man eine Feministin nennt: »Hedwig«, so beschreibt es ihre Biographin Annegret Walz, sei aber »keine *Frauenrechtlerin* in dem Sinne« gewesen, »als Frauen die männlichen ›Rechte‹ übernehmen sollten, sondern eine *Feministin,* der daran gelegen war, daß Frauen und Männer ihre oberflächlichen Vorstellungen von Weiblichkeit ablegen und eine radikale Emanzipation anstreben«. Sie hatte einen untrüglichen Sinn für die ihr angemessene Rolle im Leben: »Ich will ja«, schrieb sie in einem undatierten Brief an Dehmel, »gar nicht auf der logischen Höhe meiner Zeit stehen, nur immer auf der Höhe meines Selbst. Ich will ja auch gar keine Kulturarbeit verrichten, gar keine, gar keine, das Anstreben des Männlichen ist mir ja so verhaßt, ich möchte nur das ausgestalten können, was in mir lebt.« Und ebenso keck wie selbstbewußt fügte sie noch hinzu: »... dazu werde ich doch vielleicht auch die nötigen Gehirnganglien mitbekommen haben.« Sie besaß sie, und sie besaß die Kraft, sich niemals von ihren Lebensprinzipien abbringen zu lassen.

Hedwig Lachmann war, folgt man den Beschreibungen einiger Zeitgenossen, eine zierliche, eher scheue, aber in ihren Überzeugungen sehr selbstsichere Frau. Bei allem entschlossenen Ernst konnte sie in glücklichen Augenblicken eine ansteckende Heiterkeit verbreiten. Aber gerade in Fragen der »Sittlichkeit« lebte sie nach selbst gezogenen, strengen Grenzen, was die Beziehung zu Dehmel vor eine Zerreißprobe stellte.

Lieber kein Glück, nur lauter sein,
Nur keinen Schritt abseits vom Recht.
Nur keine Schuld, lieber kein Glück!
O Gott ich stürbe, würd ich schlecht.

In dieser kleinen »Reimerei«, wie Dehmel solche Zeilen nannte, verbarg sich Hedwig Lachmanns lautere Selbstdisziplin. Ihr war, bei aller Erregtheit gegenüber Dehmels immer heftiger werdenden Liebesbekundungen, die ungeklärte Situation seiner Ehe äußerst peinlich. Die Situation wurde auch dadurch nicht besser, daß Dehmel nun auch noch von einer »Ehe zu dritt« zu träumen begann. Er hat diesen Traum später noch oft geträumt. Seine in jeder Hinsicht unkonventionelle Offenheit führte dazu, daß er die

Tabus seiner Epoche immer heftiger provozierte. Stets kleidete er die langen Briefe an Ehefrau und Geliebte in ebenso selbstkritische wie lockende Worte, die die Bewunderer unter seinen Chronisten als Beweis für den Altruismus seines Wesens, für seine Fähigkeit des gerechten Teilens hervorgehoben haben. Liest man die Briefe heute, läßt sich jedoch der hinter aller vermeintlichen Fürsorge verborgene krasse Egoismus nicht übersehen.

»Das, was mich mit Paula verbindet, ist etwas anderes als Zärtlichkeit und Leidenschaft«, schrieb er im Mai 1893 an Hedwig Lachmann: »Das ist eine Freundschaft, die ihr Entzücken darin findet, des andern tiefste, stärkste, allereigenste und allerallgemeinste Regungen zu wissen und in sich selber nachzufühlen, anzunehmen oder abzulehnen, je nach dem Bedürfnis der eigenen augenblicklichen Beschaffenheit, aber ohne Vorwurf für das Innere des andern« – war das wirklich eine angemessene Beschreibung des Verhältnisses zur Mutter seiner Kinder, die er doch immer als die große Liebe seines Lebens verstanden hatte? »Du bist mir Paulas Schwester: ein feinerer Duft von ihr: sie wie die voll aufgeblühte Rose, die ich in Händen halte und ganz nahe an meine Sinne bringe, – Du wie die Rose am Stamm, deren Duft ich selbst noch mit geschloßnen Augen fühle, wenn ich zurücktrete aus ihrer Nähe« – war das nicht schon eine vorsichtige Distanzierung von der Ehefrau, eine deutliche Bevorzugung der Geliebten – und die Gier nach *alleinigem* Genuß?

Die wahren Empfindungen, die inzwischen von ihm Besitz ergriffen hatten, artikulieren sich in Sätzen über Hedwig Lachmann wie diesen: »Aber ich muß sie in der Nähe wissen«, so schloß er die Möglichkeit eines freiwilligen Zurücktretens aus, »ich darf nicht fühlen, daß sie unerreichbar sei; das würde mich zum Diebe machen, der über Zäune klettert.« Mit anderen Worten: Dehmel wollte alles zugleich, unabhängig davon, was dies für die Frauen bedeutete.

Die Verlegenheit, in die solche Sätze die Ehefrau und die Geliebte versetzen mußten, wurde dadurch gewiß nicht geringer, daß Paula Dehmel Briefen wie diesen oft noch ihre eigenen

Hedwig Lachmann und Paula Dehmel

Worte hinzufügte: »In herzlichster Liebe. Paula«. Sie, die wegen ihres Asthmaleidens nun immer häufiger gezwungen war, an die See zu reisen, wochenlang von Berlin fernzubleiben, hatte damit begonnen, sich mit Dehmels Schrei nach zwei Frauen abzufinden. Eine »Ehe zu dritt« war so etwas wie der letzte Strohhalm, die einzige Alternative zur Zerstörung ihrer Familie, ja ihrer Existenz geworden. Es war Hedwig Lachmann, die das Fragwürdige, Paula Verletzende in dieser delikaten Konstellation nicht zu akzeptieren bereit war. Trotz aller Erwiderung ihrer Gefühle für Dehmel – den sie ja auch als einen wichtigen literarischen Helfer benötigte – hielt sie sorgsam Distanz in Fragen körperlicher Annäherung, und das so sehr, daß sich Dehmels Briefe in Raserei steigerten: »Du wirst mich noch zur Verzweiflung bringen! Mit Deinem Fürchten und Schonungsbitten wirst Du wahrhaftig noch heraufbeschwören, was nicht sein soll. Fühlst Du denn gar nicht, wie ich mich in meiner ganzen Seele dagegen wehre, wieder dem Urgesetz zu verfallen?! Denn das bin ja nicht Ich, wenn in übermächtigen Augenblicken einer Frühlingsnacht die fiebernde Legion der Samentierchen mir auf einmal alles Blut aus Herz und Gehirn nach unten saugt, daß ich wanke und mit willenlosen Lippen und Händen nach Deinen Reizen taste?«

Dehmels Liebesstöhnen klingt in solchen Passagen, als käme es aus dem Munde von Lorenzo da Pontes Don Giovanni. Während Dehmel der Ehefrau die Aussichten einer zu gleichen Teilen gewährten Liebe für sie und die Geliebte schmackhaft zu machen suchte, wollte er von Hedwig Lachmann etwas sehr viel Einfacheres erzwingen: nicht nur die seelische, sondern – endlich – auch die körperliche Kapitulation. Sein Anspruch gegenüber allen Menschen war immer ein totaler. Stellte sich ihm dabei Widerstand entgegen, focht er mit allen ihm zur Verfügung stehenden Kräften – und er besaß ihrer viele – um den Sieg.

Inzwischen hatte Dehmel vieles veröffentlicht, was insbesondere einem jüngeren Publikum den Eindruck vermittelte, daß da ein genialischer, sich an keinerlei Barrieren haltender, neue literarische, vor allem aber auch: moralische Ufer aufzeigender Poet herangewachsen war. Hier sprach nicht nur ein begeisterter Anhänger des so oft mißverstandenen Friedrich Nietzsche, wie sie selbst welche waren (und bis in den »Heldentod« des Ersten Weltkrieges bleiben sollten), hier lebte und besang jemand den schrankenlosen »Übermenschen« mit einer Sprache, die erkennen ließ, daß Kunst und Leben für ihn eine Einheit waren.

Dehmel erregte die Gemüter von Frauen und Männern des ausgehenden 19. Jahrhunderts gleichermaßen. Seine Dichtung wie seine auffällige Persönlichkeit schienen neue Horizonte der Moral zu eröffnen und die stählernen Korsettstangen der wilhelminischen Gesellschaft ein für allemal zu sprengen. Was bei ihm mit den Worten »hoher Dichtung« thematisiert wurde, lebten die Anhänger der Wandervogel-Bewegung mit ihrer Begeisterung für Nacktbaden und Zivilisationsflucht auf anderer Ebene aus. Die zunehmende Industrialisierung warf ihre Schatten auf eine Gesellschaft, die Rousseaus »Zurück zur Natur« wieder zu Ehren kommen ließ. Dehmels eigene, alles in allem durchaus bürgerliche Welt war ja, anders als die der sozialkritischen Naturalisten, ganz die ihre. Dieser Dichter hielt nichts von sozialer Revolution, um so mehr aber von individueller Befreiung aus den Zwängen der Seele und der Konvention. Er symbolisierte eine strahlende Verheißung, den Glauben an ein Jahrhundert ohne die Altlasten quälender Normen, und das hieß nicht zuletzt: erotische Befreiung *innerhalb* einer durchaus als harmonisch empfundenen bürgerlichen Ordnung. Dieser Dichter versprach Befreiung durch die Sinne – und das für beide Geschlechter.

Hatten Dehmels »Erlösungen« nur wenige Leser(innen) gefunden, so fuhr sein zweiter Gedichtband »Aber die Liebe«, der Sinnlichkeit, Eros und Lust auf eine damals als äußerst gewagt empfundene Weise feierte, wie ein Blitz in die schwül aufgeladene Mischung aus Dekadenz, schwärmerischer Sentimentalität und nüchternem Fortschritt an der Schwelle zur Moderne. Dehmel stand plötzlich im Kreuzfeuer von sittlicher Entrüstung und freudig bejubeltem Vitalismus. Der in diesem Band enthaltene Gedichtzyklus »Die Verwandlungen der Venus«, in dem Liebe und Eros geradezu rauschhaft besungen wurden, führte denn auch sogleich zu einer Anklage wegen »Verbreitung unzüchtiger Schriften« – freilich endete das Verfahren vor dem Münchner Landgericht mit einem Freispruch. Nicht die bessere Einsicht, daß die Kunst frei sein müsse, hatte den Richter zur Mäßigung bewogen, sondern der Eindruck des Unverständlichen, den diese heißblütigen Verse auf ihn gemacht hatten.

Den Titel »Aber die Liebe« hatte Dehmel übrigens dem ersten Paulus-Brief an die Korinther entnommen, wo es heißt: »Nun aber bleiben Glaube, Hoffnung, Liebe, diese drei: aber die Liebe ist die größte von ihnen.« Dehmel hatte den Begriff Liebe in seinen Versen freilich etwas lustvoller ausgelegt als der fromme Apostel, und gerade darin lag schon das Anstößige. Später (1906) hat er über diese erotischen Gedichte im Vorwort zur zehnbändigen Gesamtausgabe seiner Werke geschrieben: »Unter meinen mindestens 500 Gedichten befinden sich einige, die sich in unserer verheuchelten Art mit den brutalen Instinkten des menschlichen Geschlechtslebens befassen, es sind im ganzen höchstens 10, aber gewisse Leute scheinen nur gerade diese bei mir zu lesen.«

Richard Dehmels inneres Gleichgewicht war inzwischen durch die unauflösbaren Widersprüche zwischen seinem Beruf als Versicherungsfachmann und seiner poetischen Mission völlig aufgerieben. Die Schwierigkeiten seiner Ehe, die unerfüllte Leidenschaft zu Hedwig Lachmann, der sich zum Haß auf seine Büroverpflichtungen gesteigerte Widerwille gegen jede Form des »entfremdeten« Broterwerbs: All das führte schließlich zu einem explosionsartigen Ausbruch aus allen Fesseln. Eine »Nervenkrise von 24 Stunden, in der ihm Wahnsinn und Selbstmord nahe genug waren«, so Julius Bab, begründete die jähe Flucht aus aller Verantwortung. »Ohne Kamm und Zahnbürste, ohne irgendwelche Kleider als die, die er am Leibe hatte«, mit hastig und bedenkenlos von seinen Freunden zusammengeborgtem Geld reiste er Hals über Kopf zu einem Dichterfreund, der ihm in diesen Jahren bereits zum wichtigsten Gesprächspartner geworden war, weil er selbst auf Normen, Sitte und bürgerliche Anerkennung pfiff: zu dem in Hamburg wohnenden Baron Detlev von Liliencron.

»Ich habe es nicht mehr aushalten können in dieser Knechtschaft, das hast Du wohl gemerkt«, schrieb er im November 1893 an seine sicherlich entgeisterte Frau Paula, »aber glaube darum nicht an eine Tat der Verzweiflung. Ich bin jetzt, heute, ganz gefaßt und sicher über mich, über uns und unsre lieben Kleinen. Nur einmal *los,* endlich *heraus* mußte ich, und mit *Einem* Ruck, sonst wär's doch nie geschehen. Und denke nicht an Wahnsinn oder dergleichen. Wenn ich wahnsinnig werden könnte, so wär' ich's vorgestern Abend geworden, als ich von Euch wegrannte, in die Felder hinein, und mit den Locomotiven um die Wette heulte und von allen Seiten das Sonntagsglockengedröhne auf mich einstürzte und am Horizonte zwei große, runde Lichter mich anstarrten mit schwarzen Pupillen und einem goldgelben Augenkranz wie ein riesiger Uhu oder der liebe Gott.« Diesem plastischen, geradezu früh-expressionistisch anmutenden Bild folgten dann innigste Liebesbeteuerungen: »Wie lieb Ihr mir seid, Du, mein einziges Herz, und unsre Detta und auch schon der Peter Heinz ... Du, Lieb, es ist ja so sicher, so selbstverständlich sicher, daß alles ein glückliches Ende nehmen *muß!* – Nur Freiheit, nicht mehr diese Arbeit im goldnen Käfig; dann wirst Du erst sehen, was ich *kann*. Freiheit, ein paar Wochen Erholung, starke, frische, urwüchsige, kinderlustige Erholung, und dann ein neues Leben!«

So mitfühlend sich Dehmel mit seiner Familie auch gab – und er war sich seiner Aufrichtigkeit sicher: Da hatte sich einer von aller Last befreit, aber eine von Krankheit bedrohte Frau mit zwei kleinen Kindern, eine Geliebte und, nicht zuletzt, eine berufliche Verpflichtung hinter sich gelassen. Er wollte erst einmal mit seinem Bruder Otto in die unbegrenzte Natur entfliehen, wozu er allerdings Paula noch um sorgende Unterstützung bat. Sie möge ihm einiges nachschicken, und zwar an Liliencrons Hamburger Adresse: »Kamm und Zahnbürste, 1 Paar Unterhosen, meine guten Stiefel (die alten, die ich anhabe, werden kaum noch lange reichen), den großen Wind- und Wetterkragen meines Mantels, 1/2 Dutzend Taschentücher und – weiter nichts.« Da er ihr kein Geld hinterlassen könne, möge sie sich eben etwas einschränken und, so empfahl er mit entwaffnender Unbekümmertheit, »es wäre gut, wenn wir einfach die Hälfte von unserem Möbelkram (samt meinen geliebten ›Kunstsachen‹), wenn wir all das *Überflüssige,* den Luxusballast, kurzentschlossen versilberten«.

»Wir« hatte Dehmel geschrieben, gemeint hatte er: Du. Auch seinen Chef vergaß er nicht. Die peinliche Angelegenheit von dessen Unterrichtung hatte sie – liebevoll von ihm instruiert – zu übernehmen: »Also hier schicke ich Dir den Schlüssel von meinem *Bureau*-Schreibtisch. Bringe also diesen Schlüssel zu B. und erzähle ihm, wie ich diese entsetzliche, diese meiner unwürdige (meiner Geisteskräfte unwürdige) Arbeit nicht mehr länger hätte ertragen können und in einem Anfall von seelischer Zerrissenheit davongelaufen sei ... Bitte ihn, daß er Dir auch noch mein Gehalt für den nächsten Monat auszahlt. Durch meine bis zum letzten Tage gewissenhafte Arbeit für den Verband dürfte ich das verdient haben. Selbstverständlich bin ich bereit, auch diese Summe später durch Artikel abzuleisten. Nur nicht mehr diesen furchtbaren Tageszwang als Karrengaul! Und nun leb wohl! Sei geküßt und vertraue mir! Mit Leib und Seele bin ich Dir treu. Und küsse auch die Kinder.«

Es war eine jämmerliche Lage und ein heikler Auftrag obendrein, den der entflohene Dichter da der Ehefrau hinterlassen hatte. Die gute Paula tat treuherzig, wie ihr geheißen, und hatte dabei Glück im Unglück. Dehmels Chef erwies sich als verständiger Menschen- und Männerkenner (hätte er ebenso gehandelt, wenn eine Mitarbeiter*in* ihn ohne jede Vorwarnung verlassen hätte?). Er ließ Großmut und Verständnis für die Launen eines Dichters walten, beruhigte Frau Paula – und wandelte die Abwesenheit in einen vorläufig unbegrenzten, bezahlten Urlaub um. Es kam sogar noch besser: Er sandte Paula mit guten Worten nach Hamburg, um Dehmel erst einmal von der geplanten Wanderschaft abzubringen. War es der Wunsch Dehmels, war es ein Vorschlag seines Chefs: Der aller täglichen Feuerkassenfron gründlich müde Dichter begab sich, finanziell abgesichert und unter Zurücklassung bester Wünsche für Weib und Kinder, auf eine Italienreise.

Es war seine erste Auslandsreise, es waren die ersten Ferien seit sieben Jahren, die sich der Dichter genehmigte. Sosehr man seinen Hunger nach Ausbruch aus existentieller und wohl auch familiärer Bedrängnis nachempfinden mag – hinter der Flucht wird doch auch jenes gehörige Quantum an vitalem Egoismus sichtbar, das Dehmels Lebensweg noch verschiedentlich bestimmen sollte. Die kränkelnde Paula jedenfalls, der Kinder und Haushalt, Sorgen und Entttäuschungen geblieben waren, hätte gewiß auch nichts gegen einen längeren Erholungsurlaub eingewandt – aber wie sollte das gehen?

Dehmel begründete seiner Frau im November 1893 seine Krise mit den Worten: »Es war ja *grauenhaft*, wie ich am Boden lag und mir selber immerfort ins Gesicht spuckte. Es sah *scheußlich* in mir aus, die letzten Wochen. Du hast Grund zur Freude, mein Herz, und nur zur Freude, zu *gar* keiner Trauer; denn ich habe mich wiedergefunden, auch zu Dir hin! Mein Geliebtes Du! Mein Duling! Dein, Dein Richard.«

Als den »Dichter des Du«, den großen Überwinder von Eigensucht und Vorteilssuche begann in jenen Jahren die literarische Öffentlichkeit Richard Dehmel zu bewundern, und die feierliche Beschwörung von Wir und Du in seinen Versen, die ekstatische Vereinigung von gemeinsamen Sehnsüchten und Empfindungen bedeuteten ja auch wirklich einen neuen Ton in der Literatursprache der wilhelminischen Männergesellschaft. Ganz so rücksichts- und verständnisvoll, wie Dehmel sich gab, war er jedoch nicht. Tief überzeugt von seiner Mission als Dichter, dem noch Großes und »Ewiges« gelingen werde, hat er immer dafür gesorgt, daß sich alles in seinem Leben, auch die Liebe, diesem einen großen Ziel unterordnete.

Als der Dichter sich am 17. November aus Basel brieflich von seinem Freund Liliencron mit den Worten verabschiedete: »Gleich geht's los, nach Süden, durch den heiligen Gotthardt. Es lebe die Sonne!«, da hatte er sich im wahrsten Sinne des Wortes aus dem Staube gemacht. Freilich ließ sich die Sonne erst in Mailand sehen. Von dort aus ging es zu Fuß nach Genua. Hier, in der Beschaulichkeit einer hoch gelegenen Terrasse, schrieb er an Paula, verlor sich in weit ausholenden, aber anmutigen Landschaftsschilderungen – und träumte von ehelicher Gemeinsamkeit: »Ich habe keinen andern Wunsch, als daß Du bei mir säßest und um uns herum die Kinder spielten.« Und in dem für ihn typischen verführerischen Tonfall ruft er aus: »... könntest Du doch bei mir sein; schon vor lauter seelischer Erschütterung würdest Du gesund werden, – was bin ich für ein Egoist! – Leb wohl! Vergiß die Grillen! Werde gesund! Küß die Kinder! Dein, Dein, Dein!« Ja, als Grillen konnte man die Verwirrungen schon verstehen, in denen Paula und die Kinder zurückgeblieben waren. Der Italienreisende hatte es besser. »Ziegen notabene gibt's hier nicht«, meldete er Liliencron aus Capri, »aber sehr schöne Weiber; in Neapel ist's umgekehrt.«

Die Ekstase beim einsamen Durchqueren des schönen Italien hielt nicht lange vor. Schon Anfang Dezember antwortet Dehmel auf einen bedrückten Brief Paulas, daß es doch wohl besser wäre, bald zurückzukommen, »für mich, damit ich zur Arbeit komme, – für Dich, damit Du froh und sicher wirst«. Es war inzwischen Winter geworden, und der äußerte sich in Italien in ständigen Regenfällen und ungemütlichen Temperaturen. Die Entbehrungen schienen ihm wieder Appetit auf das Zuhause und sogar auf die Arbeit zu machen, auch wenn Dehmel in Rom und Florenz begeistert durch die Kunstschätze strich. Sein wahres Interesse galt jedoch, das zeigen seine Briefe, weniger der Kunst als der Landschaft Italiens, und vielleicht hätte er es noch eine Weile dort ausgehalten, hätte ihn nicht in Venedig am 12. Dezember ein Brief erreicht, der seine umgehende Rückkehr erforderlich machte: In Berlin war Paula von einem heftigen Fieber befallen worden, in Anbetracht ihrer labilen Gesundheit ein Alarmzeichen.

Dehmel reiste mit dem nächsten Zug nach Berlin zurück. Der Ausbruch in die Freiheit war an ein schnelles Ende gekommen. Die Ehefrau – die sich von ihrem Fieber glücklicherweise schnell wieder erholt hatte –, die Kinder, der Beruf hatten ihn wieder. Und da war ja auch noch eine andere: Hedwig Lachmann. Die vorübergehende Trennung hatte nichts von all den Problemen des Flüchtlings gelöst. Er war jetzt dreißig Jahre alt. Er hatte immerhin ein wenig von der Welt gesehen. Er verbuchte als Dichter in Deutschland einige Aufmerksamkeit. Aber all das konnte ihn nicht zufriedenstellen, was er wollte, wollte er ganz. Mit geradezu wütender Entschiedenheit stürzte er sich erneut in das Berliner Leben.

Doch die Schrecken der ungeliebten Arbeit stellten sich unverzüglich wieder ein. Das Interesse an den Feuerversicherungen war ihm inzwischen noch ferner gerückt, nur woher sollte er das Geld für seine Familie nehmen? Die gelegentlichen kleineren Honorare reichten niemals für ein einigermaßen auskömmliches Leben. Noch einmal wandte er als treuer Hausvater seine ganze Kraft auf, um die beruflichen Pflichten zu erfüllen. Sein verständnisvoller Chef tat alles, um ihn wieder – wie man heute sagen würde – zu motivieren. Aber »diese grauenhafte Wiederkäuerei von platten Floskeln und Begriffen« werde ihn, so begann Dehmel bald zu stöhnen, noch verrückt machen, und als der Chef ihn um einen längeren Schriftsatz gegen eine offenbar mißliebige staatliche Konkurrenz unter den Versicherungsgesellschaften bat, empörte er sich mit den Worten: »Wenn die privaten Versicherungsgesellschaften, um im Konkurrenzkampf bestehen zu können, schon zum gegenseitigen Vernichtungskampf greifen müssen, ohne Rücksicht auf die sich daraus ergebende Benachteiligung des Publikums, dann würden sie damit lediglich eingestehen, daß ihr wirtschaftliches Grundprinzip der freien Konkurrenz ein unhaltbares ist.« Er hoffe, daß man ihn nach seiner Weigerung hinauswerfe, aber daran war niemandem gelegen. Dehmels Chef Dr. Beck wußte sehr wohl, was er an diesem ungebärdigen, in jeder Hinsicht unangepaßten Mitarbeiter hatte. So zog sich die ungeliebte Büroarbeit wiederum hin.

Dehmels Privat- und Familienleben hatte nach Paulas Genesung wieder zu einer gewissen Stabilität zurückgefunden. Ihm war das nicht zu verdanken, denn er träumte noch immer von einer Ehe zu dritt, wie er sie schon mit Paula und ihrer Haushaltshilfe Käthe führen wollte. Bei Hedwig Lachmann riefen solche Ideen allerdings Ablehnung hervor. Die beiden waren viel zusammen, vor allem dann, wenn Paula aus Gesundheitsgründen die bessere Landluft einatmen mußte. Aber der Dichter hatte sich auch wieder enger an Paula und die Kinder angeschlossen – seine Existenzform wurde immer verfahrener. Den einzigen Halt schien für alle Beteiligten noch die gemeinsame Begeisterung für die Dichtkunst zu bieten. Paula Dehmel schrieb wieder an ihren

Kinderliedern, und sie war es auch, die ihren Mann damals zu einem seiner heitersten und amüsantesten Gedichte anregte, das nur auf den ersten Blick ein harmloses Kinderlied ist:

Fitzebutze

Lieber ßöner Hampelmann,
deine Detta sieht dich an!
Ich bin dhoß, und du bist tlein;
willst du Fitzebutze sein?
Tomm!

Tomm auf Haterns dhoßen Tuhl,
Vitzliputzli, Blitzepul!
Hater sagt, man weiß es nicht,
wie man deinen Namen sp'icht.
Pst!

Pst, sagt Hater, Fitzebott
war einmal ein lieber Dott,
der auf einem Thule saß
und sebratne Menschen aß.
Huh!

Huh, sei dut, ich bin so tlein
und will immer a'tig sein.
Fitzebutze, du bist dhoß;
kleine Detta spaßt ja bloß.
Ja?

Ja, ich bin dir wirklich dut!
Willst du einen neuen Hut?
Tlinglingling: wer bingt das Band?
Königin aus Mohrenland!
Tnicks!

Tnix, ich bin Frau Tönidin,
hab zwei Lippen von Zutterrosin;
Fitzebutze, sieh mal an,
ei, wie Detta tanzen kann!
Hoppß!

Hopßa, hopßa, hopßassa;
Tönigin von Af'ika!
Flitzeputzig, Butzebein,
wann soll unsre Hochzeit sein?
Du!

Du! Mein tleiner lieber Dott!
Du?! Sonst geh ich von dir fo't! –
Ach, du dummer Hampelmann,
siehst ja Detta garnicht an!
Marsch! –

Die kessen Verse entstanden in jenen Monaten des Winters 1893/94, als sich Paula und Richard Dehmel trotz aller übrigen Verwirrungen noch als besonders glückliche und, trotz allem, miteinander harmonisierende Eltern empfanden, sich entzückt über ihre Beobachtungen an den beiden Kindern austauschten und sich gemeinsam auch einmal in einem etwas sentimentalen Weihnachtsspiel versuchten. Die kleine Tochter, deren amüsante kindliche Sprechweise Dehmel oft beschrieben hat, spielt mit ihrem Hampelmann und beginnt mit ihm unvermittelt ein naiv-raffiniertes Traum- und Rollenspiel.

In Wahrheit zeigt hier eine Verführerin erst ihre Lockwerkzeuge und dann ihre Zähne. Schaurige Erzählungen des Vaters vom furchterregenden Aztekenkönig Vitzliputzli, der gebratene Menschen verspeist, haben in der Kleinen trotzige Allmachtsphantasien geweckt, die sich ein männliches Opfer suchen. In der vierten Strophe zieht das Mädchen bereits alle Register der Verführung. Sie will dem hölzernen Gegenüber, der in ihren Träumen immer mehr zum bedrohlichen Gott aufsteigt, jetzt eine königliche Gattin – und damit ebenbürtig sein. Doch das Spiel funktioniert nicht, und die kecken Träume schlagen in Selbstzweifel um. Das Versuchsobjekt hat sich nicht in die Rolle des demütigen Göttergatten zwingen lassen. Das trotzige »Marsch!« beendet das Werben. Das Spiel ist aus.

Das Gedicht erntete übrigens, wie das eine oder andere Gedicht Dehmels auch, Empörung. Ein aufgebrachter Schulrektor beschimpfte es sogar als »anarchistisch, umstürzlerisch, ... ein pädagogischer Fehlgriff erster Sorte!« Dehmel, den wahrlich unabhängigen und freiheitsbewußten Vater und Dichter, focht das nicht an. Er wollte mit dem kleinen Ausflug in die Kindersprache seiner Tochter nur seine später so pathetisch vorgetragenen Botschaften von erotischer Unbedingtheit und weiblicher Stärke, von der Gleichwertigkeit der Geschlechter und individueller Autonomie poetisch verklären. Dehmel hat sich in sein eigenes Gedicht so verliebt, daß er, gemeinsam mit Paula, noch ein gleichnamiges Kinderbuch mit vielen Gedichten des Elternpaares herausgab, das Ernst Kreidolf, einer der zauberhaftesten Illustratoren des Jugendstils, mit Zeichnungen versah.

Was übrigens das Weihnachtsspiel angeht, das Dehmel für seine Familie damals schrieb, so war darin – noch befinden wir uns in der Zeit des »Jugendstils« – auch die Rolle einer romantischen »Christfee« vorgesehen. Wer hatte sie bei der weihnachtlichen Darbietung zu übernehmen? Hedwig Lachmann. Und wer sollte fünf Jahre später in diese Rolle der Übersinnlichen, Angebeteten schlüpfen? Ida Auerbach, geb. Coblenz.

Wenn Richard Dehmel über seinen Traum einer Ehe zu dritt nachdachte, konnte er sich so sehr in Euphorie versetzen, daß er die Welt um sich herum vergaß. »Ich möchte Dich auf den Arm nehmen und Dir mit leuchtenden Augen all den Jubel sagen, von dem ich neu durch Dich bewegt bin, und all die unentdeckte Schönheit zeigen, die in der Welt für alle gleichermaßen glänzt! Und Paula neben uns, und Euch *Beide* küssen, wie Kinder sich im Ringelreihen küssen, und doch wie neue reife Menschen, die mit herrlicher Dankbarkeit erkennen, daß es Freuden zwischen Menschen giebt, die kein Diebstahl sind an der Freude des andern, sondern Quellen, die um so reicher strömen, je mehr man davon trinkt und trinken läßt ...«, schrieb er an die noch immer in scheuer Zurückhaltung verweilende Hedwig. Doch mit welchen brieflichen, lyrischen und sonstigen Mitteln er auch versuchte, ihre Festung einzunehmen – sie widerstand.

Je mehr sie sich ihm entzog, desto drängender wurden seine Anträge. Da sie unerhört verhallten, blieben sie – nur – Gegenstand von Gedichten.

Doch als du dann gegangen
da hat sich mein Verlangen
ganz aufgetan nach Dir.
Als sollt ich Dich verlieren,
schüttelte ich mit irren
Fingern deine verschlossene Tür.

Zeilen wie diese aus dem Gedichtzyklus »Aber die Liebe«, der Dehmels wirklichen Durchbruch als Dichter einläutete, sind ganz auf die ungestillte Liebe zu Hedwig Lachmann gerichtet.

Und durch die Nacht der Scheiben,
ob du nicht würdest bleiben,
bettelten meine Augen; und
du gingst hinauf die Stufen
und hast mich nicht gerufen,
mich nicht zurück an deinen Mund.

Und dennoch bedeutete es eine unangemessene biographische Vereinfachung, »Aber die Liebe« allein auf die Beziehung zu Hedwig Lachmann zu reduzieren. In den Gedichten (das Buch enthält auch zwei kolportagehafte Novellen) spiegelt sich ebenso Dehmels Eheerfahrung wie sein ruheloses Suchen nach neuen Grenzen und nach »Erlösung von allen Übeln der Selbstsucht«.

Teilweise nahm Dehmel in die Sammlung auch Verse aus seinem ersten Gedichtband auf, die bei Ida Coblenz geradezu schockartige Erregung ausgelöst hatten, weil sie sich angesprochen fühlte. Gewiß gehörte dazu die Ballade »Bastard«, in der sich ein Sonnengott mit einem Vampirweib vereint. Auch wenn darin von literarischer Finesse wenig zu entdecken ist, nahmen die Zeilen

Und sollst in deinen Lüsten
Nach Seele dürsten wie nach Blut
Und sollst dich mühen von Herz zu Herz
Aus dumpfer Sucht zu lichter Glut

doch schon ihre eigene Begegnung mit dem »Menschenfresser« Dehmel vorweg.

Viele Zeitgenossen müssen sich von solchen und anderen Liebesklagen Dehmels im Innersten aufgewühlt gefühlt haben. Unter ihnen war auch ein empörter Vertreter der Münchner Staatsanwaltschaft. »Vergehen wider die Sittlichkeit und öffentliche Gotteslästerung« lautete der Vorwurf, und ganz besonders die Verse hatten die Entrüstung geschürt, die sich direkt oder indirekt auf Dehmels unerfüllte Liebe zu Hedwig Lachmann bezogen. Drei Jahre nach dem Münchner Verfahren, das schließlich »wegen der Unverständlichkeit der Gedichte« wieder eingestellt wurde, kam es in Berlin noch einmal zu einer Anzeige gegen einige Gedichte Dehmels wegen »Gotteslästerung« und »Unzucht«.

Was den Dichter in seinem Innersten umgetrieben hatte, davon hatten die literarischen Sittenwächter natürlich nicht die geringste Ahnung. Am 16. Mai 1894 hatte er seinem Tagebuch, das er vom Dezember 1893 bis zum Mai 1894 führte, den Stoßseufzer anvertraut: »Nun auch noch, bei aller lähmenden Arbeit, wieder die aufreibende Sehnsucht nach Hedwig. Herrgott, was soll man tun? Bekämpft man den geschlechtlichen Trieb, wird das Gefühl immer heftiger; und gibt man nach, dann drohen alle die materiellen und socialen Folgen der befriedigten Natur, ihr wie mir. Wir müssen uns seltener sehen, und niemals wieder allein!« Diese Form der Therapie aber war wahrlich nur ein Tropfen auf den heißen Stein.

1894, das Jahr nach dem Ausbruch nach Italien, sollte Richard Dehmel so viel Aufmerksamkeit als Dichter bringen wie noch kein Jahr zuvor. Mit seinen Freunden Przybyszewski und Hartleben, mit Otto Julius Bierbaum, Julius Meier-Graefe und anderen gründete er am 1. Mai die Zeitschrift »Pan«, deren erstes Heft dann zu Beginn des folgenden Jahres erschien. Immer häufiger wurde er nun auch als Rezitator eigener und fremder Verse eingeladen. Die Nächte im »Schwarzen Ferkel« knüpften die poetischen Bande zu seinen zahlreichen Dichterfreunden immer enger, und es erscheint seltsam genug, daß er sich in dieser Zeit überhaupt wieder in der Lage sah, sein Familien-, Liebes-, Dichter- und Arbeitsleben halbwegs unter Kontrolle zu halten.

Stanislaw Przybyszewski beobachtete bei seinem Freund Dehmel, den er als Dichter auf das höchste bewunderte und dem er mit Begeisterung und ohne Furcht vor dramatischer Übersteigerung Chopin vorspielte, »einen klaffenden Riß« in Leben und Dichtung, »den er zeitlebens in härtesten Kämpfen zu überbrücken suchte; er pendelte immer zwischen den äußersten Gegensätzen, zwischen höchster Lebensbejahung und dem tiefsten Pessimismus, den er aber nicht aufkommen ließ. Ein strenger Richter, der an sich selbst die höchsten Anforderungen stellte und der Kunst die äußersten Grenzen vorzeichnete, war er bis zur krankhaften Idiosyncrasie angeekelt von jedem Gemeinplatz, jeder Äußerung der Sentimentalität oder eines unehrlichen Pathos; jede Art Phrase war ihm im höchsten Grade zuwider ... Für sich selbst forderte er die höchste Kritik heraus, horchte geduldig und gespannt auf jeden Einwurf.« Er war inzwischen mit Haut und Haaren Dichter geworden, und nur die ständige Geldnot zwang ihn noch immer zu einer enervierend eintönigen Lohn- und Fronarbeit.

Aber Dehmel war auch ein Mensch, der das Glück beim Schopfe zu fassen wußte, wenn es vorüberflog. Das Glück erschien diesmal in Gestalt einer Erbtante Paulas. Diese hatte ihrer Nichte ein kleines Vermögen hinterlassen – und damit den Dichter instand gesetzt, seinen ungeliebten Beruf bei der Feuerversicherungsgesellschaft unverzüglich und diesmal für immer an den Nagel zu hängen. Mit dem Ende des Jahres 1894 ging das ungeliebte berufliche Kapitel zu Ende, und der durch Paula und ihr Erbe erst einmal Gerettete verkündete mit ebensoviel Zuversicht wie Selbstbewußtsein: »Jetzt erst, wo ich der Arbeit um das tägliche Brot enthoben sein werde, kann ich das als Dichter leisten, was ich bisher nur stammelnd versprochen habe.«

Und nicht nur als Dichter, auch als Mentor anderer Autoren, als deren Rezitator und Förderer, sah sich der endlich aus allen Niederungen des Bürolebens Befreite. »Verehrter Herr!« schrieb er beispielsweise an einen jungen Autor, dessen »wundervolle Erzählung ›Gefallen‹« seine Aufmerksamkeit erregt hatte und der den Namen Thomas Mann trug, »ich muß Ihnen mein Entzücken und meine Ergriffenheit schreiben. Es gibt heutzutage so wenig Dichter, die ein Erlebnis in einfacher, seelenvoller Prosa darstellen können, daß Sie mir diese etwas aufdringlichere Bekundung meiner Freude und Bewunderung schon erlauben müssen. Falls Sie noch andere Erzählungen von gleicher Reife liegen haben, möchte ich Sie bitten, mir die Manuskripte für die in Gründung begriffene Kunstzeitschrift ›Pan‹ einzusenden, von der Sie wohl gehört haben und in deren Aufsichtsrat ich sitze. (Honorar: 10–15 Mark für die Druckseite.) Gruß und Hochachtung! Richard Dehmel.« In einem längeren Postskriptum merkte Dehmel noch an, welche Korrekturen er anstelle Thomas Manns dem Text vor Drucklegung in einer Buchausgabe noch mit auf den Weg geben würde. Er sprach darin vorsichtig von »einem manchmal etwas schleppenden, buchsprachigen Satzbau« und schlug obendrein vor, den »zu belanglosen Titel« durch »Der Cyniker« zu ersetzen, was nicht unbedingt Gespür gegenüber diesem Autor verriet. Thomas Mann hat sich die Argumente denn auch gerne angehört, von seiner Textversion ließ er sich allerdings nicht abbringen.

Als sich im Jahre 1895 Frau Konsul Auerbach und der verheißungsvolle Stern am deutschen Dichterhimmel, Richard Dehmel, mit der Unausweichlichkeit von zwei auf gleicher Schiene fahrenden Zügen entgegenrasten, war eine Ausgangssituation für eine Begegnung geschaffen, wie sie explosiver und gefährlicher kaum hätte sein können: Ida, gerade verheiratet, schwanger und am Beginn einer »bürgerlichen« Karriere als Salonmittelpunkt und Kunstfreundin – Richard Dehmel, verheiratet mit einer kranken und von ihm abhängigen Frau, deren glückliche Erbschaft ihm gerade den Sprung in Freiheit und Unabhängigkeit ermöglicht hatte, Vater zweier Kinder, verliebt in eine junge Dichterin, deren Festung er noch immer mit leidenschaftlicher Ausdauer, aber erfolglos berannte. Das Aufeinandertreffen barg genügend Zündstoff, um das Leben der Beteiligten aus allen Angeln zu heben.

6

Die Frage der Grenzen ehelicher Treue und Pflichten in der »besseren« wilhelminischen Gesellschaft sorgten im Berlin des Jahres 1895 wieder einmal für Gesprächsstoff. In der »Deutschen Rundschau« war gerade ein Roman abgedruckt worden, der von einer Ehetragödie aus den achtziger Jahren erzählte. In Theodor Fontanes »Effi Briest« heiratet eine junge, unerfahrene Frau einen Mann, den sie nicht eigentlich liebt. Aus der Leere dieser nach den Geboten von Konvention und strengen Regeln dahintrudelnden Ehe erwächst eine zuletzt katastrophale Liebesgeschichte zwischen der Frau des Hauses und einem attraktiven Bezirkskommandanten, dem »alle Gesetzmäßigkeiten langweilig sind«. Mochten die Szenerie und das Personal des Romans noch so wenig den Zuständen im Hause Auerbach vergleichbar sein – auch hier prallten ein fragiles Eheglück und ein attraktiver Verführer abrupt aufeinander, und wenn die Folgen auch nicht tödlich sein sollten, so waren sie am Ende kaum weniger dramatisch.

»Wie ein junger Pan« sei ihr Dehmel damals erschienen, hat Ida über die erste Begegnung berichtet. Ein Gesprächsthema galt zunächst einem abwesenden Dritten. Dehmel, beherzter, aber nicht selbstloser Mentor anderer Dichter, erzählte ihr voller Emphase und uneingeschränkter Bewunderung von seinem besten Freund, dem Dichter Detlev von Liliencron, der in Hamburg, von Gläubigern verfolgt, ein kümmerliches und notvolles Dasein fristete. Dehmels Hoffnungen richteten sich auf die freundliche Unterstützung der Frau Konsul, und er hatte sich in ihrer Bereitschaft zu helfen nicht geirrt: Er sandte ihr neben einigen Versen anderer Dichterfreunde auch einige Liliencronsche Kostproben und knüpfte die Frage daran, ob es ihr »kein allzu schweres Opfer« sei, diesem »ein paar Hundertmarkscheine zu schicken«, er flehte geradezu, »auch wenn's nicht ganz 500 sind, so thun Sie's!!« Um seine uneigennützigen Absichten zu unterstreichen, schlug Dehmel ein abermaliges Gespräch vor, zu dem er auch seine Frau Paula mitbringen wolle. Deren praktischer Verstand erwiese sich bei solchen Hilfsmaßnahmen als besonders konstruktiv.

Als das Ehepaar Dehmel zum ersten Mal in der Auerbachschen Wohnung eintraf, muß sich Ida sehr erschrocken haben. Beim Anblick Paulas glaubte sie, »er habe seine Mutter mitgebracht. Eine kleine verblühte, nach Atem ringende Frau in fast farbloser Kleidung …« Erst nach längerer Betrachtung sei ihr deutlich geworden, »wie edel dieses Gesicht war; wie klar die Stirn, wie klug und gütig die Augen«. Man besprach gemeinsam das Schicksal des »ewigen Kindes und Dichters von Gottes Gnaden«, wie Paula Dehmel Detlev von Liliencron nannte, und sann nach hilfreichen Geldquellen. Natürlich gedachte Ida, in erster Linie ihren Mann für das Hilfsunternehmen zu gewinnen, schließlich habe dieser doch die richtigen Verbindungen »zu den Bankherren und den Industriellen«.

Ida Auerbach und ihr Mann müssen sich denn auch umgehend bei einigen Bekannten um Spenden für Liliencron bemüht haben, doch was sie bei dieser Gelegenheit erfuhren, ermutigte zumindest den Ehemann nicht zu großer Opferbereitschaft. Der ständig in finanziellen Verlegenheiten schwebende, im Umgang mit Geld nicht gerade vorsichtige Poet Liliencron galt manchen der Angesprochenen als nicht ausreichend vertrauenswürdig, war bekannt dafür, daß er empfangenes Geld an einem Abend verjubelte. Ida Auerbach ließ Richard Dehmel diese Zurückhaltung umgehend wissen: »Mein Mann erlaubt nicht, daß ich Herrn von L. irgend etwas schicke. Ehe ich in den sauren Apfel gebissen habe, Ihnen *das* zu schreiben, Sie können sich denken, wie sehr ich ihn gebeten habe. Aber umsonst. Und hinter seinem Rücken es zu thun, das kann ich nicht. Ich bin dazu zu gerade gewachsen.«

Unvermittelt wurde sich Ida Auerbach darüber klar, daß ihr

Detlev von Liliencron mit einer Unbekannten

Ehestand es ihr zwar erlaubte, ein offenes und kulturbewußtes Haus zu führen – daß sie aber Grenzen zu beachten hatte, die zu ziehen ihrem Manne vorbehalten war. Diese Empfindung der Ohnmacht hatte die Wirkung eines vergifteten Pfeils. »Mir bleibt bei Tisch der Bissen im Halse stecken, wenn ich daran denke, daß von mir einer Hilfe erwartet hat, und ich habe sie ihm nicht geboten ... Ich bin nicht mehr der Herrgott, der ich Gott sei Dank manchem war.« Dieses letzte Fazit läßt erkennen, wie nachdenklich sie das strenge Gebot ihres Mannes bereits gemacht hatte. Zur Ehrenrettung Leopold Auerbachs muß jedoch festgehalten werden, daß er sich – unter den ausdauernden Bitten Idas – dann doch noch zu einer Sammlung für Detlev von Liliencron bereit erklärte, was Ida zu verspäteter Genugtuung verhalf.

Mit ihrem offenen Bekenntnis hatte sie bei Richard Dehmel allerdings in ein Wespennest gestochen. Sie hatte Richard Dehmels empfindlichste Seite provoziert: seinen Jähzorn. Sechs Tage nach dem werbenden Brief mit der Anregung, einige Hundertmarkscheine zu opfern, kam es geradezu zu einer Explosion. »Gnädige Frau! Ihr Brief hat mich aufs tiefste ergriffen und empört … Hätten Sie mir nur mit einem Zeilchen angedeutet, daß Sie außer Ihren nächsten Liebsten auch noch Fremde einweihen wollten« (mit anderen Worten: Dehmel hatte wohl allein auf die Großzügigkeit von Idas Ehemann gesetzt, M.W.), »ich hätte Ihnen alles dies erspart. Sie kennen ja *Berlin* noch nicht! Sie ahnen nicht, wie hier ein Mensch verfehmt wird, der sich nicht mit Würde in's Alltägliche zu schicken weiß.«

Ausführlich legte Dehmel Ida die Gründe dafür dar, daß Liliencron mißverstanden und falsch zitiert werde, um dann mit den feierlichen Worten zu enden: »Ihnen, gnädige Frau, sage ich hiermit Lebwohl und danke Ihnen für die Stunden in Ihrer Nähe. Ich würde es nicht ertragen können, daß Liliencron zwischen uns stünde, wenn ich über Schönheit und Natur von Herzen reden möchte, … mir versagt die Zunge, wo ich merke, daß die ›gute Gesellschaft‹ mächtiger ist als der gute Mensch.« Doch der empörte und seinem Freunde Liliencron gegenüber von eiserner Loyalität bestimmte Richard Dehmel wußte sich zum Schluß auch ein Hintertürchen offenzuhalten: »Ihre schriftlichen Bemühungen für Stefan George werden mir natürlich nach wie vor willkommene Zeichen Ihres künstlerischen Sinnes sein.«

Was wie ein grollend-drohender Abschiedsbrief klang, es aber zuletzt doch nicht sein sollte, sorgte bei der Empfängerin für eine Art Schock. Hatte sie sich doch bisher alle Mühe gegeben, den Wünschen des Dichters nach Unterstützung seines Freundes entgegenzukommen, und wenn irgend etwas im Zentrum ihres Sehnens und Begehrens stand, dann war es doch das unstillbare Bedürfnis, etwas Hilfreiches, etwas »Großes« für Kunst und Künstler zu tun. Vor allem aber war ein Mann in ihr Leben getreten, der ihrem Berliner Dasein einen neuen magischen Glanz verlieh. Durch ihn hatten sich all ihre Träume von einem Leben im Bannkreis der Kunst realisiert. Doch selbst das vermochte ihren Stolz und ihre Würde nicht mehr in Frage zu stellen. »Den Bettel« habe er ihr unversehens vor die Füße geworfen, beeilte sie sich ihm zurückzuschreiben, aber wenn er den Abschied wolle, so könne sie das nicht verhindern. Die ihr von ihm geliehenen Bücher schicke sie sogleich an ihn zurück. Das klang erst einmal nach einem jähen Ende. Nur wußte auch Ida sich – bei aller Verstörung – noch ein Tor offenzuhalten, durch das vielleicht doch irgendwann einmal das Glück zurückkehren mochte: »Leben Sie wohl. Wenn Sie die Strömung einer Stimmung einmal zu mir zieht, so wird es wohl kaum Verrat an Ihrem Freunde sein, zu kommen.«

Die beiden langen Briefe zum kurzen Abschied verraten viel über ihre empfindsamen, stolzen Absender. Idas Brief war aber auch ein Beleg dafür, wie wenig sie, bei aller Faszination, die der »junge Pan« auf sie ausgeübt hatte, sich selbst zu verleugnen bereit war. Instinktiv muß sie damals empfunden haben, daß es diesem Verführer gegenüber darauf ankam, Selbstbehauptung und eigene Gestaltungskraft niemals aus der Hand gleiten zu lassen, koste es, was es wolle.

Richard Dehmel hatte am 12. September 1894, wenige Monate vor seiner ersten Begegnung mit Ida, der in München lebenden Autorin Anna Croissant-Rust – mit der ihn keinerlei amouröse Absichten verbanden – ein erstaunlich selbstkritisches Porträt von sich entworfen, das bezeugte, wie genau er die Instrumente kannte, die ihm im Umgang mit Menschen zur Verfügung standen. Wurden sie mit bloßer Unterwerfung beantwortet, pflegten die Beziehungen zu zerbrechen, bevor sie richtig begannen. Ida mußte gegenüber einem Künstler wie Richard Dehmel ehrfürchtige Bewunderung empfinden – ihr Selbstwertgefühl war aber inzwischen so stark, daß sie über aller Schwärmerei nicht vergaß, sich vor unbedachten Grenzüberschreitungen zu hüten. Diesem Manne gegenüber galt es auf der Hut zu sein. Sie ahnte die Gefahr, die für labile Gemüter von ihm ausging.

»Lieber Kam'rad!« hatte Dehmel an Anna Croissant-Rust geschrieben. »Ich bin, damit Sie's wissen, ein Donjuan auf Seelen, männliche wie weibliche, und jedes Mittel ist mir recht, womit ich Menschen reizen kann, sich mir zu entblößen. Dann wird zum Schluß entweder Freundschaft draus, oder ich habe die fragliche Seele – mit Genuß verdaut ... Es ist mein Schicksal, andre zu behexen, mein Schicksal und Beruf, und ich habe manchmal schwer genug daran zu tragen, denn Mensch und Dichter decken sich in mir. Darum mach' ich mir auch kein Gewissen daraus; um so weniger, als solche Menschenkinder bis jetzt noch alle *glücklicher* durch mich geworden sind ... Und übrigens: wer sich nicht wohl in meinem Bannkreis fühlt, ob aus Kraft oder Schwäche, der kann ja gehen, ich halte keinen.« Was so apodiktisch klang, relativierte er zuletzt allerdings mit der bezeichnenden Bemerkung: »Freilich: ich verwehre mich auch keinem. Ich gönne jedem seine Lust wie mir die meine.« Das mutete auf den ersten Blick generös an, aber natürlich verbarg sich darin ein gehöriger Egoismus, den Dehmel stets entrüstet von sich wies und hinter seiner zweifellosen Fürsorge geschickt verbarg.

Daß es Dehmels »Schicksal« war, »andre zu behexen« – dafür gibt es in den Beobachtungen der Zeitgenossen mancherlei Belege. Frauen und Freunde empfanden die Kraft der Dehmelschen Verführung gleichermaßen, und ihre Empfindungen wurden auch zunehmend von seinem Publikum geteilt. Dehmel hatte ja schon in seinen Studentenzeiten sein Talent zum theatralisch-suggestiven Rezitator entdeckt, und er versäumte keine Gelegenheit, neben seinen eigenen auch die Werke anderer von ihm für wichtig erachteter Dichter öffentlich vorzutragen. Damit ließ sich nicht zuletzt gutes Geld verdienen, und so nahm er mit Vergnügen jede Einladung dazu an. Die Honorare für seine Bücher waren noch spärlich genug. »Einen unerhörten Zauber« hätten Dehmels Rezitationen auf die Zuhörer(innen) ausgeübt, beschrieb Przybyszewski Dehmels Auftritte, »jedes Wort gewann darin ein intensives Leben, es schimmerte in unvergleichlichem Glanz, es lachte, knirschte mit den Zähnen, piepste, weinte, prahlte im Purpur erhabener Majestät, hüllte sich in einen armen Bauernkittel oder watete im Blut. Ich habe viele Künstler eigene oder fremde Werke vorlesen gehört – das war ja der Zweck unserer Zusammenkünfte –, aber niemals vorher und auch niemals nachher habe ich einen Künstler gehört, der imstande gewesen wäre, das Wort zu jener Macht des Klanges zu erheben, zu der Dehmel es emporführte.«

Das öffentliche Vorlesen war um die Jahrhundertwende zu einer Mode geworden, die es den Autoren ermöglichte, aus der Anonymität herauszutreten und sich auf dem literarischen Markt auch als Entertainer zu versuchen: »... überall in Deutschland gab es Kreise junger Menschen, die das neue Buch eines Dichters wie Heilandswort ersehnten und gern ihre letzten Pfennige dafür hingaben. Freunde versammelten sich bald in behaglichen, bald in ärmlichen Stuben zu Vorlesungen; mit Entzücken wiederholte man sich die schönsten Strophen und klagte sich im stillen an, daß man sie nicht selbst geschrieben habe.« Dichterlesungen hatten Konjunktur wie in unseren Tagen. Auch wenn Dehmel mit Georges Texten wenig anfangen konnte: als Rezitator mag er ihn durchaus als Vorbild erachtet haben. Thomas Mann hat in seiner köstlichen Novelle »Beim Propheten« von den feierlich-grotesken Begleitumständen einer solchen Dichterlesung des George-Kreises erzählt. Dehmel suchte bei seinen Auftritten, im Gegensatz zu George, nicht die erhabene Distanz, sondern die emotionale Nähe zu seinem Publikum. Damit muß er manch ein bürgerliches Auditorium vor den Kopf gestoßen haben. Aber seine Auftritte sprachen sich doch herum und lockten zumindest die Freunde der neueren Literatur herbei, wenn auch –

oder gerade weil – vor allem Nietzsche oft im Mittelpunkt der Lesungen stand.

Freilich darf man nicht außer acht lassen, daß sich Dehmels Erfolg als Vortragender auf ein vorwiegend künstlerisches, allem Modernen gegenüber neugieriges Publikum beschränkte. Die Urteile seiner Zuhörerschaft waren alles andere als einhellig. Wie sehr er sein Publikum polarisierte, geht aus einer Erinnerung Hans Carossas hervor, der Dehmel bei einer Lesung im Münchner Hotel »Bayrischer Hof« beobachtete, zu der ihn »der lauterste Enthusiasmus« gezogen habe. »In dem erleuchteten Saal, dessen hohe Spiegelwände eine ewige Wiederkehr von Räumen vorblenden, war etwa die Hälfte der Sesselreihen besetzt, als wir eintraten. Erwartungsbleich an einem Pfeiler lehnte der Prometheus. Er nickte uns zu, sah jedoch gleich wieder weg, damit wir nicht etwa auf den verwegenen Einfall kämen, ihn anzusprechen … Vom Anzug des Vortragenden ist mir zweierlei unvergeßlich geblieben: vor allem eine lange Goldkette, die wie bei Frauen um den Nacken geschlungen war, dann eine Schließe durchlief und über die ganze Weste herabreichte, ferner eine übermäßig breite schwarze Halsbinde, die den hohen steifen Kragen bis nahe zum äußersten Rand verdeckte … Aus großer Tiefe kommend, weithin schwingend war die Stimme Dehmels, als er Nietzsches ›Nachtlied‹ sprach; in sehnsüchtiger Verzükkung näherte sie sich dem Gesang. Rhapsoden heroischer Zeit hatten vielleicht so vorgetragen; den Ohren abgehetzter Großstadtmenschen mochte die Weise befremdlich sein. Immerhin konnte sich kein Anwesender dem Bann des außergewöhnlichen Mannes entziehen; man fühlte sein heißes, ehrliches Ringen um einen großen Stil.«

Dehmel las an diesem Abend neben Nietzsche vor allem Texte seiner Freunde Liliencron und Mombert, mit eigenen Werken hielt er sich diesmal zurück. Ein größerer Teil des Münchner Publikums muß sich an diesem Abend im »Bayrischen Hof« allerdings ziemlich gelangweilt haben: »… als unversehens mein Blick eine Reihe von Gesichtern streifte, da war leicht merkbar, daß die wenigsten Hörer jenen Dichtungen etwas abgewannen ... Beklommen sah ich, wie zwei Nachbarn einander kopfschüttelnd anblickten; die beleibte Dame nahm das Hörrohr aus dem Ohr und suchte mit der Hand, ihr Kichern zu verbergen.« Irgendwie muß der Vortrag schließlich zu einem Fiasko geworden sein, muß sich, Carossa zufolge, das Publikum entrüstet abgewendet haben, und erst als der Veranstaltungsleiter darangegangen sei, die Lichter im Saale zu löschen, sei die aufs heftigste gestörte bayrische Ruhe wieder eingekehrt. Und doch animierte Dehmels Art und Weise des Vortrags noch Tage danach Carossa und seine Gefährten, »als dunkles Zeichen des geistigen Zusammengehörens schwarze Dehmelkrawatten« zu erwerben, mit denen sie einige Nächte lang stolz durch Münchens Bierlokale zogen. Eine Freundin habe ihn allerdings gefragt, »ob wir denn immer an geschwollenen Mandeln litten«.

Carossas Bemerkungen über die suggestive, wenn auch für manche so befremdliche Wirkung Dehmels bekunden Spott, aber doch auch ein wenig Bewunderung. Dehmel zog bei seinen Auftritten alle Register der Selbstdarstellung – und das mit vollem Risiko. Er muß die gelegentliche Verstörung seiner Zuhörer förmlich genossen haben. Was ihn betraf, so kamen ja seine Talente zum verführerischen »Menschenfresser« erst richtig zur Blüte, wenn er Widerstand spürte. »In Schwabing war verbreitet, Dehmel lese mit einer geradezu heulenden Inbrunst, etwa wie ein trunkener Derwisch«, meinte der Schriftsteller Hans Brandenburg einmal (in einem unveröffentlichen Bericht über Dehmel), als er dann aber einen dieser Rezitationsabende besucht habe, sei Dehmel ihm doch »meisterhaft« erschienen, »wohl mit hohem, aber durchaus gehaltenem Pathos, das den dunklen Machoklang seiner Stimme nur manchmal unterirdisch erbeben ließ«.

Dehmel wußte um seine Wirkung und setzte sie rückhaltlos ein, aber es war auch ein Bedürfnis in ihm, dem Gegenüber den Weg zu sich selbst und in die eigenen Abgründe zu weisen, ihn zu zwingen, sich vorbehaltlos zum eigenen Ich zu bekennen. Das wirkte vor allem auf unsichere Frauen beflügelnd, gab ihnen die Empfindung, durch die Begegnung mit Dehmel neue Zuversicht zu gewinnen. Dieser Mann konnte wie ein Wunderheiler auftreten: Seine Botschaft war die Rettung durch die Kunst, sein Instrument die – und das im besten Sinne des Wortes – Schamlosigkeit, verbunden mit (sofern er es wollte) gewinnendem Charme. Es müssen diese Kräfte der Verzauberung gewesen sein, die in Ida Auerbach von der ersten Begegnung an ein Feuer entzündeten, das durch keine Macht der Welt mehr zu löschen war.

Wenn bisher auch noch kein einziges intimes Wort zwischen Ida Auerbach und Dehmel gewechselt worden war, so wußten beide nur allzu gut, daß ihre Begegnung einen Steppenbrand entfacht hatte. Der geringste Grund, der neuen, so überaus verlockenden Fährte im Berliner Tiergarten *nicht* nachzugehen, war seine Bindung an Paula und seine noch immer glimmende Zuneigung zu Hedwig Lachmann. Monogamie war eine Form der Konvention, sie reizte zum Tabubruch. Die Ehe mit der kranken, sich unermüdlich um die Kinder bemühenden, für den finanziellen Rahmen selbstlos sorgenden Paula reichte längst nicht mehr aus, seine Leidenschaft zu kühlen.

Wie schon die Hausgehilfin Käthe, so hatte auch die schwer einnehmbare Festung Hedwig Lachmann seinen Hunger nach neuer Erregung geweckt, ohne daß er dadurch seine Ehe auch nur im geringsten bedroht gesehen hätte. Der Mann hatte in seinem Herzen für mehr als eine Frau Platz. Soviel Großzügigkeit anderen Männern gegenüber hätte er sich bei den Verehrten freilich verbeten. Es fällt in der vorwiegend von bewundernden Männern geschriebenen Dehmel-Literatur auf, wie selbstverständlich der Dichter für seine amouröse Vielseitigkeit gefeiert wird; der Zwang, unter dem die Frauen standen, die ihr Glück mit anderen teilen sollten, findet dagegen kaum Erwähnung. Aber leisteten sie selbst nicht solcher Einseitigkeit durch ihre erstaunliche Bereitschaft zur Teilung ständig Vorschub?

Aus seiner einstigen stürmischen und »erlösenden« Liebe zu

Paula hatte sich ein nur schwer zu zügelnder Hunger nach Frauen überhaupt entwickelt. Er suchte aber keineswegs nach leichten Abenteuern. Er suchte nach fortwährender Belebung seiner Sinne und Gefühle – und nach Macht über andere. Sooft er gerade diesen Anspruch entrüstet von sich wies und das unantastbare Eigenleben seiner Gefährtinnen hochhielt, so unmißverständlich lassen seine Briefe an sie diesen Machtanspruch erkennen. Doch Macht bedeutete ihm nicht einfach Unterwerfung: Gleichrangig und stolz, selbstbewußt und voller Eigenleben sollten die Frauen sein, um so mehr ließ sich die Macht über sie genießen.

Ida Auerbach mußte dem hungrigen Dichter anfangs noch weit mehr als unerreichbare Festung erscheinen als die andere Geliebte, die alleinstehende, aber so keusche Hedwig Lachmann. Die Dame der Gesellschaft, die angehende Mutter, die sich den Anforderungen ihres Mannes scheinbar widerspruchslos fügte, ließ sich zwar wie eine Minnedame verehren – ihre Rolle als verheiratete Frau Konsul setzte dieser Verehrung jedoch gewisse Grenzen. Schon gar nicht veranlaßte ihn die neue Erregung dazu, die Beziehungen zu Hedwig Lachmann zu vernachlässigen. Schließlich schloß das eine das andere nicht aus. Es ist bezeichnend, wie in den Monaten, in denen Dehmels Besuchs- und Briefkontakte zu Ida immer enger wurden, seine Briefe an Hedwig Lachmann nichts von ihrem Werben und Drängen einbüßten. Gleichzeitig setzte Dehmel alles daran, in beide Beziehungen immer auch Paula einzuschließen. Er wollte »seine« Frauen am liebsten als göttliche Dreieinigkeit gefeiert sehen. Daß das ein unerfüllter Traum bleiben mußte, sollte er bald erfahren.

Zunächst bewirkte Idas Schwangerschaft, daß sie oft das Bett hüten und den geselligen Verkehr im Hause Auerbach, insbesondere auch die regelmäßig von ihr einberufenen Empfänge am Donnerstagabend, auf ein Minimum beschränken mußte. Da die Briefe, die sie in dieser Zeit mit Dehmel wechselte, häufig ohne Datumsangaben sind, fällt es schwer, die qualitative Veränderung des Tons zwischen beiden genauer zu datieren. Auffällig allerdings ist ein Brief, den Ida am 15. Oktober 1895 von Dehmel erhielt. Er beinhaltete nichts anderes als – ein Gedicht. Das aber trieb den verehrenden Minneton schon ziemlich weit.

Bitte

Du sollst nicht dulden, daß dein Schmerz dich knechte,
du bist so gern von Freude wild.
Komm vor den Spiegel – o wie schwillt
dein düstres Haar, wie bebt dein Bild,
wie blüht dein Mund! Als wenn durch Nächte
der Blitze glühendes Geflechte,
der Honigduft der roten Disteln quillt!

Dein weißes Kleid ist wie zum Hohne
mit türkischen Märchenblumen toll durchzackt,
ich träume dich auf schwarzem Throne,
du bist verschleiert bis zur Krone,
doch wärst du keusch wie Magelone,
wir Träumer sehen alles nackt!

Gieb her, gieb her den Trauerschleier,
ich reiß ihn lachend dir entzwei,
ich bin dein Einziger, dein Befreier,
dein Herr – was starrst du so ins Feuer,
so schmerzhaft – o verzeih! Verzeih!

Eine Antwort Idas auf diese vieldeutigen Zeilen liegt uns leider nicht vor. Doch sechs Wochen später, am 30. November 1895, beginnt ein Brief Dehmels mit der Anrede »Du«. Darin ist von einem Opalring die Rede, den er sich von ihr erbittet, »die Opale werden mich immer an gestern Abend erinnern, an das Mondlicht. Hast Du's auch so gefühlt? Diesen Glanz durch die Wolken, während ich Dich durch die Straßen führte? Du mich. Alles glänzte. Du, wir passen nicht in enge Stuben … Morgen komme ich zu Dir.« Das waren wahrlich neue Töne zwischen dem Dichter und der im achten Monat schwangeren Frau Konsul! Daß sich das »Du« in den folgenden Mitteilungen wieder in das vorschriftsmäßige »Sie« verwandelte, muß nicht viel bedeuten – schließlich schrieb Dehmel oft auch nur kurze Postkarten, und die waren für jedermann, also auch für Herrn Konsul Auerbach, einsehbar.

Wie sehr sich Ida Auerbach inzwischen als Ziel seiner Sehnsucht herausgehoben fühlen durfte, läßt sich nicht nur aus der Korrespondenz, sondern auch aus einem Werk Dehmels rekonstruieren, das zu seinem bekanntesten geworden ist: einer Dichtung, mit deren Niederschrift er im letzten Monat von Idas Schwangerschaft begann, deren Vollendung aber noch sechs Jahre auf sich warten lassen sollte. »Gnädige Frau«, beginnt eine Postkarte vom 1. November 1895 sehr förmlich. »Mir ist ein ungeheures Glück geschehen, das ich Ihnen mitteilen muß. Ich habe die Form der neuen Ballade gefunden, die keines antiquarischen Mummenschanzes mehr bedarf, und eine Form, die es erlaubt, in 1000 Variationen ein ganzes Seelenleben u. Menschenschicksal vorzuführen. Nun, Sie werden sehen und hören. Ihr verrückter Dichter. Tatsächlich *verrückt* und außer Rand und Band. Verzeihen Sie!« Idas umgehende Antwort, ebenfalls per Postkarte: »Ich freue mich *riesig* mit Ihnen. Im Geiste sehe ich Sie wie ›trunken schreiende Rosse‹ in Ihrem Zimmer herumrennen. Ich selbst lache aus seligem Mitgefühl wie Richard Strauss neulich. Ha ha ha ha ha. Ihre I. A.«

Was waren das für kryptische Andeutungen über einen vermeintlichen oder tatsächlichen poetischen Neubeginn? Dehmels Mitteilungen dazu fielen in eine Phase, da er wiederholt an seinem Talent gezweifelt hatte, aber die Begegnung mit Ida hatte ihn aus allen Krisengedanken gerissen. Mag uns Heutigen das, was damals literarisch in ihm zu reifen begann, abgelebt, vielleicht auch als Zeugnis literarischer Überschätzung erscheinen: Die Wirkung, die gerade von diesen Versen – die nur das eine zum Thema haben, nämlich die Liebe zu Ida Auerbach – auf die literarische Öffentlichkeit der Jahrhundertwende ausging, sollte alles in den Schatten stellen, was ihm bereits an Kränzen gewunden worden war. Elogen voller Ergriffenheit haben dieses Werk seit seinem Erscheinen begleitet. Es galt seinen Bewunderern über einige Jahre hinweg als Inbegriff seelischer und erotischer Befreiung aus den Zwängen von Moral und Konvention. Sein Ruhm beschränkte sich keinesfalls auf das ungestüme Lob des Dichters – es hat auch die in diesen Versen zur Ikone verklärte Ida Auerbach weithin erstrahlen lassen.

Um sich die Sprengkraft dieses »Romans in Romanzen« vorzustellen, muß man nur einmal Arnold Schönbergs spätromantisches, noch an Richard Wagner und Gustav Mahler erinnerndes, tonmalerisch-chromatisches Streichsextett »Verklärte Nacht« hören. Es entstand 1899 nach dem gleichnamigen Gedicht, das Dehmel an den Anfang von »Zwei Menschen« gestellt hat. Noch im selben Jahr wurde »Zwei Menschen« in der Zeitschrift »Die Insel« als Fortsetzungsroman gedruckt und sorgte für allerlei Geflüster in literarischen Kreisen. Fortan wurden Ida Auerbach und Richard Dehmel mit den Hauptpersonen identifiziert und über den bisherigen Rahmen hinaus schnell bekannt. 1902, bei der Uraufführung in Wien, wurde Schönbergs Werk (Opus 4), wie der Musikkritiker Hans Heinz Stuckenschmidt schrieb, »verständnislos aufgenommen. Schönberg erinnerte sich später daran, ›daß dieses Werk bei seiner Erstaufführung in Wien ausgezischt wurde und Unruhe und Faustkämpfe verursachte‹. Auch die Berliner Erstaufführung im Tonkünstlerverein durch das Waldemar-Meyer-Quartett im Oktober 1902 stieß auf ratlose Kritiker.«

Mehr als ein Vierteljahrhundert später führte Wilhelm Furtwängler mit seinen Berliner Philharmonikern die von Schönberg erweiterten Orchestervariationen des Werkes zum Erfolg. Seither hat es sich einen festen Platz auf den Konzertpodien erobert. Es ist – neben einigen anderen Liedvertonungen von Dehmels Gedichten – zum musikalischen Denkmal der Liebe zwischen Ida Auerbach und Richard Dehmel (aber auch zwischen Arnold

Schönberg und Mathilde von Zemlinsky) geworden und hat zumindest diese Dichtung Dehmels über die Zeiten hinweg am Leben gehalten. Was der Text an literarischer Bedeutung schuldig bleibt, ersetzt die feierlich anschwellende, explosiv sich steigernde Musik auf suggestiv-dramatische Weise. Ida Auerbach, die selbst das Talent zur eigenständigen Künstlerin schmerzlich entbehrte, hat sich allein durch ihren Part in dieser musikalischen Dichtung unsterblich gemacht. Schönberg hat auch andere Texte Dehmels vertont, aber keine dieser Vertonungen wurde so berühmt wie »Verklärte Nacht« – trotz der von den Musikkritikern gerügten »merkwürdigen« Vorlage. In der bildenden Kunst hat »Zwei Menschen« ebenfalls eine deutliche Spur hinterlassen: Ernst Ludwig Kirchner hat 1905 in mehreren Holzschnitten das Liebespaar des »Romans in Romanzen« gezeichnet und damit Ida Auerbach ebenfalls ein Denkmal gesetzt.

Die ersten Fassungen des »Romans in Romanzen« entstanden im Dezember 1895, unmittelbar vor Idas Niederkunft. Den Weihnachtsabend hatte das Ehepaar Auerbach noch mit zahlreichen Gästen festlich begangen, am zweiten Feiertag waren auch Richard und Paula Dehmel erschienen, um sich nach dem Befinden der werdenden Mutter zu erkundigen, und am Abend war es dann soweit: Ida Dehmel gebar in ihren eigenen Räumen einen gesunden Sohn, der den Namen Heinz Lux erhielt. Der zweite Teil des Namens stand für das Licht, das er in die dunkle und wenig erfreuliche Ehe gebracht hatte, aber was hatte es mit dem ersten Teil auf sich? Heinz hieß ja auch der adlige Leutnant, der vergeblich um Idas Hand angehalten hatte – ob Konsul Auerbach ahnte, warum seine Frau auf diesem Namen bestand? Am Anfang von »Zwei Menschen« steht denn auch der Konflikt zwischen zwei Liebenden um das bevorstehende Mutterglück – und einen anderen Vater. Gerade dieser Anfang verdeutlicht noch einmal, wie sehr gerade Idas Ehe und Schwangerschaft die Eroberungslust des Dichters angestachelt hatte.

In drei »Umkreisen« – »Die Erkenntnis«, »Die Seligkeit«, »Die Klarheit« – erzählen die Balladen von einer heute gewiß befremdlich anmutenden mythisch-überhöhten Liebe zwischen einer Lea und einem Lukas, von ihrem Bekenntnis zu freier Lust und freien Trieben, ihrer Verklärung in gemeinsamem kosmischen Erleben. Der wilhelminischen Gesellschaft, von der Frank Thiess einmal sagte, es habe in ihr »schon als a-priori-Vorzug« gegolten, »Mann zu sein«, präsentierte Dehmel in diesen Versen das Bild einer Frau, die sich vom Leben freizügig nimmt, was sie ersehnt, und gerade dadurch dem Mann eine gleichrangige, gleich tatfreudige, gleich würdige Partnerin wird. Die ersten Zeilen entwerfen den Rahmen der Geschichte, die sich in den weiteren Romanzen entfaltet:

Zwei Menschen gehen durch den kahlen, kalten Hain;
der Mond läuft mit, sie schaun hinein.
Der Mond läuft über hohe Eichen,
kein Wölkchen trübt das Himmelslicht,
in das die schwarzen Zacken reichen.
Die Stimme eines Weibes spricht:

Ich trag ein Kind und nit von dir,
ich geh in Sünde neben dir.
Ich hab mich schwer an mir vergangen,
ich glaubte nicht mehr an ein Glück
und fühlte doch ein schwer Verlangen
nach Lebensfrucht, nach Mutterglück
und Pflicht – da hab ich mich erfrecht,
da ließ ich schaudernd mein Geschlecht
von einem fremden Mann umfangen
und hab mich noch dafür gesegnet;
nun hat das Leben sich gerächt,
nun bin ich dir, o dir begegnet.

Was dann im weiteren Verlauf dieses »Romans in Romanzen« erzählt wird, erscheint heute so unerträglich verschwärmt, daß allzu eingehende Betrachtungen weitgehend unterbleiben sollen.

Auch wenn Dehmel es sich mit einigem Recht verbeten hätte, den »Roman« nur als Folie autobiographischer Einzelheiten mißbraucht zu sehen – nur diese Form der Lektüre eröffnet noch einen Zugang zu der arabeskenhaft verschlungenen Jugendstil-Schwärmerei. »Heute ist das von Schönberg als Sujet der Komposition gewählte Gedicht vom Schuldbekenntnis einer Frau, sie trage in sich ein ungewolltes Kind, und der heroischen Antwort eines neu von ihr geliebten Mannes, er werde großmütig das Kind als eigenes annehmen, kaum noch erträglich. Schönbergs Kritik dagegen kann als Vorwurf seines späteren Komponierens erhöhte Aufmerksamkeit beanspruchen, denn sie läßt sich auch ohne Kenntnis des Sujets als einen vollen Zusammenhang hören, ja erst dann erweist sich ihre Konsistenz« – dem Urteil des Musikwissenschaftlers Dietmar Holland ist wenig hinzuzufügen.

Was sich bei Dehmel in sprachlich oft holprigen Gefühlskaskaden erschöpft, provozierte bei Schönberg eine bestechende Vielfalt der Klangfarben. Wo Dehmel romantischen Klischees verhaftet bleibt (Mondlicht, Flimmern, pathetische Gesten), löst Schönberg diese in eine wahrlich gespenstische Atmosphäre und irisierend-vielschichtige Töne auf. Schönberg betrachtete Dehmel nicht zu Unrecht als einen der »vordersten Vertreter des Zeitgeistes« in der Lyrik und schrieb ihm, die Gedichte hätten auf seine »musikalische Entwicklung entscheidenden (sic!) Einfluß ausgeübt ... Leute, die meine Musik kennen, werden Ihnen das bestätigen können, daß in meinen ersten Versuchen, Ihre Lieder zu komponieren, mehr von dem steckt, was sich in Zukunft bei mir entwickelt hat, als in manchen viel späteren Kompositionen.«

Während Dehmel über seinen Poemen der Liebe saß, wahrten die junge Mutter und der verzückte Dichter nach außen hin eisern die notwendige Form. Die Briefe jener Monate verstecken oft ihre wahren Empfindungen vor möglichen ungebetenen Lesern, dennoch sprechen sie eine deutliche Sprache. Als Ida wieder einmal das Bett hüten mußte, schrieb sie am 4. Februar 1896 an Dehmel: »Gesund will ich sein und frei von *Allem,* von allen

Menschenbanden. Ich will mir um keinen mehr Sorgen machen und keinem will ich länger gut sein, und keinen will ich mehr lieb haben. Um mich soll sich keiner Sorgen machen, und keiner soll mir gut sein, und lieb haben soll mich auch keiner. Ich will hart und fest und kalt sein.« Das sind weniger mütterliche als selbstvergessene Töne einer nach Freiheit drängenden jungen Frau, die eben dabei ist, ihren Weg in die bürgerliche Abhängigkeit und Unselbständigkeit rückgängig zu machen, auch um den Preis einer zerbrechenden familiären Ordnung. Leopold Auerbach, nun stolzer Vater eines Sohnes, mag von alledem nichts oder nur andeutungsweise etwas gemerkt haben. Er ging seinen Geschäften nach und gab sich wohl damit zufrieden, daß die Fassade nach außen gewahrt blieb.

Dehmel schickte Ida immer wieder neue Gedichte. Einmal fügte er einigen ergriffenen, aber nicht eben meisterlichen Strophen (»Die Erwartung«) den Kommentar hinzu: »Dies Gedicht gehört zu meinen allertiefsten! Wenn Sie das nicht fühlen, kann ich mir nicht helfen; Ihnen auch nicht. Stimmungsrühricht verzapfe ich nicht immer, habe ich nicht nötig! Meine Tiefe liegt noch unterhalb der Stimmungen.« Aber Idas umgehende Antwort läßt erkennen, daß sie keineswegs gewillt war, Dehmels poetische Hervorbringungen so unkritisch zu bejubeln wie seine Frau Paula. Gerade weil ihr diese neue Liebe ihr Selbstgefühl, die Gewißheit ihrer eigenständigen Wirkung – und sei es »nur« die als fördernde Muse – wiedergegeben hat, fiel ihr Urteil manchmal geradezu schroff aus: »Mein Wille vermag nichts über meinen Geschmack – meinem Geschmack sagt die Ballade nicht zu. Was die anderen davon halten, ist mir gleichgültig, und wenn Sie selbst sagen, das sei eines Ihrer tiefsten Gedichte, so lache ich Sie einfach aus. Ich kann mir nicht helfen, Ihnen auch nicht«, schrieb sie zurück und beendete den Brief dann mit einem kecken Zusatz: »Ich fühle mich heute so selig, vielleicht weil ich *sehr* schwach bin. Ich träume von einem Sturm, der mich aufhebt und in den Himmel trägt. Und ich habe auch nur gelogen: Ihre Ballade ist jetzt sehr schön. Aber ich mag sie nicht.«

In den Frühlingsmonaten des Jahres 1896 muß es besonders häufig zu vertraulichen Begegnungen der beiden gekommen sein. Anders sind ein leider undatierter Brief und ein weiterer vom 2. Juni nicht zu verstehen, in denen sich Idas tobender Gefühlssturm anspielungsreich entlud: »So tief habe ich noch nie gefühlt, was ich Dir danke. Du Reicher ..., ich bin so seeeeeeelig. Mein weiches, warmes Frühlingslamm. Deine Schönheit ist so groß. Ich habe sie erkannt und ich liebe sie ... Wir wollen in den Wald laufen, laufen, lachen wollen wir ... Du Wassergott, Aff Du, Lamm Gottes, mein zarter, weicher Frühlingswind ...«, heißt es in dem einen Brief und in dem anderen: »Ich vergöttere Dich. Ich will Dich so selig machen wie Du mich. Ich will nichts anderes mehr. Heilig, heilig, heilig bist Du mir.« Und wenige Tage später Dehmels Antwort: »Isi! Isi – ist Dir denn nicht bange vor mir? Ich werde Dich ja zerreißen vor Liebe! Ich bin selbst außer Rand und Band ... Ich muß Dich mit den Händen tragen, mit jedem Glied, mit jedem Härchen, was ich für ein Narr bin ohne Dich, wie gottverlassen ...« Solche Zeilen lesen sich wie der erst ein Vierteljahrhundert später erscheinende Roman »Lady Chatterly's Lover« – es war eine grenzenlose und keinerlei konventionell-sittlicher Beschränkung unterliegende Verzauberung, ein Liebes- und Sinnenrausch wie zwischen »Tristan und Isolde«, der die beiden erfaßt hatte und sich nun in immer neuen Formulierungen der Ekstase niederschlug.

Kaum war sie von der Geburt ihres Kindes genesen, hatte Ida Auerbach ihr gesellschaftliches Leben in Berlin wieder aufgenommen und, als wäre nichts geschehen, an der Seite ihres Mannes wieder Theater und Konzerte, Gesellschaften und große Festlichkeiten besucht. Das Ehepaar Auerbach durfte sich auch zu jenen auserwählten Kreisen Berlins zählen, die zum jährlichen »Subskriptionsball« am kaiserlichen Hofe geladen wurden. Bei einem solchen Ereignis hatte die junge Mutter zwei Stunden im dichten Gedränge stehen müssen, hatte einer offenbar endlosen Quadrille der Hofgesellschaft in historischen Kostümen zugesehen – und war anschließend in einem Restaurant in Ohnmacht gefallen. Als sie am nächsten Tage in ihrem eigenen Bett erwachte, erfuhr sie von einem Arzt, »daß es sich nur um die Folgen einer Überanstrengung handle, der man die junge Frau viel zu früh nach dem Wochenbett ausgesetzt habe«.

Das anstrengende Doppelleben hatte wohl auch zu dieser Erschöpfung beigetragen. Doch sie kam bald zu Kräften und lud die Berliner Künstler wieder regelmäßig zu ihrem Jour fixe. Sie schloß auch neue Bekanntschaften in Dehmels Dichterkreisen, und obgleich George jetzt bei seinen Berlin-Besuchen ihre Nähe mied, zählten auch Mitglieder seines Kreises wie der Maler Melchior Lechter (der für das Ehepaar Auerbach ein Exlibris entwarf) oder der Dichter Karl Wolfskehl zu ihren Gästen. Im Mittelpunkt künstlerischer Aufmerksamkeit zu stehen, alles Neue in der Kunst ihrer Zeit aufmerksam zu verfolgen – das entschädigte für das Leben mit einem ungeliebten Mann ebenso, wie es ihren Alltag als Mutter und Dame des Hauses vergoldete.

Der regelmäßige Umgang mit Freunden und Gästen aus der Berliner Literatur- und Kunstszene hatte zur Einrichtung des wöchentlichen Jour fixe im Hause Auerbach geführt. Ein Mittelpunkt dieser Einladungen waren Stanislaw Przybyszewski und seine zweite Frau Dagny, eine schöne, hochgewachsene Norwegerin, die von ihrem Mann und den Freunden Ducha genannt wurde. Ida hat einmal einen solchen Abend geschildert: »Um 6 Uhr etwa klingelte es an meiner Haustür, ... und es erschien Ducha. Sie war begleitet von einem jungen Bildhauer Peterich, einem lang aufgeschossenen Maler Rebel, dem apollinisch schönen Kunsthistoriker Gottschewski, von dem damals noch völlig unbekannten Möller van den Bruck und dessen zarter Frau, der späteren Übersetzerin von Poe und vielen anderen. Dehmel kam natürlich mit, und dann war sehr oft der Pianist Ansorge dabei mit seiner auch ganz herrlichen Frau – und wer sonst sich gerade diesem Zug angefügt hatte ... Nach dem Abendbrot kam der Höhepunkt: der Tanz. Die jungen Künstler räumten den Speisesaal aus, Stachu setzte sich an den Flügel, und nun begann das Fest der Ducha ... Um jene Zeit gab es noch keinen ›Jugendstil‹ und von ›fin de siècle‹ ahnten wir noch nichts. In Ducha Przybyszewska aber deuteten sich diese Formen schon an. Alle diese gleitenden Wellenlinien, die wir uns nachher zum Überdruß im Kunsthandwerk ansehen mußten, erlebten in ihr ein einmaliges Geschaffenwerden.«

Dagny, 1867 in Norwegen geboren, hatte bereits in ihrer Heimat unter Künstlern Furore gemacht. Ihre ungezwungene, von allen Konventionen emanzipierte Art und Weise der ungehemmten Selbstdarstellung, ihr Bekenntnis zu schönen, fließenden Gewändern, zum lässigen Genuß von Tabak und Alkohol entzückte die männliche Künstlerwelt – und nicht nur diese. Es war kein Geringerer als Edvard Munch, der sie eines Abends in den Kreis des »Schwarzen Ferkels« eingeführt hatte. Dort war sie auch auf Stachu Przybyszewski gestoßen – der seine erste Frau ihretwegen verließ. Die verlassene Frau Przybyszewska wurde später von einem Liebhaber erschossen. Kurz darauf gingen der Pole und die Norwegerin eine stürmische, stets von dramatischen Szenen begleitete Ehe ein.

Gelegentlich besuchte Ida Richard und Paula Dehmel in deren bescheidenem Haus in Pankow. Dehmel tat alles, um zwischen seiner Frau und Ida schönstes Einvernehmen herzustellen. »Könntet Ihr doch Freundinnen werden«, wünschte er sich ungeniert in einem Brief vom 9. Juni 1896, und wie selbstverständlich hatte er ja Ida längst auch mit Hedwig Lachmann bekannt gemacht, der – trotz allem und noch immer – anderen Muse, zu der die vertrauten Bande auch in der Phase der neuen Verliebtheit nie abrissen.

Ida war inzwischen so gefestigt, daß sie auf alle Regungen der Eifersucht verzichten konnte – das galt gegenüber Paula und Hedwig Lachmann gleichermaßen. Beide hatten inzwischen zur größten Freude von Dehmel ebenfalls Freundschaft geschlossen. Zunehmend übernahm Hedwig Lachmann die Pflege Paulas, wenn es um deren Gesundheitszustand wieder einmal schlecht stand. Der »Menschenfresser« Dehmel setzte Himmel und Hölle in Bewegung, um die Objekte seiner Zuneigung miteinander zu versöhnen. Er hatte auf drei Frauen Rücksicht zu nehmen und muß sich vor der Realität soweit wie möglich in idealisierende Träume geflüchtet haben, in deren Zentrum Ida stand. Hedwig und Paula entging das nicht, da sie aber an seinen Zaubergarten gefesselt waren, fanden sie sich vorläufig noch mit den seltsamen Gegebenheiten ab. Schließlich wollte man nicht an alten Konventionen festhalten – und forderte eine neue Zeit nicht auch eine neue Toleranz?

Eine Freundin Hedwig Lachmanns, die Malerin Julie Wolfthorn (dem Familiennamen Wolf hatte sie den Namen ihrer Geburtsstadt einfach angehängt), war von Ida so hingerissen, daß sie ihr anbot, ein Porträt von ihr anzufertigen. Insgesamt achtmal hat sie Ida gemalt, nur wenige Bilder – darunter das lebensgroße Porträt im weißen Kleid, das an einer kaum beachteten Stelle in der Hamburger Staats- und Universitätsbibliothek ein unauffälliges Dasein fristet – sind noch erhalten. Auch zwischen diesen beiden Frauen entwickelte sich eine enge und lebenslange Freundschaft.

In einem undatierten Brief, der eine Verabredung zu einer Porträtsitzung bestätigte, erläuterte Ida, wie sie sich selbst sah und am liebsten gemalt würde. Nicht vordergründigen Realismus wünschte sie sich, sondern eine idealistisch überhöhte Ausdeutung ihrer Möglichkeiten. Die Malerin hatte zuerst an einen Hintergrund aus Bäumen mit einer verführerischen Schlange gedacht, eine Bildidee, die Ida als allzu zeitgemäß und beliebig neo-romantisch zurückwies: »Ich finde es sehr begreiflich, daß Sie auch einmal lauter Baumstämme als Hintergrund haben wollen. Seit Böcklins ›Schweigen im Wald‹ hat sich kein deutscher Maler bis zu Lechter das entgehen lassen. So ist's auch mit der Schlange. In jeder Stimmung, in jeder Technik sind uns Baumstämme und Schlangen vorgeführt worden. Ich verdenk's Ihnen also gar nicht, wenn Sie da mitmachen. Ich meine nur, wenn Sie mich malen wollen, das heißt *mein Ganzes*, so ist ein Tannenwald zu klein und eine Schlange überflüssig.« Selbstkritisch, aber nicht kleinlaut fügte sie hinzu: »Ich bin ja nur ein Bruchstück von dem, was ich sein möchte, und so ist es selbstverständlich, daß Sie nicht mehr als dieses Bruchstück in mir sehen. Aber kann die Phantasie nicht das *ganze* Wesen finden, das meine Sehnsucht sich geschaffen hat. *Des Weibes ganze Herrlichkeit,* meine ich.«

Wie sie sich das Wunschbild von sich selbst im einzelnen dachte, beschrieb sie mit schönen Worten: »... frei und rein, stark und warm; ganz klar ... Gar nichts Schwüles, Trübes, Unbestimmtes« dürfe um die Frau auf diesem Bilde zu sehen sein. »Alles wird hell, wenn sie kommt ... Die Vögel jauchzen, wenn sie kommt, die ganze Natur lacht und strahlt, ... ja, so würde ich ein Bild malen, wenn ich nicht der Raffael ohne Hände wäre, u. noch nicht einmal das.« Das war ziemlich hoch gegriffen, aber schon im nächsten Satz blitzte ihr koketter Humor wieder auf: »So aber werde ich in zehn Minuten in einem grauen Regenmantel an diesem grauen Tag durch den Berliner Straßenschmutz wandern, und morgen früh werde ich brav zu Ihnen kommen und das schönste wildzärtliche Gesicht machen, das ich auf Lager habe.« Es war die andere Ida, die aus solchen Worten sprach – in vielen ihrer Briefe ist dieser Ton festgehalten. Sie verstand sich auf Tag- und Nachtträume, aber sie wußte dennoch mit der Realität geschickter umzugehen als ihr verliebter Dichter.

Im Sommer des Jahres 1896 unternahmen Richard und Paula Dehmel – in Begleitung von Hedwig Lachmann ! – eine Reise nach Bingen, das ja auch die Heimat von Dehmels Mutter war. Dehmel schrieb Ida von dort aus wieder zärtliche Briefe, in denen er seinem förmlichen Glücksrausch mit eingehenden Schilderungen seiner Erlebnisse freien Lauf ließ: »Gott, Isi: meine Freude«, heißt es in einem langen Brief vom 18. Juli, »daß Ihr auch *Wälder* auf den Bergen habt und Kornfelder über dem Wein! Warum warst Du denn nicht bei mir? Bei jeder Landungsstelle hab ich ausgeschaut, ob Du nicht am Ufer stündest. Und oben in den Buchenwäldern, die goldenen Sonnenlichter auf dem braunen Boden, alles feucht von blitzenden Tropfen, da hab ich mich nach Deiner Haut gesehnt. Durch die Zauberhöhle bin ich mit Dir gekrochen ... In einem Nebel von Sehnsucht, die

Augäpfel taten mir weh, so ging ich durch Deine Vaterstadt. Wie ein König, wie ein Narr, wie ein Kind. Ich habe jedes Haus geliebkost, jedes Ladenschild, das Du vielleicht einmal gelesen haben könntest; ich brauchte keinen Menschen nach dem Weg zu fragen, ich fühlte ihn, als ob Dein Brief mich trieb, ... ja, Isi: wenn Du tausend Väter hättest und tausend Schwestern und tausend wackre Ehemänner, und *alle* würden um Dich leiden, es käme dem nicht gleich!« Und mit Bezugnahme auf eine ironisch-verständnisvolle Bemerkung Idas – »Deine drei Jüdinnen« – wird Dehmel diesmal sehr konkret in seinem Werben: »... halt mir Dein Versprechen, mach Dich frei.«

Noch war die eigene Befreiung nicht Gegenstand seiner Verheißungen. Um so mehr verstärkte er sein Drängen gegenüber Ida. »Ich will Gewißheit: ja oder nein. Ich kann das nicht ertragen, dies Toggenburgern. Du wirst mir dadurch zur Salzsäule, ... dies Tappen, nicht hott und nicht hüh, das ist mir Sünde gegen das Heiligste«, forderte er am 23. Juli, ganz so, als ob es für Ida ein leichtes sein müsse, ihre bürgerliche Existenz als Mutter und Frau Konsul seinetwillen über Bord zu werfen. Noch immer sah sie sich dazu außerstande – aus Gründen, die wir heute nur schwer nachzuvollziehen in der Lage sein mögen, die aber in den Konventionen der Zeit und ganz besonders in der Furcht vor den Reaktionen ihres Vaters und ihrer Familie zu suchen sind. Ida Auerbach führte längst zwei verschiedene Leben, die sich einander feindlich gegenüberstanden, zwischen denen sich zu entscheiden aber noch über ihre Kräfte gehen mußte.

Das Ehepaar Dehmel hatte dann noch in Heidelberg einen der engsten Dichterfreunde Dehmels, den Poeten Alfred Mombert, besucht, und auch Ida, die wenig später ebenfalls einen Besuch im heimatlichen Bingen machte und dort »helle, heitere, sorglose Wochen« mit ihrem seit der Eheschließung zugänglicheren Vater, ihren Geschwistern und deren Kindern verbrachte, unternahm einen Abstecher nach Heidelberg, um dort auf Dehmel und seine Frau zu treffen.

Der vornehme und zurückhaltende Dichterfreund Mombert,

Alfred Mombert

der damals noch im Badischen sein Geld als Rechtsanwalt verdiente und im übrigen zurückgezogen an seinem lyrischen Werk arbeitete, ahnte von Dehmels und Idas Verhältnis zueinander nichts – noch wußten die beiden ihre Liebe vor anderen zu verbergen. Vom ersten Augenblick an war Mombert, ein hoch kultivierter Aristokrat des Geistes und ein Dichter, heftig in Ida verliebt. Sie verstand es, ihre Reaktion auf sein Werben auf kokette Art unverbindlich in der Schwebe zu halten. Sie achtete diesen Poeten und Freund Dehmels, teilte die Wertschätzung seiner poetischen Arbeit, aber ihr Herz war vergeben. Mombert schickte ihr von nun an schwärmerische Briefe und Gedichte, denn auch auf ihn wirkte ihre verführerische Ausstrahlung beflügelnd.

Als Dehmel (diesmal ohne Paula) und Ida im Sommer 1897 gemeinsam eine Kunstausstellung in Dresden besuchten – Leopold Auerbach nahm selbst daran offenbar keinen Anstoß –, trafen sie sich erneut, denn Ida hatte Mombert vorgeschlagen, dort zu ihnen zu stoßen. Mombert, der zu dieser Zeit, an einem Gedichtband mit dem Titel »Die Schöpfung« arbeitete, muß diese Begegnung mit mancherlei Hoffnungen auf Idas Zuneigung verbunden haben. Als er aber den wahren Charakter von Idas und Richard Dehmels Empfindungen füreinander erkannte, kam er mit vornehmem Takt nie mehr auf seine Enttäuschung zu sprechen.

Zeitlebens hat Alfred Mombert Ida in tiefer, lauterer Freundschaft und Bewunderung verehrt. Seine ritterlich-teilnehmende Fürsorge durchzieht den jahrelangen Briefwechsel der beiden und legt Zeugnis von einer Freundschaft ab, die sich in Zeiten schwerster Not noch einmal bewähren sollte. »Die besungenste Frau der neueren Zeit«, hat Alfred Mombert Ida einmal verehrend genannt, schließlich war er nicht der einzige Dichter, bei dem Ida einen tiefen Eindruck hinterlassen hatte. Ida wußte sich zu revanchieren: Wieder einmal entfaltete sich ihr Talent zur selbstlosen Maklerin der Kunst, denn es gelang ihr, den Autor Mombert, dessen Werke sich nur einem kleinen Publikum erschlossen, an den Verlag Schuster und Löffler zu vermitteln.

Mochten in diesen letzten Jahren des ausgehenden Jahrhunderts die Begleitumstände auch noch so widersprüchlich, mochten Dehmels emotionale »Wirren« auch noch so unauflösbar scheinen: Was seine schriftstellerische Arbeit betraf, so beflügelte das von ihm mühsam in der Balance gehaltene Beziehungschaos seine Vitalität nur noch. Er befand sich in einem nimmermüden Schaffensrausch, feilte und korrigierte die Nächte hindurch an seinen Texten. Mochten ihn die Stürme seiner Gefühle noch so sehr umtosen, er hatte von bürgerlicher Ruhe nie viel gehalten.

Dehmels Vorstellungen von einem ungebremsten Künstlerleben kam das Jonglieren auf verschiedenen Drahtseilen nur zugute. Es waren seine produktivsten Jahre überhaupt. Seine Anerkennung als weithin beachteter, wenngleich auch umstrittener Dichter war jetzt gesichert. Man nannte seinen Namen, wenn von der neuesten deutschen Literatur die Rede war. Zwar empfanden manche Zeitgenossen seine Lyrik als »dunkel« und allzusehr in Bildern und Worten schwelgend, zugleich aber sahen seine Anhänger(innen) in ihm den modernen Überwinder erstarrter literarischer Traditionen, nicht zuletzt des Naturalismus. Auch Dehmel hatte eine kurze Zeit mit dem Naturalismus kokettiert; einige seiner frühen Gedichte sind ihm noch verhaftet. »Der Arbeitsmann« hatte sogar dazu beigetragen, seinen Ruhm zu begründen:

Wir haben ein Bett, wir haben ein Kind,
Mein Weib!
Wir haben auch Arbeit, und gar zu zweit,
Und haben die Sonne und Regen und Wind.
Und uns fehlt nur eine Kleinigkeit,
Um so frei zu sein, wie die Vögel sind:
Nur Zeit.

Wenn wir sonntags durch die Felder gehn,
Mein Kind,
Und über den Ähren weit und breit
Das blaue Schwalbenvolk blitzen sehn,
Oh, dann fehlt uns nicht das bißchen Kleid,
Um so schön zu sein, wie die Vögel sind:
Nur Zeit.

Nur Zeit! Wir wittern Gewitterwind,
Wir Volk.
Nur eine kleine Ewigkeit;
Uns fehlt ja nichts, mein Weib, mein Kind,
Als all das, was durch uns gedeiht,
Um so kühn zu sein, wie die Vögel sind.
Nur Zeit!

Doch neben solchen noch vorwiegend sozial gefärbten Referenzen an den Zeitgeist weist die Lyrik jener Jahre bald jenes von eigenwilligen Reflexionen und stürmischer Lebensbejahung bestimmte, rauschhaft-vorwärtsdrängende Lebensgefühl auf, das wie ein menschheitsumarmender Appell an einen neuen Menschen und eine neue Zeit wirkte. Nicht ohne Grund hat die nachfolgende Generation der Expressionisten in Dehmels Werk eine innere Verwandtschaft entdeckt und den Dichter als Wegbereiter empfunden. Seine freizügigen erotischen Beschwörungen, seine überschwenglichen, diesseitsverherrlichenden und triebbejahenden, freimütig alle Tabus ignorierenden Verse wurden als revolutionäre Sprache der Befreiung gefeiert.

Ein übriges bewirkten die Eingriffe prüder wilhelminischer Sittenrichter, die das an Ida gerichtete, unübersehbar auf sie anspielende Gedicht »Venus Consolatrix« – ein Poem aus dem Zyklus »Verwandlungen der Venus« – per Gerichtsbeschluß aus der bereits gedruckten Auflage seines Gedichtbandes »Weib und Welt« tilgen ließen. Selbst noch in der zehnbändigen Ausgabe von Dehmels »Gesammelten Werken«, die seit 1906 im Berliner S. Fischer Verlag erschien, durfte das Gedicht wegen seiner religiösen Überhöhung des Erotischen, seiner angeblichen Blasphemie, nur mit grotesken Auslassungen abgedruckt werden. Von einer geheimnisvollen nächtlichen Erscheinung ist darin die Rede, in deren Armen das lyrische Ich »ein nie erlebtes Leben« erlebt:

Und schweigend lüpfte sie die rote Rüsche
und nestelte an ihren seidnen Litzen
und öffnete das Kleid von weißem Plüsche
und zeigte mir mit ihren Fingerspitzen,
die zart das blanke Licht des Sternes küßte,
die braunen Knospen ihrer bleichen Brüste ...

Es ist eine göttliche Maria, die dem Träumenden erscheint, und die gestrengen Staatsdiener mußte es äußerst empören, daß diese sich als sinnenverwirrende, erotische Befreierin »outet«:

Und lächelnd ließ sie alle Kleider fallen
und dehnte sich in ihrer nackten Kraft;
wie heilige Runen standen auf der prallen
Bauchhaut die Narben ihrer Mutterschaft,
in Linien, die verliefen wundersam
bis tief ins schwarze Schleierhaar der Scham.

Was uns in solchen und anderen Zeilen Dehmels als schwülstig-kitschige Verklärung des Sinnlichen befremdet, wirkte damals als Botschaft eines neuen, vitalistischen Lebenskults, wie er sich auch in den Bildern Edvard Munchs oder Max Klingers wiederfand. In allen erdenklichen Variationen hat Richard Dehmel das Erlebnis von Eros und Liebe, Sehnsucht und Verlangen, das Fest eines neuen, enthemmten Umgangs von Mann und Frau in seinen »Venus«-Gedichten gefeiert.

Doch bezeichnet diese suchende, vorbehaltlos-sinnliche Erforschung des »neuen Menschen« nur die eine, wenn auch gewiß wichtigste Seite der Dehmel-Lyrik jener Jahre. Der oft geradezu zerquält und gedankenschwer nach neuen Ufern strebende Dichter Dehmel konnte gelegentlich auch von erfrischender und entspannter Heiterkeit sein, was nicht nur in einigen Gedichten, sondern vor allem in seinen Briefen erkennbar ist. Wie kaum ein anderer Dichter lebte er seine überströmenden Energien ja voller Begeisterung und Lust aus, und wenn er von seinen gelegentlichen kühnen Ausflügen in die Berge sprach – mit seinem Schwager Franz Oppenheimer bestieg er einmal die Benediktenwand, und einige Jahre später sollte ihn seine Lust an Grenzüberschreitungen und körperlicher Ertüchtigung auf den Gipfel des Montblanc führen –, dann konnte man einem beherzten Abenteurer begegnen, der mit spielerischer Freude und ohne viel Rücksicht auf sich selbst den sportlichen Furor späterer Hedonisten vorwegnahm. Ganz besonders hatte es dem an allem Technischen höchst Interessierten auch die aufkommende Fahrradbewegung angetan, und so verging kaum eine Woche, in der er Ida nicht zu einer gemeinsamen Fahrradtour in den Grunewald entführte. »Radlers Seligkeit«, eines seiner wohl berühmtesten Gedichte, zeigt auf amüsante Weise den anderen, sich selbst auf die Schippe nehmenden Dichter Dehmel:

Wer niemals fühlte per Pedal.
Dem ist die Welt ein Jammertal!
Ich radle, radle, radle.

Wie herrlich lang war die Chaussee!
Gleich kommt das achte Feld voll Klee.
Ich radle, radle, radle.

Herrgott, wie groß ist die Natur!
Noch siebzehn Kilometer nur.
Ich radle, radle, radle.

Einst suchte man im Pilgerkleid
den Weg zur ewigen Seligkeit.
Ich radle, radle, radle.

So kann man einfach an den Zehn
den Fortschritt des Jahrhunderts sehn.
Ich radle, radle, radle.

Noch Joethe machte das zu Fuß,
und Schiller ritt den Pegasus.
Ick radle!

Gelegentlich gingen mit solcherart modernem Lebensgenuß allerdings auch gefährliche Unbilden einher. So berichtete Dehmel in einem Brief vom 16. August 1897 an Ida, er habe sich gerade »beide Hände und ein Knie« verstaucht: »Ich fuhr zu Rad berg-ab, und da ritt mich der Teufel, Pedale und Lenkstange loszulassen, was eine Weile herrlich ging, bis ich kopfüber ausrutschte. Während ich hinflog, mußte ich an Andree (den Nordpolfahrer Salomon Andrée, M.W.) denken; als ich aber glücklich wieder aufstehn konnte, fiel mir ein, daß ich ja 99 Jahre alt werden muß, und nahm mir vor, doch lieber vom Blitz erschlagen zu werden.«

Zwei Wochen später tat ihm, wie er in einem anderen Brief an Ida seufzte, die Hand noch immer weh. Ida, angesteckt von Dehmels Tatendrang, teilte bald seine Radlerlust. »Im Frühjahr gab es eine große Überraschung«, notierte sie in ihrem autobiographischen Bericht, »die ersten Damenfahrräder kamen nach Berlin. Das war zunächst noch solche Extravaganz, daß sie in geschlossener Droschke nach dem Kurfürstendamm gebracht wurden. Hinter der Gedächtniskirche standen schon vereinzelte Häuser, aber die bereits gepflasterten Seitenstraßen waren noch unbebaut.« Mit einem Sportlehrer sei sie, zuerst mit ihrem Mann, auf ein Fahrrad gestiegen, »es war schön, als man die Maschine meisterte und ungezwungen davonrollen konnte«. Mit Dehmel sei sie dann oft in den Grunewald geradelt, sie hätten sich zwischendurch an einem der Seen ausgestreckt und die märkische Landschaft bewundert.

Bei allem rastlosen Umhertaumeln zwischen seinen – wie Ida angemerkt hatte – »drei Jüdinnen«, bei aller geradezu berserkerhaften Arbeitswut, bei allen Auftritten als Rezitator, Bergsteiger oder Radsportenthusiast wurde Dehmel im Jahre 1897 auch noch zum dritten Mal Vater. Die noch immer mit unverbrüchlicher Treue an ihm hängende Paula schenkte ihm noch eine Tochter – geschah es, um ihre Ehe zu retten?

Aber dann überstürzten sich die Ereignisse und lieferten ein erstes Anzeichen dafür, daß die unauflösbaren »Wirren« aller Beteiligten, daß die labile Situation auf Klärung und Veränderung drängte.

Als Ida im Herbst 1897 von einigen Besuchstagen in Bingen – wo sie zufällig auch Stefan George traf, ohne daß es auch nur zu einem Gruß, geschweige denn zu einem Gespräch kam – nach Berlin zurückkehrte, wurde sie unvermittelt Augenzeuge einer Szene, wie wir sie aus Thomas Manns wenig später entstandenen

»Buddenbrooks« in Erinnerung haben. Leider sind die uns bekannten Beschreibungen Idas weniger detailliert ausgefallen als die plastischen Schilderungen des Erzählers Thomas Mann über die Vorgänge im Hause Permaneder, weswegen wir uns zur Ergänzung unserer Phantasie jene Szene vor Augen halten müssen, da Tony Buddenbrook eines Nachts ein »schamloses Geräusch« auf der Treppe vernimmt und zu ihrem blanken Entsetzen ihren Mann Alois Permaneder bei einem »unerlaubten und unsittlichen Ringkampf« mit der Köchin Babette überrascht.

Nach dem Besuch einer Berliner Kunstausstellung in Begleitung von Hedwig Lachmann war Ida nach Hause zurückgekehrt und hatte dort den Konsul Auerbach in einem ähnlichen »Ringkampf« angetroffen. Als sie die Tür ihres Boudoirs öffnete – so hat sie es in ihrem autobiographischen Fragment beschrieben –, habe sie ihren Ehemann »in den Armen der Köchin« angetroffen, sich danach wortlos umgewandt und ihrer Haushaltshilfe beschieden, unverzüglich die Koffer zu packen. Nun bestand Anlaß zur Entrüstung auf ihrer Seite. Schon am folgenden Tag reiste sie gemeinsam mit dem kleinen Sohn zu ihrer Schwester Alice Bensheimer nach Mannheim, fest entschlossen, die Scheidung einzureichen – so jedenfalls hat Ida Auerbach von den Ereignissen erzählt.

Von den Beweggründen zu dem Seitensprung ihres Mannes hat Ida freilich nichts mitgeteilt. Es dürfte in ihrem Hause schon längst nicht mehr jenes zumindest förmliche Einvernehmen geherrscht haben, das nach außen hin den Anschein einer einigermaßen geordneten Ehe aufrechterhalten hatte. Ob Idas und Richard Dehmels vertrauliches Miteinander den Hausherrn zunehmend in Verzweiflung gestürzt und seine vernachlässigten Sinne allmählich auf andere Verlockungen gelenkt hatte – wir können es nur vermuten. Er hatte, so glaubte Julius Bab, die Entwicklung der Dinge sicherlich nicht ohne Widerspruchsversuche hingenommen. Aber eine heroische Natur, gewillt zu kämpfen und entschlossen, auf klare Entscheidungen zu dringen, das war er nun doch nicht. Er zog es schließlich vor, alles laufen zu lassen und seiner eigenen Wege zu gehen; aber an der formalen Aufrechterhaltung seiner Ehe lag ihm aus mancherlei Eitelkeitsgründen gesellschaftlicher Art – wohl nicht zuletzt auch wegen Idas Mitgift! – durchaus.

In Mannheim führte Idas erster Weg zu einem Rechtsanwalt. Der wies sie darauf hin, daß es an einem Zeugen für das geschilderte Vorkommnis fehle und daß ein Anspruch auf Scheidung höchst fraglich sei. Solange sie aber nicht geschieden sei, könne ihr Ehemann die »Auslieferung seines Sohnes verlangen, um sie damit zur Rückkehr zu veranlassen«, und obendrein könne dieser sie ja auch »in pekuniärer Abhängigkeit halten«. Da war sie wieder, diese quälende Erinnerung an den hohen Preis ihrer Verheiratung, an das bittere Entgelt für die Befreiung aus den einst so würgenden Verhältnissen im heimatlichen Bingen. Sie war eben doch alles andere als unabhängig. Sie war in Wahrheit eine Gefesselte.

Der plötzliche Hang ihres Ehemanns zum Küchenpersonal riß sie mit einem Schlag aus allen Euphorien und holte sie auf den Boden der betrüblichen Tatsachen einer banalen Wirklichkeit zurück. Ihre verzweifelten Briefe an Dehmel provozierten dessen wütenden Rat, sich unverzüglich von Mann und Kind loszusagen – eine empörende Empfehlung angesichts der Tatsache, daß er selbst einstmals die Trennung von Frau und Kindern nicht gerade glorios bestanden hatte und überdies sein trautes Familienleben nicht aufgeben wollte, denn er sprach nicht etwa davon, sich mit ihr gemeinsam in die Freiheit zu flüchten. Sie fühlte sich von allen Seiten im Stich gelassen.

Schweren Herzens ließ sie nach reiflicher Überlegung ihren Mann brieflich wissen, sie sei bereit, nach Berlin zurückzukehren, »falls er sich verpflichtete, mit Ausschluß jeder persönlichen Gemeinschaft die Ehe nur noch als äußeren Schein aufrechtzuerhalten«. Äußerer Schein – das war der Zustand, in dem sich ihre Ehe auch schon vor dem nächtlichen »Ringkampf« befunden hatte. Da der Konsul zögernd einwilligte, kehrte sie erst einmal zu ihm zurück, sorgte aber von nun an dafür, daß sie ihm nur noch zu den Abendmahlzeiten begegnete und dabei »durch Gäste ein Alleinsein mit ihm vermieden wurde«.

Doch das konnte kein Zustand auf Dauer sein. »Wer immer an ihrem Tische saß – kein Gespräch konnte sich über den seichten Boden der Gedankenlosigkeit erheben. Die Atmosphäre von Torheit, Eitelkeit und Unaufrichtigkeit, die das Wesen des Hausherrn ausströmte«, habe sie bis zum Unerträglichen gereizt, schreibt sie in ihrem autobiographischen Bericht, »sie haßte sein grundloses Lachen, unter dem sich innere Unsicherheit verbarg. In erschreckender Weise fühlte sie sich verflachen; sie sah sich selbst als Zerrbild ihres besseren Seins.« Aber wohin gehen?

Dann aber spielte ihr das Schicksal endgültig das ersehnte Rüstzeug für die Flucht aus aller Abhängigkeit in die Hände. Was Ida über die nun folgenden Ereignisse erzählte, erinnert geradezu gespenstisch an jene Szene, als der schadenfrohe Bankier Kesselmeyer Herrn Grünlichs katastrophales Finanzgebaren mit brutaler Offenheit analysiert und diesen genußvoll als korrupten Betrüger entlarvt. So oder ähnlich muß es sich im Hause Auerbach zugetragen haben. Während Ida eines Tages mit einigen Gästen im Wohnzimmer saß, wurden ihrem Mann »zwei Bekannte« gemeldet. Die ernsten Herren, ein bekannter Berliner Bankier und ein Rechtsanwalt, machten der Ehefrau höflich ihre Reverenz, dann zogen sie sich mit dem Konsul in den Salon zurück. Durch die geöffnete Tür mußte Ida mit anhören, um welch dramatische Vorgänge sich das Gespräch drehte. Laut hörte sie einmal die Stimme ihres Mannes rufen: »Ich lasse mich darauf nicht ein«, doch der Bankier erwiderte »mühsam beherrscht: ›Wenn wir uns entschlossen haben, so große Opfer zu bringen, um die Folgen Ihres, gelinde gesagt, Leichtsinns zu decken, so geschieht es, um unter den kleinen Sparern eine Vertrauenskrise, für die wir mitverantwortlich wären, zu vermeiden.«

Ida erfaßte schnell, worum es ging: daß sich ihr Mann »des Vertrauens seiner Kollegen wie seiner Kunden für unwert gezeigt hatte. Nicht etwa durch seinen Verbrauch, sondern durch unsinnige, fehlgeschlagene Spekulationen.« Nur wenn die Gattin bereit sei, »wenigstens vorläufig auf die Rückgabe ihres Vermögens zu verzichten, werde sich ein unehrenhafter Bankrott und darauf folgendes gerichtliches Verfahren verhindern lassen«. Mit anderen Worten: Konsul Auerbach, der von Vater Coblenz einst unter dem Gesichtspunkt wirtschaftlicher Sicherheit für seine Tochter erwählte Ehe- und wohlsituierte Geschäftsmann hatte »mit Pauken und Trompeten« Bankrott gemacht und dabei auch die materielle Existenz seiner Ehefrau ruiniert. Das war das entscheidende Signal zum Ausbruch. Unter diesen Umständen wollte und konnte sie nicht mehr in seinem Hause bleiben. Ihr Vater hatte mit dieser Ehe auf Sand gebaut. Sie hatte einiges befürchtet, aber nicht das. Die Umstände verlangten nun einen raschen Entschluß.

Schon am nächsten Tag traf Vater Coblenz, von Ida um Hilfe gerufen, in Berlin ein, um den Schaden in Augenschein zu nehmen. Er fand seine Tochter gefaßt und »zu klaren Entschlüssen gereift« vor. Auf die Rückgabe ihres vom Vater in die Ehe eingebrachten Vermögens wolle sie vollständig verzichten. Das Personal des Hauses entließ sie – mit einer Ausnahme: Das Kindermädchen möge mit ihr und dem kleinen Sohn, wie Ida in ihrem Bericht nüchtern anmerkte, »eine kleine Wohnung in einem ländlichen Vorort Berlins beziehen«. Sie verlangte allerdings, daß der Konsul sofort in die Scheidung einwillige und auf jegliches Sorgerecht für den Sohn verzichte, was dieser nolens volens tat. Da sie über kein eigenes Einkommen verfügte, bat sie den Vater, »vorerst« für sie zu sorgen, jedenfalls bis zu dem Zeitpunkt, da sie selbst in der Lage sein würde, ihren Lebensunterhalt zu verdienen. Aber wie sollte das möglich sein?

Der einst so sperrige Vater erklärte sich mit allem einverstanden: Nicht nur Konsul Auerbach, auch er selbst hatte sich schließlich gründlich verkalkuliert und nun für den Schaden aufzukommen. Er unterrichtete Ida, daß »ein Teil ihrer mütterlichen Erbschaft noch in dem Weingut investiert ruhe«. Das zumindest war eine erfreuliche Überraschung. Sollte mehr erforderlich sein, wolle er selbst dafür aufkommen. Das Materielle war also kein ernsthaftes Problem. Etwas anderes waren die neuen, gänzlich veränderten Lebensumstände.

Zum ersten Mal in ihrem Leben fühlte sich die inzwischen achtundzwanzigjährige Ida Coblenz, verheiratete Auerbach, frei. Nichts hatte die Heranwachsende in Bingen, nichts hatte die Ehefrau in Berlin auf diesen Zustand vorbereitet. An das Erfordernis, einen Beruf zu erlernen, hatte sie nie gedacht, es hatte auch niemand so etwas von ihr verlangt. Ihre Zeit hielt das Geldverdienen für die selbstverständliche Pflicht eines Ehemanns. Töchter hatten »unter die Haube« zu kommen und sich von ihren Ehemännern »aushalten« zu lassen.

Die Trennung von ihrem Mann erschien Ida als Offenbarung, als das Tor zu einer Existenz ganz nach ihren eigenen Vorstellungen. In ihrem Bericht geht sie auf den Abschied von ihrem Konsul nach seinem Scheitern mit keinem Wort mehr ein, und man könnte vermuten, daß sie sich im dunkelsten Augenblick seines Lebens mit geradezu eisiger Kälte von ihm abwandte, um ihn nie mehr eines Wortes zu würdigen. Dieser von Ida selbst in ihrem Bericht hervorgerufene Eindruck trügt jedoch. Sehr viel später kommt sie in einem Brief auf ihren Ehemann zu sprechen, und wie sie es tut macht deutlich, daß sie nach ihrer tiefen Verwundung durchaus in der Lage war, ihm zu verzeihen.

Natürlich blieb der Konkurs ihres Mannes der Berliner Öffentlichkeit nicht verborgen. Er bot genügend Anlaß zum Klatsch, und der blieb keineswegs auf Berlin beschränkt. Alfred Kerr, der in seinen »Berliner Briefen« auch für die »Neue Hamburger Zeitung« berichtete, ließ sich über den Sturz mit den etwas hochmütigen Worten aus: »Den Mann hat niemand gekannt. Um so viel Mehrere aber kannten seine Frau, die eine gewisse literarische Bedeutsamkeit haben soll. Als Anregerin nämlich; als Genossin nicht nur der Premierengänger, sondern auch der Dichter. Sie ist noch vor kurzem für Liliencron eingetreten und hat zum Sammeln geblasen.« Auf Richard Dehmel anspielend fuhr er fort: »Sie hat einen kühnen reflektierenden Lyriker zu seltsamen Gesängen inspiriert und scheint im geringsten nicht einer Kommerzienrätin ähnlich gewesen zu sein. Vielmehr muß sie, wenn nicht alles trügt, eine schweifende, freie Seele besitzen, die erst am Ende aller Enden haltmacht ... Nun erst werden Sie, meine liebe Konsulin, zeigen können, was in Ihnen steckt.« Das war ein ermutigender Appell.

In »eine kleine Wohnung im ländlichen Berlin« wolle sie sich fürs erste zurückziehen, hatte Ida angemerkt. Was sie verschwieg: Die Wohnung sollte sich nicht in irgendeinem Teil des ländlichen Berlin befinden, sondern in unmittelbarer Nähe Richard Dehmels, in Pankow. Ganz offensichtlich hatte Dehmel von Anfang an alles getan, um die Geliebte in seine Nähe zu ziehen. Mochte er auch an Paula und die Kinder gebunden sein – der Augenblick war gekommen, da er seinem Traum von einer Ehe zu dritt näher gekommen war denn jemals zuvor.

Ehe zu dritt? Schließlich gab es da noch immer eine vierte Person, die sich von Richard Dehmel heiß verehrt fühlen durfte, wenn sie auch immer davor zurückgeschreckt war, sich ihm ganz hinzugeben: Hedwig Lachmann. Allerdings war der feinfühligen Hedwig nicht entgangen, daß die Verehrung gewissermaßen schleichend ein anderes Gesicht angenommen hatte. Mit der stürmischen Werbung Dehmels um Ida hatte sie erkennen müssen, daß Dehmel sich, wie Annegret Walz schreibt, »mit all seiner Leidenschaft einer anderen Frau zugewandt hatte«. Eine Welt sei damit für sie eingestürzt, und sie könne sich, so schrieb sie am 29. Juli 1896 an Anna Croissant-Rust, damit »noch immer nicht zurecht finden ... Diese Entfremdung nach solcher Gemeinschaft! Ich hatte mich zu fest da eingewurzelt und blute jetzt an jeder Faser ... Wie habe ich seine Kunst geliebt! Es war mir alles wie etwas Eingeborenes. Jetzt habe ich keinen Teil mehr daran.«

Zuerst hatte Hedwig Lachmann, die ja wirklich zuallererst vom Künstler und erst in zweiter Linie vom Manne Richard Dehmel bezaubert war, die Nähe zu Ida noch ebenso gesucht, wie sie Paula mit selbstlosem Beistand half, ihre Krankheit zu ertragen. Sie sei, so hat es Julius Bab beschrieben, »immer entschiedener die Verbündete« Paulas geworden, »die sie als die schwächere empfinden mußte«. Deren »siegreiche Gegnerin« Ida sei ihr dann zunehmend »im geheimnisvollen Grunde auch als eigene Feindin« erschienen, »diese Frau hatte nur genommen, was sie nie zu ergreifen gewagt hatte. Aber man kann seltsamerweise verlieren, was man nie besessen hat.«

Die Freundschaft zwischen der scheuen Dichterin und der strahlenden Frau Konsul, der Richard Dehmel nun mehr als allen anderen Frauen zu Füßen lag, konnte nicht lange währen. Schon bald fielen in Hedwigs Briefen kritische Worte über die »Zigeunerin«, tadelte sie mißmutig Dehmels »Lotterleben«; sie wußte, daß ihr allmählich die letzten Fäden entglitten, die sie einst mit Dehmel verbunden hatten. Es sollte noch einige Zeit vergehen, bis es zwischen Hedwig Lachmann und Richard Dehmel zur Trennung kam. Ganz haben sie sich auch dann nicht aus den Augen verloren, als sich Hedwig Lachmann mit einem anderen großen Mann der Epoche zusammentat und ihn heiratete: den Schriftsteller, Politiker, undoktrinären Sozialisten und Anarchisten Gustav Landauer.

Dehmel tat noch lange alles in seinen Kräften Stehende, um sich die Beziehungen zu seinen *drei* Frauen so gut wie möglich zu erhalten. Er konnte und wollte auf »seine« Frauen nicht verzichten. Aber Hedwig Lachmann wußte, daß die Tage seiner liebenden Anhänglichkeit gezählt waren. Sie liebte ihn damals vielleicht noch immer, aber der vornehme Abstand, auf den sie nicht zuletzt um seiner Ehe und vor allem seiner Ehefrau willen immer Wert gelegt hatte, hatte sich nun gegen sie verkehrt. Dehmels »Hybris«, wie sein kritischer Freund und Bewunderer Bab es nannte, drei Frauen gleichzeitig an sich zu binden, hatte ein erstes Opfer gefunden. Paula hoffte noch immer, ihren Mann einmal für sich alleine zu gewinnen, doch die Tage ihrer Ehe waren längst gezählt. In einem Gedicht aus dem für mancherlei Erregung sorgenden Zyklus »Weib und Welt« hat Dehmel noch kurz vor der Trennung formuliert, wie er die Qualität ihrer Beziehung nun sehen wollte, und auch aus diesen Versen sprach die für uns fast zynisch wirkende Eigennützigkeit eines geradezu Süchtigen, die nur Schwarmgeister einer verunsicherten Wendezeit als »Befreiung«, als Erlösung von abgelebten moralischen Ketten feiern konnten:

Wirrsal

Weine nicht, mein treues Weib!
Jene andre, die mich auch liebt,
Die beglückt wohl meinen Leib,
Aber du hast meine ganze Seele.

Und du bist ihr nicht verhaßt.
Mußt du sie nicht mit mir lieben,
Die so innig zu mir paßt
Wie mein ganzer Leib zu meiner Seele?

Sie beglückt doch diesen Leib,
Den sie liebt und der sie auch liebt,
Wie er dich beglückt, mein Weib!
Und dann hat sie meine ganze Seele.

Man muß die Zeilen wiederholt lesen, um sich die ganze Dimension von Dehmels förmlicher Liebesgier vor Augen zu führen: Es geht darin in erster Linie um den Vorteil des Mannes, von dem sich die Ehefrau – wenn sie schon nicht dagegen aufzubäumen begehrt – allenfalls ein kleines Stückchen abschneiden darf. Julius Bab hat das Gedicht verzückt als »ein sprachmächtiges Sinnbild aller menschlichen Wirrsal« gelobt – sprachmächtig war es nicht unbedingt, aber egomanisch dafür um so mehr.

An anderer Stelle äußerte sich freilich auch Bab zurückhaltender: »Noch war ja Dehmel nicht von dem Wahn seines Bewußtseins genesen, seine Ehe mit Paula und seine Liebe zu der Frau Isi gleichzeitig erhalten zu können. Eine Zeitlang haben die beiden Frauen auch das Unmögliche versucht und sich ehrlich gemüht, der Verwirklichung seines Wahnes zu dienen. Namentlich Frau Paula leistete wahrhaft Heroisches in der Selbsttäuschung. Der zähe Grundwille, den geliebten Mann sich zu erhalten, nährte in ihr das falsche Bewußtsein, als Freundin mit der anderen, der wahrhaft Geliebten leben zu können.« Zum Zeitpunkt der Trennung Ida Auerbachs von ihrem Ehemann sei »die Entscheidung noch keineswegs gefallen« gewesen, und es habe nicht an Augenblicken gefehlt, »in denen Frau Paula, die asthmaleidende, früh alternde Frau, noch einmal die stärkere schien«.

Es waren wohl wenige Augenblicke, obwohl Ida einmal ihrer Schwester Alice die Mitteilung machte: »Frau Paula sagte heute früh: wir wollten Anzeigen drucken lassen, in denen sich das Ehepaar Dehmel mit der Muse Isi vermählt erklärt«, aber das dürfte zu diesem Zeitpunkt (der undatierte Brief entstand wohl 1899) bereits Ironie gewesen sein. Wenig später erklärte sie, mit Paula »nie warm werden« zu können, denn sie seien sich »körperlich antipathisch«, sie sei – und das war ein merkwürdiger Vorwurf – »von einer sinnlichen Leidenschaft, die mich abstößt«.

Ida Auerbachs Rolle in dieser ungeklärten Situation verwerflich zu nennen, wäre dennoch unangemessen. In Anbetracht von Dehmels immer neuen mündlichen und schriftlichen, nicht zuletzt auch in sein dichterisches Werk eingehenden emphatischen Liebesschwüren und selbst von glühender Liebe und Bewunderung zu ihm fortgerissen, wahrte sie nach Kräften die menschenwürdige Form einer Anpassung an die »wirren« Verhältnisse. Nie war sie es, die Dehmel zu einer Entscheidung drängte – sie wußte, daß sie am Ende die Siegerin sein würde. Es bedurfte nur der Geduld – und der List.

Richard Dehmel wollte Ida Auerbach nach dem Auszug aus dem Haus im Berliner Tiergarten nun endlich in unmittelbarer Nähe haben. Er habe ihr zwar, so schrieb Ida in ihrem Bericht, zuerst vorgeschlagen, sich in Tegel niederzulassen, und es sei schließlich Paula gewesen, die ihr »zu einem Landhäuschen, das in ihrer Straße leerstand«, geraten habe. »Gerührt und beschämt« habe sie diesen selbstlosen Vorschlag erst einmal abgelehnt. Man darf diese Version bezweifeln.

Dehmel wußte seine Chance zu nutzen. Er wollte seine Schäfchen um sich haben und die Geliebte zumal, was freilich noch lange nicht hieß, daß sie ihn beim Dichten stören durfte. In solchen Augenblicken war sogar die Liebe schnell vergessen. Als Konsul Auerbach im April 1898 verhaftet wurde und Dehmel davon durch einen Brief Idas erfuhr, habe er die Nachricht keines Kommentars für wert erachtet, notierte Ida fünf Jahre später in ihr »Blaues Buch« (ein Tagebuch), und als sie ihn angerufen habe, habe er ihr erst einmal von seiner Arbeit an einem Ballett ausgiebig erzählt, und »meine Angelegenheiten, die damals eben mein ganzes inneres und äußeres Leben über den Haufen warfen, kamen erst dann«. Wie dem auch gewesen sein mag: Dehmel fand für Ida und ihren kleinen Sohn ein Häuschen in unmittelbarer Nähe. Im Garten gab es sogar, so stellte die neue Hausherrin entzückt fest, »eine kleine Tür, die hinüber führte«. Ganz so überraschend dürfte die Entdeckung des Weges »hinüber« nicht gewesen sein.

Ida bezog das neue Domizil voller Glückseligkeit. »Ich fühl' mich im Hafen«, schrieb die eben dem Hafen der Ehe Entkommene am 25. November 1898 an den Jugendfreund Heinz von Hahn, zu dem der Kontakt nie ganz abgerissen war. Es ginge ihr »mollig, ... meine Wohnung ist herrlich«. Ausführlich hat sie Haus und Garten in ihren Aufzeichnungen beschrieben. Was sie dort nicht erwähnte, war die Tatsache, daß Dehmel selbst entscheidend an der Bewohnbarkeit ihrer Zufluchtsstätte mitgewirkt hatte. In dem Brief an den Jugendfreund hat sie jedoch eingehend von Dehmels Mitwirkung bei der Einrichtung erzählt. »Du kannst Dir nicht vorstellen, wie meine Möbel hier aussehen. Alles ist eine Farbsymphonie und eine Linienharmonie.« Als sie die Wohnung endlich bezogen habe, sei dank Dehmels praktischem Eingreifen »alles fertig« gewesen, »Bücher, Porzellan und Glas eingeräumt, auch meine Wäsche und Kleider. Die Speisekammer war gefüllt, Butter, Brod, Salz und Schmalz. *Alles* war da, vom Türschild bis zum Gasanzünder. Man begreift gar nicht, daß *ein* Mensch so an alles denken kann. Auch eine neue Closetbürste hing am richtigen Ort!!!«

Sie fühlte sich in ihrem neuen Zuhause »so frei wie der Vogel in der Luft«. Was ihr an Geselligkeit nun fehlte, etwa ihr Jour fixe mit Künstlern und Künstlerinnen, war im Nachbarhaus schnell zu erreichen. »Ich hause hier, als wäre ich ganz allein, und brauche doch nur ein Haus weit zu gehen, um einen ganzen Haufen Menschen zu finden. Denn *wie* gesellig Dehmels leben, das merke ich jetzt erst. Höchst selten vergeht ein Tag ohne Gäste. Und das sind oft sehr interessante Brüder. Gestern war Dauthendey drüben. Er hat jetzt über ein Jahr in Mexico gewohnt u. kam vor ein paar Tagen aus Griechenland. Ich habe selten so interessant erzählen hören ...« Ida Auerbach schwebte auf Wolken. Endlich allein und doch aufs höchste verwöhnt, sicher aufgehoben in der Liebe eines Mannes, der nichts unversucht ließ, ihr alle Wünsche von den Lippen abzulesen.

Richard Dehmel zog, beglückt von der neuen Nähe zu seiner Geliebten, in seinem »Roman in Romanzen« nun alle Register seiner Glückseligkeit. In seinem Gedichtzyklus »Die Verwandlungen der Venus« hatte er seine leidenschaftliche Schwärmerei für alles Weibliche mit geradezu perfektionistischer Genauigkeit in zwanzig verzückten Versionen gefeiert. In »Zwei Menschen« – dreimal sechsunddreißig »Romanzen«, deren jede dreiunddreißig Zeilen umfaßt – versuchte er nun, all seine Empfindungen für Ida in schwelgenden Wechselgesängen zu beschwören, die in eine bewußt etwas verfremdete Handlung eingebunden sind. Er berauschte sich darin förmlich an der Beschreibung des gegenseitigen Verlangens, an der Bereitschaft der hier »Lea« genannten Frau, ihren Mann um seinetwillen zu verlassen, und nahm sogar zu der kühnen Phantasie Zuflucht, sie habe sich um des neuen Geliebten willen dazu entschlossen, ihr Kind zu töten, da es blind geboren wurde – eine träumerische Variante von der uneingeschränkten Zweisamkeit, die übrigens bei Ida auf energischen

Widerstand stieß. Noch einmal schmückte Dehmel in diesen Gedichten die erste Begegnung mit Ida rauschhaft aus, feierte er die »Fürstin«, die in einem »Pelz von Silberbrokat« neben anderen Gästen bei ihrem Gemahl gestanden habe, »als ich, ein Lohnmensch, vor dich trat«.

Da: fühlst du's noch? Was war da ich,
der hergeschneite Unbekannte –
Und wie sich plötzlich außer sich
dein Auge noch in meines brannte
und immer nackter sich entspannte
als ob im glitzernden Gehölze
das Schwarze aus dem Weißen schmölze.
Ja, Fürstin, da beherrscht ich mich
und küßte nicht, o Du, die Hand,
die schon zu mir herüberfand,
sonst hätt ich auch den Mund geküßt;
so klar, so starr ergriff mich dein Gelüst,
mit mir gleich zwei erschütterten Kristallen,
die mächtig warm das ewige Licht beschlich,
in Einen Tropfen zusammenzufallen.
So bist du mir; so rein, so frei! – Und ich?

Es ist interessant zu beobachten, wie Dehmel in diesem »Roman in Romanzen« allein der Frau die verführerische Rolle zuschob. Im Gegensatz zur Wirklichkeit versetzte er sie in die Rolle der Initiatorin, die den Mann nicht mehr aus ihren Fängen läßt:

Du mit deinem ägyptischen Blick,
bist du so wie die da drinnen?
Noch, du, kann ich dir entrinnen!
...
Komm: wir wollen uns besinnen,
daß es Tiere in uns giebt.

Das Bekenntnis zum »Tier in uns« war es, was die Zeitgenossen nach Erscheinen des Buches so in Erregung versetzte und was sie als befreienden Ansturm gegen die gestrenge wilhelminische »Sittlichkeit« bejubelten. Daß sich in diesen »Zwei Menschen« der Geliebte mit einiger Rücksichtslosigkeit über die Gefühle einer anderen hinwegsetzte, wurde als Entfesselung der Triebe begrüßt – oder kaum wahrgenommen. Dehmels abgelebte Empfindungen für seine tapfere Paula sind deutlich in den Text verwoben. Während eines Tanzes flüstert der Liebende seiner Angebeteten ins Ohr:

zu Hause sitzt mein Jugendglück,
sitzt und starrt auf Einst zurück,
als ich sie noch »ewig« liebte.

Immerhin hatte ihm Paula gerade erst das dritte Kind, die Tochter Liselotte, geboren! Doch gerade das war es ja, was sowohl Dehmels Frauen wie ein beträchtlicher Teil seiner Leser an Dehmel so bewunderten: sein zweifellos ernst zu nehmendes Bekenntnis zur unbedingten Aufrichtigkeit. Gerade dies galt den Zeitgenossen als »das Moderne« dieses Dichters. Wenn er am »21. zum 22.9.98 nachts« an Ida schrieb: »Nix uns vormachen! Nichts ›mir zu Liebe thun oder lassen‹«, so entsprach das seiner eigenen unbedingten Wahrheitsliebe. »Wenn ich das eines Tages witterte, es würde mich entsetzlich ernüchtern, lieber jeden Tag Eifersucht«, fügte er dieser Warnung hinzu. Was immer man heute von Dehmels Person und Werk halten mag: Die radikale Aufrichtigkeit seiner Bekenntnisse unterliegt keinem Zweifel. Er verlangte sie ebenso uneingeschränkt von anderen. Nur dadurch fand er ja auch jenen energischen Widerstand, den er geradezu provozierte, weil er seinen Kampfgeist erst richtig entfachte. Zugleich aber war ihm diese Aufrichtigkeit auch ein Mittel der Entlastung von eigener Schuld.

»Lieber jeden Tag Eifersucht« – das sagte sich leicht dahin. Witterte Dehmel jedoch Anlaß dazu, war es um sein inneres

Gleichgewicht schnell geschehen. Wenn Ida auf die verehrungsvollen, wenngleich äußerst taktvollen Briefe Alfred Momberts zu sprechen kam, die sie weiterhin erhielt, konnte es auch schnell vorbei sein mit Dehmels freundschaftlichen Gefühlen zu diesem doch immerhin engen Gefährten. Dann ließ er jedes Augenmaß vermissen: »Wie er nach immer lebloseren Einsamkeiten tastet in seinem Selbstgenuß, es ist ein Jammer. Das muß ihn schließlich auch als Künstler ruinieren«, äußerte er in demselben Brief vom 22. September bitter über Mombert.

Er suchte das Ganze – und das vor allem für sich selbst. Er suchte das Unbedingte – und war sogleich im Innersten verletzt, wenn er als Liebender seinen Totalanspruch bedroht sah. Als er ein anderes Mal mißtrauisch an einem verehrungsvollen Brief seines Freundes Mombert Anstoß nahm, wies Ida ihn (in einem undatierten Brief) zurecht: »Momberts Briefe freuen mich, wie Du denkst. Du verstehst ihn nicht. Ich liebe ihn sehr, aber wie Du ihn liebst und nicht anders.« Das sorgte erst einmal für Beruhigung.

Dehmels immer wieder jäh aufkeimende Eifersucht galt nicht nur Ida. Wer immer in den Bannkreis seiner Zuneigung getreten war, war davon betroffen. Eine etwaige Eifersucht seiner Gefährtinnen erschien ihm dagegen völlig grundlos. Spürte er sie aber doch, so rief das Abwehr, ja beinahe so etwas wie Verachtung hervor. Bis zuletzt hat sich Paula dagegen aufgebäumt, daß ihr der Ehemann, den sie weiterhin mit all ihrer Kraft liebte und bewunderte, entglitt, und an Selbstverleugnung hat es die äußerst gutmütige und hingebungsvolle Frau wahrlich nicht fehlen lassen. Doch es kam, wie es kommen mußte: Nach einiger Zeit des fragwürdigen Experiments einer »Ehe zu dritt« zerbrach ihr Widerstand gegen das Unvermeidliche dann doch. Dehmels Männertraum von einem harmonischen, allen Teilen gleichermaßen zugute kommenden Bund zu dritt erwies sich – als eigennützige Seifenblase.

Julius Bab sprach von einer »unterirdisch beginnenden Feindschaft der Frau Paula gegen die Rivalin«. War es das wirklich?

Dehmel hatte sie und Ida immer wieder dazu aufgefordert, doch Freundinnen zu werden, und beide hatten sich durchaus bemüht, diesem Wunsch zu entsprechen. Es war aber Dehmel selbst, der in seiner radikalen Wahrheitsliebe keine Gelegenheit ausließ, seinen stürmischen Empfindungen ungehemmten Lauf zu lassen, und damit – direkt oder indirekt – ihre Distanz zueinander vergrößerte. Er selbst verhielt sich in seiner Zuwendung oft widersprüchlich und launenhaft. »Jetzt ist mir wieder wohl in meiner Haut, und meine schöne Freundin in der Lennéstraße mag der Teufel holen!« schrieb er einmal (im Januar 1896) in einem zärtlichen Brief an Paula. Wenige Stunden oder Tage später steigerte er sich dann wieder in schwärmerische Liebesbekenntnisse an Ida.

Er wollte *beide* Frauen nicht aus den Fingern gleiten lassen, wollte sie *beide,* wenn auch in unterschiedlichen Funktionen, zu seiner Verfügung wissen: die eine als Mutter seiner Kinder, langjährige Mitarbeiterin und Gefährtin seiner produktivsten Jahre, die andere als verführerisch-schöne, königliche Geliebte. »Paula war empört, daß ich ›den ganzen Tag an Deiner Schürze hänge‹«, schrieb er am 2. November 1898 an Ida; das demütige sie. »Da sie nicht unrecht hat, werde ich von jetzt an nur um die Abendzeit und einen Tag um den anderen zu Dir kommen, desgleichen Du zu uns, immer abwechselnd, die Ausnahmen bestätigen die Regel«, lautete sein diplomatisches Verdikt. »Heut Abend also bist *Du* an der Reihe, wenn's Dich nicht auch etwa empört«, fügte er geradezu gnädig hinzu, um dann aber, halb ironisch, halb verärgert, alle diplomatische Kunst mit einem Satz vergessen zu machen: »Morgen könnt Ihr mir beide gestohlen bleiben; da ›frühstücke‹ ich bei KESSLER mit VAN DE VELDE zusammen.« Der Herr hatte gesprochen. Es bedurfte keiner »Feindschaft« der beiden Frauen untereinander, um die Katastrophe heraufzubeschwören – dafür sorgte er schon selbst.

Dehmel tat bald erneut das, was ihm schon einmal als der einzig mögliche Ausweg erschienen war: Er ergriff die Flucht. Im April 1899 reiste er zu seinem Freund Liliencron nach Altona bei

Ida Dehmel mit Heinz Lux

Hamburg, dem engen Vertrauten, dem er stets sein Herz ausschütten konnte, ohne sich Kritik anhören zu müssen. Liliencron, in Herzensangelegenheiten selbst kein Kind von Traurigkeit und alles andere als ein Moralapostel, diente Dehmel in allen Seelennöten als wärmendes Auffangbecken. Auch Ida sollte das später noch erfahren dürfen. Hals über Kopf verließ Dehmel Haus und Hof, nicht ohne umgehend ein Bündel von Rechtfertigungsbriefen nach Pankow zu senden, wo nun zwei verlassene Frauen seine Rückkehr erwarteten. »Nun weine nur nicht mehr und halt mich nicht für gefühllos, weil ich gestern so ohne Abschied so von Euch weglief«, lautete die erste Zeile des ersten Briefes an Paula, und man kann sich leicht vorstellen, unter welch unerfreulichen Umständen dieser Abschied vonstatten gegangen war. »Ich konnt es einfach nicht mehr mit ansehen, wie

Richard Dehmel unterwegs

Du innerlich blutetest. Mein Herz war mir so hin und hergerissen, und der Kopf that mir so weh, daß mir manchmal ganz schwarz vor Augen wurde.«

Wieder vollzog Dehmel mit dieser Begründung seiner Abreise jenen listig anmutenden, aber ganz wahrhaftig gemeinten Schwenk vom Täter zum bedauernswürdigen Opfer, der seine Wirkung auf sein Gegenüber nie verfehlte. Er sei in seiner Verzweiflung erst einmal an die Elbe gelaufen, habe »Stock und Ringe« von sich geworfen, allerdings bis auf eine Ausnahme: »Nur Deinen Brautring mit dem Rubin habe ich anbehalten; *an*

Paula mit den Kindern

dem klebt keine Lüge.« Dann habe er »mehrere Flaschen Sekt getrunken«, ohne daß es ihm gelungen sei, sich zu betrinken. Wie mochte das wohl möglich sein? Schließlich aber folgte wieder eine jener kunstvollen Volten, auf deren Wirkung bei Paula, das wußte Dehmel, gewöhnlich Verlaß war: »Mein altes Duling! Besuch mich noch einmal mit Liselotte (der jüngsten Tochter, M.W.)! Bis Ende des Monats bleib ich noch hier!« Der arme, verzweifelte, überforderte Dichter flehte um Hilfe – oder gab es jedenfalls vor –, wo doch Paula des Trostes bedurft hätte.

Um das Bild des Jammers noch zu verstärken, folgten nun

einige dramatische Worte, die sich in solchen Situationen schon oft bewährt hatten: »Dann werde ich, vielleicht für immer, übers Wasser gehen. Das wird das Beste für uns alle sein. Dein Unhold.« Doch dann kamen ihm wieder Zweifel. Der jähe Verzicht auf eine Ehefrau, mit der ihn trotz allem noch immer viel verband, schien doch über seine Kräfte zu gehen. Vielleicht ließ sich das eine mit dem anderen – *die* eine mit *der* anderen – ja aufs neue verbinden? »Wenn Du noch willst, daß ich zu Dir zurückkehre, dann kündige zum Herbst die Wohnung – nach Pankow kehre ich keinesfalls zurück – und miete eine neue in irgendeiner nordmärkischen, mindestens 9 Meilen von Berlin entfernten Stadt, wo gute Schulen für die Kinder sind: Ruppin, Gransee oder Fürstenberg. Und wenn Du mich vor meiner Abreise von hier noch einmal besuchen würdest, so wäre das gut für uns Beide. Ich glaube, ich bin Dir jetzt auf *mehr* als ›halbem Wege‹ entgegengekommen.« Das klang immerhin zerknirscht und versöhnlich. Paula konnte, Paula *mußte* wieder Hoffnung schöpfen, daß ihre Ehe vielleicht doch noch gerettet werden könne.

Dehmels zeitgenössische und auch spätere Kommentatoren rühmen an ihm immer wieder die radikale Offenheit. Liest man seine Briefe heute, so erschreckt die vermeintliche Offenheit eher, erscheint oft brutal und rücksichtslos. Dehmel war ein sanfter Verführer, ein Mann voller Eros und Ausstrahlung, aber die Art und Weise, wie er zuweilen sich, seinen Frauen und Freunden und nicht zuletzt seiner Epoche Eigennützigkeit als Altruismus, Menschenhunger als Mildtätigkeit, Machtrausch als Verliebtheit vorlebte, läßt seine Wahrheitsliebe im Zwielicht erscheinen.

Einen Tag nach dem halbherzigen Versöhnungsangebot an Paula schrieb er Ida feierlich: »Ich muß Dir etwas sagen, ISI: was ich noch nie einem Menschen gesagt hab, nie wieder sagen könnte: Wenn mir's nicht glückt, Dich mit mir einig zu machen, in *Allem* einig, am einigsten in unserer Selbstlosigkeit, dann würde ich den Glauben an mich verlieren. Nicht etwa an mein bißchen Kunstgenie; aber den Glauben, daß eine Liebeskraft in mir ist, die *alle* Menschen einst mit mir einig machen wird.« Das klang nach weltumspannender Liebe – und verriet doch einen Machtanspruch, der nicht nur etwas mit Liebe zu tun hatte.

Die Liebe zu Ida Auerbach hatte inzwischen alles andere zweitrangig gemacht. Und wie anders konnte es auch für einen Mann sein, der fast täglich lange, in eleganter, weit ausholender Schreibschrift geschriebene Briefe wie den folgenden empfing: »Ach Mensch, wie beglückst Du mich. Du schenkst mir ja erst mich selber. Mein eigenes Leben schenkst Du mir. Meinen eigenen L..., ich denke an Dich, und plötzlich reißt's wie ein Sturm an mir, durch den ganzen Leib, an meinen Brüsten; ja meine Brüste sind wie zwei Wellen, die an Land schäumen wollen, und das Land bist Du.«

Wenn Dehmel für Augenblicke noch zögerte, ihr endgültig Frau und Familie zu opfern, dann lag das an dem alten Traum, Spatz und Taube in einer Hand halten zu können. Auch Paulas Briefe machten den Entschluß nicht leichter. Aber wieder verstand es Dehmel, in seinen Antworten die Rollen zu vertauschen: Das Opfer war ganz alleine er. »Warum mußt Du uns denn immer wieder traurig machen?!«, schrieb er ihr am 20. April 1899 mürrisch, nachdem Paula ihm von einer gemeinsamen Unternehmung mit Ida berichtet hatte: »So nimm doch zum Teufel die Isi nicht mit, wenn ihre Gesellschaft Dich verbittert!« Wenige Tage zuvor, am 17. April, hatte ihn Ida wissen lassen, »Frau Paula sagt, ich sei zu beneiden, ich brauchte nicht, wie sie, Deine Strümpfe zu stopfen«, aber dann sogleich hinzugefügt: »Wie gern, ach wie gern thät ich das.« Die Dame wußte, bei all ihrer Gleichmut gegenüber Paula, auf ihre Stunde zu warten, und sie konnte sich sicher sein, daß sie bald kommen würde.

Noch heftete sich Paulas ganze Hoffnung an Dehmels Vorschlag eines neuen Zuhauses im Grünen. Einen Tag nach den Einheitsschwüren an Ida schrieb ihr Dehmel aus Altona: »Mein altes Herze, glaub mir doch, ich will Dich immer auf Händen tragen! Jetzt noch viel liebreicher als je. Und wenn wir erst in neuer Umgebung leben, dann wird auch zwischen Uns so Manches aufleben, wovon wir jetzt noch keine Ahnung haben! Zum

Donner: wenn man immer bloß sehen wollte, was einem fehlt, dann käme ja kein Mensch in keinem Augenblick zum Lebensgenuß. Zusehn, was man kriegen kann – und was man hat, das hat man – *das* ist das Leben! Bitte bitte, mein Duling, *leb* mir so!« Der Nietzsche-Anhänger in Dehmel hatte gesprochen. Drei Tage später schrieb er an Ida, die ihn mittlerweile in Altona besucht hatte: »Ein Blut, ein Leben, ein Leben mit Dir.«

Die Zustände im Pankower Dehmel-Haus schrien jetzt zum Himmel. Die täglichen Verletzungen per Post häuften sich. Paulas Selbstbewußtsein und ihre trotzige Zuversicht waren inzwischen arg strapaziert, die Nerven zum Zerreißen gespannt. Die sich für Mann und Kinder aufopfernde kranke Frau gab den Kampf noch im April 1899 endgültig verloren. Sie wußte nach ihren letzten Gesprächen mit der selbstsicher ausgleichenden, aber von glühender Liebe erfüllten, strahlenden Ida und den gequält-unsicheren Briefen ihres Gatten, was die Stunde geschlagen hatte. Sie durfte dessen Beschwichtigungen nicht länger Gehör schenken. Wollte sie noch vor sich selbst bestehen können, mußte sie endlich den radikalen Schnitt wagen – er selbst war dazu wohl noch immer nicht imstande. Sie gab sich einen schmerzhaften Ruck und schrieb ihrem Mann mit knappen Worten, daß sie aufhören werde, um ihn zu kämpfen. Wenige Stunden später befreite sie sich gegenüber Ida von jedem weiteren Zwang zur Freundschaft: »... es wäre mir sehr lieb, Sie nicht mehr zu sehen und zu sprechen ..., ich habe heute Morgen auf einen Brief hin Richard geschrieben, daß ich auf jede Gemeinschaft mit ihm *verzichte!* Sie dürfen nun Ihre große Seeligkeit nach Herzenslust genießen.« Es war ein Befreiungsschlag.

Wieder hatte es Dehmel erreicht, nicht selbst die Initiative ergreifen und sich als Verantwortlicher bekennen zu müssen. Verantwortlich waren andere. Es war Paula, die ihm die Ehe vor die Füße geworfen hatte. Es war Paula, derentwegen der Dreierbund nicht funktionieren konnte. Seine alte, freilich trivialisierte Nietzsche-Devise, zu leben, wie und wonach ihm die Lust stand, hatte ihm nur den Weg geebnet. In Wahrheit hatte nicht er die familiäre Katastrophe zu verantworten, sondern das Leben: Die Natur wollte es so. Und die Natur konnte und durfte man nicht belügen.

Dehmel floh nun auch aus der Zuflucht seines Freundes Liliencron. Er wollte allein sein. Diesmal zog es ihn in die Einsamkeit der Nordseestrände. Er mietete sich in Rantum auf Sylt ein (für das Finanzielle sorgte ja noch immer Paulas Erbschaft), wanderte in Sturm und Wetter den Strand entlang, genoß den Abstand von allen Zwängen zu Entscheidungen, schrieb Tag und Nacht an »Zwei Menschen« und bereitete sich darauf vor, nunmehr mit Ida ein neues Leben zu beginnen. Noch hatte er Angst vor dem Beginn, noch wollte er erst einmal Wellen und Wasser, Sturm und Erwartung genießen. Die Geräusche der anrollenden Brandung klingen ihm wie ein ewig sich wiederholendes »WRWlt«, »WRWlt« in seinen Ohren: »Wir Welt« hört er aus dem Auf und Ab des Wellenschlages heraus, und begeistert macht er diese beiden Worte zu einer Art Losung für seine Liebe. Wie ein heiliges Codewort zieht es sich von nun an durch den Briefwechsel mit Ida, aber auch durch sein Werk. Als »den Urlaut der wahren Erotik, den Wirbel, der jedes Individuum aus seiner Einsamkeit hinüberschleudert in das herrliche Gefühl des Weltganzen, ins Weltglück« feierte der Apologet Julius Bab diese Worte, die Dehmel als Schlüsselbegriff für sein und Idas Leben gefunden zu haben glaubte und die auch in »Zwei Menschen« als »Urakkord« in einigen Versen anklingen.

Ehrfürchtig haben Dehmels Biographen und Exegeten dieses »Zauberwort« noch lange hochgehalten. Vom »reinen Sinnbild für Dehmels innerste Weltverbundenheit, der wahrhaft großen Welt, die er hier so urkräftig herrlich in sich aufnimmt«, sprach Bab ergriffen. Uns, die wir von der illusionären Verzückung einer weit zurückliegenden Jahrhundertwende längst ernüchtert sind, muß die Ehrfurcht vor solcherart Spiel mit Worten reichlich vage und gewaltsam bedeutungsschwanger erscheinen. Dehmel bedeuteten sie alles: Abgrenzung gegen das Triviale und Triumph über die Macht der Liebe.

Roland Stark hat in einem Rückblick auf Paula Dehmels Leben darauf verwiesen, »mit welchem Egoismus und Anspruch auf Eigenverwirklichung« Dehmel die Trennung von ihr vollzogen hat. Mit kühler Unbarmherzigkeit hat er ihr die Gründe seines glücklichen Aufbruchs in ein neues, von der Vergangenheit nicht mehr belastetes Leben dargelegt. »Ich schwöre Dir, Paula; ich bin erst jetzt, hier in der Einsamkeit, mir klar darüber geworden«, schrieb er, »daß ich mit dieser Frau, die kein Mensch außer mir kennt, allein beglückter leben werde als zu Dreien. Ich hatte mein Glück immer nur darin gesucht, wie ich Euch beide glücklich machen könnte, womöglich auch noch Hedwig im Bunde; ich habe erst hier gemerkt, daß das eine Anmaßung ist. Nein, Duling, ich habe zwar unrecht gehandelt, aber nicht unaufrichtig – dazu war mir die Wahrheitsliebe zwischen uns denn doch zu heilig. Ich möchte fast sagen: aus übermäßiger Aufrichtigkeit habe ich das Richtige nicht erkannt. Ich hielt meine Ehrfurcht vor Deiner Treue und meine Dankbarkeit für Deine Geistesgemeinschaft und all die Erinnerungen an unsere Weihestunden für mächtig genug, um Dir als Mensch noch Gefährte bleiben zu können, auch wenn ich nicht mehr Dein Mann sein durfte.«

Das war ehrlich, aber gerade deswegen auch besonders verletzend. Und mit diesem Brief vom 8. Juli 1899 verfolgte er ja auch einen Zweck: »Jetzt bitte ich Dich: Vollziehe die Scheidung ganz. Dann fühlen wir, was wir einander noch sind, ohne häßliche Nebengefühle, und für die Zukunft laß die Zukunft sorgen.«

Welche Mitverantwortung trug Ida an diesem Ende? Sie hatte lange Zeit hindurch alles getan, sich so weit wie möglich aus dem Konflikt zwischen Paula und Richard Dehmel herauszuhalten. Als sie jedoch spürte, daß ein Bruch der mühevollen Dreierbeziehung nicht mehr zu vermeiden war, trug sie auf ihre Weise dazu bei, die Entwicklung zu beschleunigen. Sie griff zur schärfsten Waffe: »Was ich Dir jetzt sage«, schrieb sie am 14. April 1899 an Dehmel, »ist nicht, um Dich in Deinen Entschlüssen zu bestimmen oder wankend zu machen. Es ist überhaupt nicht für heute geschrieben, sondern für einen Zeitpunkt, den ich nicht bestimmen kann: Wenn Du hierin (gemeint war Paulas Bitte um ein Entweder-Oder, M.W.) Frau Paula's Willen folgst, gehe ich aus dem Leben. Ich sage es Dir, trotzdem mir nichts heiliger ist als Deine Ruhe. Ich sage es Dir, trotzdem Du mir vielleicht sagst: Wenn Du so schwach bist, kannst Du gut zu Grunde gehen ... Aber *ganz* ohne Dich dasitzen und auf ein Wunder warten, zu deutsch beten: ›Herrgott, laß die Frau Paula sterben‹ und dabei vertrocknen – das *kann* ich nicht. Und je mehr ich in Deinem Sinne lebte, um so gewisser ging ich eines Tages aus dem Leben.«

Das waren ernste Worte. An Selbstmord dachte Ida nicht zum ersten Mal, solche Gedanken hatten sie schon einmal in Bingen heimgesucht. Nun aber war nach Jahren des Wartens, des Zögerns, des Sich-Arrangierens der Augenblick gekommen, wo sie alles auf eine Karte setzen mußte. Es war beinahe wie in ihrer ersten Ehe. Auch damals hatte sie sich mit den Umständen abgefunden und erst einmal jeden übereilten Schritt vermieden. Als mit dem wirtschaftlichen Zusammenbruch ihres Ehemanns (der sich ja zuerst mit dem Vorwurf konfrontiert sah, betrügerisch gehandelt zu haben) endlich und unvermittelt die Gelegenheit kam, dem Leben in den Arm zu fallen, hatte sie keinen Augenblick gezögert. Gegenüber Paula hatte sie es nie an Verständnis fehlen lassen. Das Gesetz des Handelns gebührte Richard Dehmel – aber das untrügliche Gespür für den Augenblick, da sie eingreifen *mußte,* koste es, was es wolle, durchzieht ihr ganzes Leben. *Alles* konnte man nicht dem Schicksal überlassen.

Einen Tag später setzte Ida mit einem Brief nach, den sie gleichermaßen an Paula wie an Richard Dehmel richtete und in dem eine ganz andere Frau voll grimmiger Entschlossenheit sprach: »Ich will es Euch zusammen noch einmal sagen, daß Ihr nicht über mich weggehen *könnt;* daß ich es nicht überlebe. Richard hat eingesehen, daß es ein Maaß des Erlaubten giebt, das er Paula gegenüber nicht überschreiten darf. Es ist mit mir dasselbe.« Sie verlangte nun mit aufrechtem Stolz nichts als ihr Recht.

Dann folgte ein Hieb nach dem anderen: »Ein Moloch ist

Eure Ehe.« Und weil sie, die entschlossene Muse, Richard Dehmels Dichtkunst über alles stellte, verwies sie auf deren Gefährdung durch die ungeklärten Umstände: er könne ohne Lebenslust »vielleicht ein halbes Jahr« existieren, »vielleicht bis er die ›Zwei Menschen‹ geschrieben hat, dann wird sein Leben, Leib, Seele, Phantasie, der ganze Mensch wird nach dem schreien, was ihm Paula nicht geben kann«. Damit spielte sie auf die Intensität ihrer sinnlichen Liebe an, auf die nicht nur sie, sondern auch Dehmel nicht mehr verzichten wollte. »Weder sein Herz noch seine Seele, noch seine Phantasie findet voll Genüge an Paula, und das wird ihn ewig wieder von ihr wegtreiben, zu reicheren Menschen. Das ist das wahre Gesicht Eurer Ehe … Ich sage es Ihnen, Frau Paula, noch einmal: Ihre Ehe hat, als solche, keine Berechtigung, mein Leben zum Opfer zu verlangen.« Mit bestechender Direktheit, jedoch nicht ohne Fairneß stellte sie fest: »Sie haben als Mensch das Recht, von Richard zu verlangen, daß er Sie nicht verläßt. Nicht als Ehefrau. Als solche genügen Sie ihm nicht. Würden ihm nicht 6 Monate genügen, wenn ich von ihm fortginge.« Und dann folgten aufschlußreiche Worte, die zeigen, wie sehr sie sich bewußt war, daß sie niemals willens und in der Lage sein würde, sich einen »Ersatz« zu suchen – im Gegensatz zu ihm: »Dann würde er, *müßte* er, der Not gehorchend, aus Selbsterhaltungstrieb, um nicht zu verhungern, ein neues Opfer suchen … Nun beratet Euch.«

Die Drohung war aufrichtig gemeint. Sie war nicht einfach erfolgt, um Dehmel unter Druck zu setzen. Mit ihm zu leben oder zu sterben – das war wirklich die einzige ihr verbliebene Alternative. Und ihre deutlichen Worte erzielten Wirkung. Was sie sich selbst nie gestattet hätte, das Abgleiten in den Haß, das gestattete sich der unter Druck gesetzte Dehmel nun: »Paula soll mir nur kommen. Wenn sie *Un*menschliches von uns verlangt, dann werd ich ihr mal *Übermenschlich* aufwarten, *anders* als sie's aus Nietzsche kennt …«, schrieb Dehmel am 15. April 1899 zurück.

Sein Einsatz war nicht mehr erforderlich. Die Muse hatte den gordischen Knoten mit ebenso klarem Verstand wie mit dem Einsatz aller Gefühle bereits durchtrennt. Sie setzte sich in den Zug und fuhr zu Liliencron nach Altona, wo Dehmel sich inzwischen wieder aufhielt. Vorher schrieb sie allerdings noch einen versöhnlichen Brief an Paula: »Lassen Sie in dieser großen Not, aus der wir alle Drei uns nicht ganz herausfinden können, bereits ›Es‹ entscheiden, das Unbewußte in Richards Kunst, das oft mehr weiß als er selbst. Wenn das Gedicht ›Mit blutendem Herzen‹, wie Sie glauben, an Sie geschrieben ist, wenn er mit WIR ... Sie mit ihm gemeint hat, dann will ich, ohne weitere Lamentationen, den Platz einnehmen, den Er und Sie mir in Ihrem Leben anweisen. Und wenn bei diesem Gedicht wir beide Frauen sich ihm vermischt haben, so lassen Sie uns einen Weg finden, wie wir beide für ihn leben können.«

Sie war sich ihres Sieges wohl sicher, aber dennoch kam das Bekenntnis zum Vorrang der Kunst vor allem Leben aus vollem Herzen. Als Ida einige Jahre später (am 14. Januar 1904) an ihre Schwester Alice die bereits zitierten Worte schrieb: »Es gibt für mich kein Glück der Welt, das sich mit dem messen kann, Zeugin der schmerzlosen Geburt eines vollendeten Kunstwerks zu sein«, waren das eben nicht nur schöne Worte, es war die lautere Wahrheit. Durch all ihre Aufzeichnungen zieht sich dieser Ariadnefaden mit unerschütterlicher Gleichmäßigkeit. Etwas anderes ist die Frage, inwieweit Ida in der Lage war, »große« Kunst immer von Hervorbringungen des Zeitgeistes, Kunst immer von Kunstgewerbe zu unterscheiden. Die Antwort darauf mag uns in Anbetracht unserer heutigen Einschätzung von Kunst und Künstlern der Jahrhundertwende keine Schwierigkeit verursachen – wir haben ein Jahrhundert später leicht reden. Für das Triviale jedenfalls hatte Ida nie etwas übrig, und Dehmels Lyrik hatte nun einmal schon früh alle Sinne in ihr geweckt.

Ida Coblenz, verheiratete Auerbach, hatte ihr eigenes, schwer erschütterbares Urteil in Fragen der Kunst, und ebenso sicher war sie in ihrem Urteil über Menschen. Daß Richard Dehmel der große, vielleicht der größte Dichter seiner Zeit und der Mann ihres Lebens war, stand für sie fest. Es bestimmte all ihr Fühlen, Denken und Handeln. Sie war eine nach außen hin eher zurückhaltende, auf den ersten Blick vielleicht auch passiv wirkende Frau, die es nie ganz über sich brachte, die Hemmungen abzulegen, die ihr schon in ihren Jugendjahren das Leben nicht eben leichtgemacht hatten. Als Frau Konsul hatte sie im Mittelpunkt der Gesellschaft gestanden, und das war ihrem Selbstbewußtsein zugute gekommen. Als alleinstehende Frau mit Kind in Pankow, verheiratet, aber ohne Mann, verliebt in den verheirateten Richard Dehmel, mußte sie für viele aus seinen Kreisen eine ungebetene Fremde bleiben, und das galt erst recht für die Zeiten seiner Abwesenheit. Sie hatte sich von seiner Präsenz, von seiner Liebe und Fürsorge inzwischen nur noch abhängiger gemacht. Sie war jetzt die schöne Frau in Dehmels Schatten. Sie wußte, daß sie so schnell wie möglich Dehmel für sich alleine haben mußte.

Was sie sich weniger klarmachte war, daß sie vor lauter Verliebtheit dabei war, doch etwas von ihrer Persönlichkeit preiszugeben. Aufschlußreich ist ein Hinweis auf ihre nach anfänglicher Begeisterung bald registrierte Isolation, die sie in einem Brief an Dehmel vom 27. April 1899 beschrieb: »... ich gewinne Menschen, d.h. ihre Nerven leicht. Ihre Herzen schwer. Ich habe aber im Leben noch kein Herz, das mir gehört hat, verloren.« (Hatte sie Stefan George oder Heinz von Hahn schon vergessen?) »Nun mußt Du mich lehren, die Menschen so zu lieben, daß sie mir wert scheinen, mich vor ihnen aufzuthun. Die Menschen *lieben* ist vielleicht nicht so schwer, aber das wirklich *aufthun!* ... Sag Ja und deck' mich zu mit Dir und laß mich nichts hören, fühlen, denken als Dich.«

Ida Auerbach, für die es nur noch die Alternative gab, mit Dehmel oder gar nicht mehr zu leben, war endgültig zur – ganz und gar freiwilligen – Beute von Dehmels Macht geworden. Sie hatte für ihn das Gesetz des Handelns in die Hand genommen, sie hatte den gordischen Knoten des Dreierbundes zerschlagen, aber gerade deswegen war sie nun wirklich »sein« Geschöpf geworden. Er hielt die Fäden ihrer Persönlichkeit fest in seiner Hand. Er lenkte, und sie handelte in seinem Sinne. Im Innersten wußte sie es. »Du hast doch eine ungeheure Macht über die Menschen: weil Du neulich so zu mir gesprochen hast, meinte ich nun die letzten drei Tage, es sei gewiß nit ganz richtig, wenn alles anders käme. D.h. wenn irgend etwas nicht nach Deinem Willen ginge. Aber dann merkte ich wieder *aus mir heraus,* daß *Nichts* zwischen Himmel und Erde wider Deinen Willen geschehen kann.«

Dehmel, der liebende Menschenfresser, wußte mit seiner Macht nur allzu gut umzugehen. »Denk Dich nur immer ganz ein in mich, dann wird unser Gott schon lenken!«, empfahl er ihr am 7. Mai aus dem fernen Meldorf in Holstein, von wo aus er gelegentlich nach Sylt fuhr – noch immer wollte er alleine sein und schreiben. Dann folgten einige kühle Sätze über die verlassene Ehefrau. »Hier schick ich Dir zwei Briefe von Paula mit: den einen, über den ich Dir schon neulich schrieb, und dann ihre Antwort auf mein inzwischen an sie losgelassenes, wirklich aus ganzem Gemüt christliches Schreiben. Ich bin ihr also als getreuer Eckehard nicht wert genug. Gottlob, daß sie nun wenigstens mit dem Gefühl von mir weggeht, daß wirklich *sie* mir den Weg gewiesen hat, nicht umgekehrt. Ich werde aber doch noch abwarten, ob sie sich nicht von ihrem Bruder Franz, an den ich gleichfalls geschrieben habe, durch Rücksichten auf die Kinder noch umstoßen läßt; darüber hoffe ich binnen acht Tagen Bescheid zu haben. Wenn nicht, dann, wie gesagt, hat WRWlt über ›die Welt‹ gesiegt … Dann, ISI, handle nach *Deinem* Ermessen! Das mußt DU fühlen, *Wann Du* zu mir kommst. Ich habe Dir mein Wort gesagt; ich warte auf Dich! – Ich kann nicht beurteilen, ob Dir, nein UNS, durch Deine Offenheit zu A. gedient sein würde.«

Dehmel wartete in aller Ruhe ab, er ließ Ida entscheiden und handeln. Er konnte sich ihrer sicher sein. Und was hatte es mit der Frage nach der »Offenheit zu A.« auf sich? Ida drängte bei ihrem Mann nun energisch auf Scheidung und hatte Dehmel um einen strategischen Ratschlag gebeten – der aber hielt sich erneut lieber heraus. »Ich meinesteils – das weißt Du – bin für Aufrichtigkeit aus allgemeiner Menschenliebe; die aber paßt bekanntlich nicht immer ins irdische Leben hinein, und Frauen mit starker Lebenslust fühlen da meist natürlicher als selbst die stärksten ›zielbewußten‹ Männer. Ich bin da gottseidank Mann genug, *Dein* Mann genug, um mich der weiblichen Selbstsucht mit gutem Gewissen überlassen zu können; das ist ja für den Mann die herrlichste Bestärkung und nährt all seine Liebeskraft, wenn er sich durch sein Weib noch sicherer im Schooß der Mutter Erde wurzeln fühlt, – das eben fehlte mir bei Paula. Nun handle, wie's Dich treibt.« Es war ein salomonischer Rat. Der Gefragte überließ ihr die Entscheidung. Er hatte ja alles unter Kontrolle.

Jetzt wollte er sich am Nordseestrand erst einmal seiner Dichtung widmen, sich auf die veränderten Umstände zu Hause vorbereiten – und sich um die eigenen Wunden kümmern.

Paula versuchte in ihren Briefen, halbwegs wieder zu Gleichgewicht und Selbstbewußtsein zurückzufinden, und wechselte verzweifelt in einen zuweilen ironisch-zärtlichen Tonfall. Es nützte nichts mehr. »Du darfst doch jetzt nicht mehr so rührend lieb zu mir sein«, mahnte der Ehemann. »Nun werde ich bei jeder Marmeladensemmel denken müssen: Du Halunke! Aber schmecken wird sie mir trotzdem«, schrieb er ihr am 14. Mai 1899 zurück, »denn im Grunde werde ich keineswegs dabei so denken. Und ›Schuft‹ schimpfen lasse ich mich erst recht nicht, auch nicht im Scherz; die Sache ist mir zu ernst dazu. Ihr scheint Euch alle falsche Begriffe über mein Seelenleben zu machen. Als ob ich darauf ausginge, den ›Übermenschen‹ in Szene zu setzen.«

Er übte sich in Bescheidenheit. »Ich habe längst verlernt, so großes Gewicht auf meine persönlichen Erlebnisse zu legen, daß ich mir selber mehr in Betracht käme als die Menschen, mit denen das Schicksal mich verknüpft ... Na! Die Akten sind ja nun geschlossen; das übrige wird die Zukunft lehren.« An ihm hatte es schließlich nicht gelegen, daß der Bund zerbrach, Frau und Kinder alleine zurückblieben: »Ich wasche meine Hände in Unschuld.« Vier Tage später berichtete er Liliencron den Vollzug: »Es ist nun beschlossene Sache, daß Paula sich von mir trennt. Es ist ihr eigener Wunsch; sie ›weicht der Übermacht‹, schrieb sie mir, d. h. der Natur, dem Leben! Darüber ist nichts weiter zu sagen ... Und wie mir die Nordsee *blutlieb* ist, ich finde keinen entzückteren Ausdruck. Heut auf dem Herweg (anderthalb Stunden einsam den Strand entlang) hab ich mich gleich bis über die Ohren hineingeschmissen; ich *konnt* einfach nicht mehr anders. Und gestern die herrliche Fahrt durchs Wattenmeer; das Schiff machte Touren wie ein betrunkenes Schaukelpferd. Ich kann nicht *begreifen,* wie Leute seekrank werden können; ich möchte immerfort *schreien* vor Freude, so in den Armen der Windsbraut.«

Mochte die Windsbraut zu Hause auch noch so wüten, er jedenfalls konnte vor Freude schreien. Kam wieder ein betrübter Brief von Paula, so wies er sie in die Schranken: »Ich will Dir mal was sagen, Duling: wir wollen doch nicht immer von neuem die Asche aus dem kalten Herd aufpusten. Daß Du mir meine Liebe zu Dir, von unseren Kindern gar nicht zu reden, einfach vor die Füße geschmissen hast, daran denkst Du wohl nicht in Deinem ›Selbsterhaltungstrieb‹?! – Ich habe bis jetzt geschwiegen zu all Euren zarten Andeutungen; aber wenn Du mir immer wieder von ›später‹ schreibst, als sei ich ein verirrter Bock, der einst in Reue zurückkehren werde, so muß ich Dir doch endlich mal sagen, daß Ihr verdammt wenig Ahnung von meinem Ehrgefühl zu haben scheint. Nach *dieser* Abdankung Eurerseits *giebt* es für mich keine Rückkehr mehr, das Leben möge mir thun, was es wolle ... Liebesdienste, die keine sind, begehen müssen, *das* schändet; und Liebe, die von Herzen kommt, wegwerfen zu müssen, *das* drückt nieder; alle anderen Begriffe von ›Entwürdigung‹ entspringen kleinlicher Eitelkeit. Wenn ich Dir so Unwürdiges je zugemutet habe, aus irgendeinem Antrieb roherer Art, ob nun aus bloßer Selbstsucht oder gemeinsamer Notdurft:

wohl, so bitte ich um Verzeihung! Das hast Du aber dann reichlich quitt gemacht durch Deine Antwort auf meine – wie Du zu spotten beliebtest – ›angesäuerten‹ Herzensergüsse ... Ich bleibe wahrscheinlich noch bis Ende Juli hier; ich habe noch nirgends so andauernd arbeiten können. Aber ich bitte Dich, mir nicht etwa Deinen neuen Mietskontrakt und die Anmeldungen für die neue Schule zur Unterschrift herzuschicken; das ist jetzt vorbei. Zu inhaltlichen Formalitäten gebe ich meine Hand nicht her, das habe ich *nie* gethan; wir haben eben verschiedene Ansichten über ›halbe‹ und ›ganze‹ Männlichkeit.« Den langen, noch mit vielen weiteren Erklärungen gespickten Brief unterzeichnete er mit »Dein Einsam-Gemeinsamer« – sie mochte sich ihren eigenen Vers darauf machen, was damit gemeint war.

Zehn Tage später indes, am 24. Mai 1899, waren andere »Formalitäten« zu erledigen: »Es ist möglich, daß ich im Juli in Westerland einen Vortragsabend zustande bringe. Dazu würde ich dann den blauen Anzug, Schlips und Lackstiefel brauchen ... Schicke dann auch gleich den Sommerüberzieher und Winterpaletot mit, ferner von meinen Papieren, was Dir von Wichtigkeit für mich scheint, ... da ich wahrscheinlich schon Ende Juli, und möglicherweise auf Jahre hinaus, ins Ausland gehe, möchte ich meine paar Habseligkeiten zur Mitnahme bereit liegen haben.« Abschließend wünschte er Paula: »Und reise glücklich! – Dein braves Scheusal.«

Neben den Briefen, die Dehmel mit Paula wechselte, schrieb er noch nahezu täglich die heißesten Liebesbriefe an Ida. In diesen Briefen ging es aber nicht ausschließlich um ihre Liebe. Es ging darin auch um Dehmels dichterische Arbeit – Ida machte unter großer Zustimmung des Geliebten unmißverständlich klar, daß sie daran künftig kritisch und beflügelnd mitzuwirken gedachte.

Sie bildeten jetzt eine verschworene Partnerschaft, und Ida wußte, daß sie sich mit der Rolle der Angebeteten nie zufriedengeben würde. Sie war nun wirklich ein Teil von Dehmel geworden, und das hieß auch: ein Teil seiner Dichtung. Er schickte ihr die neuesten Abschnitte aus »Zwei Menschen«, sie las sie sehr genau und ließ ihn umgehend wissen, was ihr daran geglückt und was ihr mißlungen schien. Ihre sachkundige Mitsprache veranlaßte Dehmel sogar einmal, sie ärgerlich zu bitten, sie möge ihn mit »Details« verschonen. Sie hielt sich daran, empfahl aber Striche, erwähnte, was ihr »weniger geraten« schien, was sie »geniert« habe, mahnte den zu häufigen Gebrauch von Wiederholungen an. Einmal störte sie sich daran, daß sich eine in zu viele Konsonanten verschlungene Zeile wie »Fischers Fritze fischte in der Frühe frische Fische« anhöre, sie müsse das einfach sagen, auch wenn Dehmel sie als »alte Nörgeltriene« bezeichnen werde, aber »ein bißchen spielen muß ich doch mit Dir«.

Bei aller Abhängigkeit wußte Ida, was sie wert war. Von nun an wollte sie – ohne falsch verstandenen Ehrgeiz und durchaus im Bewußtsein ihrer Unterlegenheit in Fragen der Kunst – dafür sorgen, daß dieser Dichter und Geliebte künstlerische Höchstleistungen vollbrachte. »Laß nur *das* unendlich deutlich werden in den ›Zwei Menschen‹: das Überwinden der Kulturschäden und -schwächen, das Auflehnen gegen die Décadence, das reine Triebhafte, das siegreiche Durchbrechen der durch eine Schwäche (die Kultur genannt wird) nicht *ver*gewaltigten, sondern *ent*waltigten Natur.«

Sie verstand wirklich, um was es diesem Dichter ging, und wuchs, kokett aber bestimmt, in ihre Rolle als des Dichters alleinige und einzige Muse hinein. Der Zusatz: »Wie ungeschickt ist mein Geschreib! So ungelenk!«, entbehrte nicht der Diplomatie. »Ungelenk« war ihr Schreiben nicht. Ihre Formulierungen trafen genau den Punkt, um den es ihr ging, und Dehmel wußte das bei all seiner Empfindlichkeit zu schätzen, auch wenn er nach einem ihrer vielen Kommentare (am 14./15. Juni 1899) einmal trotzig aufstöhnte: »Schreib mir *nichts* mehr über die Romanzen. Du verdirbst mir bloß die Stimmung zum Weiterschreiben mit diesen zwecklosen Mäkeleien.« Es hielt ihn nicht davon ab, sie auch weiterhin mit dezidierten Fragen nach ihrem Urteil und der Bitte um kritische Ratschläge zu konfrontieren.

Idas Briefe ließen bald nicht mehr den geringsten Zweifel daran, daß sie nun auch ihre »formale« Anerkennung als Frau Dehmel forderte. »Deine bin ich so und so. Aber der Name muß weg aus meinem Leben«, schrieb sie am 25. Juni 1899, »wie einen Fluch muß ich ihn schleppen, bis ich den Deinen führen kann. Und darhin kommt es ja *doch.* Warum nicht gleich? ... Ich will heißen wie Du.« Und da ihr Dehmels Briefe an Paula noch immer merkwürdig zwischen Zorn und Zuneigung zu schwanken schienen, faßte sie jetzt entschlossen nach: »Ich *fühle,* daß es nur eines klaren Briefes bedarf – schreib ihn. Laß uns *keine* zigeunerhaften Zustände um uns dulden, laß uns eins sein auch nach dem Gesetz.«

Vermutlich spukte Ida noch ein furchterregender Satz Dehmels aus einem Brief im Kopf herum, den er ihr einige Wochen zuvor, am 10. Mai 1899, aus Meldorf geschrieben hatte: »Man wird uns allenthalben – auch vornehme Naturen nicht ausgenommen – nur als ein abenteuerndes Salonzigeunerpaar betrachten und dementsprechend behandeln, mit mehr oder weniger Deutlichkeit.« Das hatte in ihr nachgewirkt.

Mitte Juli 1899 brach Dehmel sein Dichterzelt an der Nordsee schließlich ab. Natürlich lag die Scheidung von Paula noch in weiter Ferne, ebenso war Ida noch immer die verheiratete Frau Konsul Auerbach. Auch die Formalien ihrer Scheidung, um die sich ein Rechtsanwalt kümmerte, zogen sich hin. Dehmel wohnte einige Tage bei Freunden in Tegel, dann begab sich das Paar erst einmal auf Reisen.

Es war für Dehmel wiederum eine Flucht – doch diesmal war es eine gemeinsame. Die »Zwei Menschen« waren nun endlich unter sich. Freilich gehörte auch Idas Sohn zu dem neuen Bund. Keinen Augenblick lang hatte Ida ihn vernachlässigt, sie war – auch wenn das aus den Briefen an Dehmel nur selten herauszulesen ist – eine leidenschaftliche Mutter. Dehmel behandelte den mittlerweile fast dreijährigen, wohlgeratenen Heinz Lux – er sah ihn nicht oft – wie seinen eigenen Sohn. In »Zwei Menschen« hatte er emphatisch gedichtet:

Das Kind, das du empfangen hast,
sei deiner Seele keine Last,
O sieh, wie klar das Weltall schimmert!
Es ist ein Glanz um alles her;
du treibst mit mir auf kaltem Meer,
doch eine eigne Wärme flimmert
von dir in mich, von mir in dich.
Die wird das fremde Kind verklären,
du wirst es mir von mir gebären ...

War es Dehmels verborgener Wunsch gewesen, seine Geliebte mit niemandem teilen zu müssen, oder hatte ihn eine unbestimmte Ahnung geleitet? Doch nun begann erst einmal ein neuer Abschnitt der Zweisamkeit: der glücklichste – jedenfalls für Ida Auerbach, künftige Ida Dehmel.

7

VON DEM, WAS SICH ALLES HINTER dem Begriff Fin de siècle verbarg, habe sie in den letzten Jahren des ausgehenden 19. Jahrhunderts noch nichts geahnt, und auch den Jugendstil habe man damals noch nicht gekannt, hatte Ida Auerbach im Rückblick auf ihre Zeit in der Berliner Lennéstraße gesagt. Das war gewiß nicht ganz zutreffend. »Fin de siècle« hatten die Franzosen Jouvenot und Micard schon 1888 ein sehr erfolgreiches Theaterstück genannt, und der schnell populär gewordene Titel hatte schlagartig die allgemeine Empfindung einer Wende erhellt. Hugo von Hofmannsthal bezeichnete den Begriff als ein »Merkwort der Epoche«. Man war der Décadence, des überladenen Historismus, aber auch der sozialkritischen Nüchternheit des Naturalismus überdrüssig geworden, gleichzeitig aber flößte – ähnlich wie hundert Jahre später – der atemberaubende technische Fortschritt an der Schwelle zu einem neuen Jahrhundert tiefe Ängste vor der Zukunft ein, die sich bald als sehr berechtigt erweisen sollten.

Die Künstler, Membran des Kommenden, zogen sich im Gefühl ihrer Ohnmacht aus der Konfrontation mit den politischen und sozialen Veränderungen in einen elitären Kunstraum zurück. Sie suchten sich gegen die äußere Wirklichkeit durch den Verzicht auf jede Widerspiegelung des Konkreten und die Flucht in Traumwelten zu immunisieren. Das irdische Leben sollte kunstvoll überhöht und so dem Zugriff des Trivialen entzogen werden. Dahinter verbarg sich eine tiefe Krise der bürgerlichen Gesellschaft: Unter dem Einfluß von Nietzsches »Zarathustra«, der Psychoanalyse Sigmund Freuds, der erkenntniskritischen Thesen des Philosophen Ernst Mach und unter dem Ansturm technischer Neuerungen waren alte Gewißheiten zerbrochen. Ein radikaler Subjektivismus gewann die Oberhand, der an die Stelle erkalteter metaphysischer Bindungen den individuellen Lebensentwurf, an die Stelle gesellschaftlicher Werte die grenzenlose Autonomie des Künstlers und seines Werkes rückte. Der »Jugendstil« formulierte diese Flucht aus der Objektivität am vordergründigsten, aber auch am radikalsten, doch erst die nachfolgende Generation der Expressionisten (die in Dehmel einen Wegbereiter sah) verhalf dem neuen Subjektivismus zu explosiver Sprengkraft und der Literatur zu einer neuen Form der Authentizität.

Schon 1896 wurde in München die illustrierte Wochenschrift »Jugend« gegründet, die einen ornamentalen Stil des Buchschmucks kreierte, der sehr bald alle Formen der Kunst zu beeinflussen begann. Von England aus hatten die Bildanregungen der Londoner präraffaelitischen Brüderschaft und der von Aubrey Beardsley gegründeten Zeitschrift »The Savoy« über Skandinavien schnell nach Deutschland gefunden. Auch die von Dehmel mitbegründete Zeitschrift »Pan« und die Darmstädter Zeitschrift »Deutsche Kunst und Dekoration« griffen sie auf. »Als wir am äußersten Ende des neunzehnten Jahrhunderts angelangt waren, war keine Zeit mehr zu verlieren, und diejenigen, die die Idee eines neuen Stils beschäftigte, wurden auf einmal unruhig und fieberhaft erregt«, schrieb Dehmels Freund, der vielseitig begabte Künstler und Entwerfer Henry van de Velde im Rückblick, und er meinte damit vor allem eine neue Art der »Privatisierung« von Kunst, ihre Unterordnung unter die Bedürfnisse individuellen Lebensgenusses, die Ausschmückung des privatesten, persönlichen Bereichs durch »Ornamentation«. Neue Werkstoffe beförderten und beflügelten die ornamentale Phantasie der bildenden Künstler, und hinter all den schwellenden und wuchernden Linien, hinter all den Sprachgirlanden und ekstatischen Beschwörungen der Dichter verbarg sich eine tiefe Sehnsucht nach allegorischer Überhöhung, nach schönen Träumen von einem irdischen Paradies, verbarg sich der Wunsch nach organischem Zusammenspiel von Seele und Körper, kurz: nach symbiotischer Verschmelzung des Gegensätzlichen im Kunst(hand)-werk.

Ida Auerbach und Richard Dehmel verkörperten diese Sehnsucht auf eine ideale Weise. Diese »Zwei Menschen« hatten in bezug auf Konvention, gesellschaftliche Rücksichtnahme und Moraltradition alles von sich gestoßen, was sie an der Erfüllung ihres persönlichen Lebensglücks hinderte. Sie suchten das Paradies auf Erden und streiften für das Ineinander-Verschlingen ihrer beider Lebensentwürfe alle Fesseln ab. Wir-Welt – die Dehmelsche Losung bedeutete ja in Wahrheit nichts anderes als die »zweisame« Abschottung von allen Widrigkeiten des Realen. Nur sie selbst waren die »eigentliche« Welt, waren »Mann und Weib« schlechthin. Es mochte sie diese Empfindung mit allen Paaren verbinden, auf die die Nacht der Liebe herniedersinkt, doch dürften sich nur bei wenigen Paaren der Weltgeschichte individuelle Übereinstimmung und zeittypische Signalwirkung auf die Umwelt so machtvoll überschnitten haben.

Die beiden waren so etwas wie die Inkarnation aller in die Stimmung von Fin de siècle und Jugendstil eingeflossenen Träume von einem besseren und friedlicheren Diesseits. Sie galten als »Traumpaar« einer Zeit, die ihre bösen Ahnungen in einem Rausch der Sinne und der Schönheit zu ertränken suchte. Was Künstler wie Behrens oder Klimt in ihren Linien und Formen, in ihren autonomen, märchenhaften Bildwelten ausdrückten: In diesen beiden Welt-Flüchtlingen schien es leibhaftige Gestalt angenommen zu haben – zumindest sahen sich Ida Auerbach und Richard Dehmel selbst in diesem verklärten Licht. »Die Sehnsucht schwült aus jedem Winkel, jeder Falte der Seele« – der heute nur noch komische Satz des Jugendstilkünstlers Melchior Lechter aus den »Blättern für die Kunst« galt in besonderer Weise für diese »Zwei Menschen«. Arnold Schönbergs »Verklärte Nacht« hat das idealisierte und übersteigerte Ineinanderwachsen in einem imaginären Bereich von Kunst und Schönheit denn auch auf das dramatischste musikalisch ausgemalt.

Das Paar hatte alle hemmenden Bindungen mit einem Befreiungsschlag gelöst, und wenn Ida in ihrem Lebensbericht schreibt, sie habe sich »gegen alles, was den Unterton einer Schuldzuschreibung innehatte, … durch das Bewußtsein ihrer Willensreinheit« gefeit gefühlt, wenn Richard Dehmel versicherte, »meine Liebe zu dir weiß nichts von einer Bindung außer uns«, dann klingt das nicht anders als die – wahrlich schwülstigen – Zeilen aus »Zwei Menschen«:

Niemand kann uns trennen!
Laß uns nichts als uns noch spüren,
selig Seel in Seele brennen!

Er wolle nun »anderswo festen Wohnsitz nehmen«, hatte Dehmel am 12. Juli 1899 an seine Mutter geschrieben und hinzugefügt: »Ich hab ja auch wirklich nichts Böses getan.« Zur Begründung dieses Stoßseufzers entwickelte er noch einmal seine Version des Abschieds: »Ich verlasse ja Paula nicht einmal aus eigenem Vorsatz, sondern auf *ihren* Wunsch und zwar in *völligem* Frieden mit ihr.« Er sei nun einmal »einer anderen Frau ans Herz gewachsen … durch eine Schicksalsfügung, der sich kein Mensch entziehen kann … Ich wollte alle ehelichen Pflichten gegen Paula – bis auf eine, die mir jetzt wider die Natur ginge – nach wie vor erfüllen; da Paula damit nicht zufrieden war, mußte ich eben gehen.« So einfach war die Lage. In Briefen an seine Freunde sprach er fortan von »meiner Frau Isi«. Es bedurfte nur noch der legalen Aufräumarbeiten.

Es war in Wahrheit kein freiwilliger Entschluß, es war unvermeidlich, daß sie und Dehmel ihre Zelte in Berlin endgültig abbrachen. Ihrer beider noch nicht vollzogenen Ehescheidungen, das skandalöse Umfeld ihrer zerbrochenen Verhältnisse legten es nahe, den Neuanfang in einer anderen Stadt zu wagen. Die Gesetze der Zeit ließen das Paar in einem mehr als bedenklichen Licht erscheinen, hatte sich der märkische Dichter doch als verantwortungsloser Ehebrecher erwiesen. Und der jähe Ausbruch von Mutter und Kind aus dem Hause Auerbach hatte in

Berlin für manches vernichtende Urteil über Frau Konsul gesorgt.

Es sprach auch noch ein weiterer Grund für die übereilte Abreise, den der ehrfurchtsvolle Biograph Bab nicht erwähnt. Nach dem Auszug der Frau Konsul war es verständlicherweise zu garstigen Auseinandersetzungen per Brief zwischen den Eheleuten gekommen. Auch Richard Dehmel hatte sich eingeschaltet, als Auerbach versuchte, aus Idas Pankower Wohnung einige kompromittierende Briefe zu entwenden, die einen Ehebruch seiner Frau belegen sollten. Für die Scheidungsvereinbarung konnte das für ihn von ökonomischem Vorteil sein. Dehmel, der dem Anschlag auf die Spur kam, schrieb an Auerbach einen wütenden Brief, in dem er seine Verachtung gegenüber solchen Methoden bekundete und trotzig seine und Idas »Schuld« zugab. Das war leichtsinnig gewesen, denn schuldhafter Ehebruch konnte damals mit Gefängnis bestraft werden – und wer wußte schon, ob der gehörnte und finanziell ruinierte Ehemann dieses Geständnis nicht einmal nutzen und juristische Schritte einleiten würde?

Nachdem Ida ihren kleinen Sohn in die Obhut Detlev von Liliencrons und seiner Frau Anna in Rahlstedt bei Hamburg gebracht hatte, reiste das Paar zuerst einmal nach München, wo es den alten Freund Przybyszewski und dessen Frau Dagny wiedertraf. Allerdings hatten sich die einstigen Freunde ziemlich entfremdet: Für Przybyszewskis Empfindung hatte sich Dehmel inzwischen allzusehr verbürgerlicht. Aber das war eine Frage des Maßstabs, denn anderen galt er noch immer als Bürgerschreck, und in dieser Auffassung hatte sie sein Abschied von Berlin nur bestärkt. Von München aus sollte die Reise in den Süden weitergehen. Zu der Entschlossenheit, sich außerhalb Deutschlands niederzulassen, trugen erneute staatsanwaltliche Verfolgungen bei. Ein Redakteur in Magdeburg, der ein harmloses, holpriges Dehmel-Gedicht mit dem Titel »Die Magd« abgedruckt hatte, mußte diese kühne Tat mit einer einmonatigen Gefängnisstrafe wegen »Gotteslästerung« bezahlen. In dem Gedicht geht es um eine arme, ausgestoßene »Sünderin«, und es heißt darin:

An meinen schlaffen Brüsten ächzt
mein Kind, und keiner lässt uns ein.
Wie die Worte der Reichen so scharf und weh
knirscht unter mir der harsche Schnee ...

Mein Kind, mein Heiland, weine nicht:
ein Bett für dich, dein Blut für mich,
Vom Himmel rieselt's silberklar.
Wie träumt es sich so süß im Schnee.
Was tat ich denn? – So süß. So weh.
War's Liebe nicht? – War's – Liebe – nicht –

»Der Ingrimm Dehmels auf den kulturfeindlichen Stumpfsinn der preußisch-deutschen Bürokratie« steigerte sich, wie Bab es formulierte, zu »kalter Wut«. Es war ja nicht seine erste Berührung mit den Schrauben des Gesetzes. Schon verschiedentlich hatte er Anlaß gehabt, sich über die Philister unter den deutschen Staatsanwälten gründlich zu ärgern. Als 1914 die Dichterkollegen Klabund und Hugo Ball einen Band mit Gedichten zusammenstellen wollten, die auf den energischen Protest von Sittenrichtern gestoßen waren, schrieb ihnen Dehmel: »Ich habe dreimal unter Anklage auf Unsittlichkeit gestanden:
1.) wegen ›Aber die Liebe‹ und ›Verwandlungen der Venus‹, freigesprochen durch Urteil der 2. Srafkammer des Landgerichts I München vom 28. Mai 1894
2.) nochmals wegen ›Aber die Liebe‹ und ›Verwandlungen der Venus‹, freigesprochen durch Urteil der 8. Strafkammer des Landgerichts I Berlin vom 22. März 1900.
3.) wegen ›Weib und Welt‹, verurteilt von der 1. Ferien-Strafkammer des Landgerichts I Berlin am 30. August 1897 zur Vernichtung des Gedichtes ›Venus Consolatrix‹ als einer poesielosen Zusammenstellung von Reimen, in denen ›unsittliche Gotteslästerreiche (sic!) und verworrene Gedanken enthalten sind‹, und der Antrag auf Revision des Urteils ist vom Reichsgericht abgelehnt worden.«

Unabhängig von solchem Ärger strebte das Paar ganz einfach weg von allen heimatlichen Belastungen. Erst ging es nach Spezgard am Bodensee, wo die beiden in einem bescheidenen Wirtshaus »für 5 Mark täglich« Unterschlupf fanden. Dehmels Briefe – seine lebendigste und am ehesten zeitlose schriftliche Hinterlassenschaft – künden von der neugewonnenen Bleibe mit viel Humor und höchst anschaulicher Genauigkeit. Ida mußte ihrer Familie gegenüber zu manch diplomatischer Umschreibung Zuflucht nehmen, um ihre neuen Lebensumstände plausibel zu machen. Zwischendurch ging Dehmel auf Vortragsreisen. Seine Honorare als Autor entwickelten sich inzwischen erfreulich, und die Einladungen zu Rezitationsabenden häuften sich zuletzt. Die Familie in Berlin zu ernähren, oblag aber wohl weiterhin ausschließlich Paula. Während einer seiner Vortragsreisen machte Dehmel auch Station in Berlin, um Frau Paula und die Kinder zu besuchen – vor allem aber, um die Modalitäten einer Scheidung zu klären.

Gegenüber Harry Graf Kessler kündigte der Dichter an, sich für eine gewisse Zeit in Griechenland ansiedeln zu wollen, aber solche Pläne waren vage und wechselten schnell. Immerhin gab der Graf dem Paar einige Vorschläge mit auf den Weg, was sie sich bei einem etwaigen Griechenland-Aufenthalt auf keinen Fall entgehen lassen sollten. Aber es waren nicht unbedingt die Stätten der Bildung, die Dehmel und Ida Auerbach anzogen, es waren die wilde Natur und das südliche Klima, nach denen sie sich auf ihrer ersten großen gemeinsamen Reise sehnten. Die beiden wollten wie einst der vor den Weimarer Querelen flüchtende Goethe den kalten Norden hinter sich lassen und endlich ganz frei und ungestört sein. Im Frühjahr des Jahres 1900 reiste das Paar nach Italien. Den Aufbruch in das neue Glück hätten sie ganz alleine finanziert, schrieb Ida am 20. April 1900 an ihre Schwester Alice: »Wir machen die ganze Reise von Erspartem und verdientem Geld, brauchen keinen Pfennig von der Bank zu holen, darauf sind wir sehr stolz.«

Die beiden besuchten Ravenna, Florenz, Rom und Neapel

und kamen sich vor wie abenteuerliche Ausreißer auf einer Hochzeitsreise. Von Brindisi setzten sie nach Griechenland über, hielten sich einige Wochen auf der kleinen, von Graf Kessler empfohlenen Insel Pontikonisi auf, lebten unter bescheidensten Verhältnissen von Sonne, Licht und Liebe, suchten entlegene Klöster auf, mischten sich unter die dörflichen Bewohner des Landes, genossen deren Gastfreundschaft und Großzügigkeit. Vier Wochen lang durchquerten sie auf Mauleseln unter großen Strapazen den Peloponnes.

Ida Auerbach wich keiner Anstrengung aus, zu der sie ihr energiegeladener Begleiter aufforderte. Es war ein gänzlich anderes Leben, in das sie eintauchte. In vollen Zügen genoß sie das Gefühl schrankenloser Freiheit, das sie bis dahin nicht gekannt hatte. Ein »verarmter griechischer Aristokrat«, den das Paar in einem Hotel traf, erwies sich als unterhaltsamer und kenntnisreicher Begleiter, der gegen Geld »eine kleine Karavane« zusammenstellte. Wie Ida in ihrem Lebensbericht erzählt hat, gehörten dazu »ihre Reittiere, zwei Pferdetreiber, ein Pferd für den Führer, zwei Gepäckpferde, denn es mußte alles mitgenommen werden, was zu den unbedingtesten Bedürfnissen gehörte, Nahrungsmittel, Schlafsäcke und so weiter«. Als sie unterwegs einmal einen Ruhetag einlegte, während der unruhige Richard Dehmel die Ruinen eines alten Tempels besichtigte, hätten die Bewohner eines Dorfes sie »wie eine ausgestellte Sehenswürdigkeit« bestaunt, ihren Kleiderstoff befühlt und »einen wahren Freudentanz« aufgeführt.

Dehmel verbrachte die Stunden der Ruhe damit, an einem poetischen Tagebuch zu schreiben, in dem er die Schönheiten der Landschaft besang, zugleich aber seinen Widerwillen gegen allzuviel Bildungsballast und archäologische Schwärmerei zum Ausdruck brachte. Vor den Ruinen von Mykenä notierte er zum Beispiel:

Weg! In der Dichtung ist's ein Göttersaal
Hier wird's zum Hottentottenkral.

Richard Dehmel, gemalt von Max Liebermann

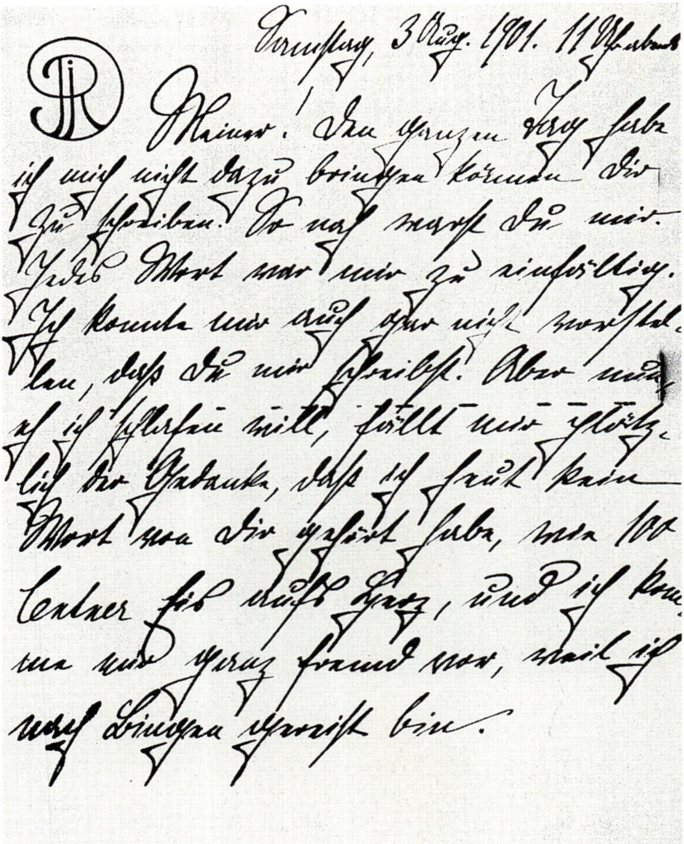

Ein Brief Idas an Richard Dehmel

Ida Dehmel, gemalt von Julie Wolfthorn

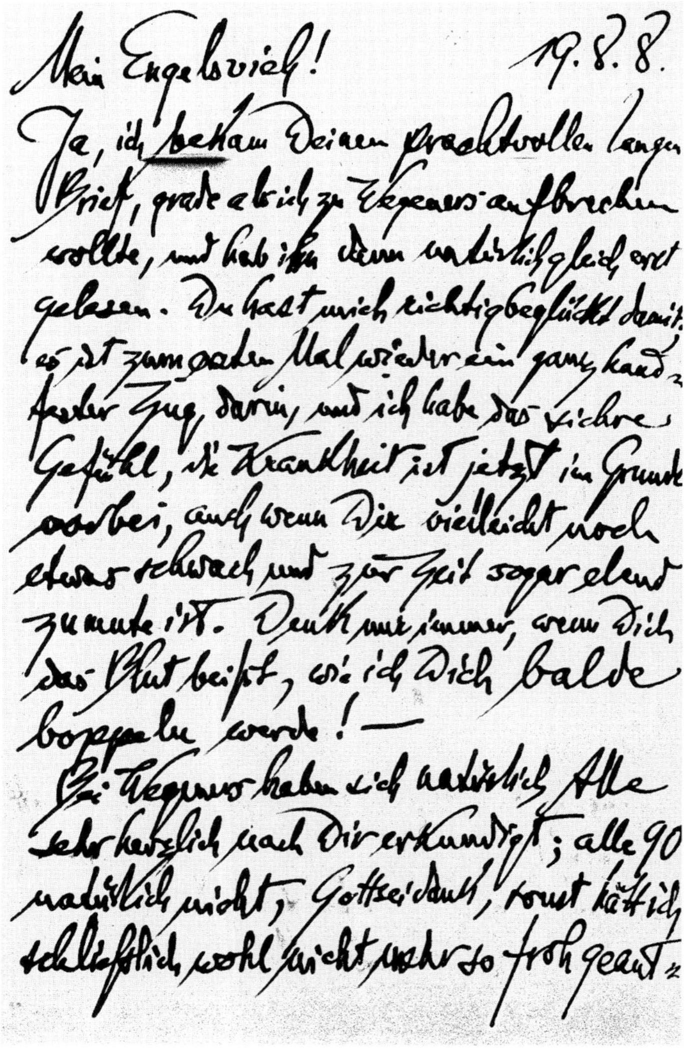

Mein Engelsvieh! 19.8.8.

Ja, ich bekam Deinen prachtvollen langen Brief, grade als ich zu Wegeners aufbrechen wollte, und hab ihn denn natürlich gleich erst gelesen. Du hast mich richtig beglückt damit: es ist zum ersten Mal wieder ein ganz kernfester Zug darin, und ich habe das sichere Gefühl, die Krankheit ist jetzt im Grunde vorbei, auch wenn Dir vielleicht noch etwas schwach und zur Zeit sogar elend zumute ist. Denk nur immer, wenn Dich das Blut beißt, wie ich Dich balde boppeln werde! —

Bei Wegeners haben sich natürlich Alle sehr herzlich nach Dir erkundigt; alle 90 natürlich nicht, Gottseidank, sonst hätt ich schließlich wohl nicht mehr so froh geant-

Ein Brief Richard Dehmels an Ida

Ida sprach beim Anblick von Ruinen nur abschätzig von »Resten«. Später hat Dehmel die literarische Ernte der Reise veröffentlicht. Abgesehen von einigen witzigen oder hübschen Aperçus war allerdings kaum etwas Gelungenes darunter.

Ein Reisepoet war Dehmel nicht, dafür um so mehr ein wortreich reimender Bändiger seiner Gefühle und Sehnsüchte. Was aber konnte für Ida Auerbach schöner sein, als an der Seite eines rastlos formulierenden Dichters und fürsorglichen Geliebten eine neue und fremdartige Welt zu erkunden? Die Reise half ihr, ihre traurige Ehe zu vergessen und ganz der großen Liebe ihres Lebens zu frönen. Beschwingte Briefe an die Schwester erzählen von Höhepunkten und vergnüglichen Erfahrungen. Stets erwähnt sie dabei die liebevolle Aufmerksamkeit ihres Gefährten. Die beiden waren verliebter denn je, und daß Dehmel ein leidenschaftlicher, großer Liebender war, daß er diese Frau wirklich als ein Geschenk der Götter empfand, bezeugte er täglich durch phantasievolle Verehrung.

Auf Korfu beobachteten sie begeistert die österlichen Feierlichkeiten, die kirchlichen Prozessionen, was bei Ida Auerbach Vergleiche zwischen religiöser und amouröser Ekstase hervorrief: »Das war unvergeßlich. Inmitten des feierlichen Gepränges wurde in einer gläsernen Sänfte das mumifizierte Haupt des heiligen Spiridion getragen. Die Heiden hatten ihn gemartert, damit er Gott verleugnen sollte. Sie hatten ihm Arme und Beine ausgerissen, aber bis zum letzten Atemzug pries er Gott.« Sie habe ihn seither als ihren Schutzheiligen empfunden. In ihrem »Roman« heißt es: »Wie immer das Schicksal sein werde, auch sie würde die Liebe preisen bis zu ihrem letzten Atemzug.« Über Athen reisten die beiden dann nach Italien zurück, wo sie für die Sommermonate zwei bescheidene Zimmer am Gardasee mieteten.

Daß der Aufenthalt im Süden nur um den Preis möglich war, sich für lange Zeit von ihrem Kind zu trennen – Ida Auerbach empfand es schmerzlich, aber die Liebe zu Dehmel hatte die Oberhand gewonnen. Sie wußte ihren Sohn bei den Liliencrons gut aufgehoben, und sie wollte erst einmal das Zusammenleben mit dem geliebten Mann genießen. Sie stand so sehr im Banne des Geliebten, daß sie dafür sogar ihre mütterlichen Instinkte hintanstellte. Unseren Vorstellungen von einer liebevollen Mutter entspricht das nicht gerade, vielleicht ist es nur zu verstehen mit der Erkenntnis, daß Ida Auerbach die Anforderungen der Realität zunehmend mit einem bedenklichen Illusionismus von sich schob. Vielleicht lag es auch daran, daß sie selbst seit dem Tod der Mutter ihre Gefühle stets unterdrückt hatte. Was immer der Grund gewesen sein mag: Aus Liebe zu Dehmel hat sie das Kind für eine geraume Weile im Stich gelassen, auch wenn sie sich brieflich immer sehr genau über sein Wohlbefinden unterrichten ließ.

Später hat sich Ida die lange Trennung vorgeworfen und versucht, das Versäumnis wiedergutzumachen. Da aber war der Sohn schon zu einem jungen Mann herangewachsen. Man kann vermuten, daß sie mit diesem sehr viel mehr anzufangen wußte als mit dem kleinen Kind, denn trotz ihrer Beschwörung, sie hinge an ihrem Kind »wie ein Tier«, war sie im Gegensatz zu Paula keine ausgesprochene Kindernärrin. Sie brauchte auch in ihrer Mutterliebe den geistigen Austausch, und dazu mußte das Kind erst älter werden. Vorerst gab es nur einen Pfeiler, an dem sie sich festhalten wollte: ihren Dichter, der es so gut verstand, sie zu »verhexen«. Für diese Liebe war ihr kein Opfer zu groß. Wenn sie auch bald dafür sorgte, daß ihr Kind wieder zu ihnen gehörte – die Unterwerfung unter Dehmels Egoismus im Banne der Liebe verriet eine dunkle Seite in ihr, über die auch ihre schriftlichen Beschwörungen nicht hinwegtäuschen dürfen, die Liebe mache sie oft blind.

Am Gardasee sorgte schließlich ein unliebsames Ereignis für eine dramatische Veränderung der seligen Zweisamkeit. Diesmal wurde nicht die in Berlin zurückgebliebene Paula von einer schweren Krankheit heimgesucht, sondern Ida Auerbach erkrankte lebensgefährlich. Mehr als zwei Wochen fühlte sie sich dem Tode nahe, weil sich die Folgen der beschwerlichen Griechenland-Reise in einem schweren Typhus-Fieber niedergeschlagen hatten. »Jetzt muß ich sterben«, habe sie einmal gefürchtet, »und weil ich nichts über mich aufgeschrieben habe, lernt nicht ein einziges junges Mädchen etwas aus meinen Erfahrungen«. Noch in den schwersten Delirien verließ sie ihre tiefe Sehnsucht nach einem Platz im Reich der Kunst nicht. Dies war schließlich der früh erwachte Urtrieb ihres Daseins, die Liebe war dazu die entscheidende Brücke.

Als sich ihr Zustand bedrohlich verschlechterte, rief Richard Dehmel, der das Zimmer der Kranken kaum verließ, eine Ärztin aus München herbei. Ihr gelang es schließlich, das Fieber zu besiegen. Nach drei Monaten war die Kranke jedenfalls so weit wiederhergestellt, daß an einen Rücktransport nach Deutschland zu denken war, von dessen kühlerem Klima sich die Ärztin eine baldige Erholung versprach. Wieder einmal griff die getreue (und durch die Ehe mit einem erfolgreichen Verleger begüterte) Schwester Alice ein: Sie ermöglichte der Rekonvaleszentin einen mehrwöchigen Sanatoriumsaufenthalt in Heidelberg.

Alice Bensheimer fühlte sich ihrer Schwester nach wie vor eng verbunden, sie wollte sie auch gerne für eine Weile in ihrer Nähe haben. Mit Idas ehelicher Trennung und dem jähen Aufbruch in eine unberechenbare Zukunft aber wollte sie sich lange Zeit nicht abfinden. Dieser Dichter, der Frau und Kinder im Stich gelassen und ihre Schwester »entführt« hatte, war ihr mehr als unheimlich, und daran vermochten fürs erste auch die ausführlichen Erklärungen der verliebten Schwester nichts zu ändern. Sie könne nun einmal Idas Leben »nicht gutheißen«, hatte sie dieser gleich nach der Trennung von Konsul Auerbach am 28. Oktober 1899 geschrieben: »Die Kehle ist mir zugeschnürt, wenn ich an Dich denke. Was Du Sittengabe nennst, ist das Gegenteil von dem, was ich so nenne – wie könnten wir da zusammenkommen.«

Auch Alice hatte die strenge Binger Erziehung zu bürgerlicher Ordnung genossen, und dieser neue Weggefährte ihrer Schwester schien ihr unvereinbar mit ihren bürgerlichen Empfindungen. Die Hochzeit mit Konsul Auerbach hatte sie gebilligt, obwohl sie von Idas innerlicher Abwehr gewußt hatte, schließlich mußte das Mädchen ja endlich unter eine verläßliche (jüdische?) Haube kommen. Der unheimliche Dichter hingegen konnte für die Schwester einfach nichts Gutes bedeuten.

Ida wehrte sich mit aller Entschlossenheit gegen den Vorwurf der »Sittenlosigkeit«. Sie habe wohl die Konvention verletzt, aber in die habe sie schließlich die Familie und vor allem der Vater getrieben, und nun habe sie endlich ganz nach ihrem eigenen Willen gehandelt, und der habe sie nun einmal zu Dehmel geführt. »Du mußt einige Male daran denken, daß ich längst begraben wäre ohne die aufopfernde Pflege dieses Mannes«, beschwor sie Alice im Juni 1900 aus Sirmione. Er habe, als sie »mehrere Tage« ohne Bewußtsein gewesen sei, »wie ein Gespenst« ausgesehen und »14 Tage und 14 Nächte ohne die geringste Hülfe die Pflege gemacht, mich schwere Person wohl 50 Mal pro Tag aus einem Bett ins andere gehoben in dieser entsetzlichen Typhusluft, ... mich wohl 50 Mal am Tag und die Nächte hindurch gewaschen, ... und ihn behandelst Du wie Deinen Todfeind. Warum? Weil er Deiner Schwester den Himmel auf Erden schafft? ... Es ist einfach meine Pflicht, diesem Mann alles zuliebe zu tun, und ich ließe mich lieber vierteilen als davon zu lassen.«

Es spricht für beide Schwestern gleichermaßen, daß ihre enge und liebevolle Verbindung immer stark genug blieb, solche Unvereinbarkeiten zu verkraften. Ihre Korrespondenz gehört zu den eindringlichsten Dokumenten tiefer Geschwisterliebe. Es verging kaum ein Tag, an dem nicht ausführliche Briefe gewechselt wurden. Und es geschah nicht selten, daß die großzügige und hilfsbereite Alice darin um Geld gebeten wurde. »Ich soll Ihnen nun sagen«, so schrieb Richard Dehmel in einem (undatierten) Brief gereizt aus Sirmione an die »geehrte Frau Alice«, daß »die Patientin« um »baldige Zusendung der 1000 M. bitten« ließe, »nötigenfalls gegen Rückzahlung bis Ende des Jahres. Auf Ihren ersten Brief habe ich nicht geantwortet, weil Sie die Geldsendung davon abhängig machten, daß ich Ihr Haus nicht betreten soll. Ich glaube Ihnen noch keinen Anlaß gegeben zu haben, mich für eine käufliche Creatur halten zu dürfen; wer sich durch meinen Besuch nicht geehrt fühlt, den verschone ich gerne damit, auch ohne Contract à la Shylock. Daß Sie Ihrer Schwester erlauben wollten, sich außerhalb Ihres Hauses in Freiheit zu bewegen, war ja sehr gütig von Ihnen« – die Ablehnung zwischen Gönnerin und Dichter beruhte auf Gegenseitigkeit. Dehmel weigerte sich fortan, Alices Haus zu betreten, solange Alices Mann ihn nicht ausdrücklich und schriftlich dazu einlüde. Später entspannte sich die Situation, und die Beziehung zwischen Dehmel und Alice Bensheimer gestaltete sich doch noch freundschaftlich.

Alice sorgte nun also dafür, daß die nach der Krankheit noch geschwächte Schwester im Sanatorium »Bellevue« in Heidelberg unterkam. Julius Bab sprach – zu Ida Auerbachs Ärger – in seiner Richard-Dehmel-Biographie von der Unterkunft im Heidelberger Schloßparkhotel, dort aber wohnte nur der Dichter, bevor er nach der Entlassung seiner Frau aus dem Sanatorium für sie beide drei bescheidene Zimmer mietete. Das Paar wollte noch eine Zeitlang in Heidelberg bleiben, noch war in Anbetracht der nicht vollzogenen Scheidungen an eine Rückkehr nach Berlin nicht zu denken, und es war ohnehin unklar, ob sie sich jemals wieder dort niederlassen würden.

In Heidelberg wohnte Alfred Mombert, der verehrte Einzelgänger. Dehmel brauchte seine Dichterfreunde, er brauchte den Gedankenaustausch mit ihnen, und je eigenwilliger sie waren, desto mehr empfand er sie als seelenverwandt. Momberts »Jenseitigkeit des äonischen Dichters«, sein »herrlich gewölbter Schädel« und seine »schlanken Gelehrtenhände« hatten es ja auch Ida Auerbach angetan. »Kein Tag verging, an dem sie nicht zu Dreien die Wälder durchstreiften, und ihre Gespräche erhoben sich zu den vollkommenen Dingen der Welt ..., oft saßen sie dann abends in einer der ländlichen Schänken, tranken Heurigen und blickten auf die Lichtinseln, mit denen die Dörfer das Nekartal durchschimmerten«, erinnerte sich Ida Auerbach später.

Zu ihrer Genesung trug die Tatsache nicht wenig bei, daß Liliencron auf einer Vortragsreise Heinz Lux zu ihr zurückbrachte. Es wurde eine Kindergärtnerin engagiert, und die Mutter widmete sich dem Kind wieder mit großer Sorgfalt.

In Heidelberg hätte man sie und Dehmel nur als »das Paar« bezeichnet, und obgleich sie nicht verheiratet waren, habe man sie stillschweigend als Frau Dehmel empfunden. »Sie liebten ihre Nacktheit, ... jeder Tag war ein Erwachen auf der Himmelswiese« – das Glück der Liebe war nach der schweren Krankheit unverändert vollkommen. Zu den Höhepunkten des Aufenthalts, der sich ein ganzes Jahr lang hinziehen sollte, gehörte ein Komponistentreffen. Richard Dehmels Gedichte waren inzwischen zum begehrten Textmaterial der Musiker geworden. Anton Webern und Hans Pfitzner, Alexander von Zemlinsky und Richard Strauss haben Texte Dehmels vertont (Dietrich Fischer-Dieskau hat die Lieder gemeinsam mit Aribert Reimann und Kolja Blacher 1985 aufgenommen).

Vor allem aber zog das nahe Darmstadt das Paar in seinen Bann. Dort hatte seit 1899 der Großherzog Ernst Ludwig von Hessen und bei Rhein verschiedene Künstler, darunter Peter Behrens und Joseph Maria Olbrich, in eine Künstlerkolonie berufen, wo sie gemeinsam ein »Dokument der Kunst« entstehen lassen sollten, das alle Formen künstlerischer Betätigung einschloß. Olbrich und Behrens bauten dort Wohnhäuser im neuen (Jugend-)Stil, die ihnen sowohl zur Unterkunft als auch zur Ausstellung dienten. Kunst und Gewerbe, Vision und Mode, Architektur und Schmuck – alles sollte sich zu einem einheitlichen, »schönen« Gesamtbild einer neuen Zeit vereinigen. Es waren diese gefährliche Flucht aus der Wirklichkeit, diese weltabgewandte Erhebung alles Künstlerischen zum Religionsersatz, diese träumerische Verklärung, die bei Ida Auerbach und Richard Dehmel helles Entzücken und die Empfindung hervorriefen, in ein ihnen wesensverwandtes künstliches Paradies einzutauchen, denn auch sie ignorierten ja die sie umgebende politische Wirklichkeit voller Distanz und Selbstgenügsamkeit.

Das Haus ihres Freundes Behrens erschien Ida Auerbach »so wundervoll, daß ich überhaupt nichts darüber sagen mag«, und nicht zuletzt die von der Künstlerkolonie entworfenen Kleider und Schmuckstücke regten beide zu eigenen Entwürfen und Ideen an. Was die Großmutter als Eitelkeit gescholten hatte, nämlich Idas Lust an allem Dekorativen und die phantasievollen Arrangements ihrer Kleidung, erhielt hier neue Nahrung. Dehmel, der sich nicht davor fürchtete, auch in den Gefilden des Kunstgewerbes einfallsreich, aber mit unverzagtem Dilettantismus zu wildern, entwarf für seine Geliebte aufwendige Gewänder.

Von einem dieser Kleider schwärmte Ida Auerbach in einem (nicht genauer datierten) Brief vom Dezember 1900 an die Malerfreundin Julie Wolfthorn: »Es ist aus dunkellila Tuch, ganz glatt an der Figur herunter, mit einer langen, schlanken Schleppe. Darüber fällt aus dunkellila Samt eine ganze lose, ärmellose Jacke, die bis zum Knie mit echtem Seal rundum besetzt ist. Die Taille ist mit silbernen Agraffen, die D. selbst gezeichnet hat, geschlossen. Dazu trage ich einen ganz weichen, sehr großen, einseitig aufgeschlagenen Hut aus braunem Velvet mit einer einzigen, riesigen Straußenfeder, die auch so mit einer silbernen Agraffe am Hut befestigt ist. Es ist ein so herrliches, edles, vornehmes Costum, daß man von ihm sprechen kann wie von einem Kunstwerk.«

Behrens entwarf für sie einen Ring mit einem Opal und Smaragden. Ida Auerbach fühlte sich wie eine Königin der Bühne, der ihr Geliebter und seine Freunde gleichermaßen zu Füßen lagen. Sie hat von dieser Freude an der unbekümmerten Selbstdarstellung noch oft Gebrauch gemacht, darin auf das heftigste unterstützt von Richard Dehmel, der ihr auch später noch manch atemberaubendes »Reformkleid« entwarf, das dem enggeschnürten Korsett den Kampf ansagte und weich und fließend den Körper umhüllte. In einer Zeitschrift des Jahres 1908 wurde zu einem Artikel über das revolutionäre Reformkleid auch eine Abbildung Idas abgedruckt, zu der es heißt, das Gewand der

Richard Dehmels Entwurf

Trägerin bringe »die starke Eigenart der Persönlichkeit« wirkungsvoll zur Geltung.

Ida tat (nicht nur darin der krasse Gegensatz zu Paula Dehmel) alles, um sich vom Einerlei konventioneller Anpassung abzusetzen. Nicht »Eitelkeit«, sondern das lebenslange Bedürfnis, jede noch so triviale Alltäglichkeit in ein kunstvolles Arrangement zu verwandeln, leiteten sie. Das hob sie in allen Situationen des Lebens über bürgerliche Normen und Klischees hinweg. Dieses unstillbare Bedürfnis nach einer Verschönerung und Verklärung der Welt sollte jedoch noch einmal schwerwiegende Konsequenzen haben.

Ein ganzes Jahr lang blieb das Paar in Heidelberg, noch unsicher, wo es gemeinsam seßhaft werden wollte. Die brieflichen Kontakte und gelegentliche Reisen nach Berlin verbinden Dehmel weiterhin mit seiner zurückgelassenen Familie, gemeinsam

– und das Ergebnis

mit Paula gibt er das Buch »Fitzebutze« heraus, aber an eine Rückkehr dorthin ist nicht mehr zu denken. Im Mai 1901 nahmen die beiden mit dem Freund Julius Meier-Graefe, der wie Dehmel schon zu den Mitbegründern des »Pan« gehört hatte und zu den maßgeblichen Förderern des neuen Stils zählte, an der Eröffnung der Ausstellung der Darmstädter Künsterkolonie »Ein Dokument deutscher Kunst« teil – der Dichter Dehmel und seine Muse Ida waren inzwischen fast so etwas wie Ikonen der sich revolutionär gebenden neuen Ästhetik geworden, wozu Dehmels zunehmender Ruf als »neuer Goethe« das Entscheidende beitrug. Dehmel wurde nun als maßgeblicher Repräsentant eines neuen Vitalismus, als Überwinder der abgelebten Décadence gefeiert. Nicht zuletzt seine Konfrontationen mit den Gesetzeshütern und Sittenrichtern der Zeit hatten diesen Ruhm befördert.

Um so mehr fühlte sich Ida Auerbach nun aufgerufen, die ihr zugewachsene oder gesuchte Rolle zu überprüfen. In Bingen hatte sie ihre ersten zaghaften Schritte als Förderin der Dichter unternommen, hatte sich um Stefan George verdient gemacht und ihre Aufgabe darin gesehen, großer Kunst zum Durchbruch zu verhelfen. Selbstkritisch hatte sie darauf verzichtet, eigene künstlerische Ziele zu verfolgen. In Berlin hatte sie mit ihrem literarischen Salon eine Vielzahl von Künstlern um sich versammelt und allmählich deren Vertrauen und Bewunderung erlangt. Mit ihrer Liebe zu Richard Dehmel, ja dessen Vergötterung, hatte sie sich ganz in die Dienste eines anderen gestellt und sich als Teil eines, wie sie meinte, einzigartigen Werkes begriffen. War ihre Mission damit erfüllt? Verlangte nicht Richard Dehmels emphatisches Bekenntnis zur Gleichgewichtigkeit von Mann und Frau, seine durchaus ernstgemeinte Verklärung des »Du«, seine Erwartung eines eigenständigen Beitrags zur Ich-Findung mehr von ihr?

Als Liebende seinen Weg zu begleiten, das bedeutete auch die Gefahr der selbstlosen Unterwerfung, und was daraus werden konnte, hatte sie bei Paula gesehen. Dehmel hatte sie aus einem goldenen Käfig befreit, ihren Traum vom Leben als Kunstwerk beflügelt. Sie wollte nun ganz für ihn und mit ihm leben. Aber ihr Anteil an dessen Bestätigung durch steigende Auflagen konnte doch nicht alles sein, auch wenn dieser Mann alle ihre Kräfte beanspruchte und mit seiner nimmermüden Energie, seiner beinahe »besessenen« Schöpferwut – und seiner Liebe – nur wenig Raum ließ für eine über ihn hinausweisende Entfaltung. Bei aller »Verfallenheit« an Dehmel bedurfte sie eines produktiven Ausgleichs. Es rumorte in ihr, und sie spürte die Gefahr, die die ausschließliche Rolle der liebenden und fürsorglichen »Archivrätin« barg – nicht zuletzt Dehmel selbst hatte sie darauf hingewiesen.

Aber die Liebe: Wieweit ließ sie überhaupt noch Spielraum für das, was wir heute – hundert Jahre später und mit anderen Vorstellungen von weiblicher Leistungsbereitschaft und Fähigkeit aufgewachsen – »Selbstverwirklichung« nennen? Die letzten Worte ihres Berichts über ihren ersten Lebensabschnitt lauten: »Sie war erfüllt von der freudigen Bereitschaft Dienerin zu sein, sie diente nicht im Sinn einer demütigen Abhängigkeit des eigenen Wesens, sondern mit der Selbstforderung, daß alles, was in ihr war, den geliebten Mann zu fördern hat.« Das traf gewiß zu. Und dennoch hat Ida Dehmel mit diesen Worten ihr Licht unter den Scheffel gestellt.

8

»Mir kommt eine Ehe mit einem Mann wie Dehmel vor, als wenn ein edler Renner freiwillig käme und sagte: ›Schöne Dame, sitzen Sie auf! So will ich Sie durchs Leben tragen.‹« Als Ida diese Zeilen an ihre Schwester schrieb, war sie bereits wieder verheiratet. Nach langem juristischen Hin und Her hatte Konsul Auerbach die Formalitäten der Scheidung akzeptiert, sie hatte auf jedes Geld – immerhin hatte sie eine beachtliche Mitgift in die Ehe eingebracht! –, nicht aber auf ihr Kind verzichtet. Auch Paula Dehmel hatte schließlich nachgegeben. Sie behielt erst einmal die Kinder und erhob keine finanziellen Ansprüche. Einer sofortigen Eheschließung stand nichts mehr im Wege. Der edle Ritter und die schöne Dame waren am Ziel ihrer Wünsche. Sechs Jahre zuvor hatten Amors Pfeile sie getroffen, seither wußten sie sich füreinander bestimmt. Es war für beide die Liebe ihres Lebens, sie hatten alle Konventionen außer acht gelassen – und jeder der beiden hatte sein bisheriges Zuhause als Trümmerfeld hinterlassen.

Stolpert auch Jeder über Leichen,
schaudre nicht davor zurück!
Denn es gilt, o Mensch, ein Glück
ohne gleichen zu erreichen

hatte es in den ersten Zeilen von »Zwei Menschen« geheißen. Das war die Maxime des Dichters, auch wenn er es an gelegentlichen Reueseufzern nicht fehlen ließ. Sie gaben ein über den Dingen stehendes göttliches Paar gegen den Rest der Welt, sie lieferten ein Abbild des irdischen Paradieses, und sie feierten das Erreichen ihres zäh verfolgten Zieles als endgültigen Sieg über alle Hemmnisse des Lebens. »Die Feigen sind noch nie Sieger gewesen«, schrieb Ida Dehmel am 20. Oktober 1902 an die Schwester.

Nun sollte sie nie mehr etwas trennen dürfen, komme was wolle. Ungeduld mit den deutschen Behörden und deren Umgang mit Geschiedenen ließen sie über Belgien und Holland nach London reisen, wo das Heiraten mit weniger Komplikationen verbunden war. Am 22. Oktober 1901 wurden die beiden getraut. Kaum hatte Ida ihre Unterschrift unter das Heiratsdokument gesetzt, ging ein Telegramm an Alice Bensheimer nach Mannheim, dessen Text nur aus einem Namen bestand: »Ida Dehmel!«

Die Zeit der wilden Ehe war vorüber, aber wo sollte sich das Paar nun niederlassen? Es war Richard, der nach kurzem Zögern die Entscheidung fällte. Ida war die Wahl ziemlich gleichgültig, solange sie sich nur an seiner Seite wissen konnte. Anfangs hatte er an Heidelberg gedacht, den Gedanken aber bald wieder verworfen, da ihm inzwischen dessen Lieblichkeit nicht mehr behagte: »Noch keine Gegend ist mir auf die Dauer so gleichgültig geblieben«, meinte er, von einer Reise nach Heidelberg zurückkehrend, plötzlich – den genaueren Grund für die Enttäuschung kennen wir nicht. Es zog ihn ins heimatliche Berlin, aber dort waren die Verhältnisse noch nicht dazu angetan, in der Nähe von Paula, den Kindern und dem inzwischen verarmten Konsul Auerbach ein neues Leben zu beginnen.

Oft und gerne erinnerte sich Dehmel an die Tage bei seinem Freunde Liliencron, den er wie einen Bruder zu lieben gelernt hatte und der am Rande einer Großstadt lebte, deren flache und waldreiche Umgebung ihn noch am ehesten an seine märkische Heimat denken ließ. Warum sich nicht in der Nähe des Freundes niederlassen, zumindest für einige Zeit, bis sich die Wolken über Berlin gelichtet hatten? An Detlev von Liliencron hatten ihn vom ersten Augenblick des Kennenlernens an dessen unbekümmerte Fröhlichkeit, dessen geradezu anarchische Arglosigkeit im Umgang mit Geld und guten Sitten und, nicht zuletzt, dessen ebenso patriotische wie bukolische, vor allem aber respektlose

Verse verzaubert. Ein Adliger als Außenseiter, ein gewandter Herr und Verächter bürgerlicher Moral, ein leidenschaftlicher Frauenfreund und Draufgänger: War er ihm nicht ein Bruder im Geiste? Er hatte immer mit vollem Einsatz (nach Überwindung der anfänglichen Enttäuschung auch mit Idas Hilfe) für Liliencrons Ehre und Unterhalt gestritten und sich nie durch das abträgliche Gerede der Kritiker darin beirren lassen.

Der Freiherr, der in Wahrheit die Vornamen Adolph Axel trug, entstammte einer Dithmarscher Bauernfamilie, die schon im 17. Jahrhundert geadelt worden war. Er wurde 1844 in Kiel geboren. Sein Vater war dänischer Zollbeamter, seine Mutter amerikanischer Abstammung. Längst war die Familie verarmt. Adolph Axel alias Detlev hatte nach mißratener Schulzeit (eine Gymnasialausbildung hatte er abgebrochen) die Kadettenanstalt in Berlin besucht, hatte es zum Fähnrich in einem westfälischen Regiment, später zum Oberleutnant gebracht und 1866 am Krieg gegen Österreich, 1870/71 am Krieg gegen Frankreich teilgenommen. Seine skandalöse Lebensweise, seine Schulden, seine Affären hatten ihn genötigt, 1875 den Abschied vom Militär einzureichen.

Zunächst hatte er sich vor seinen Gläubigern bei Verwandten seiner Mutter in Amerika in Sicherheit gebracht, wo sich der norddeutsche Landadlige zwei Jahre lang mit den verschiedensten beruflichen Tätigkeiten – vorwiegend als Klavierspieler und Sprachlehrer – notdürftig über Wasser halten konnte, bis ihn das Heimweh wieder nach Deutschland flüchten ließ. In Eckernförde, Flensburg, Plön, auf Pellworm und in Kellinghusen durchlief er kurzfristige Engagements in der Verwaltung (etwa Hardesvogt auf Pellworm, Kirchspielvogt im holsteinischen Kellinghusen), aber keiner dieser Anstellungen war eine längere Dauer beschieden. Liliencron war für die geregelte Büroarbeit so ungeeignet wie sein Freund Richard Dehmel. Seine erste Ehefrau Helene von Bodenhausen verließ ihn in Richtung Amerika; die regelmäßigen Besuche Liliencrons in Hamburg, verbunden mit reichlichem Genuß von Austern und Champagner, führten zu neuen Schuldenbergen. Schließlich, im Jahr 1885, sah er sich zum Offenbarungseid gezwungen.

Liliencron lebte nun in größter Armut, aber inzwischen auch im Bewußtsein seiner Talente als Lyriker. Bald widmete er sich ausschließlich seinen literarischen Plänen, zunächst eine Zeitlang in München und Berlin, zuletzt in Hamburg und Altona. 1883 war zur großen Begeisterung patriotisch gesinnter Deutscher der Gedichtband »Adjutantenritte« erschienen, später folgten, neben anderen Gedichtbänden, der Band »Unter flatternden Fahnen« und Erzählungen. Obgleich auch weiterhin in katastrophaler finanzieller Not, wurde er allmählich – und nicht zu Unrecht! – als ganz und gar eigenständiger, moderner Dichter geschätzt, erschienen seine Werke in mehrbändigen Ausgaben, wurden seine Gedichte in angesehenen literarischen Zeitungen gedruckt. Sein Ansehen wuchs so stark, daß ihm der Kaiser im Jahr 1900 sogar einen Ehrensold aussetzte, was Liliencrons Lage erheblich besserte, ohne freilich jemals für dessen aufwendigen Lebensstil auszureichen.

Als Dehmel in Berlin zu einer Stützaktion für Liliencron aufrief, hatte dieser gerade – nach einer zweiten gescheiterten Ehe mit einer Wirtstochter von St. Pauli – zum dritten Mal geheiratet, diesmal die Tochter eines holsteinischen Bauern, und war mit seiner neuen Frau, die ihm zwei Kinder gebar, in das bei Hamburg gelegene Alt-Rahlstedt gezogen. Dort hatte ihn Dehmel besucht, dort hatte Ida für einige Zeit ihren Sohn untergebracht. Die schwersten Jahre Liliencrons, in denen es oft nicht einmal genügend zu essen gegeben hatte, waren nun überstanden, und der äußerst liebenswürdige, äußerst humorvolle und äußerst feinfühlige Mann war so etwas geworden wie ein beliebter Sänger des selbstbewußten Junkertums, der unversehrten Natur und der freien Liebe. Mit ausgedehnten Vorlesereisen konnte er seinen Hausstand leidlich stützen, zu Hause war er ein besonders liebevoller Vater. Seine ebenso krause wie beharrliche Verherrlichung des Soldatenglücks befremdet heute, aber seine verschmitzt-bukolischen und impressionistisch-sprachschöpferischen Verse lesen sich noch immer höchst vergnüglich, sein melancholischer Impressionismus steckt voller Poesie. Der in Hamburg wohnende, aber zu Recht heute vergessene Lehrer und Dichter aus Lübeck, Gustav Falke, verkehrte sowohl mit Liliencron als auch mit Dehmel auf engem Fuße. In einem langen Loblied aus Falkes Feder heißt es mit Seitenblick auf Liliencrons Lebenswandel:

Liliencron, der edle Ritter,
Fegte wie ein Lenzgewitter
Durch die teutsche Litratur.
Onkel, Tante, tief erschrocken,
zerrten zitternd alle Glocken:
Herz, schütz unsre fromme Flur!

Dieser kindlich-heitere, infolge seiner materiellen Sorgen gelegentlich aber auch melancholische Dichter-Baron war ganz aus dem Holz geschnitzt, das dem jüngeren Richard Dehmel behagte. In Liliencrons Umgebung schien der Abschied von Preußen weniger schmerzlich, wußte er sich einem vertrauten Geist verbunden, lösten sich alle bürgerlichen Begrenzungen in Luft auf. Und als Adel des Geistes, als schrankenloser Sucher nach Liebe und Genuß, nach Anerkennung und Abgrenzung, als Verächter alles Banalen verstand er sich ja auch selbst.

Ida war es recht. Nach Berlin, zu Paula und den Kindern, zog es sie nicht. Hamburg war eine große Stadt, und sie würde dort einen Weg finden, bei aller Unterwerfung unter die bestimmenden Ansprüche ihres Mannes zumindest ein Stück weit aus seinem Schatten zu treten. Schließlich sollte es für immer ihre Haupt- und Lebensaufgabe bleiben, das Genie an ihrer Seite mit allen Kräften zu fördern. Einiges von dem himmlischen Licht, das ihn bestrahlte, fiel ja auch auf sie. Sie hatte keinerlei Zweifel daran, daß der inzwischen erheblich gestiegene literarische Ruhm Dehmels mehr als berechtigt war, empfand sich ihr Gatte doch als Inkarnation von Deutschlands größtem Dichterfürsten.

»Mein Gefühl hat Schillersche Tendenz, mein Geist Goethesche Observanz. Oder: als Dichter bin ich Schillern, als Künstler Goethen wahlverwandt«, schrieb Dehmel am 14. November 1902 an einen seiner Verehrer, Hans Benzmann, der ihm einen Aufsatz über Schiller zugesandt hatte, in dem er auch Dehmel voller Bewunderung Tribut zollte.

Es waren mittlerweile nicht wenige, die den Lyriker Richard Dehmel als einen der größten Dichter der Zeit verehrten. Seine Boheme-Epoche lag hinter ihm, er war nun neununddreißig Jahre alt, und mochte sein »Roman in Romanzen« auch noch nicht in Buchform vorliegen und er noch unermüdlich und qualvoll an den letzten Korrekturen und Erweiterungen arbeiten: Schon nach dem Vorabdruck galt das Werk vielen als Durchbruch zu einer neuen literarischen Form und einem neuen Menschenbild. Im Leben hatte er vorgemacht, was es hieß, sich von allen Fesseln der Konvention zu lösen, nun war der unruhige Wanderer an sein Ziel gelangt: Mit seiner Frau Isi hatte er ein hymnisches Signal für Lust und Liebe, Freiheit und Unabhängigkeit gesetzt und dieses in endlosen Variationen in Dichtung verwandelt – jedenfalls in das, was viele unter Dichtung verstanden: Verklärung und Erhöhung der Wirklichkeit, Überwindung von Realismus und Naturalismus – den Menschen des neuen Jahrhunderts verlangte es nach schönem Schein und Flucht aus dem Alltag.

Allein das äußere Erscheinungsbild dieses Dichters versprach hohe Kunst und erotische Verführung. Wenn er jetzt auf eine seiner vielen Lesereisen ging, um sowohl eigene als auch fremde Texte vorzutragen, traf er auf ein erwartungsvolles Publikum. Mit Honoraren von immerhin um die vierhundert Reichsmark gehörte er zu den besser bezahlten Vortragenden, zudem war er, was seine Einnahmen anging, ein geschickter Verhandler. Mit anderen Dichterfreunden entwarf er die Statuten für ein »Cartell lyrischer Autoren«, an das jeder Teilnehmer »ehrenwörtlich« gebunden war. Gemeinsam sorgte man dafür, daß Nachdrucke von Gedichten angemessen honoriert wurden. Für ein leidliches

Auskommen war jetzt gesorgt, und so nahmen er und seine neue Frau erst einmal Quartier in Blankenese vor den Toren Hamburgs.

Die Dehmels mieteten sich in der Parkstraße 22 (heute: Am Kiekeberg) eine geräumige Etagenwohnung mit Blick auf die Elbe und vertieften sich, wenn sie nicht auf einer ihrer vielen Reisen waren, in die gemeinsame Arbeit. Was aber hieß gemeinsam? Der Dichter saß über seinen neuesten Hervorbringungen, das Reimlexikon immer griffbereit, die Ehefrau widmete sich der häuslichen Organisation, vor allem aber dem Archivieren der umfangreichen Korrespondenz ihres Mannes und seiner literarischen Hervorbringungen. Viel Zeit verbrachte sie auch mit dem Schreiben eigener Briefe an die Familie, zugleich aber begann sie vorsichtig, sich an die bessere Hamburger Gesellschaft heranzutasten. Irgendwann sollte ihr Zuhause wieder die Funktion eines literarischen Salons übernehmen können, und wo immer sie Nachricht davon erhielt, daß sich ein Künstler in Hamburg aufhalte, versuchte sie, Kontakte zu ihm zu knüpfen, was infolge des Bekanntheitsgrades ihres Mannes zunehmend leichter wurde.

Die Zahl der Besucher wuchs. Mit den Hamburgern und Hamburgerinnen tat sie sich anfangs schwer, der Name ihres Mannes machte hier vorerst noch wenig Eindruck, und ihr immer noch leicht rheinhessischer Tonfall stieß bei den Hanseaten nicht gleich auf Sympathien. »Sie lesen meine Bücher nicht, sie wissen nicht, was für eine Geborene Frau Isi ist, aber sie erraten instinktiv in uns die solide Firma«, meinte Dehmel – so jedenfalls hat es Julius Bab zitiert. In einem Brief an Stefan Zweig vom 9. Mai 1907 beklagte Dehmel das dürftige kulturelle Klima Hamburgs als »recht kryptogam«, die Leute gingen »lieber in commercielle als in poetische conférences«.

Dennoch schätzten die beiden ihre neue Bleibe, fürs erste waren sie sich ja auch selbst genug. Bis zur Selbstverleugnung versenkte sich Ida in die Liebe zu ihrem Mann, ging sie auf in ihrer Rolle als dienende Muse. In ihren Tagebüchern der ersten Hamburger Jahre jagen sich die schwelgerischen Bekundungen der

Hingabe. Hatten ihre früheren Aufzeichnungen bei aller Verliebtheit nicht mit kecken, ironischen Bemerkungen über Gott und die Welt gegeizt, konzentrieren sich die Eintragungen nun ganz auf den inneren Dialog mit dem als Genie verklärten Gatten.

Wer Ida Dehmels Biographie nur bis in diese Jahre verfolgt, den muß ernsthaft die Sorge beschleichen, daß aus der einst so eigenwilligen und zum eigenen Weg entschlossenen Ida Coblenz inzwischen eine willenlos Abhängige geworden war, die nichts mehr kannte als die Zuwendung ihres Mannes. Dieser wurde, wie es sich für frisch Vermählte gehört, auch nicht müde, sie seiner Liebe täglich und nächtlich zu versichern. Gegenseitig erheben sich beide zu Göttern auf Erden. »Das viele Schwül-Geschlechtliche, das in meinen früheren Dichtungen steht«, habe Dehmel – so notierte sie am 10. April 1902 in ihr Tagebuch – zu ihr gesagt, »war nur unbefriedigtes Geschlecht, das sich so entlud. Bei Dir kann ich mich so ganz ausleben und auslieben, daß ich in meiner Dichtung jetzt rein harmonisch sein kann.«

Die nicht sehr geistreiche Offenbarung trug einen Kern von Wahrheit in sich, denn in der Tat begannen mit dem neuen Glück und dem neuen Zuhause Dehmels Kräfte als gefühlvoll-überhitzter Dichter zu schwinden, verlor er sich immer öfter im »rein Harmonischen« und Würdevoll-Pathetischen. Einzig als Korrespondenzpartner – und Briefe schrieb er weiterhin mit ungebremster Energie – hielt er dem Hang zur literarischen Selbstbeweihräucherung einigermaßen stand, und in der Liebe zu seiner Frau, die er wie der Stier seine Europa an die Gestade Blankeneses entführt hatte. Als die beiden einmal in das nahe Sülldorf spazierten und – so Ida in ihrem Tagebuch vom 25. April 1902 – »einen Reiter auf frisch gepflügtem Feld« beobachteten, habe Dehmel geseufzt: »Vor ein paar Jahren hätte mir das ein Gedicht gegeben« – so weit war es inzwischen mit dem »edlen Renner« gekommen. Emil Ludwig, der in den zwanziger Jahren zu den erfolgreichsten Autoren des Rowohlt-Verlages zählen sollte, meinte nach einem Besuch in Blankenese mit Blick auf des Dichters nun bürgerlich-beschaulich gewordene Lebensweise, Dehmel habe in seinem »zweiten Umkreis der Stille ... nichts mehr entscheidend Neues dort geschaffen«.

Ida focht das nicht an, sie war sich der ungebrochenen Genialität ihres Mannes so sicher wie eh und je. »Ich liebe Dich ja mit solcher Unendlichkeit, mit solchem Glück! Ich bin ganz ausgefüllt mit Glück! Jeder Gedanke, jedes Gefühl, jede Sinneswahrnehmung. Alles schwimmt auf diesem Fond von Glück, mit dem ich ganz ausgefüllt bin«, vertraute sie ihrem Tagebuch am 14. Mai 1902 an. Sie wolle gerne noch lange leben, »auch für meinen Jungen, und doch, wenn der Tod käme, ich hätte Vertrauen in ihn. Tausende betrügt er um ihr Bestes. *Mich um nichts! Ich habe alles gehabt: in Dir, durch Dich, mit Dir.*«

Sie war jetzt einunddreißig Jahre alt, ihre jugendliche Schönheit stand auf dem Zenit, sie hatte endlich eine intakte Familie und den Mann ihres Lebens. Mochte sie einst von einer eigenen, ungewöhnlichen Leistung geträumt haben: Die Hingabe an Dehmel bedeutete ihr längst mehr als alles andere. Zwei Jahre später, am 21. Juni 1904, kam auch ihr Mann noch einmal auf die für sie beide so untrennbare Einheit von Leben und Liebe zurück, und seine Worte klangen so endgültig, als würde er sie nie mehr in Frage stellen: »Ich meine, wir *können* gar nicht sterben, als bis wir durch ein *langes* Leben den Menschen ein Beispiel gemeinsamer Glücksmöglichkeit auf Erden gegeben haben. Das sage ich nur, weil unsre Liebe so unerschöpflich ist, daß sie sich gar nicht in uns Beiden allein ausschöpfen *kann;* sie muß über unsre Grenzen hinausgehen.«

Er empfand sich inzwischen als Repräsentant: Nicht nur sein Werk, auch ihrer beider Zweisamkeit in der Liebe *und* in der Arbeit sollte über alles Individuelle hinaus Bestand haben. Allerdings dokumentieren seine Briefe, daß dieser Anspruch manchen Schwankungen ausgesetzt war, denn wenige Tage später schrieb er Ida, daß sie ihren Briefwechsel später vernichten sollten, damit er nicht »von irgendeiner biographischen Schnüffelnase ›gesichtet‹ werden« könne. In seinem Testament verfügte er dann allerdings die Annullierung dieses Vorhabens. Die Unterstützung seiner Arbeit war Ida nur »*Genuß*, vielleicht weil ich weiß, daß es ein vorübergehendes Stadium ist«. Das war eine Vorahnung. Im Jahre 1913 teilte sie ihrer Nichte Marianne Neumeier mit: »Dehmels Werk wird sicher eines Tages große Anforderungen an mich stellen.« Dazu kam es dann auch.

Die steigende Zahl der Besucher in der Blankeneser Wohnung gab Ida Dehmel allmählich auch wieder Gelegenheit, ihre von Berlin her gewohnte Rolle als umsichtige Gastgeberin und anregende Förderin von Talenten zu spielen. Das Ehepaar hatte seine Wohnung in einer für Hamburger Verhältnisse geradezu aufregenden Eigenwilligkeit eingerichtet. Einige Familienerbstücke aus Bingen wurden durch Mobiliar ergänzt, das Dehmel höchst selbst entworfen hatte. Als Anregung hatten ihm seine Eindrücke von der Mathildenhöhe in Darmstadt gedient. Die Möbel, so der Kunsthistoriker Hermann Hipp, »zeigten die Kurven des Jugendstils und sein Ornament: kein wilder ›Jugendstil‹, sondern gediegenes, von materieller Qualität und Solidität geprägtes Gebrauchs-Mobiliar. Es verrät guten Geschmack. Auch Dr. jur. Richard Dehmel (so er kein Dichter gewesen wäre) hätten diese Möbel um 1905 gut angestanden.« Peter Behrens, der Freund und künstlerische Berater, hatte seinen Teil zu den Entwürfen beigetragen. Schwarz gebeizte Eichenmöbel, weiß gelackte Eßzimmermöbel demonstrierten den Anspruch auf eigenwillige, aber vornehme Repräsentation und solide Gebrauchsfähigkeit im »entrümpelten« Design der Jahrhundertwende. Sie haben sich bis heute in erfreulicher Unversehrtheit erhalten.

Hier also empfing das Ehepaar bald die kleine Welt Hamburgs und gelegentlich auch die große Welt der deutschen Kunstszene. Interessierte Hamburger Bürger bestaunten nun die imponierenden Neuzugänge aus Berlin. Zwar empfanden selbst so freisinnige Geister wie Gustav Schiefler gegenüber der Dichtergattin einiges Befremden, zumal sie mit jedem Auftreten verriet, daß ihr alles »Hanseatisch«-Strenge wenig bedeutete. Anderen, den Künstlern vor allem, imponierte diese »orientalische«

Erscheinung, die keine Gelegenheit ausließ, sich malerisch in Szene zu setzen. Ida hüllte sich gerne in üppige Gewänder wie aus Tausendundeiner Nacht, und das nicht nur auf Maskenbällen, die schließlich auch in Hamburg veranstaltet wurden. Dann gab sie ihrer Lust an der Verkleidung ganz ungezwungen nach. Das Auftreten als Orientalin sei für sie »mehr als ein Mummenschanz«, schrieb sie einmal (am 20. März 1910) an ihre Schwester, »da werden Ester und Ruth in mir lebendig, und ich fühle die alte herrliche Geschichte des Volkes, dem ich mein Blut verdanke«. Henry van de Velde erzählt in der »Geschichte meines Lebens« von Idas »ausgesprochen beduinisch-semitischem Aussehen« und ihrer Vorliebe für »schweren, leuchtenden Schmuck« in diesen Jahren. Der Begeisterung ihres Mannes für ihr »orientalisches« Aussehen konnte sie sich immer sicher sein: Ihrem »ägyptischen« Blick, den er in »Zwei Menschen« gefeiert hat, war er schon bei der ersten Begegnung verfallen.

Mochte der Dichter Dehmel inzwischen auch mehr und mehr die Anerkennung des deutschen Bürgertums gefunden haben: Von Bürgerlichkeit im engeren Sinne war er selbst so weit entfernt wie seine Frau. Beide wußten sich einig in ihrer Sehnsucht nach Freiheit und – im besten Sinne des Wortes – Schamlosigkeit, nach Wildheit und Grenzenlosigkeit. Und doch hatten beide nichts Revolutionäres im Sinn: Ihre Unbekümmertheit um formale, moralische und soziale Regeln und Konventionen ignorierte keineswegs die bürgerlichen Fundamente ihres Wirkens. Sie waren beide Außenseiter einer Gesellschaft, deren restriktiv-wilhelminische Spielregeln sie nicht ernstlich in Frage stellten – solange sie niemand zwang, sich ihnen zu unterwerfen.

Ida stand nun als Gattin eines angesehenen Dichters im Blickpunkt der Öffentlichkeit, sie fühlte sich mit stolz zur Schau getragener Würde als ein untrennbarer Teil von ihm und wollte das auch weithin anerkannt wissen. Ihre Persönlichkeit, gewachsen durch die eigene Befreiung aus unglücklichen Umständen und die Liebe Dehmels, die ihr Selbstbewußtsein so gestärkt hatte, verlangte noch andere Podien der Betätigung als die des häuslichen Rahmens im anmutigen, nautisch-beschaulichen Blankenese. Es war Dehmels intensive Forderung nach einem Gleichklang zwischen zwei gleich starken, gleich fordernden, gleich souveränen Individuen in Liebe, Ehe und Partnerschaft, die sie nun mehr als jemals zuvor über die Begrenzungen und Chancen der Frau in der wilhelminischen Gesellschaft nachdenken ließ.

Aber der entscheidende Antrieb lag in ihr selbst, in ihrem Wunsch nach einer Leistung, die »größer ist als man selbst«. Diesen Wunsch hatte sie nie aus den Augen verloren. Zwar bot Hamburg für die Rolle als Anregerin, Förderin und Maklerin in künstlerischen Angelegenheiten bei allem mehr oder weniger freundlichen Interesse einzelner weniger Voraussetzungen als Berlin, und die konservative »hanseatische« Patriziergesellschaft machte es Frauen nicht eben leicht, aus dem Schatten ihrer tätigen Männer herauszutreten, aber Ida schreckte das nicht. Sie war jung und schön, sie war seit der Scheidung von Konsul Auerbach finanziell recht unabhängig, sie lebte an der Seite eines berühmten Dichters, der sie über alles liebte, und sie, die Muse, übte über diesen Dichter Macht aus. Sie war stark und frei, und es war an der Zeit, ihren Lebenswunsch in die Tat umzusetzen.

Wenn Ida über die Chancen der Frau nachdachte, hatte sie weniger »die Frau an sich« im Sinn als die nach Entfaltung und Selbständigkeit drängende, talentierte Künstlerin. Ihre eigenen Talente hatten aus vielerlei Gründen nicht zu einer eigenständigen künstlerischen Leistung ausgereicht oder waren nicht früh und nicht ausreichend gefördert worden. Anderen mochte es ähnlich ergangen sein, von einer Chancengleichheit von Mann und Frau konnte noch lange keine Rede sein. Hier lag am Beginn des neuen Jahrhunderts eine große Aufgabe von sozialer (und künstlerischer) Sprengkraft.

Ida Dehmel wollte auf eine ihr angemessen erscheinende, all ihre Möglichkeiten berücksichtigende Weise diese Chancengleichheit befördern. Sie konnte sich dabei der Unterstützung ihres Mannes sicher sein, dem nichts ferner lag, als das patriarchalisch-konservative Loblied vom starken Geschlecht zu singen, und sie würde niemals einen Weg einschlagen, den ihr Mann nicht billigte. In solchen Fragen verstanden sie sich geradezu symbiotisch, und beide wurden nicht müde, sich dies nahezu täglich zu versichern. »Es war mein höchstes Ideal«, notierte Ida 1905 einen imaginären Dialog mit ihrem Mann in ihr »Blaues Buch«, »so zu lieben, wie ich liebe. Es war mein höchstes Ideal, so geliebt zu werden, wie du mich liebst«, und sie empfand gerade die vehemente Unterstützung ihres Mannes auf ihrem eigenen Weg und in ihrer Arbeit für die Sache der Frauen als beglückenden Beitrag zu ihrer Ehe.

Es gab aber jemanden, dessen Einfluß auf Ida Dehmel in Fragen der Weltsicht in manchen Situationen noch gravierender war: ihre Schwester Alice. Diese hatte sich schon bald nach ihrer Eheschließung in der Mannheimer Frauenarbeit engagiert, war – aufgrund ihrer Bescheidenheit fast gegen ihren Willen – 1905 in den Vorstand des Bundes deutscher Frauenvereine gewählt worden und hatte sich darin, wie ihr später von allen Seiten immer wieder bestätigt wurde, nur Freunde und Freundinnen gemacht. Was Ida an verführerisch-exotischer Ausstrahlung, an Empfindsamkeit für alles Künstlerische und an Lust zur Selbstinszenierung besaß, das konnte Alice Bensheimer an besonnener Klugheit, herzlicher Offenheit und zupackender Direktheit vorweisen. Die beiden Schwestern waren – nicht nur in ihrer Auffassung von Liebe und Ehe – sehr verschieden, aber in ihrem gemeinsamen Einsatz für die Rechte der Frau gab es keinen Unterschied, allenfalls den, daß Ida stets und vor allem die Förderung ihresgleichen, also die *künstlerisch* aktive oder interessierte Frau, im Blick hatte.

Das deutsche Kaiserreich war in seinen Grundfesten ein Reich von Männern. »Vater Staat« verstand sich als martialisches Patriarchat. Die Frau hatte sich um Heim und Herd zu kümmern, in der Politik hatte sie nichts zu suchen. Das Dreiklassenwahlrecht ignorierte die Frau als Wählerin. Doch 1891 nahm die Sozialdemokratische Partei die Änderung des Wahlrechts in ihr

Programm auf, und bald standen die Zeichen der Zeit in dieser Frage allerorten auf Sturm: auch bürgerliche Frauenvereine stellten die herkömmliche Rollenverteilung mit zunehmender Vehemenz in Frage, was mit der latenten Aushöhlung eines rigiden Vereinsgesetzes einherging, das noch bis 1908 in Paragraph 8 festlegte, Vereine dürften »keine Frauenspersonen, Schüler und Lehrlinge als Mitglieder aufnehmen«, diese dürften auch »den Versammlungen und Sitzungen solcher politischen Vereine nicht beiwohnen«.

Wo immer sich Frauen zusammenschlossen, um Strategien für den Kampf um das weibliche Wahlrecht zu erörtern, hatten sie das Eingreifen der Polizei zu befürchten. Im Gegensatz zu der radikaleren weiblichen Arbeiterschaft, die ideologische Ansprüche auf die Gleichheit von Mann und Frau erhob, ging es den bürgerlichen Frauen vor allem darum, »Schulter an Schulter mit dem Manne an den mächtigsten Kulturaufgaben dieser neuen Zeit mitzuarbeiten«, wie Minna Cauer, eine der Gründerinnen des Bundes deutscher Frauenvereine, 1898 formulierte. Diese Vereinigung sollte sich allerdings sehr bald in einen radikalen und einen gemäßigt-diplomatischen Flügel spalten. Frauen wie Helene Lange, Gertrud Bäumer oder Marianne Weber, die aus dem liberalen Bildungsbürgertum kamen, ging es um ein Frauenbild, das auf den unterschiedlichen Eigentümlichkeiten der Geschlechter bestand und das »Ewig-Weibliche« als Ergänzung der »sachlichen« Männerwelt verstanden wissen wollte. Sie sahen in der Emanzipation der Frau von überkommenen gesellschaftlichen Mustern eine »Kulturaufgabe«, ohne jedoch so weit zu gehen wie ihre rigoroseren Mitstreiterinnen, denen an einer uneingeschränkten Gleichbehandlung der Frau gelegen war.

Es versteht sich, daß ein nicht geringer Teil der wilhelminischen Männerwelt beide Ansätze gleichermaßen mißbilligte und darin eine Gefährdung seiner angestammten Privilegien witterte. So erregte sich etwa ein Bund zur Bekämpfung der Frauenemanzipation, wie Gertrud Bäumer berichtet hat, in einer Petition an das preußische Abgeordnetenhaus: »Wir, die Unterzeichneten, erklären es als … eines deutschen Mannes und Beamten unwürdig, sich der Kontrolle, Zucht und Erziehung einer amtlich vorgesetzten Frau zu unterwerfen, auch wenn diese als weibliche Persönlichkeit einen noch so hohen Rang einnehmen mag; Herrin und Gebieterin eines männlichen Beamten, der die Staatsautorität vertritt, darf sie nicht sein.« Barbara Greven-Aschoff merkt dazu an: »Dieser Bund zur Bekämpfung der Frauenemanzipation war 1912 in Weimar gegründet worden und rekrutierte sich zu einem großen Teil aus Oberlehrern und Handlungsgehilfen. Er versuchte, die Frauenbewegung mit antisemitischen und nationalistischen Parolen zu bekämpfen. Gerade die Kombination von Antifeminismus und Antisemitismus stellte das stereotype Muster dar, das im mittelständischen Konkurrenzkampf auf der ideologischen Ebene sehr häufig erschien und am reinsten in dem antifeministischen Buch der Epoche, in Otto Weiningers ›Geschlecht und Charakter‹, zum Ausdruck kam.«

Bevor sich am Ende des ersten Jahrzehnts des 20. Jahrhunderts die deutsche Frauenbewegung erheblich politisierte und sich mit unterschiedlichen Forderungen artikulierte, hatten bürgerliche Frauenvereine die Forderung nach Gleichberechtigung »mit den Waffen der Frau« auf das Wahlrecht, auf Fragen der Kultur und (Aus-)Bildung konzentriert. Ida Dehmel begann sich seit ihrer Niederlassung in Blankenese immer nachdrücklicher für solche Forderungen einzusetzen, obgleich sie schon 1902, wie sie ihrer Schwester am 9. Oktober 1902 ahnungsvoll schrieb, ein durchaus zwiespältiges Verhältnis zu den Frauenbewegungen ihrer Zeit und vor allem zum aktiven Wahlrecht hatte. Es werde noch, so prophezeite sie, »unendlich viel Krakeel geben, und wenn's vielleicht in 30 Jahren (es sollte noch sechzehn Jahre dauern, bis auch Frauen wählen durften, M.W.) wirklich dazu kommt, werden Millionen Frauen wie Lämmer ihrem Führer folgen ohne eine Ahnung für was sie da stimmen«, aber »so gut Arbeiter durch Arbeiter, Fromme durch Fromme … vertreten sind, haben die Frauen das Recht, ihre Rechte durch Frauen vertreten zu lassen«.

Das war sehr weitsichtig. Treffsicher hat sie auch im behaglichen Blankenese die Gepflogenheiten beschrieben: »In konservativen Kreisen ist man eben *so* konservativ, daß die Damen, trotz Erlaubnis, sich den Teufel um die Wahlurne scheren. Wenigstens in unserer Generation noch nicht, geschweige denn in der vorigen, die doch auch noch recht zahlreich ist ... Du lieber Gott, was ist alles erlaubt, offiziell, ohne daß die Gatten und Väter es den Frauen und Töchtern erlauben. Und grad in den besseren Kreisen. Nein, die Gewinnenden wären die Fanatiker, die auch von jeher den größten Einfluß auf Frauen gehabt haben. Und Fanatismus für ihre Sache findest Du bei uns nur im Centrum und bei den Sozialdemokraten.« Dennoch steht ihr Engagement für das Wahlrecht der Frau unverbrüchlich fest: »... aber das schadet nichts: prinzipiell muß die Frage *unbedingt* bejaht werden.«

Ida Dehmel wollte es nicht bei der rhetorischen Forderung belassen: 1906 gründete sie gemeinsam mit anderen Hamburgerinnen aus »besseren Kreisen« den Frauenclub Hamburg e.V., ein Kommunikationszentrum am Neuen Jungfernstieg 19, in dem die geistigen, sozialen und geselligen Interessen der Frauen gefördert werden sollten. Finanziert durch Mitgliedsbeiträge, die für berufstätige Frauen sogar reduziert wurden, entwickelten sich nach dem Vorbild der hanseatischen Männerklubs regelmäßige und lebendige Zusammenkünfte interessierter Hamburger Damen, und Ida war es zu verdanken, daß aufgrund ihrer guten Beziehungen zur literarischen Welt angesehene Autoren der Zeit, etwa Gerhart Hauptmann, zu Vorträgen und Diskussionen erschienen. Ida Dehmel ging es bei der Gründung des »Frauenclubs« vor allem um die Förderung weiblicher Kunst und Kunstinteressen. Einmal, so berichtete sie 1907, sei allerdings eine feinsinnige Hamburger Senatorenfrau aus dem Klub wieder ausgetreten, »weil sie nicht riskieren wollte, mit einer einfachen Lehrerin an einem Tisch zu sitzen« – das dürfte allerdings etwas ungenau formuliert gewesen sein. Gustav Schiefler hat die Sache anders dargestellt, als er in seinen Erinnerungen davon erzählte, daß »Frau Senator Sander aus dem Frauenclub wieder ausgetreten (sei), um dort nicht mit dem ›Schauerweib Frau Dehmel‹ zusammenzutreffen«.

Frau Ida Dehmel rief in ihrer Hamburger Umgebung freundliche Bewunderung wie heftige Ablehnung hervor. Ihrerseits ignorierte sie ihre Gegner(innen) und hielt sich an die ihr Gewogenen. Mit Blick auf die Atmosphäre ihres »Frauenclubs« meinte sie gegenüber ihrer Nichte Marianne Neumeier in einem Brief vom 15. März 1907: »Jetzt sitzen im Klub die hochnäsigsten Damen, die gewiß bisher über den Verkehr mit Leuten, die nicht aus ihren Kreisen stammen, die Achseln gezuckt haben, einträchtig mit Schauspielerinnen u. Lehrerinnen u. Dichtersgattinnen zusammen ... Mir persönlich ist Hamburg dadurch so lieb geworden, daß ich nicht von hier wegziehn möchte.«

Das klang sehr viel zufriedener als eine Bemerkung zu einer Hamburger Abendgesellschaft zwei Jahre zuvor, über die sie am 22. Februar 1905 an Alice Bensheimer geschrieben hatte: »... jetzt bin ich mir ganz klar darüber, die Hamburger sind typisch norddeutsche Provinzler.« Mit dem Beginn ihrer Aktivitäten auf dem Gebiet der Frauenrechte und der Frauenhilfe hatte sich ihr Bild vom Leben in der Hansestadt ganz offenkundig aufgehellt. Ihrem eigenen Leben hatte die Aufgabe neue Impulse gegeben. Die Gefahr, sich aufzuopfern – so sie denn jemals bei Ida wirklich bestanden hatte –, war gebannt, sie hatte den ersten Schritt getan zur produktiven und beglückenden Erweiterung ihrer bevorzugten Rolle als Mittlerin und Maklerin.

1912 gehörte Ida Dehmel zu den Mitbegründerinnen einer »Deutschen Vereinigung für Frauenstimmrecht«, einer Art Gegengründung zum »Deutschen Verband für Frauenstimmrecht«, den die beiden zusammenlebenden Frauenrechtlerinnen Anita Augspurg und Lida Gustava Heymann in Hamburg gegründet hatten. Deren Radikalität der politischen Forderung vertrug sich nicht mit Idas sanfter Denk- und Argumentationsweise. Sie setzte auf Übereinstimmung und politische Mehrheitsfähigkeit, nicht auf Konfrontation. Bei manchen späteren Zusammenkünften sollte sie diese Distanz noch schmerzlich spüren. Aber sie wollte ja nicht nur träumen, sondern wirken, und so übernahm sie in ihrer Vereinigung das Amt der Schriftführerin, veröffentlichte kleine Aufsätze in deren Zeitschrift »Frau und Staat« und wurde sogar deren Redakteurin, wobei sie oft auch männliche Autoren zu Wort kommen ließ.

»Da Frauen auf dem Wege zum Stimmrecht sind«, schrieb Ida der Schwester am 11. Dezember 1913, »und da wir sie selbst in die Parteien hinein treiben müssen, um praktische Politik zu treiben, so müssen sie andererseits in die Frauenbewegung unlösbar verkittet sein. Denn nur wenn sie als Frau in die Öffentlichkeit eingreift, wird die Nation um eine wertvolle Kraft bereichert.« In solchen Sätzen zeigte sich ihr völlig ideologiefreier Pragmatismus. Sie verstand sich eben als Vermittlerin, niemals als Revolutionärin. Eine politische Frauenbewegung, wie sie etwa Anita Augspurg und Minna Cauer oder Lida Gustava Heymann repräsentierten, lag weit außerhalb ihres Selbstverständnisses als Geliebte und Partnerin ihres Mannes. Dabei galt ihr glühendes Interesse, wie schon in ihrer Binger Zeit, weiterhin ganz der Zeitgenossenschaft.

Aber die Liebe stand wie ein ihre Seele erhellendes Leuchtfeuer im Zentrum ihres Fühlens, Denkens und Handelns. In Tagebuchaufzeichnungen, die gelegentlich an Cosima Wagners detaillierte, bewundernde Notizen über ihren – weit genialischeren – Ehemann erinnern, feierte sie ihre Erfüllung und Hingabe, stilisierte sie Richard Dehmel ebenso jubelnd wie zuweilen zärtlich-ironisch zu ihrem Tristan, der sie befreit, erhoben und beflügelt hatte. »Wir durften uns nicht früher begegnen! Wir mußten, jeder für sich, erst ein paar häßliche Häute abwerfen«, notierte sie am 20. November 1902 in das das »Blaue Buch«. »Ich war krank und traurig als ich Dich kennenlernte. Ich war wie hohl. Ich hatte keine Seele mehr. Da kamst Du. Und gabst mir *mich. Mich selbst wieder.*« Was immer sie für sich, für die Rechte der Frauen, für die Förderung der Kunst erreichen wollte – es entsprang ihrer Liebe. Sie lebte mit ihm und durch ihn und nannte ihn in ihrem Tagebuch einfach »mein Lebenswunder«.

Inzwischen hatte sich das Ehepaar mit dem Berliner Maler Max Liebermann näher angefreundet. Im Mai 1902 war es in Berlin zu einer ersten Begegnung gekommen. Ida berichtet Alice davon am 23. Mai voller Begeisterung: »... die Frau war nach Wannsee gefahren, das Töchterchen holen, ich denke, er wollte mich erst einmal allein beschnobern, doch scheine ich die Prüfung bestanden zu haben, da er sich für die nächste Zeit hier bereits ansagte ... Die Wohnung läßt sich an Größe und Pracht am ehesten mit der Mosseschen vergleichen; nur daß man bei Mosse überall den neuen Reichtum cultivierter Generationen trägt ... Liebermann ist einer der interessantesten Menschen, die ich kenne. Sein Steckenpferd ist seine edle, jüdische Rasse. Antisemiten lädt er nicht ein. Dabei ist er einerseits natürlich in allen Welten daheim und spricht andererseits ein Berlinerisch, wie man es sonst höchstens in Destillen für Droschkenkutscher II. Güte zu hören kriegt. ›Dehmel, Se sin verrickt, verrickt, verrickt!‹, sagte er einmal.«

Liebermann begann am 13. Juli 1902 in Blankenese mit ersten Skizzen zu einem Porträt des Dichters. Er besuchte ihn bei einem seiner Aufenthalte in Hamburg auf Einladung des Direktors der Kunsthalle, Alfred Lichtwark (denen wir auch Liebermanns schönes Bild von der Terrasse des Hotelrestaurants Jacob über der Elbe verdanken), und Ida schrieb noch am selben Tag von diesem Besuch in einem Brief an ihre Schwester: »Sonntag früh ... Der Moment ist zu historisch, um nicht verewigt zu werden. Links von mir sitzt Liebermann auf einem Hockerchen mit einem Zeichenblock in der Hand und zeichnet Dehmel. Dehmel sitzt vor seinem Schreibtisch auf dem Schreibsessel und liest ihm Liliencron-Gedichte vor.« Dann aber habe Liebermann aufgeseufzt: »Dehmel, Sie sin wie der Kaiser, Sie können nicht zuheern, Sie wollen immer selber reden.«

Ein Jahr später besuchten Ida und Richard Dehmel Max Liebermann in seinem Berliner Wohnhaus am Pariser Platz. Das Porträt sollte seine endgültige Gestalt erhalten. Eingehend erzählte Ida am 2. Juli 1903 in ihrem Tagebuch von der erneuten

Begegnung und stellte dabei ihre Gabe, Menschen genau zu beobachten, wieder einmal unter Beweis: »Liebermann sieht einen überhaupt nicht an; wenigstens nie Blick in Blick. Spricht man mit ihm, so sähe er am liebsten ganz weg. Aber aus Höflichkeit fühlt er sich doch gedrungen, dem Sprechenden seinen Blick zu schenken. Dann heftet er seine Augen etwa auf den Ellenbogen seines *vis-à-vis,* scheint sich da Mut zu holen, dann gleiten sie langsam dem Gesicht zu, dann hastig den Mund und die Augen hinauf, sowie sie dann aber des Sprechers Augen begegnen, rennen sie in wilder Flucht in eine Atelierecke. Ich habe dieses Manöver wohl 10 mal beobachtet in den zwei Stunden ... Sieht man von ihm weg, etwa auf eins seiner Bilder, dann allerdings studiert er sofort scharf das Gesicht, das sich nicht um ihn kümmert. Wendet man sich ihm dabei unerwartet zu, so blinzelt und zwinkert er (ich weiß nicht, ob er es wirklich thut, aber sein Ausdruck ist dann ganz so, wie eine Katze in der Sonne).« Bei gemeinsamer Betrachtung einiger Bilder habe er einmal gesagt: »Wissen Se, Dehmel, dat Beste und dat Schlechteste, dat liegt so nah beisammen, manchmal weeß *ick* selbst nich mehr: Hab ich da nu wat Jroßartiges jemacht oder wat Verricktes? Wissen Se, wat ick da thue: da ruf ich mein Töchterchen rin. Bei dies Bild hat se jesagt: ›Jroßartig, Papa, so'n jutes Porträt von Dir jiebts überhaupt noch nich.‹ Nu bin ich berujigt.«

In ihren Beobachtungen läßt Ida erkennen, wie sehr Dehmels »Archivrätin« inzwischen auch die geschäftliche Seite der Kunst im Blick hatte. Liebermann habe ihnen seinen »Papageienmann« gezeigt, »an dem er seit 20 Jahren herumdoktert, ein Bild, das wir uns aus Spekulationsgründen anschaffen möchten, wenn wir das Geld dazu hätten. Es soll für 10 000 Mk. in den Handel kommen, wir bekämen es von L. direkt sicher für 8000 Mk., und *dieses* Bild wird in 15 Jahren *bestimmt* für 50 000 Mk. verkauft.«

Ida hatte sich auch einen kurzen Dialog zwischen Liebermann und Dehmel über Fragen der Rassenzugehörigkeit sehr genau gemerkt und Liebermanns Äußerung dazu in ihren Aufzeichnungen protokolliert: »Haben Se schon mal solche Augenbrauen jesehn wie meine? Dat is Rasse: Solche finden Se nur bei den edelsten Rassejuden.« Auf Liebermanns »Verteidigung der Rassenreinheit« habe Dehmel mit einer treffsicheren Bemerkung geantwortet, die seine Unvoreingenommenheit in solchen Fragen erkennen ließ: »Wo fände man denn heut noch wirklich reine Rasse? Bei den Oberhessen, und das wäre doch ne schreckliche Sorte.« Darauf habe ihm Liebermann geantwortet: »Dehmel, Se sin verrickt, verrickt, verrickt.« Er habe darauf bestanden, daß »Vornehmheit ohne Rassereinheit« undenkbar sei, und dann erzählt, wie er »durch Opposition conservativer Jude geworden sei. ›Wie ick noch im Jimnasium war, mit den jungen Bismarcks in eener Klasse, da hätt sich jeder *geschämt*, Antisemit zu sein. Wissen Se, damals hat dat noch als Schande jejolten. Wie ick in die Prima kam, da fing et an, und da hab ick erst aus Stolz und Oppositionsgeist jemerkt, dat ick en Jude bin.«

Eine andere Erinnerung, die Ida ihrem Tagebuch nach dem Besuch bei Liebermann anvertraute, beleuchtet Wilhelms II. Kunstverstand: Bei einem Besuch des Museums in Den Haag habe Liebermann einmal »die Rembrandts besehn«. Dabei habe er auch den damaligen Kronprinzen in Begleitung eines guten Bekannten aus Berlin getroffen. Ein halbes Jahr später sei dieser Bekannte ihm wieder begegnet und habe erzählt, daß der Kronprinz damals wissen wollte, mit wem er sich denn da eben unterhalten habe. Als der Name Liebermann gefallen sei, habe der Kronprinz nur gefragt: »Was, mit so einem sprechen Sie? So einem sudeligen Schmierfritzen ...!« Darauf habe der Bekannte erwidert: »Nun, Liebermann hat sein ganzes Leben lang ganz im Sinn Rembrandts gearbeitet, und nun sprechen Sie so von ihm! Haben Sie denn so wenig verstanden, was ich Ihnen auseinandergesetzt habe?« Vielleicht hat der Freund Liebermanns das unerquickliche Gespräch etwas übertrieben dargestellt, aber so ähnlich könnte es immerhin verlaufen sein. Kaiser Wilhelm I. ließ Liebermann dagegen gelten, denn er meinte: »Wissen Se, sein logisches Urteil is nich so miserabel wie sein Jeschmack.«

Im Jahr 1903 erschien Richard Dehmels Versroman »Zwei

Menschen«, an dem er so lange geradezu verbissen gearbeitet hatte, endlich in Buchform. Peter Behrens hatte dafür eine eigene Schrift entworfen, der Text war von blauen Linien umrahmt. Die Auflage von gut zweitausend Exemplaren war bald vergriffen, der Dichter wurde vielfach belobigt. Das Buch wurde wegen seiner dunklen Erotik und pathetischen Dramatik ein großer Erfolg. Julius Bab sah darin »ein mächtiges Gedicht, das seine wesentlich lyrische Wirkung in epischer Weise aufbaut, gliedert, steigert«, und erörterte ausführlich die Frage, ob es sich dabei um ein eher lyrisches oder eher episches Kunstwerk handle. Dehmel wurde fortan vor allem mit diesem Erfolg identifiziert. Wie berühmt dieses in vielen Bürgerhäusern erregt oder ergriffen gelesene Buch damals wurde, zeigt nicht nur die musikalische Bearbeitung des Themas durch bekannte Künstler, sondern auch die Tatsache, daß sich schon wenige Jahre später ein Trivialautor mit Namen Richard Voß an den Erfolg anzuhängen versuchte, indem er den inzwischen populären Titel »Zwei Menschen« für einen dreiteiligen Dolomiten-Roman übernahm.

Dehmels Ruf als einer der wichtigsten Dichter der Epoche war inzwischen in Deutschland ziemlich unumstritten. In seinem Werk verbargen sich viele Ahnungen und Ansichten seiner Zeitgenossen. Es wurde darin der befreite Umgang mit den eigenen Trieben, das Bekenntnis zu rückhaltloser Erotik und die Idealisierung der Liebe als einzig heilenden Bandes zwischen Welt und Ich, zwischen allen sozialen und menschlichen Widersprüchen in einer Weise besungen, die den durch düstere Ahnungen provozierten Hang zu Weltflucht und Rückzug in die »schöne« Kunst befriedigte. Dehmels Pathos und seine ungestüme Emotionalität nahmen bereits den Expressionismus vorweg, und nicht wenigen aus allen sozialen Schichten galt er als Leitfigur auf dem Weg in ein erfüllteres Diesseits. Der Dichter sprach vor Arbeitern ebenso wie vor Studenten, vor literarischen Vereinigungen wie in vornehmen Bürgerhäusern, und das überall in Deutschland. Die Vortragsreisen führten das Ehepaar auch nach Prag und Wien. Von dem Besuch an der Donau im Jahre

1905 berichtete Ida an ihre Schwester: »Einen Abend waren wir bei Felix Salten mit Hofmannsthal, Schnitzler und Wassermann. Hofmannsthal und Schnitzler sind mir fremder als der Japaner, mit dem ich zwei Mal Tennis gespielt habe.«

Idas Charakteristik der österreichischen Gastgeber fiel noch bitterer aus als dieser Eingangssatz, und es läßt sich leicht vorstellen, wie fremd sie sich in dieser Wiener Literaturwelt gefühlt haben muß: »Ich friere bei ihnen. Und obgleich ich kaum gesprochen habe an dem Abend, ist mir heute jedes Wort zu viel, das mir in ihrer Gegenwart entschlüpft ist. Wenn ich in Todesgefahr wäre – ich glaub, daß ich lieber unterginge als einen von denen um Hilfe zu bitten.« Die Herren hatten sie ihre eisige Ablehnung offenbar deutlich spüren lassen – oder waren einfach nur mit sich und ihren Projekten beschäftigt. Peter Altenberg hingegen schenkte Ida Dehmel eine seiner damals begehrten Ketten und gewann nicht nur damit ihr Herz. Seine Lebensweise fand sie allerdings »haarsträubend unvernünftig«, und sie meinte über ihn, er »posiere« viel und lüge »sich und anderen« zuviel vor, er sei eben »eine gequälte Creatur in nuce«. Mit Gustav Mahler – ihn und Dehmel verband eine gegenseitige Wertschätzung – kam es in Wien zu einer erneuten Begegnung.

Auch der Kreis um Harry Graf Kessler und Elisabeth Förster-Nietzsche, der sich in Weimar darum bemühte, der Goethe-Stadt zu neuem Glanz und geistiger Erneuerung zu verhelfen, zeigte sich an Dehmels Wirken sehr interessiert. Van de Velde schlug dem Ehepaar Dehmel sogar eine Übersiedlung dorthin vor. Es kam erst einmal zu einem Besuch. Im Juli 1904 nahmen die beiden an verschiedenen Gesellschaftsabenden in Weimar teil. Danach, am 11. Juli, berichtete Ida jedoch an die Schwester: »Wir könnten nur dann nach Weimar ziehn, wenn D. eine ganz besondere u. sehr gut dotierte Stellung dort bekäme. Sonst könnten wir weder den Kleider- noch Eß-, noch Wohnungs-, noch Verkehrluxus mitmachen, der dort herrscht u. den wir aus Repräsentationsgründen nicht fehlen lassen wollten.«

So blieb es bei Besuchen. Vor den Feierlichkeiten zu Nietzsches sechzigstem Geburtstag schrieb die Nietzsche-Schwester an Ida einen Brief, in dem sie sie ausdrücklich bat, ihren Mann doch wieder zu begleiten. Sie freue sich im übrigen auf diesen, denn sie habe »noch niemals so herrlich vorlesen hören, wie es Ihr Herr Gemahl tut«. Der las ja auch mit drastischem Pathos aus Nietzsches Werken vor, was Elisabeth Förster-Nietzsche von vornherein für ihn einnehmen mußte. Ida gegenüber war Nietzsches Schwester voller Zuneigung. Deutlich formulierte sie das in einem Brief vom 3. Februar 1914 aus Weimar: »Ich bewundere immer wieder die Hingebungskraft, mit der Sie dem männlichen Genius bis ins Schroffste Gefolgschaft leisten und doch die geschmeidige Selbständigkeit der weiblichen Anima wahren, von welcher Geschmeidigkeit auch die Stahlfeder zeugt, mit der Sie die feindlichen Brummer aufspießen.« Das war klug beobachtet.

Dehmels Einkünfte als Dichter und Rezitator waren inzwischen beträchtlich gestiegen. Er bediente sich für seine Auftritte einer Konzertagentur, die für stolze Honorare sorgte. Dehmel war alles andere als reich, aber für das gemeinsame Auskommen war halbwegs gesorgt. Seit 1905 erschien im Verlag S. Fischer die zehnbändige Gesamtausgabe seiner Werke, deren systematischer Aufbau von ihm und Ida in gemeinsamer Arbeit entwickelt wurde. Sein ehemaliger Verlag Schuster und Löffler verfügte nicht über die Beachtung, die der Verlag Samuel Fischers genoß. Die Entscheidung dieses angesehenen Literaturverlages für Dehmel bedeutete so etwas wie den endgültigen Ritterschlag. Nun zählte er wirklich zu den Großen der Epoche. Jenen, die in die allgemeine Wertschätzung weniger einzustimmen vermochten, schrieb Dehmel die sarkastischen Verse ins Stammbuch:

Den Herren Kritikern

Die Lerche singt, der Rabe schreit,
das ist nun so seit Ewigkeit;
Sänge er auch, ihm würd's schon passen,
und dennoch kann er's Schrein nicht lassen.

Der Kritiker hat immer Recht,
unfehlbar wie der Kletterspecht:
die Eiche trotzt dem stärksten Sturm,
der Specht entdeckt in ihm den Wurm.

Es lächeln die Weisen, es lachen die Narren:
in jedem Dache sind krumme Sparren.

Die Arbeit an der Gesamtausgabe dauerte drei Jahre. Die einzelnen Bände erlebten beachtliche Auflagen. Dehmel war für S. Fischer zum Erfolgsautor geworden. Im Verkehr mit Verlag und Agenturen, Autoren und Gönnern übernahm die fleißige »Archivrätin« einen gehörigen Teil der Arbeit. Hinzu kam ihre Tätigkeit für die Wahlrechtsbemühungen und Vereinigungen von Frauen. Sie führte ein ausgefülltes, überaus tätiges Leben und genoß es in vollen Zügen. Sie stand nicht mehr im Schatten ihres Mannes, sie hatte sich beharrlich eine eigene Rolle auf der kulturellen Bühne erobert, wenn ihr dabei auch mancher Argwohn nicht erspart blieb und man ihr vorwarf, sie dränge sich allzu sehr in den Vordergrund.

Kaum war die Gesamtausgabe erschienen, zogen im Jahre 1908 dunkle Wolken über dem Ehepaar Dehmel auf: Ida erkrankte auf Tod und Leben und mußte am Unterleib operiert werden. Die Operation wurde am 8. Dezember in Heidelberg vorgenommen, und Dehmel wich Tag und Nacht nicht vom Bett der Patientin. Es schauderte ihn »vor der *unsäglichen* Einsamkeit, die man erst dann zu erleben anfängt, wenn man nichts mehr zu verlieren hat«. Sieben Jahre später hat Ida ihrem Sohn den Grund angedeutet, auf den nach ihrer Ansicht ihre Gefährdung zurückzuführen war: »... daß Du mein einziges Kind bist, daß ich früher so viel krank war, daß ich so schwer, auf Leben und Tod, operiert werden mußte, das alles (samt Deiner Pickeln) sind Folgen vielleicht einer einzigen leichtfertigen Stunde Deines Vaters. Du bist kein Kind mehr, sondern ein Mann. Darum kannst Du jetzt die Wahrheit hören.« Mit deutlicheren Worten hieß das:

Konsul Auerbach hatte sich während eines erotischen Abenteuers eine Geschlechtskrankheit zugezogen. Im übrigen hatte sich der Konsul nach der Scheidung mit seiner Wirtschafterin getröstet und diese geheiratet, aber bald sollte ihm durch psychischen und physischen Verfall das Leben zur Qual werden. Die Todesursache: Paralyse infolge von Syphilis.

Nach heutigem medizinischen Wissen ist eine Geschlechtskrankheit bei Ida oder eine Übertragung auf ihren Sohn auszuschließen. Die Symptome einer Syphilis oder Gonorrhö hätten frühzeitig und sehr viel gravierender bei Mutter und Kind in Erscheinung treten müssen – davon aber konnte keine Rede sein. Pickel und Kränklichkeiten müssen andere Ursachen gehabt haben. Wieder einmal hatte sich Ida – wie so oft in ihrem Leben – die Wirklichkeit nach ihrem Bilde zurechtgebogen. So, wie sie das Leben betrachten wollte, mußte es sein. Wir mögen das kritisieren, aber sie bezog aus solcher – bewußten oder unbewußten – Verkennung einen guten Teil ihrer Kraft.

Idas Gesundheit war ja schon in ihrer Jugend alles andere als stabil gewesen, und ihre Sanatoriumsaufenthalte hatten sich zuletzt gehäuft. Doch die Patientin erholte sich auch dieses Mal wieder und konnte nach geraumer Weile einigermaßen genesen nach Hamburg zurückkehren. Allerdings hatte sie, wie Gustav Schiefler es nicht eben taktvoll nannte – »ihr Weibtum« eingebüßt. Dehmel erwies sich in dieser für sie so bedrohlichen Lage ein weiteres Mal als selbstloser und unermüdlicher Helfer, aber die endgültige Erkenntnis, daß der Ehe Dehmel keine Kinder beschieden sein sollten, hinterließ sowohl bei Ida wie bei Richard Dehmel Spuren. Diese letzte Erfüllung ihres Glücks sollte ihnen versagt bleiben, und beide litten schwer darunter. Immer öfter fanden sich nun Dehmels Kinder aus Berlin in Blankenese ein. Und da war ja noch Idas Sohn Heinz Lux, dem sie viel Zeit und Aufmerksamkeit schenkten.

Eine weitere schmerzliche Nachricht ging in dieser Zeit ein: Dehmels bester Freund Detlev von Liliencron erlitt während einer Reise mit Frau und Kindern zu den Schlachtfeldern von

Heinz Lux Auerbach, der künftige Buchhändler

Metz, auf denen er während des Krieges gegen Frankreich im Jahre 1870 gekämpft hatte, eine schwere Erkältung, die sich zu einer Lungenentzündung ausweitete. Zurück in Hamburg, starb er am 18. Juni 1909. Für Dehmel war dies – nach dem Tod des Vaters – der bis dahin stärkste Verlust in seinem Leben. Am Grabe Liliencrons sagte er, der sich in allen Fährnissen des Freundes als unbeirrter Verehrer bewährt hatte: »Er war einer von den herrlich Gefügten, deren Leben und Dichten gleich kühn emporsteigt aus ihrer unverbrüchlichen Seele, so vollkommen gleich in freier Schwebe wie der herrliche doppelte Regenbogen, der sich gestern, nachdem wir in seinem Hause den Sarg über ihm geschlossen hatten, über den ganzen Himmel Hamburgs spannte, eine überirdische Ehrenpforte.« Und an Alfred Mombert schrieb er: »Was ich an ihm verloren habe, kann ich nur ein wenig dadurch ersetzen, daß ich Dir zu sein versuche, was er mir gewesen ist.«

Ein Jahr später meldete sich der Tod erneut: In Bingen erkrankte Idas Vater schwer. Sie lastete ihm völliges Versagen als Erzieher, ja Herzlosigkeit ihr gegenüber an, aber nach ihrer Trennung von Konsul Auerbach hatte sich dieser Mann als großzügiger und verständnisvoller Vater erwiesen. Sie fuhr zu dem Kranken nach Bingen und pflegte ihn mit großer Fürsorge bis zu seinem Tod im darauffolgenden Jahr.

Ein Umstand jedoch trug bald dazu bei, dem Ehepaar Dehmel einen glanzvollen Rahmen für Arbeit und Repräsentation zu schaffen, welcher so etwas wie einen neuen Anfang markierte: Das Blankeneser Haus, in dem die beiden sich nach ihrer Rückkehr aus dem Süden eingemietet hatten, stand zum Verkauf, und es war dringlich geworden, sich nach einem neuen Domizil umzusehen.

Dehmel nahm diesen Zwang zur Veränderung zum Anlaß, über eine Rückkehr nach Berlin nachzudenken. Ida konnte mit solchen Plänen wenig anfangen, hatte sie doch soeben erst in Hamburg ein eigenes Betätigungsfeld erobert. Welche Überlegungen es auch immer gegeben haben mag: Sie war gewiß nicht unbeteiligt an dem beglückenden Vorschlag des Architekten Walther Baedeker, auf einem ihm gehörenden Blankeneser Grundstück auf eigene Kosten ein Haus für das Ehepaar zu erbauen, in das sie als Mieter einziehen sollten.

Baedeker gehörte zu jener inzwischen stattlichen Anzahl Hamburger Freunde, denen an einem Verbleiben des Dichters in Hamburg sehr gelegen war. Damals hatte man von diesem Grundstück aus noch einen schönen Weitblick auf die Elbe – der Vorschlag mußte bei beiden Begeisterung auslösen. Er stellte ja nicht nur ein neues und wahrhaft poetisches Zuhause in Aussicht, Baedeker bot Dehmel auch an, ihn an den Planungen in allen Einzelheiten zu beteiligen, obgleich er selbst zu den großen Landhausarchitekten seiner Epoche gehörte. So wurde der hochragende Putzbau mit Walmdach denn auch zu einem für Baedekers sonstige Bauten eher untypischen Amalgam aus norddeutschem Heimat- und Jugendstil. Julius Bab ging sogar so weit zu meinen: »Gradlinig klar, einfach und fest, praktisch und doch verhalten festlich gefügt in allen Räumen, kann dies Haus sehr wohl als Schöpfung Dehmels, als Abbild seiner Persönlichkeit gelten.«

Welcher Persönlichkeit? Jener ungebärdige Dichter, der sich als Revolutionär der Seele, als Anarch in der Berliner Boheme um alles mögliche gesorgt hatte, nur nicht um ein behaglich-repräsentatives Eigenheim in bevorzugter Villenlage, existierte schon seit seiner Übersiedlung nach Blankenese nicht mehr. Auch Dehmel selbst war wohl nicht entgangen, daß er in der Ehe mit »Frau Isi« zu einem etablierten Kunst- und Kulturbürger geworden war, dessen wilde, schöpferische Jahre schon eine Weile zurücklagen.

Von der hanseatisch-ökonomischen Kaufmannsatmosphäre seiner Umgebung etwas eingefärbt, war der allseits verehrte Dichterfürst inzwischen fast so etwas wie sein eigenes Museum geworden, das es mit Hingabe und Sorgfalt zu pflegen galt. Emil Ludwig erinnerte sich 1924: »Verantwortung, Gründlichkeit und Güte, lauter Dinge, ohne die man dichten kann, hielten diesen geborenen Dichter ab, ins Abenteuer zu schweifen, wie es ihm von Natur aus geziemte. Hatte er ein Jahrzehnt still draußen vor Berlin gesessen, so saß er dann ein zweites still draußen vor Hamburg, und wenn ihm hier mehr Muße gegeben und der Brotdienst genommen war, so hat er doch in diesem zweiten Umkreis der Stille weniger, er hat nichts mehr entscheidend Neues dort geschaffen.«

1911 versuchte sich Dehmel nach »Der Mitmensch« von 1895 an seinem zweiten, größeren Theaterstück mit dem Titel »Michel Michael«, aber dessen Uraufführung in Hamburg blieb ebenso erfolglos wie der erste dramatische Versuch. Wie sehr sich Dehmel bewußt war, daß seine dichterische Zukunft bereits hinter ihm lag, verraten die Zeilen aus seinem Poem »Das Haus des Dichters«, das er in Begeisterung über die neue, »hehre Burg« schrieb:

O bleib, Phoenix, verlaß mich nicht,
Traumfeuervogel, mein göttlicher,
wie schweiften wir frei von Herd zu Herd!
Wenn ich scheu, ich staubgeborener Wicht,
in die Asche blies mit finsterm Gesicht,
flogst du goldrot auf, immer neu hellauf, unbeschwert,
und Sternbilder sprühten von deinen Schwingen.

Die Sternbilder wollten sich nicht mehr so oft einstellen »unter fremden Fichten«. Julius Bab meinte zu dem neuen Domizil treffend: »Wie ungeheuer erstaunt die deutschen Dichter immer sind, wenn sie es zu einer Lebenshaltung und gar zu einem Besitz bringen, die jedem nur einigermaßen erfolgreichen Kaufmann selbstverständlich sind.« Das Erstaunen der »einigermaßen erfolgreichen« Kaufleute über das Haus eines Dichters, eines lyrischen noch dazu, dürfte nicht geringer gewesen sein. Aber noch gehörte das Haus über der Elbe nicht dem Dichter und seiner Frau, sondern einem vermögenden Architekten, an den Miete zu entrichten war. Das sollte sich bald ändern.

Das größte Geschenk zu seinem fünfzigsten Geburtstag am 18. November 1913 hatte sich Dehmel, wie er meinte, selbst bereitet: die Besteigung des Montblanc. Daß Richard Dehmel ein begeisterter Freund der Berge, ja ein passionierter Alpinist war, hatte sich herumgesprochen, besaß er doch in Zürich einen Freund, der ihm von den Schönheiten des Bergsteigens viel erzählt und ihn dazu bewogen hatte, sich seinen mutigen Erkundungen anzuschließen. Charles Simon war ein kundiger Bergführer, und zu Beginn des neuen Jahrhunderts stand das Erklimmen von hohen Bergen unter großen Strapazen hoch im Kurs. Dehmel, der schon in jüngeren Jahren den einen oder anderen kleineren Berg bestiegen hatte – mal alleine, mal mit seiner Frau –, hatte den Freund verschiedentlich in Zürich besucht und mit ihm von dort aus einige Touren in die Vor- und Hochalpen unternommen. 1906 bestiegen die beiden zum ersten Mal den Leistkamm am Walensee, im Jahr darauf erkletterten sie das immerhin 3512 Meter hohe Sustenhorn. Weitere Gipfelbesteigungen folgten, aber Dehmel wollte sich mit diesen Erfolgen nicht zufriedengeben, es drängte ihn zum Aufbruch in ein größeres Abenteuer: die Bezwingung des Montblanc. Nach – wegen der Wetterbedingungen – vergeblichen Versuchen, den Berg von der Südseite aus zu erklimmen, machte er sich in seinem fünfzigsten Lebensjahr gemeinsam mit seinem Bergfreund und einem weiteren Begleiter ein zweites Mal auf zum Berg seiner Sehnsucht.

Ohne Führer erreichten sie zuerst den 3709 Meter hohen Mont Vélan. Wiederum kam es zu einem Wetterumbruch; in Nebel und Schneegestöber irrten der Dichter und seine Freunde eine Zeitlang umher und kehrten schließlich um. Im folgenden Sommer wurde der Versuch wiederholt. Nach unendlichen Strapazen, erneuten Problemen mit dem Wetter und der glücklichen Überwindung mehrerer höchst gefahrvoller Augenblicke, die seine Freunde zur Aufgabe zwangen, stand der Dichter schließlich auf dem höchsten Punkt des Montblanc. Drei erfrorene Finger hatten ihn nicht daran hindern können, den Gipfel bei Neuschnee und Eis zu erklimmen. In einem (undatierten) Brief hatte er vorher gegenüber Ida von einer »symbolischen Energieprobe« gesprochen, die er sich zu seinem Geburtstag verordnet habe, einen Tag nach dem glücklichen Abstieg schickte er Ida ein Telegramm mit dem Jubelruf: »Gestern Mittag, ein Uhr zehn, Montblancgipfel!«

In schwungvollen Briefen an Simon und liebevoll-malerischen an Ida beschrieb Dehmel die Einzelheiten des kühnen Gipfelsturms, der ihn in seinem Selbstbewußtsein als noch immer äußerst leistungsfähiger Draufgänger auf das schönste bestärkt hatte. Sein Freund Simon schilderte den Bergsteiger Dehmel einmal mit den Worten: »Von hagerem und sehnigem Körperbau, war er leichtfüßig, geschmeidig und behend, ausdauernd, wagelustig und unerschrocken, vollkommen schwindelfrei, ein geschickter und sicherer ›Kletterer‹. In Eisbrüchen balancierte er spielend und elegant über die heikelsten Stellen,

Richard Dehmel mit Gefährten auf dem Weg zum Gipfel des Montblanc

als wäre er es von Jugend auf gewöhnt gewesen.« Einmal habe er lachend gemeint, »hätte er nicht den Beruf zum deutschen Dichter gehabt, so wäre er Akrobat geworden«. Gegen jedwede Gefahren sei Dehmel vollkommen unempfindlich gewesen, nicht einmal ein gefährlicher »Steinfall« habe ihn gerührt, denn er habe nur gesagt, es könne ja »nichts Schöneres geben, als in den Bergen unterzugehen«.

1911 hatte Dehmel mit »Die Musik des Montblanc« eines seiner besseren langen Gedichte geschrieben. In den Versen, die er seinen Bergfreunden widmete, heißt es:

Dein Herz will fliegen und kann nicht. Graust dir?
Hier, wo kein Adler mehr kreist, hier wagten
Menschen ein Sternwartchen herzurichten.
Leise saugt's der Gletscher in seinen Schlund;
kaum noch ein Balken stiert aus dem Grabloch.
Und mit lächerlich offnem Mund gewahrst du,
daß auf dem Kampfplatz um die Erhabenheit
auch das Grausen nur Vorspiel ist.

»Wir haben«, schrieb er am 14. August 1913 an den Freund Simon, »9 1/2 Stunden von der Domhütte (Aufbruch 3 1/2 Uhr früh) bis zum Gipfel gebraucht; der Neuschnee stellenweise bis zu den Lenden tief. Aber über allem das triumphierende Gefühl: Er hat mich allein haben wollen.« Moritz Heimann, der kundige Lektor Samuel Fischers, meinte einmal, Dehmel sei von der Natur »ein gefährliches Geschenk, die Mitgift an Hybris« gemacht worden, »mit der die Götter keinen ihrer Begnadeten verschonen«. Für diesen Dichter gab es keine Grenzen, die ihm unüberwindbar schienen. Sein nächstes Ziel sollte der Gipfel des Monte Rosa sein.

Er hatte den Gipfel des Montblanc erreicht, und auch sein Dichterleben stand nun auf dem Zenit. Dehmel liebte häusliche Feste, er und Ida waren Meister des angemessenen Zelebrierens von Zusammenkünften unter ihrem Dach. Ida war eine umsichtige Gastgeberin, der Dichter ein leidenschaftlicher Zeremonienmeister. Die zahlreichen Freunde überhäuften den Jubilar mit Stößen von Briefen und Geschenken. Am besten gefiel ihm ein Telegramm Frank Wedekinds: »Herzlichen Glückwunsch dem größten deutschen Dichter.« Dehmel sei, so wußte Julius Bab zu berichten, »sehr ernst, ja tief betroffen« gewesen, als er dieses Telegramm gelesen habe: »Er faltete das Papier zusammen, barg es in seiner Brusttasche und sagte zu den Seinen: ›Davon, Kinder, erfährt zu meinen Lebzeiten niemand etwas.‹ Keiner der anderen Gäste bekam die Depesche zu sehen.«

Zum festlichen Abendessen im mit fünfzig Gästen randvoll

gefüllten neuen Haus war auch Walther Rathenau, seit Idas erstem Berlin-Besuch ein guter Bekannter (und damals noch nicht Deutschlands Außenminister), geladen. Peter Behrens, die Verleger Anton Kippenberg und Samuel Fischer sandten Glückwünsche, Dehmels Mutter kam aus Berlin angereist. Die wichtigsten deutschen Zeitungen gratulierten mit ehrfürchtigen Elogen, und der westfälische Dichter Joseph Winckler veröffentlichte in einer Dehmel gewidmeten Sondernummer der Zeitschrift »Quadriga«, einer »Vierteljahresschrift der Werkleute auf Haus Nyland«, hinter der sich ein niederrheinischer Dichterkreis verbarg, eine pathetische Arie der Bewunderung, in der er Dehmel als »getreuen Eckart der jungen Dichter Deutschlands« feierte. Er schloß mit den Worten: »Wie strömen die männlichsten Jünglingsseelen Ihnen unaufhörlich zu aus der Tiefe Ihres Volkes –: Dank Dir, Dank Dir, Richard Dehmel.«

Zwar war dieser Autor mehr volkstümlich als herausgehoben (gut zehn Jahre später erzielte sein Buch »Der tolle Bomberg« einen großen Erfolg), und der Kreis der »Werkleute« umfaßte keine illustren Namen, aber in der Liste der Gratulanten, die dem Sonderheft vorangestellt war, tauchen neben Wedekind auch Schriftsteller wie Arthur Schnitzler, Musiker wie Arnold Schönberg und Maler wie Lovis Corinth, Max Liebermann und Ferdinand Hodler auf.

Mit dem großartigsten Geschenk warteten allerdings die Hamburger und Blankeneser Freunde aus wohlsituierten Kreisen auf: Sie schenkten dem Dichter und seiner Frau das mit Tapeten von Emil Orlik und Lampen von Henry van de Velde geschmückte Haus, das er bewohnte. Wer zum Kreis der Gönner gehörte, läßt sich nicht mehr ermitteln. Initiatorin des kühnen Vorhabens war offenbar Olga Herschel, eine mit Ida befreundete Historikerin. Man darf getrost vermuten, daß auch Albert Ballin, Hamburgs großer Hapag-Reeder, dazuzurechnen ist, hatte ihn Dehmel doch kurz zuvor in seinem Gedicht »Die Hafenfeier«, das den Stapellauf des Ozeanriesen »Imperator« beschreibt, mit den liebevollen Zeilen besungen:

Sieh dort: der schlichte Mann in der Barkasse,
die unscheinbar vom wimmelnden Kai abschwenkt,
der ordnet dir die lärmende Masse.
Ihm dankt im Stillen jede Speichergasse;
ein Schiffsherr ist's, der viele Schiffe lenkt.
...
Jetzt hüpft der emsige Herr von Bord; gewandt
schlüpft er durch festschmuckbunte Zuschauerhaufen.
Ein Riesenschiff soll heut von Stapel laufen.
Flaggen und Wimpel flirrn; girlandenumspannt
harren zehntausendköpfig die Tribünen.
Und über all das ragt der Rumpf des Hünen
wie vom exotischen Blick seines Gebieters gebannt.

»Exotischer Blick« – erinnerte das nicht an die lyrische Beschreibung Idas? An den »ägyptischen Blick«, der ihn verzaubert hatte? Die Auflösung folgt in der nächsten Strophe:

Der grüßt sich höflich durch, durch die Spaliere
der Würdenträger, Damen, Kavaliere,
Schutzleute, Kurtisanen p.p. – und dann:
ein Kaiser neigt sich vor dem jüdischen Mann,
der dieses Völkerfriedenswerk ersann,
es neigen sich die Herren Offiziere.

Unter den späteren Kommentatoren Dehmels findet sich der eine oder andere Hinweis auf seine »ambivalente« Einstellung zu Juden. Gewisse Äußerungen Dehmels, die in ziemlicher Unschärfe und nicht ohne Peinlichkeit Blut- und Rassevorbehalte erkennen lassen, stehen der Bewunderung jüdischer Frauen und mancher jüdischen Freunde entgegen, und so erscheint es mir verfehlt, ausgerechnet in Dehmel einen Vorläufer der rassistischen NS-Politik sehen zu wollen – davon hätte er sich mit Ekel distanziert. Wie manche ahnungslos-dünkelhaften Deutschen mißbilligte er das Festhalten der ostjüdischen Zuwanderer Hamburgs an ihren traditionellen Riten und Gebräuchen, verlangte er hochmütig, sie sollten sich nicht »mißtrauisch einkapseln«, denn täten sie dieses, sei es »vollkommen recht und weise, daß wir sie nicht als gleichwertige Mitglieder des Volks und der Gesellschaft behandeln; denn dadurch erziehen wir sie zur Angleichung«. Hinter solchen Verdikten verbargen sich auch vage politische Vorurteile, die Dehmels krause deutsche Allmachtsgefühle bestimmten und unter anderen Zeitumständen noch Kapriolen schlagen sollten – ein Gegner des Jüdischen war dieser Dichter dennoch nicht. Dagegen sprechen zu viele seiner Äußerungen und nicht zuletzt seine ganz und gar unvoreingenommene Bewunderung jüdischer Persönlichkeiten und Weggefährten. Auch den großen Ballin bewunderte er ohne jedes Wenn und Aber. Der Rassenwahn, der zu Dehmels Lebzeiten bereits sein grausiges Haupt erhob, war seine Sache nicht – allein seine beiden Ehen bewiesen es.

Ida dürfte an dem großzügigen Geschenk der Freunde nicht geringen Anteil gehabt haben. In einem Brief vom 12. Juni 1912 machte Olga Herschel jedenfalls den Vorschlag, sich bei ihrem »schönen Plan« vor allem »unter unsern vielen *sehr* reichen Freunden« umzusehen, darunter seien »gewiß 35, die 1000 Mk. gerne geben. Ich bin überzeugt, daß Sie auf diese Art den Kaufpreis für das ganze Haus mit dem zehnten Teil Arbeit, zehnmal größerer Freude, u. zehnmal sicherer Aussicht auf Erfolg zusammenbrächten.« Das war ein Wink mit dem Zaunpfahl.

Ida Dehmel war inzwischen zu einer erfahrenen Strategin ihrer beider Rollenspiele geworden. Sie wußte, wie sich der Plan verwirklichen ließ, und half bei seiner Realisierung umsichtig mit, Geld für Dehmel zu sammeln war ihr mitnichten peinlich. Sie war sich seiner Genialität sicher und erwartete diese Emphase auch von anderen.

Immer wieder taucht in Idas Korrespondenz die Sorge darüber auf, daß Dehmels Einnahmen hinter ihrer beider Lebenshaltungskosten zurückblieben. Sie war längst auch so etwas wie die Finanzministerin ihres Mannes geworden. Dehmel wurde, was diese Seite anging, in einem Brief vom 15. Mai an den Autor Paul Zech ziemlich deutlich, als dieser ihn um einen Beitrag für die von ihm redigierte Zeitschrift »Das neue Pathos« bat: »Einen größeren Beitrag zu spenden, erlaubt mir leider mein Portemonnaie nicht. Ich muß auf hohe Honorare ausgehn, sonst würde ich überhaupt nicht in Zeitschriften veröffentlichen, bin leider nicht der Krösus, für den man mich erfreulicherweise hält. Auf das Haus, das man mir zum Geburtstag geschenkt hat, mußte ich 30 000 Mk. Hypotheken aufnehmen, um meine Schulden auszugleichen! Von meinen Büchern kann ich noch heute nicht meinen Haushalt bestreiten, so geht's den deutschen Dichtern.«

Daß die Unterhaltskosten des neuen Anwesens das Ehepaar einmal vor große Anforderungen stellen sollten, war noch nicht abzusehen. Aber etwas anderes bereitete sich vor: Idas Ehe mit dem Dichter ihres Herzens stand unmittelbar nach der huldvollen Entgegennahme ihrer »hehren Burg« vor der bislang schwersten Probe.

Dehmels Witterung für das Erlöschen seiner literarischen Energien, sein sicheres Gespür dafür, daß er seinen jugendlichen Furor nun gegen ein Dasein als ehrwürdige Institution eingetauscht hatte, einigen großzügigen hanseatischen Bürgern zu ewigem Dank verpflichtet, sorgte unter der Maske des zufriedenen Jubilars noch einmal für explosive Unruhe. Er fühlte, wie er bitter anmerkte, daß seine »lyrische Ader zu verkalken« begann. Aber galt das auch für seine Lebensadern? Abgeklärte Reife und gefeiertes Alter: War es das, was jetzt noch von ihm übriggeblieben war? Ließe sich die Unbekümmertheit der Jugend nicht doch noch einmal herbeizwingen? Hatte ihm sein letzter bergsteigerischer Triumph nicht doch noch einmal bewiesen, daß »der Fünfzigjährige mit dem Jünglingskörper« (Bab) noch immer für manche Überraschung gut war? War ihm sein Vorbild Goethe dabei nicht mit gutem Beispiel vorangegangen?

Schon seit geraumer Zeit nahm Dehmels Drang, sich seines jugendlichen Elans zu versichern, zuweilen merkwürdige Züge an. So pflegte der begeisterte Tennisspieler seine Siege selbst dann noch stolz seiner Frau mitzuteilen, wenn sie gegen eine Dame erzielt worden waren. Von einem Spiel mit der Hamburgerin Harriet Wegener, in deren Hause die Dehmels oft Besuch machten, berichtete er Ida am 12. Juni 1906: »Ich spiele konstant besser als sie. Das letzte Mal gewann ich sogar 3 Sets hintereinander, ohne daß sie ein einziges game machte. Trotz meines wehtuenden Fingers und trotzdem ich den schlechteren Platz hatte (Sonne im Gesicht).«

Wenn sich der Dichter auf einer der vielen Einladungen ein Gläschen Wein gönnen wollte, provozierte das nun Idas strenge Kontrolle. Sie hielt es seinet- und ihretwegen für geboten, dem rauschhaften Ausbruch seiner Sinne, dessen Auswirkungen auf seine Berechenbarkeit sie nur allzu gut kannte, einen Riegel vorzuschieben. Ein Dichterfürst und Heroe der hanseatischen Gesellschaft hatte sich, was seine Auftritte in der Öffentlichkeit anging, der Zurückhaltung zu befleißigen. Es war an ihr, Unannehmlichkeiten, wie sie in den Zeiten des »Schwarzen Ferkels« an der Tagesordnung gewesen waren, nie mehr aufkommen zu lassen. Die schönen Tage der Hemmungslosigkeit waren vorbei – und der Preis für den Lorbeerkranz hoch.

Auch Ida reagierte jetzt empfindlicher, wenn sie dessen ansichtig wurde, was Gustav Schiefler in die herben Worte kleidete: Er habe Dehmel »auf Gesellschaftsabenden und Sommerfesten mit jungen schönen Frauen so leidenschaftlich tanzen sehen, daß es an die Brunst eines Tieres gemahnte«. Dehmel war immer ein Erotiker von sanguinischer Energie gewesen und hatte aus deren poetischer Sublimierung Kraft für sein Dichten geschöpft.

Viele Jahre lang hatte Ida es vermocht, diese allein auf sich zu lenken, hatte sich von ihr mitreißen lassen und sich von ihrer Unbedingtheit auf das schönste bestätigt gefühlt, galt sein Verlangen doch ihr. Ihre Liebe zu diesem Mann, der als Schwanenritter in ihr Leben getreten war, um sie zu befreien, war das Zentrum ihrer Existenz, und niemals sollte das anders werden. Sie lebte auch *von* ihrem Mann, aber viel mehr noch *durch* ihn. Noch immer bedeutete er ihr das höchste Glück, und wenn inzwischen auch andere Intentionen – wie ihre Arbeit für die Sache der Frau – die Ziele ihres Tatendrangs erweitert hatten, so beruhte doch alles, was sie zu leisten imstande war, nur auf diesem Fundament. Nicht Unterordnung oder Anpassung, sondern die unumstößliche Gewißheit, erst durch ihn und ihre gemeinsame Liebe ihr ganzes Selbst entfaltet zu haben, so wie nicht zuletzt er es von ihr verlangt hatte, verlieh ihrem Leben Schwingen. Liebe mochte blind machen – sie jedoch war durch diese Liebe sehend geworden.

Wenn Gustav Schiefler meinte, die unbotmäßige Frau des Dichters habe »am Mark seiner Künstlerseele gesogen«, so irrte er gründlich. Dehmels Künstlerseele war trotz all ihrer explosiven Vielschichtigkeit an ihre Grenzen gestoßen. Sein kreatives Kapital hatte sich verbraucht, auch wenn seine Leser(innen) es noch nicht wußten. Er selbst wußte es in seinen dunklen Stunden. Unruhig forschte er nach einem Ausweg. Er versuchte sich mit geringem Erfolg und zur Schadenfreude mancher Kritiker noch einmal als Bühnenautor. Aber das literarische Klima hatte sich verändert. Eine neue provozierende Generation expressionistischer Künstler malte in einer anderen, neuen und verstörenden Kunstsprache eine heraufziehende Apokalypse an die Wand, zerbrach die alten Formen, während Dehmel zum bürgerlich-nationalen Denkmal zu erstarren drohte. So wichtig es für Ida war, den alternden Berserker jetzt, so gut es ging, mit seiner neuen Rolle zu versöhnen, so ungestüm rüttelte dieser an den Fesseln seiner nachlassenden Kräfte. Mochten er und Ida sich noch so oft ihrer ungebrochenen Leidenschaft versichern, die Gefahr einer Explosion zog herauf. Zuerst sollte es nur eine private sein.

Unter den Briefen, die Dehmel inzwischen von Bewunderern erhielt, war am 1. November 1913 die Anfrage einer Maria Benemann. Der Tonfall des Schreibens erinnerte ein wenig an den ersten Brief Ida Auerbachs. »Sehr verehrter Herr Dehmel«, begann er höflich, »darf ich Ihnen schöne Grüße schicken aus der Freude heraus, eben in den Besitz Ihrer 3 Bände gekommen zu sein.« Dieser Einleitung folgte die Versicherung, die Verfasserin und einige »junge Dichtersleute« freuten sich, Dehmel demnächst einmal in Berlin zu begegnen, »und wer am stillsten die Hände hält, wenn Sie im Winter hier lesen sollten, das werde ich auch sein«. Beigefügt war ein Gedicht, betitelt »Der Pilot«, dessen ungelenke Verse den Aufbruch eines Fliegers in die Lüfte besangen:

Er flog und stieg. Wie Lerchen ihren Liedern
Nachklettern, daß die eigne Lust sie leite,
Und klomm entzückt den flüchtenden Gefiedern
Erstaunter Vögel an die Seite.

Und jauchzte auf: Gott, Deine Welt ist mein!
Und wenn sie tausendmal Dich und sich selbst betrog,
Da sie sich winzig fühlte, schwach und klein.
Gott! Aber ich – ich flog.

Die Handschrift, in der das dilettantische Poem und der Brief geschrieben waren, verriet mit ihren kindlich gleichmäßigen Zügen eine wohlerzogene junge Dame, wohnhaft Neu-Finkenkrug bei Berlin, Schillerplatz – ein Ort, der Dehmel aus seiner Berliner Zeit wohlvertraut war. Julius Bab sprach in seiner Dehmel-Biographie irrtümlich von einem Geburtstagsbrief. Das beruhte darauf, daß das Schreiben offenbar erst am 18. November in Blankenese eingetroffen war, zumindest findet sich dieser Vermerk Ida Dehmels auf dem Dokument. Die Verfasserin führte diesen Vermerk später darauf zurück, daß Ida Dehmel, »was mich betrifft, die ganze Lebensgeschichte und Dichtungsperiode jener Monate im Leben ihres Mannes vor aller Öffentlichkeit verfälscht« habe.

Wie dem auch sei: Am 7. Dezember bedankte sich der Dichter artig für die »herrliche Piloten Romanze« und bat um Erlaubnis des Abdrucks im nächsten Heft der Zeitschrift »Quadriga«. Schon einen Tag später folgte geschmeichelt die Genehmigung:

»Ich stelle meinen ›Piloten‹ gern der unbekannten Zeitschrift zur Verfügung.« Zwar interessiere sich auch ein anderes Literaturblatt dafür, »aber ich lasse ihn lieber unter Ihrem Schutze segeln und bin sehr glücklich darüber, daß Sie ihn gut finden«. Am 16. Januar des folgenden Jahres erhielt die Dame bereits eine Postkarte mit dem Hinweis des Dichters, er habe am 21. Januar »Vortragsabend in Berlin«, versehen mit dem Zusatz: »Ich hoffe, Sie werden sich im Künstlerzimmer blicken lassen.«

Die aparte junge Frau mit den ebenmäßigen Zügen, den großen Augen und dem spröden Charme einer höheren Tochter wollte sich das nicht zweimal sagen lassen und nahm die Einladung an. Sie war verheiratet, ihr Mann konnte wegen einer beruflichen Verpflichtung an der Lesung nicht teilnehmen, erwartete sie jedoch danach vor dem Vortragssaal. Maria Benemann fand sich nach Dehmels Auftritt mit einem Blumenstrauß im Künstlerzimmer ein, stieß dort jedoch auf Ida, die sich ihr mit den Worten vorgestellt habe: »Ich bin Frau Dehmel.« Der Dichter habe dann sie und ihren Mann zu einem Abendessen ins Hotel Eden eingeladen. Auch Alfred Kerr habe zu den Gästen gehört – die junge Frau fühlte sich in die höchsten Höhen der Literatur erhoben. Dehmel habe an diesem Abend nur wenig gesprochen, »vielleicht erschöpft von seinem Vortrag, so daß seine Frau hauptsächlich die Unterhaltung führte«. Bei der Verabschiedung empfahl Dehmel seiner Verehrerin einen Besuch in Blankenese. In Hamburg hatte sie Verwandte.

In den folgenden Wochen wurden einige Karten gewechselt. Am 26. März kam es zu einem Besuch im Hause Dehmel. Der Hausherr lud sie zu einem Spaziergang am Elbufer ein. »Von Minute zu Minute mehr beglückt über die Art, wie dieser große Dichter zu mir sprach«, schrieb Maria Benemann später, »ging ich Anfänger neben einem bereits bewährten Diener am Wort.« Den Spaziergang schilderte sie so: »Wir waren schon länger gewandert, als er in einer Waldlichtung eine Rast vorschlug. Nur nach Westen ging der Blick hinunter über die Elbe und das weitere fruchtbare Marschland jenseits. Mir war diese Rast sehr willkommen, neue Schuhe hatten mir einen Fußknöchel wund gescheuert. Dehmel hatte sich hinter mich gesetzt. Beide schwiegen wir, im Gefühl einer beginnenden inneren Verbundenheit. Als Dichter, als Menschen, beides. So kam es wohl wie von selbst, daß er sich plötzlich über mich beugte und ich einen behutsamen Kuß auf meinem Nacken spürte. Bald traten wir den Rückweg an, ich nun recht humpelnd.«

Wieder im Hause Dehmel, wurde die Leidende von Dehmels Mutter versorgt, die inzwischen ebenfalls im Hause wohnte. Auch Dehmels Tochter Vera aus der Ehe mit Paula, zu der Maria Benemann bemerkte, »ich gewann sie sofort lieb«, lebte jetzt bei ihrem Vater. Einigermaßen verarztet sei sie dann wieder nach Berlin gereist, »ganz erfüllt vom Wissen, in Richard Dehmel einen neuen Freund gefunden zu haben«. Mit einem wiederum sehr artigen Brief bedankte sich die Besucherin anschließend bei der Dame des Hauses (!).

Zum siebenundzwanzigsten Geburtstag Maria Benemanns am 5. April 1914 traf ein Bild Dehmels in Neu-Finkenkrug ein, versehen mit der handschriftlichen Zeile: »Alles Leid ist Einsamkeit, alles Glück Gemeinsamkeit. Dehmel.« Das ließ aufhorchen, zumal ein Gedicht beilag, das mit den Worten beginnt:

Nur für Dich allein war ich auf der Welt,
als wir zusammen den Frühling suchten.

Sechsmal beginnen die Zeilen des mit dem 4. April 1914 datierten Gedichts mit »Nur für Dich«, dann endet es:

Nur für Dich wiegten sich Fichtenwipfel
die weißen Wolken in goldne Ruh
und hoben mich der Heimat zu.
Und da legt der Himmel all sein Blau
in deine Augen, Maria, selige Frau.
Und der Himmel wird niemals grau,
auch für mich! –

Maria Benemann

Das sollte nur der Anfang sein, weitere andeutungsvolle, aber alles andere als gelungene Liebesreime, die zu zitieren wir dem Dichter nicht antun wollen, folgten. Er war bis über beide Ohren verliebt, das zeigten Zeilen wie folgende:

Kannst du noch einmal Jungfrau werden,
die rast vor überirdischen Wonnen?
Hast du noch Glauben genug und Hoffnung,
alle Schwerter in deiner Glut zu schmelzen,
Monna Maria, Herrin der Wonnen?

Die Besungene fühlte sich auf das äußerste geschmeichelt, denn immerhin wurde doch dieser Dichter »von Frauen umschwärmt und verwöhnt«, hatte »Dehmels Liebeslyrik am deutschen literarischen Himmel stärker zu leuchten begonnen als die anderer Dichter«. Das traf, man denke nur an Rilke, in dieser Form nun doch nicht zu, aber der Funke war längst auf die junge Dame übergesprungen, mochte es da auch einen treuen Gatten geben. Sie hatte sich schon einmal mit schwärmerischen Briefen bei Heinrich Vogeler in Worpswede Zutritt verschafft und strebte nach den Weihen der Dichtkunst.

Wohl auf Dehmels Drängen hin wurde Maria Benemann zu einer Mitarbeiterversammlung der Zeitschrift »Quadriga« nach Köln eingeladen, wo sich eine Gelegenheit ergab, auch den Dichter zu treffen. Ihre Gedichte, die zum Teil in den »Weißen Blättern« abgedruckt wurden, hätten, so hat Maria Benemann später in nicht eben taktvollen, die eigenen poetischen Ergüsse vorstellenden Lebenserinnerungen erzählt, »eine so erstaunliche öffentliche Resonanz gefunden, daß ich ihm mit sehr viel mehr Selbstvertrauen nun wiederbegegnen konnte«.

Man verbrachte einige Tage am Rhein, denn Joseph Winckler hatte zu seinem Geburtstag nach Moers geladen. »Da Dehmel seine Frau erwartete, die ihn anschließend auf einer Vortragsreise begleitet hat, nahm er ein Doppelzimmer ... Meines lag am anderen Ende des Korridors.« Dennoch sei es »weder dort noch später je zwischen Dehmel und mir zum Letzten« gekommen. »In jenen drei Tagen legte Dehmel in mir eine Grundlage, die mir im Geistigen (!) eine neue Sicht ermöglichte. Ich erklomm an seiner Seite eine hohe Warte mit nie geahnter Übersicht. Das galt auch für die geistige Welt Hamburgs, und er war mir gegenüber da ganz offen.«

Was diese Offenheit über Hamburg alles zutage förderte, wird nicht von Belang gewesen sein, anders hingegen sah es – folgen wir jedenfalls Maria Benemann – mit Dehmels Schilderungen seiner Ehe aus: »Es dauerte nicht sehr lange, bis ich begriff, daß er sich ihr irgendwie ausgeliefert fühlte, von ihr wegstrebte. Er sprach von ihr als einer ihm in der gesellschaftlichen Rangordnung Deutschlands (!) überlegenen Person. Einer Rangordnung, auf die er ansonsten pfeife, gerade in Hamburg, wo aber es *ihr* ganzer Ehrgeiz sei, als aus Frankfurt (Maria Benemann hatte wohl nicht recht zugehört, M.W.) ›Zugewanderte‹, also dem Stolz der alten hanseatischen Familien doch irgendwie nicht ganz gewachsen, sich um so stärker als seine Frau, als die Frau eines großen Mannes mit kaum noch zu überbietendem Ehrgeiz gesellschaftlich zur Geltung zu bringen. Nach jedem dieser Ausbrüche – ich brauchte ihn nur ganz leise an ›Zwei Menschen‹ und alles, was diese Frau ihm doch gewesen sei und noch sein müsse, zu erinnern – kam sofort die Gegenreaktion, aber nicht so, wie ich sie erwartet hätte. Anstatt sich auf sie als die Frau, die er liebte, nun wieder zu besinnen, anstatt auch nur ein einziges Wort zurückzunehmen oder abzuschwächen, brach es dann auf eine Weise aus ihm heraus, die mich erschütterte und manchmal richtig elend machte: er habe *nie* von dieser Frau ein Kind haben wollen, nie! Das absolut vermieden. Aber er *müsse* noch Kinder haben, vor allem Söhne, viele. Von mir!«

Was daran war Wahrheit? Das ist schwer zu ermessen, doch ist Dehmel einiges von dem, was hier behauptet wird, durchaus zuzutrauen, denkt man nur an seine sich widersprechenden Bekundungen gegenüber allen seinen bisherigen Frauen. Maria Benemanns selbstgefällige Nadelstiche muß man gewiß etwas relativieren, denn ihre Lebenserinnerungen strotzen – abgesehen von ihrem sprachlichen Unvermögen – von Selbstbeweihräucherung und Unschärfen, wofür auch die folgende Passage ein Beispiel ist: »Wie tief Dehmel mich schon liebte, war mir nun vollkommen klar geworden, aber bis zum ersten dieser Ausbrüche meinte ich doch, die Situation vollkommen in der Hand zu haben, war ihm nicht nur dankbar, sondern auch zärtlich, nun auch selbst durch ihn irgendwie überwältigt, begann ihn zu lieben, mich um ihn zu sorgen. Wie das alles möglich war, so glücklich mit Gerhard und den Kindern (sie war bereits zweifache Mutter, was sie bis dahin in ihrem Buch nur am Rande erwähnt, M.W.), begriff ich nicht, versuchte es aber auch im Sturm dieser neuen Empfindungen gar nicht erst zu analysieren. Alles geschah zu rasch, zu gewaltsam.« Dehmel habe zu Recht als »der große Verführer« gegolten, alles sei »zu rasch und zu gewaltsam« geschehen, »und es schien ihn fast zu zermürben, daß ihm dies bei mir nicht vollends gelang ... Es war schrecklich.«

Was immer an dieser Schilderung zutraf: Der »Menschenfresser« Dehmel hatte mit aller Wucht eine Art Johannistrieb in sich verspürt, seine Briefe und peinlichen lyrischen Elaborate lassen daran keinen Zweifel. Auch die folgenden Worte dürften bei allem Mangel an Takt zutreffend referiert sein: »Nun aber schlug Dehmel mir allen Ernstes vor, mich von Gerhard scheiden zu lassen und seine dritte Frau zu werden. Er werde auch meinen Kindern ein treuer Vater sein, habe sie bereits lieb gewonnen, schon von den Bildern her (!). In meiner Lyrik, in meiner ganzen Art, sei – dies versicherte er mir immer wieder – alles das, was ihn auch mit Paula verbunden habe.« Auch wenn Dehmel »heute einer der großen Dichter Hamburgs« sei, habe er sich eben einfach zurück nach der Mark gesehnt, »Ida hingegen war ein ausgesprochener Stadtmensch, scheint mir«. Trotz aller Vorbehalte habe sie später Ida »sehr geliebt« und immer versucht, »unendliche Kräfte daranzugeben, vergeblich, sie davon zu überzeugen, daß ich damals in Moers richtig gehandelt habe. Sie hat es nie geglaubt.« Sie sei schließlich überstürzt aus Moers abgereist, denn »Dehmel hatte unvermittelt jede Art von Zärtlichkeit und Werbung um mich eingestellt und beinahe schroff (es war ihm wohl noch nie geschehen, daß eine Frau ihm widerstand) ein Ultimatum gesprochen: entweder ich würde seine Frau, oder wir sähen uns nie wieder. Sofortige, endgültige Trennung sei die einzig mögliche Alternative.«

Die Affäre war beendet, noch bevor sie richtig begonnen hatte. Einige sehnsuchtsvolle Briefe Dehmels folgten noch. Am 24. April 1914 schreibt er, er habe in Maria Benemanns »Bett nachgesucht, ob ich nicht wenigstens noch ein Härchen finden könnte – nichts!« An anderer Stelle heißt es: »Was hast Du aus mir gemacht, Maria – ich gehe herum wie ein Entseelter. Wenn Deine Augen sich in mir auftun, werden mir die Knie weich«, oder: »Jetzt wickle ich mir Dein Haar um die Finger, so fest, daß das Blut in mir schwillt und weh tut; ich bilde mir ein, das mußt Du fühlen.«

Nach allerlei gereimten Liebesschwüren dieser Art kam es sogar noch zu einem Besuch Richard und Ida (!) Dehmels in Neu-Finkenkrug. Danach bat Maria Benemann Ida in einem Brief wortreich um Verzeihung, während Dehmel am 15. Mai 1914 noch einmal alle Register seiner Verführungskünste zog: »O liebe, liebe, liebe Maria – ich knie vor Dir und lege die Stirn in Deinen Schoß und höre Dich Richard sagen. Noch nie hat ein Name so schön geklungen, selbst von den Lippen meiner Mutter nicht ... Ich *muß* Dich heimlich sehen ..., am liebsten nähme ich Dich und trüge Dich auf den Äthna hinauf, und wenn wir in den Augenblick der ewigen Seligkeit versinken, dann müßte uns die Flamme verzehren ... *Liebst* Du mich denn nicht, Du schreckliche?« Dehmel habe vor seiner Frau »lavieren« müssen, er habe noch einmal geplant, nach Neu-Finkenkrug zu reisen, aber dazu sei es nicht mehr gekommen, denn Ida habe inzwischen wieder ganz die Kontrolle über ihren Mann zurückgewonnen und mit ihm statt dessen eine Nordlandreise angetreten. An Maria Benemann sandte Ida jetzt freundliche Briefe, denn sie glaube »an die Möglichkeit einer herrlichen Freundschaft«.

Es war wie bei Hedwig Lachmann und Paula. Hatte die Liebe Ida inzwischen blind gemacht für jene andere Seite ihres Mannes, die niemandem ein Geheimnis sein konnte, der Dehmel etwas näher kannte? Der Dichterkollege Gerhart Hauptmann äußerte einmal über Dehmel – so jedenfalls notierte es Harry Graf Kessler am 2. Juni 1927 in sein Tagebuch –, »er habe zwei Dinge bei ihm immer peinlich empfunden: seine Eitelkeit und seine Rauhbeinigkeit, die in seiner Dichtung zu ganz geschmacklosen, ja ekelhaften Dingen geführt habe«. Dahinter mochte sich eine Portion Prüderie verbergen, aber Hauptmann war auch aufgefallen, daß während eines gemeinsamen Ausflugs mit einer Gruppe von Sozialdemokraten, bei dem ein »Fangspiel« gespielt wurde, »Dehmel sich mit der Dame, die er haschte, jedesmal auf der Erde gewälzt habe«. In diesem Manne schlummerten dunkle Kräfte, wehe wenn sie losgelassen ...

Vielleicht war es auch, wie Dehmel meinte, eine plötzliche Sehnsucht nach der heimatlichen Mark, die seine Gefühle gegenüber Maria Benemann in Wallung versetzt hatten. Mehr aber noch waren es wohl die Anmut der Jugend, die Lust am Ausbruch aus der erstarrten Rolle und sein noch einmal entfachter Trieb nach völliger Unterwerfung einer widerstrebenden Frau, die ihm dieses abermalige Aufbrausen seiner Sinne beschert hatten. Ida kannte diese Schwäche sehr wohl. Sie wußte als mittlerweile erfahrene Ehefrau auch, wie ihr zu begegnen war: nicht mit Panik, sondern mit strategischer List. Das Fundament ihres Lebens vertrug keine Erschütterungen. Es half nur, nach außen gute Miene zum bösen Spiel zu machen – und den Gatten mit fester Hand wieder auf den Boden der Tatsachen zurückzuholen. Sie konfrontierte ihn mit ihrer Verzweiflung, stellte ihn zur Rede. Sie tat es nicht nur für sich. Sie tat es für sie beide.

Am 27. Juli 1914 kam Dehmel in einem Brief an Ida noch einmal auf das Abenteuer zu sprechen. Die gegenseitige Liebesschwelgerei hatte sich bereits wieder eingestellt, denn der Übeltäter zeigte Reue: »Als Du nach meinem leichtsinnigen Seitensprung so in allen Grundfesten erschüttert warst, daß mir um Deine gesunde Vernunft bange wurde, da habe ich voll Grauen erkannt, daß ich unser Lebensglück auf's Spiel gesetzt hatte, und habe zum ersten Mal gefühlt, wie unentbehrlich mir dieses Glück ist, wie bodenlos leer mein Leben sein würde ohne Deine ehrfurchtgebietende Liebe ..., nur in Dir finde ich dieses volle Glück, mit dem keine sinnliche Freude vergleichbar ist, und ich habe mir heilig vorgenommen, nie wieder einem Gelüst nachzugehen, das Dich irre an mir machen könnte, damit ich nicht selbst an mir irre würde. So, nun weißt Du's, nun wollen wir danach handeln (auch Du, indem Du daran glaubst) und nicht weiter darüber reden!« Der Herr hatte gesprochen, und Ida gab sich zufrieden. Man mag darin Realitätsverlust sehen, aber sie mußte die Liebe zu diesem Mann gegen alles in der Welt verteidigen.

Als Ida mehr als zehn Jahre später – in jenem Brief an Julius Bab vom 22. April 1926, in dem sie sich höflich aber bestimmt einige seiner Interpretationen und Ungenauigkeiten in seiner Dehmel-Biographie verbat – noch einmal auf den »Fall« Maria Benemann zu sprechen kam, tat sie es voller Würde und Nachsicht. Ihre Ehe sei vom gegenseitigen »Wissen um das Absolute, das Nicht-Um-Haaresbreite-Vom-Absoluten-Abweichende« getragen gewesen, das habe die »nie nachlassende Hochspannung« erzeugt, »die das Behagen des Philisters ausschloß«.

Sie bemühte sich mit Grandezza, die Eskapaden ihres Mannes zu verstehen. Der Seitensprung habe nur auf einem »vorübergehenden Zustand« des Fünfzigjährigen beruht, und dieses Alter sei bei Männern nun einmal gefährlich. Dehmel sei »das Grauwerden eine kurze Zeit rasend schwer geworden. Das Maria-Erlebnis sei nichts weiter gewesen »als der Versuch sich selbst zu beweisen, daß er noch ein junger Kerl sei. Gewiß, es war ein Löken wider den Stachel, aber den Stachel des Altwerdens.« Anderen Dichtern wie Gustav Falke oder Detlev von Liliencron sei es nicht anders ergangen. Mit Noblesse überging sie den wichtigen Unterschied zu solcherart »Seitensprüngen«: Wäre Maria Benemann Richard Dehmel nur ein kleines Stückchen weiter entgegengekommen, hätte er vermutlich ebenso gehandelt wie gegenüber Paula und abermals einen Bruch mit seinem Vorleben riskiert. Er hätte Ida samt Haus und Hof verlassen. Alle Liebesschwüre gegenüber Ida wären über Nacht Vergangenheit und Papier geworden. Der Menschenfresser in ihm ließ sich mit kurzen Amouren nicht abspeisen.

Dehmel ging immer aufs Ganze, er wollte, mußte siegen, und das bedingungslos. Ida setzte alle Mittel ein, um eine Katastrophe zu verhindern, die sie kaum überlebt haben dürfte. Schließlich hatte sie schon einmal damit gedroht, aus dem Leben zu scheiden, wenn ihr Dehmel verlorenginge, und sie hatte es ernst gemeint ...

Fast die gesamte Korrespondenz zwischen Ida und Richard Dehmel besteht aus gegenseitigen Liebeserklärungen. Daß es zwischendurch auch so manchen störenden Ehekonflikt gegeben haben muß, läßt sich nur aus einigen Andeutungen ablesen. Am 14. Februar 1908 vertraute Ida ihrem Tagebuch ein Bekenntnis an, von dem wir nicht wissen, ob sie dieses ihrem Mann gegenüber auch wirklich angesprochen hat. Einmal habe sie sich und ihm mit aktuellen Geldsorgen »das Leben sauer gemacht«, und da sei er fuchsteufelswild geworden. Während eines gemeinsamen Stadtbummels habe er unvermittelt ausgerufen: »Es ist an der Zeit, daß wir uns trennen!« Daraufhin habe sie einen »wahrhaft furchtbaren körperlichen Herzschmerz gefühlt, daß mir da nichts übrig bliebe, als mich umzubringen. Denn für was und wen sollte oder könnte ich weiterleben? ... Für wen soll ich leben, da mir alle Menschen unvollkommenes Stückwerk sind neben Dir? Und wenn ich auch sonst nichts geleistet habe, was mir Anspruch auf die Lebenshöhe giebt, auf der ich mit Dir stehe – es sei denn meine Sehnsucht danach (aber Sehnsucht ist keine Leistung!), so lösche ich mich lieber aus, als mich wieder ins Gewöhnliche zu begeben.« Sie hatte erneut zur brutalsten Waffe gegriffen, die in der Liebe eingesetzt werden kann. Es war die Angst vor dem »Gewöhnlichen«, die sie schon in Bingen den Gedanken an Selbstmord fassen ließ. Bisher war sie immer davor zurückgeschreckt.

Wenige Monate später bot sich dem Dichter ein anderer, blutigerer Kampfplatz als der um das private Glück. Ein Ereignis, das eine ganze Welt auf den Kopf stellen sollte, riß ihn und Ida aus dem Blankeneser Idyll: Der Erste Weltkrieg hielt Katastrophen anderer Art bereit. Er machte dem (selbst-)verliebten Paar mit erschreckender Brutalität deutlich, wie weltfern und sorglos es bisher alles übersehen, verdrängt oder absichtlich ignoriert hatte, was außerhalb seines abgeschlossenen, privaten Käfigs vorgegangen war. Die Flucht aus der harten Wirklichkeit, die Versponnenheit in schöne Ideale, der Traum von einer schöneren Welt, der die Epoche des Jugendstils beflügelt hatte – dieser schöne Traum zerplatzte nun wie eine Seifenblase. Es sollte sich für beide grausam rächen, daß sie die Zeichen der Zeit nicht wahrgenommen hatten. Europa und Deutschland trugen ein anderes Gesicht als das des Schönen, Guten und Wahren, und je mehr sich die Künstler dieser Einsicht versperrt hatten, desto furchtbarer war das Erwachen. Ida und Richard Dehmel waren für das, was nun folgen sollte, denkbar unvorbereitet.

9

Am 13. März 1914 erhielt Heinz Lux Auerbach zum Abschluß seiner zweijährigen Lehrzeit von der Hamburger Buchhandlung Weitbrecht und Marissal ein handschriftliches Zeugnis, das ihm bescheinigte, »mit Lust und Liebe ..., vorzüglichen Literaturkenntnissen und geschäftlicher Begabung« seiner Ausbildung nachgekommen zu sein. Zwei Jahre lang hatte er sich in die Welt des Buchhandels einweisen lassen, nun wollte er, wie das Zeugnis vermerkt, »Wesen und Betrieb des Verlagsgeschäftes« kennen lernen.

Der junge Mann war jetzt neunzehn Jahre alt. Aufgewachsen unter der Obhut seiner Mutter, hatte er im Blankeneser Haus seines Stiefvaters die literarische Welt schätzengelernt und sich früh – und gewiß nicht ohne Nachdruck der Mutter – dazu entschlossen, sein Leben wenn schon nicht der Dichtung, so doch jedenfalls dem Umgang mit Büchern zu widmen. Er war ein braver und folgsamer Schüler gewesen, hatte seiner Mutter nie Anlaß zum Verdruß geliefert, aus den Ferien, die er oft in Bingen verbrachte, artige Briefe nach Hause geschrieben und sich im übrigen willig den Regeln des Dichterhauses unterworfen. Er besuchte, wie es sich für einen anständigen Sohn geziemt, gelegentlich seinen in Berlin lebenden leiblichen Vater, aber anders als dieser war ihm Richard Dehmel inzwischen zur männlichen Leitfigur geworden. Auch ihn nannte er »Vater«. Er bewunderte den Dichter, und Richard Dehmel, dessen eigener Sohn bei Paula in Berlin wohnte, jedoch von Zeit zu Zeit in Blankenese Besuch machen durfte, gab sich zumindest Mühe, Idas Sohn wie seinen eigenen Abkömmling zu behandeln – es bedurfte dazu allerdings ihrer häufigen Nachhilfe.

Seitdem Heinz Lux zum Jüngling herangereift war, hatte sich

der Kontakt zu seiner Mutter intensiviert. Er war ihr einziges Kind, und sie ließ ihn ihre Liebe aus vollem Herzen spüren. Aber im Zentrum des Familienlebens stand nun einmal der Dichter. Er störte sich nicht daran, zeigte keinerlei Zeichen von Aufsässigkeit. Eine vielversprechende Verlagslaufbahn lag vor ihm, sie würde ihn in die Welt hinausführen, vielleicht nach Berlin zu Samuel Fischer, dem Verleger Richard Dehmels. An guten Beziehungen zur Bücherwelt mangelte es der Familie nicht.

Doch diese Berufspläne zerschlugen sich. Kurze Zeit nach dem Abschluß der Lehrzeit rief eine andere, jetzt dringlichere Aufgabe. Am 1. August 1914, dem Tag der deutschen Kriegserklärung an Rußland, wurde die Mobilmachung aller wehrkräftigen deutschen Männer erklärt, wobei es sich bei den Einberufenen wie immer und überall auf der Welt mehrheitlich um halbe Kinder handelte. Aber nicht nur Deutschland war im Rausch, Franzosen und Engländern ging es kaum anders. Die Begeisterung für den Krieg machte keinen Unterschied zwischen sozialen Schichten und Generationen. Unter den Deutschen sorgte dafür fürs erste der vom Kaiser proklamierte »Burgfrieden«: Hatten sich noch im Juli allerorten Sozialdemokraten und Arbeiter gegen die »Kriegshetze« ausgesprochen, so einte nun das Kriegsgeschrei die Nation. Der Kaiser forderte für die Deutschen einen, wenn nicht »den« Platz an der Sonne.

Seit Jahren hatten militärische Vorbereitungen für ein kämpferisches Klima gesorgt. Man war sich weitgehend einig, daß nur ein deutscher Sieg diesen vermeintlich kurzen Kampf beenden könne. Treue zum Vaterland statt kleinmütiger Skepsis, innere Reinigung durch das große Gemeinschaftserleben statt individueller Bequemlichkeit, Idealismus statt Realismus – der Taumel kannte kein Halten, der Verstand war außer Kraft gesetzt. Aus diesem großen Abenteuer werde, so jubelten nicht zuletzt Künstler und Intellektuelle, ein neues, vitaleres und schöneres Deutschland hervorgehen. Die wenigen Warnrufe blieben ungehört.

Was Krieg bedeutete, davon hatte kaum jemand eine Ahnung. Der letzte war kurz gewesen, lag vierundvierzig Jahre zurück und hatte mit einem fulminanten Sieg und gewaltigen Reparationszahlungen der Franzosen der »verspäteten« Nation den Nationalstaat beschert. Krieg, das war für die Deutschen der Jubel des Siegers. Auf den Straßen lagen sich nun die jungen Männer singend und schwärmend in den Armen, sie stürmten aus Klassenzimmern und Büros zu den Einberufungsstellen. Bei diesem Aufbruch in eine neue, goldene Zeit durfte man nicht fehlen, für Abwechslung war gesorgt. Der Krieg würde ein kurzes Abenteuer sein, unter dem Weihnachtsbaum würden die Familien wieder vereint sein.

Auch im Hause Dehmel herrschte Aufbruchstimmung. Zwar war der Hausherr gerade abwesend, er wollte sich in der Schweiz seinen letzten alpinen Traum erfüllen und den Monte Rosa besteigen, aber für den jungen Heinz Lux stand fest, daß auch er sich, wie alle seine Freunde und Altersgenossen, in das kriegerische Getümmel stürzen müsse. Mutter Ida sah in dem martialischen Aufschrei der deutschen Seele ihr Anliegen bestärkt, der Sache der Frau zum Durchbruch zu verhelfen. Uneingeschränkt machte sie sich die entfesselte Kriegslust der Männer zunutze: die Frauenbewegung werde dadurch nur gefördert, denn mit dem Burgfrieden zwischen den Parteien werde es endlich auch zu einer verstärkten Integration der Frau in das Gemeinwesen kommen. Jetzt konnten die Frauen beweisen, wie sehr auch sie in der Lage waren, mit anzupacken. Ausnahmsweise ließ sich Ida Dehmel sogar zu lyrischen Tönen hinreißen, die allerdings nur bewiesen, wie sehr ihr Verzicht auf literarische Selbstverwirklichung berechtigt gewesen war:

Frau, deutsche Frau, die Zeit steht in Brand,
jetzt kannst du dich stark erweisen;
jetzt zeig der Welt deine weiche Hand,
weich wie schmelzendes Eisen!
...
Jetzt schwing deine Waffen: zehn Finger wie Stahl,
gehärtet von der Not!

Zwar sah Ida Dehmel die Aufgabe ihrer Geschlechtsgenossinnen vor allem darin, durch tätige Mithilfe einen schnellen Frieden zu erreichen, doch stand in den Sternen, wie das geschehen könne. Ihren Altonaer Bezirksverein des Norddeutschen Verbandes für Frauenstimmrecht schloß sie, wie es andere Frauenvereine taten, dem Frauenausschuß der Hamburgischen Kriegshilfe an. Sie engagierte sich unverzüglich in der Hinterbliebenenfürsorge, denn sie könne doch jetzt nicht untätig in Blankenese sitzen und »Strümpfe stricken«, das könnten ja auch andere. Sie verlange es »nach *Arbeit,* nach Hilfeleistung«, schrieb sie am 25. August an ihren zur Vorbereitung auf seinen Einsatz bei Mannheim kasernierten Sohn.

Wie dessen Tagesablauf während der hastigen Ausbildung aussah, konnte sie sich nur schwer vorstellen. Ob er »theoretischen und praktischen Unterricht« habe, ob er reite und turne, marschiere oder »Kanone schießen« lerne, fragte sie ihn zwei Tage später. In einem Brief (undatiert, wohl zwei Tage später) ergänzte sie voller Zuversicht, es werde ihm sicher nichts passieren, denn »ich glaube an Deine Engel, und ich fühle, daß ich noch viel Freude an Dir erleben werde«. Daß er sich in den Dienst Deutschlands gestellt hatte, erschien ihr nur selbstverständlich, zum einen entsprach es der aktuellen Bewußtseinslage, zum anderen war sie schon in ihrem Binger Zuhause, wo Bilder des kaiserlichen Berlin an den Wänden hingen, zum nationalen Selbstbewußtsein erzogen worden. Warum sollte sie jetzt anders denken?

Richard Dehmel gehörte nicht mehr zu den jungen Männern. Er war immerhin schon einundfünfzig Jahre alt (nach den Kriterien für die Einberufung ganze sechs Jahre zu alt). Sein Kriegseinsatz als Soldat war weder zwingend noch ratsam. Doch wer so dachte, hatte sich in diesem mutigen Draufgänger gründlich geirrt. Jäh hatte ihn die Wirklichkeit aus allen Gipfelträumen gerissen, unverzüglich begab er sich vom Fuße des Monte Rosa zurück nach Deutschland, vehement forderte er seine Einberufung. Es dauerte einige Zeit, bis man im Berliner Kriegsministerium zu der Einsicht kam, daß der freiwillige Einsatz des populären Dichters die Bereitschaft zum Kriegsdienst fördern könne. Am 27. August schrieb Dehmel aus Mannheim, wo er sich nach seiner Rückkehr aus der Schweiz zuerst gemeldet hatte, an einen Freund: »Hurra, ich darf mit! Eben bin ich eingestellt worden ins Ersatzbataillon des Infanterieregiments Nr. 31, Altona, IX. Armeekorps. Wieder adlerjung.« Mit einem Schlage hatte die veränderte Lage ihn seine resignativen Seufzer über die entschwundene Jugend vergessen lassen. Was ihm mit Maria Benemann nicht mehr gelungen war, das Zurückdrehen seiner Lebensuhr: Der Krieg sollte es möglich machen und als Jungbrunnen wirken.

Zwischen jungen Handwerkern und Matrosen aus Hamburg wurde der rüstige Senior nun ausgebildet, genoß während des Drills wie befreit das Gefühl, endlich Soldat sein zu dürfen, »dies kriegerische Doppelwesen aus Wildheit und Zucht, Unabhängigkeit und Selbstbeherrschung, Freiheitslust und Ordnungsliebe, Leidenschaft und Vernünftigkeit«. Auch in diesem vagen Heldenbild feierte er wieder die eigene Natur, und er war sich nicht im geringsten im klaren darüber, wie es um die Existenz eines im Krieg dienenden Soldaten stand. Er sei *»seelig«*, berichtete Ida am 31. August ihrem Sohn, die Unteroffiziere hätten ihn vor Freude über seinen Eintritt in ihr Regiment auf den Schultern umhergetragen. Er beteilige sich an jeder Übung, nur nicht am Fegen der Stube – das denn doch nicht. Er lese den Soldaten seine Gedichte vor. Er hoffe inständig, bald an die Front zu dürfen.

Obgleich noch blutiger Laie, wurde der, wie Ida anmerkte, »älteste deutsche Rekrut« kurzerhand zum Unteroffizier befördert. Am 6. Oktober rückte er mit seinem Regiment in Richtung deutsch-französische Front aus. »Ergreifend war der Volksjubel bei unserer Abfahrt aus Hamburg-Altona; durch beide Städte hin standen Tausende Menschen dichtgedrängt in den Bahnhofshallen, auf den Dämmen, Straßen und Brücken, bis an die Kanäle hinter dem Hauptbahnhof und wohl hundertmal rief man mir zu: ›Wiederkommen, Dehmel!‹« Das tat gut. Die Zeitungen druckten seine neuesten Gedichte, darunter vor allem einige, die den Krieg feierten und so aufmunternde Titel trugen wie »Alldeutschlands Erweckung« oder »Deutsches Fahnenlied«, »Das Flammenwunder« oder »Von Feld zu Feld«. Der Dichter war wieder in aller Munde und sonnte sich im Glanz seines heller denn je erstrahlenden Ruhms. Ein »Gebet ans Volk« endet mit der Strophe:

Über jedem blitzt das Eisen,
das ihn auf die Probe stellt.
Freu dich, Volk, wir woll'n erweisen,
daß du wert bist, dich zu preisen
über alles in der Welt,
deutsches Volk!

Richard Dehmel war zum Reimeschmied in deutschen Diensten herabgesunken. Das Niveau seiner Lyrik stellte inzwischen selbst die schwächsten seiner früheren Gedichte in die Sonne. Mit die-

Der Dichter im Schützengraben

sem Abstieg fand er sich freilich in guter Gesellschaft: »Fast alle deutschen Dichter, Hauptmann und Dehmel voran, glaubten sich verpflichtet«, hielt Stefan Zweig in seinem Lebensrückblick »Die Welt von gestern« fest, »wie in urgermanischen Zeiten als Barden die vorrückenden Kämpfer mit Liedern und Runen zur Sterbebegeisterung anzufeuern.« Die Länder Europas waren von Sinnen, die Deutschen mehr als alle anderen. Auch Max Liebermann hatte 1914 eine Kohlezeichnung mit der kämpferischen Parole: »Jetzt wollen wir sie dreschen!« für die Künstlerflugblätter »Kriegszeit« angefertigt. Es loderte der deutsche »Idealismus«, viele staatstragende Dichter verbreiteten seine Exzesse nun in klappernden Reimen.

Richard Dehmel hatte in gewisser Weise recht, wenn er am 14. September 1914 an seinen Verleger Samuel Fischer schrieb: »Offen gestanden kommt mir die ganze Literatur jetzt wie ein albernes Froschgequak vor, meine eigenen Verse nicht ausgenommen«, doch er versäumte nicht hinzuzufügen, er gehöre »zu den Tüchtigsten meiner Compagnie« und sei bereits zum Gruppenführer ernannt worden.

Ida, nun ohne ihre Männer im Blankeneser Haus, überlegte, ob sie vorübergehend zu ihrer Schwester ziehen sollte. »Ich fürchte mich vor dem einsamen Winter hier draußen«, zudem fessele sie nun *»gar nichts«* mehr an Hamburg. Das traf nicht ganz zu, immerhin hatte sie dort ihre verschiedenen Pflichten in der Frauenarbeit zu verrichten, und wo sonst war ihr Zuhause? Sie tat sich schwer mit dem Alleinsein, und die regelmäßigen, mitunter fast täglichen Briefe von Mann und Sohn waren kein Ersatz für das ersehnte Zusammensein. Dennoch harrte sie erst einmal aus.

Sie widmete sich nun wieder der Perlenstickerei, verfertigte für die von ihr organisierten Ausstellungen farbenprächtige Lampenschirme und dekorativen Schmuck. Seit 1907 war sie mit derartigen Arbeiten in den neugegründeten Deutschen Werkbund aufgenommen worden, und seitdem hatte sie diese kunsthandwerkliche Methode mit Geduld und Phantasie verfeinert – wenn sie wollte, wenn es sie erfüllte, konnte sie eine harte Arbeiterin sein. Am 9. April 1910 hatte sie ihrer Nichte Marianne Neumeier geschrieben, diese Perlarbeiten hätten bereits »einen Aufschwung genommen, den ich mir selbst gar nicht zugetraut hätte«. Später gelang es ihr sogar, ihre Produkte in andere Länder zu verkaufen. »Ich kann Dir gar nicht sagen«, teilte sie am 7. März 1918 Margarete Hauptmann mit, »in was für einen Rausch ich hineingerate, wenn ich die Perlkästen vor mir habe ... Ich vergesse die Welt um mich und freue mich nur an dem bunten Glanz.« Zweckfreie Schönheit, der Glanz von Farben und Licht: Das entsprach dem Zauber der Dichtung, der Magie der Transzendenz. Es war immer der Traum und der Fluchtweg ihres Lebens gewesen. Dabei machte sie um ihre Kunstfertigkeit nie viel Aufhebens. Das Hantieren mit schönen Dingen war ihr so selbstverständlich wie unentbehrlich. Nicht die Eitelkeit galt es dabei zu befriedigen, sondern die Träume von einem anderen Diesseits.

An Heinz Lux schrieb sie in immer kürzeren Abständen. Als dieser, inzwischen auch an der französischen Front, im Dezember das Eiserne Kreuz erhielt, erfüllte sie das mit Stolz. Der Ton ihrer Briefe an den Sohn wurde zunehmend zärtlicher. In vertraulicher Kumpanei schilderte sie ihm die Briefe des Vaters, die Zufriedenheit über dessen Lage bekundeten und so gar nichts mehr von den vormaligen Selbstzweifeln verrieten. »Wir dürfen wohl glauben, daß ein bißchen auch unsere Erziehung ihn ins rechte Loth gerückt hat« – »unsere« Erziehung: Das läßt vermuten, daß sie in der schwersten, glücklicherweise nur kurzen Krise ihrer Liebe den Sohn an ihrer Seite wußte.

Richard Dehmel betrachtete seinen Fronteinsatz als Krönung seines bisherigen Lebens. In einem langen Brief an die zurückgebliebenen Kinder – auch sein Sohn Peter Heinrich aus der Ehe mit Paula war jetzt Soldat! – rechtfertigte er sein mutiges Abenteuer und suchte seine moralischen Überzeugungen zu erklären. Er, dessen politisches Weltbild bis dahin reichlich unscharf gewesen war, der sich in seinen Verlautbarungen als ein eher über den realen Dingen stehender Prophet gegeben hatte, hielt mit seinem Chauvinismus nun nicht mehr zurück: »Die französische Nation hat sich überlebt«, war seine knappe Parole. Das sei zwar »beklagenswert«, könne aber allenfalls dadurch verändert werden, daß sich Frankreich »noch rechtzeitig durch einen Blutbund mit Deutschland auffrischt«. Rußland, der andere Kriegsgegner, sei »der Barbarenstaat ohnegleichen, ein Monstrum aus primitiven Instinkten und importierten Raffinements, die kein gestaltliches Gleichgewicht finden können und sich gegenseitig verzerren, woran ein paar christliche Rettungsapostel wie Dostojewski und Tolstoi nichts bessern«. Allenfalls England sei vielleicht noch ernst zu nehmen, aber mit dessen Kultur sei es, im Vergleich zur deutschen, auch nicht mehr weit her, »wenn man sie nämlich genauer ansieht, entpuppt sie sich als Nerven- und Muskeldressur, als Sport, Komfort und Tipptoppdreß«. Das Land habe ja »keinen einzigen Musiker auch nur zweiten Ranges hervorgebracht, keinen Maler ersten Ranges, keinen Plastiker von Bedeutung, keinen Architekten höchster Ordnung, hat seine paar großen Dichter schlecht behandelt bis über ihren Tod hinaus, und seinen Philosophen mangelt der Sinn für das, was höher ist als alle Vernunft«.

Dehmels Kenntnis des Landes beruhte nur auf den wenigen Londoner Tagen anläßlich der Hochzeit mit Ida, und schon damals hatte ihm sein Hochmut die Augen verdunkelt. Zwar habe England immerhin »für die exakten Wissenschaften Vorzügliches geleistet, besonders für die Nationalökonomik«, dennoch zeichne es sich nur durch »unersättliche Beutegier« und »rücksichtslose Gewinnsucht« aus. Mit seiner »merkantilen Brutalität« habe England »die ganze Welt angesteckt«. Da bliebe den Deutschen doch gar nichts anderes als kriegerisches Handeln, »soll da etwa Deutschland, das sich moralisch wie physisch Gottseidank zum stärksten Volk Europas entwickelt hat, mit christlichen Phrasen um sich werfen anstatt mit Bomben und Granaten«? Die Begleitumstände eines Krieges seien gewiß scheußlich, »aber das Hauptziel des Kampfes ist herrlich und heilig; denn wir wollen den Frieden auf Erden schaffen, *allen* Menschen zum Wohlgefallen«.

Alle Gemeinplätze des nationalen Wahns finden sich in endlosen Variationen in Dehmels Aufzeichnungen aus dem Kriege wieder, sie durchziehen seine immer atemloser werdenden Briefe mit quälender Besserwisserei vom ersten Tag an. »Wir *sind* humaner als die anderen Nationen; wir haben mehr Zucht und Sitte im Leibe, mehr Geist und Gemüt und Phantasie, daher auch mehr Mitgefühl mit fremder Art. Also haben wir auch ein adeliges Recht auf die Weltherrschaft unseres Geistes, ... wir haben vor dem Gegner das gute Gewissen voraus. Unsre Regierung braucht nicht zu schwindeln, um das Volk zum Opfertum zu begeistern; wir sind einig von oben bis unten, wir haben die Siegeszuversicht, die aus unserer edlen Menschlichkeit stammt« – in ähnlichen Elogen auf die deutsche Überlegenheit geht es weiter.

Es waren seine eigenen Überzeugungen, aber zugleich bedienten sie, er wußte es, die Erwartungen seiner Leser (innen). Er, der am Beginn seiner Laufbahn ein Außenseiter gewesen war, der es liebte, sich gegen Konvention und Vorurteil zu stellen, hatte bei Kriegsausbruch seine Empfindsamkeit und seine moralischen Bedenklichkeiten auf dem Altar der Schlacht geopfert. Was hatte er als junger Student bei der Betrachtung der napoleonischen Einschläge in einer märkischen Kirche seinem Freund Carl Ludwig Schleich gesagt? »Weißt du, ich möchte wohl so etwas mitmachen! Schlacht, Krieg muß doch der höchste Mannesrausch sein.« Nun war die Chance, spät, aber nicht zu spät, doch noch gekommen, den »höchsten Mannesrausch« auszukosten.

Dehmel schrieb diesen langen Brief bei Kriegsbeginn an seine gegenüber derartigem Hurra-Patriotismus äußerst skeptischen Kinder. Veröffentlicht hat er ihn kurz nach dem Krieg. Zwar rechtfertigte er sich nun mit der Erklärung, er habe sich damals aus einem »zwiefachen Schuldgefühl« zum Einsatz gemeldet, weil er wegen seiner Krampfanfälle in jungen Jahren die Musterung nicht bestanden habe, außerdem habe er zeigen wollen, daß »auch der geistige Arbeiter die verdammte Pflicht und Schuldigkeit hat, an dem Völkerkampf um die bessere Zukunft als leibhaftiger Mitmensch« teilzunehmen. Doch dann folgte eine abermalige Reverenz an den deutschen Zeitgeist, die seine Aussage nur unterstrich, er sei, was die Berechtigung des Krieges angehe, »in der Hauptsache noch derselben Meinung«. Die gegnerischen Machthaber, »die uns zum Kampfe genötigt haben«, seien eben »üblere Vergewaltiger« als die Deutschen. Wenn dieser Krieg verloren worden sei, so sei das den »grundsätzlichen Kriegsgegnern« auf deutscher Seite anzulasten, den »theoretischen Bedenkenstiftern«, der »blindwütigen Friedensapostelei«, die die Wehrkraft geschwächt habe. Er konnte nicht verlieren, und so gehörte er zu den Messerwetzern der »Dolchstoßlegende«.

Vom Oktober 1914 an lag Dehmel im Schützengraben bei Tracy-le-Val an der Aisne. »Nicht die Opfer an Menschen und Tieren« seien, so notierte er kalt in sein Tagebuch, »die fürchterlichste Verheerung des Krieges; die fallen ja auch im Frieden tagaus tagein an, und manche Industrie hat mehr Unglücksfälle und vorzeitige Todesfälle auf dem Gewissen, als selbst der längste Krieg verschuldet. Mir wenigstens ist z.B. die Nachricht, daß unser Nachbar-Regiment 90 gestern bei einem Vorstoß 6 Tote und 56 Verwundete eingebüßt hat, nicht im mindesten näher gegangen als irgendein friedlicher Mordsbericht.« Er war sich im klaren darüber, daß es ihn und seine Mitstreiter »morgen ebenso treffen kann«, aber das jagte ihm keinen Schrecken ein. Eher störte er sich am Anblick zerstörter Häuser, was ihn zu der Bemerkung veranlaßte: »Lägen wir Deutschen nicht hier, dann würde jetzt unser Vaterland so aussehen wie das arme Frankreich.«

Er schilderte anschaulich die wechselnden Wetterbedingungen, erging sich in Betrachtungen des nächtlichen Himmels, schwelgte in Berichten von üppigen Gelagen aus eroberten französischen Vorräten. Doch unvermittelt schoben sich bei zunehmenden Entbehrungen dann vorsichtige Gedanken über die »närrische« Frage ein, »wozu ich mich in diese Lage begab, obgleich ich's doch nicht nötig hatte. Die Romantik des Krieges entpuppt sich bald als allgemeine Verlotterung, die nur äußerlich durch den militärischen Drill einigermaßen in Schranken gehalten wird. Jedes feinere Gefühl für Zucht und Sitte geht durch die notgedrungene Rücksichtslosigkeit und Unbarmherzigkeit schließlich zum Teufel.« Und auch gegenüber seinen Landsleuten in Uniform regten sich gelegentlich einige Zweifel: »Es ist schwer, bei alldem des guten Glaubens zu bleiben, daß die Sache Deutschlands zugleich die der edleren Menschheit bedeute. Man lernt ja hier den Durchschnitt des deutschen Volkes aus allen Berufsständen und Gesellschaftsklassen in der Blüte der Manneskraft kennen; und ich muß sagen, was sich da als sogenannte Volksseele auftut, das ist zum Erschrecken gemütsarm und geistlos. Banale Sentimentalität und brutales Pathos, das findet immer den stärksten Beifall.«

Vermutlich erfolgten derlei Äußerungen immer dann, wenn es ihm nicht gelang, durch das eifrige Vortragen eigener Verse Bewunderung hervorzurufen. Während sich immer öfter der Anblick gefallener Soldaten bot, fiel sein Auge wohlgefällig auf eine »Marketenderin, ein prachtvolles, wildrothaariges Mädel, vollkommen wie aus ›Wallensteins Lager‹; ich hätte gedacht, das gäb's gar nicht mehr in unserem militärischen Puritanismus«. Alles in allem sei das Soldatenleben eben doch ein einziger Genuß, lebten er und seine Truppe »wirklich wie der Herrgott in Frankreich«.

Als im November 1914 anläßlich der Verleihung Eiserner Kreuze an das Sanitätskorps deutscher (!) Sekt ausgeteilt wurde, notierte Dehmel verächtlich in sein Tagebuch, er glaube, »nach dem Ende des Krieges wird es keine Charge geben, die nicht mit dem schwarz-weißen Ehrenzeichen geschmückt ist; wieviel Selbstüberschätzung wird dadurch gezüchtet!« Als Heinz Lux in den Genuß der Auszeichnung kam und dies Ida und Richard Dehmel berichtete, quittierte Dehmel das mit höflichen Worten des Stolzes (auch Ida war stolzgeschwellt), versäumte aber nicht, darauf hinzuweisen, daß auch ihm das Eiserne Kreuz zugesagt sei, er es aber erst Weihnachten erwarte.

Wenig später erschütterten schwere Angriffe die Stellung von Dehmels Regiment, zahlreiche Tote waren zu beklagen. Dehmel kam mit einigen Beschädigungen seiner Zähne und Gesichtsverletzungen davon. Um so mehr erbitterte es ihn, daß er anläßlich seines Geburtstages »nur« den Roten Adlerorden *vierter* Klasse erhielt, eine Auszeichnung, die ziemlich wahllos an alle Dichter verteilt wurde, welche sich mit patriotischen Gesängen an der Euphorie beteiligt hatten. Dehmel empfand diesen Orden als Brüskierung. Er fühlte sich zu Höherem berufen und merkte verbittert an, diejenigen, die ihn ausgezeichnet hätten, verstünden nichts von Kultur: »Daß ich auf meinem geistigen Berufsgebiet – und daraufhin wird mir dieser Friedensorden doch verabreicht – nachgerade als Feldmarschall oder Reichskanzler gelte, das kümmert diese Böotier nicht.« Noch Monate später quälte ihn der seiner Ansicht nach zu geringfügige Orden, aber zurückgeben wollte er ihn denn doch nicht.

Er flüchtete sich in die Maske des Zynikers und stilisierte sich zum großen Unverstandenen. Fortan zieht sich mehr als jemals zuvor ein krankhafter – häufig belustigter – Ton durch seine Briefe, begleitet von der resignativen Klage, man höre ja viel zu wenig auf ihn. So schrieb er Samuel Fischer am 9. März 1915, seine »poetische Ader« sei zwar »verstopft«, aber er sei nun endgültig »auf der Höhe der seligen Götter Homers angelangt, schlürfe Nektar (auf niederdeutsch Grogk) und Ambrosia (auf hochdeutsch Zigaretten) ... Nur zuweilen erhebe ich mich von meinem olympischen Strohsack und besehe mir die Völkerscharen, die sich gegenseitig mit Knallbonbons beschmeißen. Da mir bis jetzt noch keiner ins Zwerchfell gegangen ist, wandle ich dann lachend zurück auf mein göttliches Lager, schlürfe weiter Nektar und Ambrosia und lasse die hochwohllöbliche deutsche Kultur leben, die ihre Dichter mit Piepmätzen vierter Güte dekoriert und sie als Kanonenfutter im Schützengraben unsterblichen Ruhm erlangen läßt.« Dehmels Eitelkeit war aufs tiefste verletzt. Daß er der Vater der mit ihm im Schützengraben liegenden Männer hätte sein können, daß bereits einige dieser

Männer von den »Knallbonbons« der Franzosen getötet worden waren – es tangierte ihn weit weniger als das Unbehagen an der nur eingeschränkten Ehrung.

Natürlich schweiften, während um ihn herum die Kugeln pfiffen, der Donner der Kanonen grollte und die Leichen und Verwundeten gezählt wurden, die Gedanken immer wieder nach Blankenese. Die Briefe an Ida waren auch »in Stahlgewittern« so verehrungsvoll wie in alten Zeiten, aber zwischen den Zeilen ist oft ein verkrampfterer Ton unverkennbar, eher respektvoll als zärtlich. Voller Stolz und Behagen gedachte er seines umjubelten fünfzigsten Geburtstages – und des nachfolgenden amourösen Zwischenspiels. Zwischen den Feierlichkeiten und der »Einweihung in die Tatkraft unsers ganzen Volkes, in das Erwachen seines weltgeschichtlichen Willens« habe er ein »Herzensabenteuer« erfahren, das ihm zuletzt aber wieder Idas »unermeßliche Liebeskraft« bestätigt habe. Er hoffe, diese Dankesschuld »noch teilweise abtragen« zu können, »obgleich ich mich gern als Schuldner fühle«.

Zwar fehlte es nie – etwa in einem Brief vom 18. April 1915 – an wortreichen Elogen: »Noch von ferne machst Du mich froh und stark; Gott schütze Dich, meine Lebenssonne, meine ewige Frühlingsgöttin.« Aber der Brief machte auch deutlich, daß es ihm weniger um Idas als um sein eigenes Wohlbefinden ging: Sie hatte ihn mit anschaulichen Schilderungen vom beginnenden Frühling an seine dichterische Sendung erinnert und ihn aus dem »fürchterlich lähmenden Gefühl« befreit, er würde »nie wieder dichten können, als seien alle Blütentriebe in mir abgehauen und umgeknickt«.

Drei Monate zuvor, am 14. Januar 1915, Idas Geburtstag, hatte Richard Dehmel in einem Glückwunschbrief an die »unvergleichliche Lebensgefährtin« gemeinsame Zeiten beschworen. Aber irgendwie klangen die Zeilen mehr nach Pflicht als nach tiefer Empfindung. Er könne ihr zum ersten Mal keinen Lichterkranz entzünden, dafür brenne der unauslöschlich in seiner Seele. Sie habe ihm zwar – dieser Hinweis schlich sich so manches Mal in seine Briefe – keine Kinder geschenkt, ihn dafür aber um so mehr »seelisch befruchtet«. Bei dieser Verbeugung ließ er es bewenden, um sich dann sogleich wieder dem lakonischen Bericht über die Einschüsse des Tages hinzugeben und ein – wahrlich sentimentales und nichtssagendes – Gedicht beizufügen, das mit der bezeichnenden Zeile begann: »Bin ich wirklich bedroht?« Wie es der verlassenen Ida zu Hause erging, wußte er zwar aus ihren Briefen, aber die wichtigeren Ereignisse spielten sich für ihn im und um den Schützengraben ab. Der »Mannesrausch« war der Rausch des Krieges, nicht mehr der des privaten Glücks.

Ida schrieb Brief um Brief. Mehr als ihrem Mann teilte sie ihre Gedanken und Empfindungen nun aber ihrem Sohn mit, und darin klingt an, wie der »Makel« an ihr nagte, Dehmel kein Kind geboren zu haben: »Laß es Dir zur Warnung dienen, mein geliebter gesunder Junge. Ich hab Dir schon immer, wie Du noch ein halbes Kind warst, gesagt: Du sollst früh heiraten und wenigstens ein halb Dutzend Kinder haben. Darin will ich einen Ausgleich des Schicksals sehn für das, was ich selbst habe entbehren müssen.« Was sollte der junge Soldat mit solchen Empfehlungen jetzt ausrichten? Zum Glück glaubten weder er noch Ida, noch Richard Dehmel an einen langen Krieg. Der Sieg werde sich bald einstellen, und dann ließe sich wieder an ein neues, rettendes Ufer denken.

Sie selbst sei rastlos tätig, schrieb Ida ihrem Sohn. Sie hielte jetzt »mindestens dreimal wöchentlich in den ärmsten Vierteln Hamburgs« Vorträge, um die Bevölkerung seelisch aufzurichten, vor allem aber sei sie damit beschäftigt, sich um die notwendige Pflege von Richard Dehmels literarischer Wirkung zu kümmern. Sie war nun so etwas wie seine alleinige PR-Agentin an der Heimatfront geworden. Ihr ganzes Streben ging dahin, die Veröffentlichungen der in den Zeitungen gelegentlich gedruckten Postkarten an seine Freunde einigermaßen unter Kontrolle zu bringen. Sie habe »kürzlich über 100 (!) deutschen Blättern einen Brief geschrieben, sie möchten nur noch drucken, was ich ihnen schicke«. Daran wollten sich die Zeitungen allerdings nicht halten.

Dehmels unermüdliche Aktivitäten im Schreiben von Feldpostkarten an Gott und die Welt dienten vor allem der Selbstbestätigung. Stets fand er dabei die Worte, die seine Bewunderer und überhaupt die siegeshungrigen Deutschen zu Hause von ihm erwarteten. Seine Rolle als Repräsentant des tapferen und starken Deutschland spielte er mit Bravour. Als er gegenüber Thomas Mann von seiner großen Aufgabe schwärmte, antwortete dieser ihm am 4. Dezember 1914 unverzüglich: »Ich freue mich über *jede* Zeile, die ich aus dem Felde bekomme ... Ich gehöre nicht zu denen, die finden, daß die deutsche Intellektualität vor den Ereignissen ›versagt‹ habe. Ich finde im Gegenteil, daß zum Teil in der Ausdeutung, Verherrlichung, Vertiefung der Geschehnisse *sehr* Bedeutendes geleistet wird ... Wie das nur alles ausgehen wird? Die Sorge und die Neugier sind doch ungeheuer. Man fühlt, das alles wird *neu* sein müssen nach dieser tiefen, gewaltigen Heimsuchung und daß die deutsche Seele stärker, stolzer, freier, glücklicher daraus hervorgehen wird ... Heil und Sieg, lieber Herr Doctor ...«

Auch das waren Töne der Verblendung, und doch spricht aus jedem Satz der vorsichtige Zweifel und die ironische Distanz gegenüber dem Kriegsgeschehen, die die spätere Kehrtwendung vorbereiten. Auch bei Dehmel hat es mit dem Fortschreiten des Krieges Augenblicke der Distanz gegeben, sie brachten ihn aber nicht zur Besinnung – zu sehr hatte er sich in seine Rolle als Praeceptor Germaniae verliebt, zu sehr waren seine Sucht nach Jugend und Anerkennung mit dem Griff des Deutschen Reiches nach der Weltmacht eins geworden.

Ida empfahl dem Sohn derweil begeistert, im Schützengraben Hermann Hesses neuestes Buch »Knulp« zu lesen, das »Vater« als ebenso schön empfunden habe wie sie. »Beim Lesen habe ich mir überlegt«, schrieb sie am 26. September 1915, »ob Du überhaupt für Blankenese ein sehr starkes Heimatgefühl hast?« Sie habe nach dem Tod ihres Vaters beschlossen, nie wieder in ihr Binger Elternhaus zurückzukehren, aber nach der Lektüre von Hesses Kindheitsgeschichte habe sie »eine solche Herzenssehnsucht nach dem Garten« verspürt, »daß ich jeden Baum, den alten Holunderbusch, die hohen Akazien zum Greifen deutlich vor mir sah. Ich hatte sogar den Wunsch, das alles noch einmal zu sehen ... Vielleicht bist Du Deiner Schulzeit noch zu nahe, um ganz die Anhänglichkeit fühlen zu können, die man nicht etwa für Menschen, sondern für Bäume und Blumen aus der Jugendzeit behält. Antworte aber darauf nicht, ehe Du den Knulp gelesen hast.« Das war eine leichtfertige Empfehlung in Anbetracht der unbehaglichen Lebensumstände des Sohnes, aber dieser machte sich bereitwillig an die Lektüre und bestätigte das Urteil der Mutter umgehend mit höflichen Worten.

Weniger vermochte Ida dann freilich mit einer Erklärung des abseits aller Kriegsereignisse in der Schweiz lebenden Hermann Hesse anzufangen, der Krieg habe ihn in seinem dichterischen Schaffen bisher nicht beeinflußt. In deutschen Zeitungen wurde diese Erklärung mit heftigem Mißfallen quittiert, doch bei allem naiv-ahnungslosen Nationalismus nahm Ida den Dichter gegen solche Anwürfe in Schutz. Es war bezeichnend für sie, daß sie die Dichtkunst und die Dichter über die Parteilichkeit stellte, getreu ihrer Lebensdevise »alles für die Kunst«. Freilich war ihr noch weit mehr als ihrem Mann alles politische Geschehen ein Buch mit sieben Siegeln. Sie hatte sich nie darum gekümmert, auch dieser Krieg würde irgendwie vorübergehen und nicht zuletzt ihrem einzigen gesellschaftspolitischen Anliegen, der Unterstützung der Frauen, dienlich sein.

Im Herbst 1915 standen wichtige organisatorische Arbeiten für den Verband bevor, aber zunächst kam es zu einer Atempause. Richard Dehmel zog sich im Schützengraben eine Venenentzündung im linken Oberschenkel zu und mußte einige Wochen im Lazarett zubringen. »Woher die Entzündung mir zugeflogen ist, kann ich mir nicht recht erklären; ich bin weder viel gelaufen noch geritten und habe in den letzten Jahren auf meinen alpinen Hochtouren 15–18 stündige Klettereien gemacht, ohne daß es mir geschadet hat.« »So was ist immer verbunden mit der Gefahr der Gefäßverstopfung durch Blutgerinsel, aber diese

Gefahr ist bei Vater vorbei«, beruhigte Ida ihren Sohn in einem Brief vom 17. Juni, der sich vornehmlich mit Fragen von Kunst und Künstlern, vor allem solchen befaßte, »die sich jetzt gegen Deutschland so gemein wie dumm wie undankbar betragen haben«.

Mitte Juli erhielt Dehmel Genesungsurlaub. Er entschloß sich zu einer Kur im hessischen Moorbad Langenschwalbach (seit 1927 Bad Schwalbach), wo auch Ida schon des öfteren einige Wochen zugebracht hatte. Sie liebte den weitläufigen Kurpark und die sanft hügelige Umgebung, zudem war es nicht weit zu ihrer Schwester in Mannheim. Ida reiste aus Blankenese an, und die beiden waren unter angenehmen Umständen wieder für einige Zeit vereint. Die Dehmels befreundeten sich mit dem Arzt Dr. Bolko Stern und seiner Frau, die beide glühende Bewunderer der Dehmelschen Lyrik waren. Ehrfürchtig sprach der Arzt noch viele Jahre später vom »Ausruhen des Genius in der Stille unserer Waldtäler«. Man tauschte sich über die Kunst aus, die Damen musizierten gemeinsam, man verdrängte die fernen kriegerischen Ereignisse. Auch in den folgenden Kriegsjahren konnten Dehmel und seine Frau stets einige Sommerwochen in dem Moorbad zubringen. Dem Arzt war freilich nicht entgangen, daß der Dichter mit seinem Alter haderte und gelegentlich Anzeichen von Depressionen erkennen ließ.

Am 1. September war Dehmel wieder »felddienstfähig«, am 25. September wurde er zum XV. Reservekorps in die Vogesen versetzt, dicht an die französische Grenze. Ida wurde wenige Tage zuvor von der bedrohlichen Nachricht überrascht, daß sich ihr Sohn eine Gelbsucht zugezogen habe und nun ebenfalls ins Lazarett eingeliefert worden sei. Sie sah im Lexikon nach, was es mit dieser Krankheit auf sich habe, gab dann dem Sohn wohlgemeinte, rührende Ratschläge – und sandte Lektüre. Inständig hoffte sie auf seinen Urlaub in Blankenese, doch anders als dem berühmten Dichter verweigerte man Heinz Lux dieses Privileg. Sie sei »in der Seele betrübt, daß ich nicht bei Dir bin, mein geliebter Junge«, ließ sie ihn am 20. September wissen, täglich werde sie ihm von nun an eine Dose Kompott senden, im übrigen sei sie sicher, »daß es uns gelingt, Dich loszueisen«.

Ida kehrte aus Langenschwalbach besorgt und in heftiger Unruhe in das Dichterhaus zurück und nahm die Arbeit in ihren Frauenvereinigungen wieder auf. In der Hamburger Bezirksgruppe der Organisation »Kriegsspende Deutscher Frauendank« kümmerte sie sich um die Beschaffung von Ausbildungsgeldern für Kriegswaisen und trug dazu bei, die Gruppe in eine überregionale Nationalstiftung zu integrieren. Geschmeichelt bemerkte sie, wie die Vertreterinnen der Frauenbewegung jetzt hofiert wurden. Mit anderen Hamburger Damen wurde sie vom Senat zu einer Gründungssitzung ins Rathaus geladen. Was sie darüber am 25. und 27. Oktober an ihren Mann berichtete, verriet schon ganz die versierte Verbandspolitikerin: »Fabelhaft feierlich« sei die Sitzung im großen historischen Rathaussaal verlaufen, zwanzig Herren und zwölf Damen seien anwesend gewesen. »Den Vorsitz der Stiftung übernehmen 2 Senatoren. Erklärt wird: die wichtigste Instanz ist der Bewilligungsausschuß. Der Arbeitsausschuß macht die Recherchen; die Geldbewilligung und deren Höhe bleibt dem Bewilligungsausschuß überlassen.« Der Arbeitsausschuß wurde mit sechs Damen besetzt, in den Bewilligungsausschuß wurde neben zwei Herren des Senats und drei Abgeordneten der Bürgerschaft auch Ida Dehmel berufen: »Schlag lang hin und steh kurz wieder auf!«

Stolz ist auch aus einem (undatierten) Brief an ihren Mann aus Berlin herauszulesen, in dem sie beschreibt, daß sie gerade »auf dem Platz des Grafen Schwerin im Reichstag« sitze. »Wir haben eine Tagung über soziale Fürsorge für Kriegerwitwen u. -waisen, die im Reichstag abgehalten wird. Auf der Tribüne, wo sonst die Vertreter der Ministerien u. Regierungen sitzen, herrscht eine beängstigende Fülle. Denn auch die Reichstagsabgeordneten sind in Massen da. Und die Plätze der Abgeordneten sind zu 2/3 mit Frauen, zu einem Drittel mit Männern besetzt. Es ist eine ganz merkwürdige Sensation, die Frauen auf der Tribüne des Reichstages zu sehn und sprechen zu hören. Bisher hat jede einzelne Frau Vorzügliches gesagt, und es *kann* keiner der heutigen Zuhörer anderes sagen als das, daß die Frauen zum mindesten für das passive Wahlrecht reif sind. Ich amüsiere mich über mich selbst, die ich so absolut das Gefühl habe, daß ich für *Dich* bestellt bin, daß ich doch andererseits das Reifwerden der Frauen mit tiefster Befriedigung beobachte.«

Ida meisterte zu Hause mit würdevoller Nonchalance den inzwischen dramatischen Mangel: den Verzicht auf ausreichenden Brennstoff, die Entbehrungen durch Hunger und Einsamkeit. Sie flüchtete förmlich in ihre frauenpolitischen Tätigkeiten. Sie organisierte Ausstellungen der Frauenkünstlerhilfe, erhielt ein eigenes Büro, eilte von einer Rathaussitzung zur nächsten, reiste in Sachen des Frauenstimmrechts nach Berlin und Weimar, wo sich Stimmrechtsvereinigung und Stimmrechtsverband in einem »Reichsverband für Frauenstimmrecht« vereinten. Sie wurde in den neuen Vorstand als Schriftführerin gewählt und fungierte als Delegierte des Hamburger Landesverbandes. Zwar geriet sie des öfteren mit den »wilden Weibern« Augspurg und Heymann in Konflikt, weil sie sich weiterhin radikaler Argumente enthielt und ein sanfteres Auftreten empfahl, aber sie gehörte nun zum engeren Zirkel der Frauenbewegung. »Von 10 bis 5« sei sie nun in ihrem Büro, schrieb sie dem Sohn, der weiterhin keine Erlaubnis zum Heimaturlaub erhielt.

Idas Briefe ließen noch immer keine Besorgnis um die militärische Lage an der Front erkennen: Sie erzählten von Begegnungen und Kunsteindrücken, von Träumen und von persönlichen Ärgernissen. Oder zwang sie sich nur zu dieser unbekümmerten Lässigkeit, um ihre Einsamkeit zu überspielen? Als sie dem Sohn am 10. März 1916 verunsichert von einem Konflikt mit einer abweisenden Hausgehilfin erzählte, ließ sie ihn ausnahmsweise etwas tiefer in ihre Seele blicken. Offen sprach sie ihr Bedauern darüber aus, »daß mein Selbstgefühl nicht allzugroß ist. Wenn ich nach außen so (abweisend) scheine, so ist es, weil ich die Menschheit erstens überhaupt nicht in mein Inneres sehen lassen will, zweitens weil es kein schöner Anblick ist, einen

Menschen in Selbstzweifel zu sehen.« Sie hatte schon früh gelernt, im Umgang mit ihren Mitmenschen ihre wahren Gefühle zu verbergen. Das hatte ihr im Leben manche Ablehnung beschert, die sie genau registriert hatte. Am 12. September 1903 hatte sie ihrem Tagebuch anvertraut: »... da man doch nur den wenigsten zeigen mag, wie man ist, so halte ich mich *unliebenswürdig* zurück. Sehr viele werden mich als unliebenswürdig verschreien ... Das ist mir kein Vorwurf.« Wenn sie mit ihrem Sohn am liebsten Gedanken über Bücher austauschte, so war dies auch eine Flucht in die ihr am nächsten liegende Welt, in der andere, von denen sie meinte, sie könnten es besser, über Empfindungen auch intimster Art sprachen.

Mit dem Sohn verband sie eine herzliche Mutterliebe und dennoch eine Scheu vor der allzu direkten Aussprache. Auch seine Briefe sind, bei aller Ehrlichkeit, eher durch liebenswürdige Distanz als durch radikale Offenheit charakterisiert. Die Furcht, als »schwach« zu gelten, hatte bei beiden ihre Spuren hinterlassen, ohne daß ihre herzliche Beziehung dadurch getrübt wurde. Dabei wußte sich Ida nur bei ihren beiden Männern wirklich sicher und verstanden: »Meine Liebe zu Dir und Vater ist so groß, daß sie mich allen anderen Menschen fernhält, selbst meinen Schwestern ... Euch beiden gehöre ich. Hoffentlich hast Du's *gefühlt* mein Junge. Oft habe ich mich geärgert, daß man sich nicht mehr *zeigt,* wie glücklich man sich beisammen fühlt – aber da ist etwas, das erlaubt es nicht«, schrieb sie am 27. Juni 1916, und dann gab sie dem Sohn noch einen Rat mit auf den Weg, den sie für sich selbst immer beherzigt hatte, auch wenn er von ihrer Umgebung nicht immer mit Wohlgefallen quittiert wurde: »Du mußt die allergrößten Ansprüche an Dich selbst stellen. Was auch einmal der Inhalt Deines Lebens werden mag: Großes erreichst Du nur, wenn Du Dir selbst nie genug tust. Du bist an Seele, Geist und Leib ein adliger Mensch. Das ist Gottesgabe. Jetzt bist Du alt genug, Dein weiteres Leben selbst zu gestalten. Ich habe die tiefste Überzeugung, daß Du ein segensreiches Leben vor Dir hast. In innigster Liebe, die Mutter.«

Das war für einen im Schützengraben seinen entbehrungsreichen und gefährlichen Dienst an der Waffe leistenden jungen Soldaten ein arg anspruchsvolles Ansinnen. Die Auswirkungen der Schlacht an der Somme gingen auch an Heinz Lux nicht spurlos vorüber. Der Tod lauerte jeden Tag aufs neue. In den Schützengräben, den vielen unter der Erde liegenden Schutzräumen, in den Schlammwüsten drängelten sich Ratten und Ungeziefer, aber wer sich an die Oberfläche begab, auf den warteten die schweren Maschinengewehre, Granaten und Bajonette. Die Kriegsbegeisterung der Mützen schwenkenden Freiwilligen war bald von der Wirklichkeit des tödlichen Infernos erstickt worden: Das Schlachten hatte nichts zu tun mit dem, was sich die Soldaten in ihren kindlichen Träumen zurechtgelegt hatten.

Auch Ida sah die Berichte von der Front zunehmend mit anderen Augen, ohne daß sie die Kraft aufbrachte, sich über die Frage Gedanken zu machen, wer eigentlich an diesem unseligen, sinnlosen Krieg wirklich Schuld trug. Sie empfand es jetzt als »*schrecklichen* Gedanken, daß ein so altes Kulturvolk wie die Franzosen u. ein so junges Kraftvolk wie die Deutschen sich so verbluten. Was mögen sich die Japaner ins Fäustchen lachen. Die weiße Rasse zerfleischt sich in diesem Krieg, und danach werden die *Gelben* Herren der Erde werden«, meinte sie am 29. September 1916. Das mit dem jungen Kraftvolk war chauvinistische Verklärung, deutschtümelnder Gemeinplatz, aber immerhin zeigten solche Betrachtungen dem Sohn, daß Ida inzwischen mit weniger Vorurteilen auf das Kriegsgeschehen blickte als ihr Mann. Es war die Angst der Mutter um Mann und Kind, die ihr allmählich die Augen öffnete.

Richard Dehmel, der während eines Urlaubs an der »Heimatfront« in Berlin als rhetorischer Kriegstreiber auftreten durfte, sah das noch immer anders. Er wetterte gegen »die Hemmungen, die eure Kampflust von außen her unterbinden«, gegen die »Mißmutigen und Unlustigen ..., denn diese Bedenklichkeit im Kampf ist die schlimmste Gefahr für den frohen Mut, besonders wenn sie unter der Maske der Menschenfreundlichkeit herumschleicht und den Krieg als ein Verbrechen verdächtigt«. Die Deutschen kämpften doch nur um ihre »natürliche Selbstbehauptung … Deutschland gibt der Welt jetzt ein *bleibendes Vorbild ungeheurer Willenskraft«*, und wenn der Sieg endlich erreicht sei, dann käme »jenes dritte Reich des Heils, von dem die Friedensapostel träumen und das in Wirklichkeit heißen wird: der europäische Völkerbund unter der Obhut des deutschen Geistes«.

Ob er wußte, was er daherredete? Er wußte es nicht, er hatte sich durch sein Verharren in einer fragwürdigen »Welt des Geistes« schon so weit von der Realität entfernt, daß ihm jedes selbständige politische Denken unmöglich geworden war. Seit seiner Hinwendung zu der Märchenwelt des Jugendstils, seit der idealistischen Überhöhung seiner Privatsphäre zum Weltersatz hatte er die Geschehnisse in Europa nur dann zur Kenntnis genommen, wenn sie sich mit seinem eigenen Ehrgeiz und seiner Selbstverzückung zur Deckung bringen ließen. Er hatte, ohne nur im geringsten an sich zu zweifeln, den verhängnisvollen Weg mit vollzogen, den die Hypertrophie der »verspäteten Nation« gewiesen hatte. Sein Denken war zum Sprachrohr für die – keinesfalls schweigende – Mehrheit verkümmert. Aus dem talentierten, unbürgerlich-kreativen Juristen Dr. Richard Dehmel war ein phrasendreschender Mitläufer geworden, der nur noch eines im Sinn hatte: den Beifall der Massen.

Man kann mitunter lesen, auch Dehmel habe während des Ersten Weltkrieges zu jenen Dichtern wie Wedekind oder Klabund gehört, die nach anfänglicher Begeisterung bald anderen Sinnes geworden sind. Es werden dann einzelne Absätze des Zweifels und des Unbehagens aus seinen Tagebüchern als Belege herangezogen. Betrachtet man diese Stellen genauer, so läßt sich leicht erkennen, daß sie fast immer aus Stimmungen entstanden, die durch persönliche Einbußen oder verletzte Eitelkeit hervorgerufen wurden. Mag Dehmel nach dem Krieg auch manches seiner Worte bereut haben: Er gehörte zu den leidenschaftlichsten und rücksichtslosesten Vertretern der martialischen Durchhalteparolen und hat nie, auch nicht nach der Niederlage, von seiner tiefen Überzeugung abgelassen, daß am deutschen Wesen die Welt genesen müsse. Selbst ein so sorgfältiger Chronist wie der keineswegs unkritische Dehmel-Verehrer Julius Bab ist bei der Beurteilung der Kriegsaufzeichnungen einem Irrtum aufgesessen. Es war der Irrtum eines irrationalen, menschenverachtenden, fehlgeleiteten Nationalismus.

Anfang September 1916 wurde Richard Dehmel von Frankreich an die litauische Front nach Kaunas (Kowno) verlegt. Er hatte selbst nachdrücklich darum ersucht, denn das Leben im Schützengraben war ihm inzwischen doch zu eintönig geworden. Er hatte sich gewünscht, ins deutsche Hauptquartier wechseln zu dürfen, um näher an eine Entscheidungszentrale heranzurükken, doch als er in Kaunas ankam, war das Hauptquartier gerade nach Brest-Litowsk verlegt worden. Dehmel fand sich in einer, wie Julius Bab schrieb, »trüben, schmutzigen Provinzstadt« wieder: »Von den 90 000 Einwohnern Kownos waren nur 30 000 noch da, so daß viele Häuser leer standen. Aber die meisten waren unbewohnbar, zerstört und schmutzig.« Er fand einen »militärischen Verwaltungsapparat von grausiger Umständlichkeit« vor, da hatte er es in den Vogesen doch angenehmer gehabt. »Man hatte ihn für das ›Buchprüfungsamt‹ bestimmt, das war ein Stück Zensurpolizei, das in obendrein ganz unselbständiger Weise, nach Weisungen einer Zentrale in Leipzig, die Einfuhr von Druckschriften in das besetzte Gebiet zu überwachen hatte. Bei dieser ›Zeitvertrödlungsmaschine‹ waren nicht weniger als vier Offiziere angestellt, die mit Listenführen und Korrespondenz beschäftigt waren – eine Arbeit, die in einem vernünftigen Friedensbetrieb bequem von einem Kanzleisekretär zu leisten gewesen wäre.«

Dehmel war entrüstet. Ausgerechnet ihm, dem vielgerühmten deutschen Dichter, hatte man wieder eine belanglose Aufgabe zugeteilt, bei der es keine Gelegenheit gab, sich mit Ruhm zu bekränzen. So reichte er Anfang November wieder ein Gesuch um Versetzung ein »mit der ausdrücklichen Begründung, daß seine kulturpolitischen Ansichten sich mit den ihm obliegenden Amtsgeschäften nicht vertrügen«. Dem Anliegen wurde stattgegeben. Am 15. November 1916 wurde Dehmel zu seinem Ersatzbataillon nach Altona zurückgeschickt. In der Garnison sichtete er fortan täglich Gefechts- und Frontberichte, die einmal als Quellen für eine Geschichte des deutschen Sieges dienen sollten. Alter und Kondition hatten ihn für einen Fronteinsatz endgültig untauglich gemacht, und er durfte bald auch wieder in Blankenese wohnen. Der Krieg war in die Ferne gerückt und der tapfere Herold wieder zu Hause.

So gut hatte es Heinz Lux Auerbach nicht. Er war immer noch an der französischen Front, und immer noch enthielt er sich in seinen Briefen jeder Kriegsbegeisterung und politischen Stellungnahme. Er tat tapfer seinen Dienst, bat seine Mutter gelegentlich um die Zusendung von Nahrungsmitteln und ließ sich im übrigen – er hatte schließlich von ihr gelernt – nicht in seine seelischen Karten blicken. Ende des Jahres sollte er endlich einmal Heimaturlaub erhalten, und er hoffte, Weihnachten in Blankenese verbringen zu können.

Daraus wurde nichts. Wieder schrieb er aus dem Schützengraben einen Weihnachtsbrief nach Hause, von dem er allerdings fürchten mußte, daß er nicht rechtzeitig in Blankenese eintreffen werde, denn »gestern Abend wollte ich schreiben, und da ist mir ein Angriff in unserer Nähe in die Quere gekommen, so daß ich bis heute früh 5 Uhr beschäftigt war … 800 Schuß von den verschiedenen Munitionsarten« habe er in dieser Nacht verfeuern müssen. Nun war er erst einmal ruhebedürftig und verlangte nach neuer Lektüre: »In der Fischerschen Rundschau ist augenblicklich ein Roman von einem Mensch namens Wilhelm Lehmann ›Der Bilderstürmer‹, scheinbar etwas sehr Merkwürdiges, wenn das als Buch fertig, bitte ich gleich darum.« Fürs erste wolle er aber die letzte Nummer der Hamburger Zeitschrift »Der Zwiebelfisch« zugesandt bekommen, ferner »was Gutes und Nettes«. Von einer Tante habe er zu Weihnachten Gebäck erhalten, »das ist wohl das Weihnachtlichste, was es dieses Jahr gibt«. Auf die von Ida angekündigten Konserven freue er sich sehr. Mehr könne er nicht hinzufügen, »denn ich bin nun einmal furchtbar schreibfaul ... Du brauchst übrigens nicht zu denken, daß der Brief in einem Zug weggeschrieben ist, gleich nach der zweiten Seite, ich hatte mittags angefangen, wurde ich weggeholt, und jetzt, Abends 1 Uhr 30, komme ich erst dazu, ihn zu Ende zu bringen, so daß er sich wieder um einen Tag verzögert. So, jetzt mache ich Schluß, ich bin wahnsinnig müde. Fröhliche Weihnachten wünscht Euch allen der Heinrich Lux.«

Ida hatte dem Sohn am 24. Dezember von den Vorbereitungen für das Blankeneser Weihnachtsfest genauestens Bericht gegeben: »Vater schmückt den Weihnachtsbaum. Ich laufe mal ab und zu ans Klavier und spiele mit allen Registern ein Weihnachtslied. Ich wäre ganz und gar glücklich, wenn ich Dich noch hier hätte. Aber da so gar kein Weihnachtswetter ist, ist mein halbes Denken immer bei Dir draußen. Ach, wie ich Dir doch heut Abend eine gemütliche Stunde wünsche, eine warme Stube und ein bißchen was Liebevolleres als die eine Flasche Bier, die Deine erste Weihnacht im Feld ›markierte‹.« Vorsichtig gab sie ihrem Wunsch nach Frieden Ausdruck, auch »Vater« schließe sich jetzt diesen Hoffnungen an, er fände sogar »den Text der Wilson-Note gut, d.h. anständig«. Amerikas Eintritt in den Krieg hatte auch Dehmel bedeutet, daß der Krieg ein überraschendes Ende nehmen könne.

Am 28. Dezember stand der 21. Geburtstag von Heinz Lux bevor, Idas Geburtstagswünsche waren schon auf dem Weg: »Ich hoffe so sehr, daß dieser Brief am Donnerstag in Deine Hände kommt. Du weißt, ich mache nicht viel Worte. Aber an dem Tag, an dem Du mündig wirst, sollst Du nochmal von mir hören, daß Deine Jugend wie ein einziger froher Tag für mich war u. daß ich Dich nicht anders haben möchte als so wie Du bist ... Wir freuen uns *sehr* auf Dich.«

Wie war er denn nun wirklich, dieser wohlerzogene und pflichtbewußte, lesehungrige Sohn? Photos zeigen einen wohlgeratenen, freundlich dreinblickenden jungen Mann. Die Briefe, in

Heinz Lux Auerbach als Soldat

gefälliger, aber nicht ausdrucksstarker Handschrift geschrieben, lassen auf Ernsthaftigkeit und Zielstrebigkeit schließen, aber die darin ablesbare Zurückhaltung läßt wenig Spielraum für eine genauere Charakteristik. Schon am 22. September 1904 hatte die junge Mutter in ihrem Tagebuch eine Beobachtung festgehalten, aus der hervorgeht, daß der junge Heinz Lux es nicht ganz so leicht mit dem Leben an Dehmels Seite hatte, wie sein geradliniger Lebenslauf und seine artigen Mitteilungen es nahelegen. An diesem Tag hatte sie mit Sorge registriert, daß Richard Dehmel seinen eigenen Sohn vorzog und seine freundlichen Äußerungen über Heinz Lux nur die eine Seite der Medaille waren. Sie bekundete ein überraschend heftiges Mißfallen an ihrem Mann, aber ob sie ihm gegenüber diese kritischen Bemerkungen wirklich ausgesprochen hat, ist ungewiß – zu vermuten ist es allerdings.

Sie hatte angemerkt, ihr Sohn habe »zwei ganz verschiedene Gesichter: ein *schönes:* rund, rosig, kläraugig, strahlend – ein glückliches Kindergesicht. Und ein ausgesprochen *häßliches:* dann hängt die Unterlippe, die Augen verlieren ihren Glanz, die Ohren stehen groß ab – ein skeptischer, erfahrener Jude«. An ihren Mann hatte sie die Frage gerichtet: »Wenn ich diese 2. Art Gesicht sehe, bei deren Anblick ich kaum noch das Blutband zwischen mir und ihm fühle, frage ich mich jedesmal: Sorgst du auch in jeder Beziehung für sein Bestes?« Sie warf Richard Dehmel vor, daß ihr Sohn »diesen Ausdruck in sein Gesicht bekam, als Deine Kinder vergangenes Jahr zum ersten Mal bei uns waren. Ich sah ihn deutlich zuerst flüchtig auftauchen und dann so häufig wiederkehren, daß er fast stets über dem Gesicht lag. Wenn er unser Einziger hier ist, ist er *immer* glücklich.« Das verriet Spannungen, die ihr Mutterherz verletzten: »Ich wünschte geradezu, daß der Sohn sich gegen die Behandlung empörte, oder – da das in seiner Art durchaus nicht liegt – ich möchte ihn aus dem Hause thun, sofort, in irgendeine Erziehungsanstalt: lieber den Schmerz, ihn zu entbehren, dulden, als Deine demütigende Art.«

Wenig später war der Ärger wohl vergessen, die Welt wieder in Ordnung. Heinz Lux durfte in Blankenese bleiben. Der taktvolle Sohn kam nie auch nur mit einem Wort auf die Auseinandersetzungen zu sprechen. Doch auf Ida hatte sich eine Unruhe gelegt. Als sie eines Abends am Fenster von Dehmels Arbeitszimmer gestanden und vor sich hin geseufzt habe, habe dieser sie gefragt: »Nanu, was seufzt Du denn so sehr?« Sie habe darauf geantwortet: »Ich hab vor lauter Glück geseufzt ... Ich möchte darauf schwören, daß es auf der Erde keinen Menschen gibt, der mehr strahlt als ich«, notierte sie am 16. November. »Und doch, und doch, und doch – woher kommt manchmal, gar nicht so selten, dieses Sehnsuchtstreiben über mich? Woher kommt es? Wohin will es? Ich behorche mich in jeder Weise: ich weiß es nicht. Heute ist es schon stundenlang da. Ich lese lustige Bücher, ich esse mit Dir ganz fidel, ich lasse mir von Heinz Lux Geschichten erzählen, die er sich ausgedacht hat, ... es ist, als läge ein ungeheurer Stein auf dem Grund meiner Seele, über den oben ganz lustig kleine Wellchen laufen ... Solche Stunden scheinen bleiern. Ich lege manchmal den Arm auf den Schreibtisch und vergrabe den Kopf darin, wie man am Schulpult weinte. Ich weine aber nicht: ich wüßte nicht um was.« Das Glück hatte eine grimmige Kehrseite.

Aus solchen und vielen anderen Äußerungen wird deutlich, daß die von Ida Dehmel an ihrem Sohn beobachteten »zwei ganz verschiedenen Gesichter« auch eine Entsprechung in ihrer eigenen Seele hatten. Man geht gewiß nicht zu weit mit der Vermutung, daß in Mutter und Sohn gleichermaßen ein quälender Identitätskonflikt nach Erlösung dürstete, den offen auszusprechen ihr nur selten und dem Sohn wohl niemals gelang: Seit den ersten Begegnungen mit einem ungenierten Antisemitismus während ihrer Zeit in Brüssel fühlte sie sich zwischen dem uneingeschränkten Zugehörigkeitsgefühl zu ihrer deutschen Nation und der Verbindung zu ihrer jüdischen Herkunft vor unlösbare Entscheidungen gestellt. Sie bewunderte die »besseren« Juden ihrer Umgebung, war stolz auf sie, aber sie machte einen großen Bogen um die aus dem Osten eingewanderten »Ghetto-Juden«. Dehmel bestärkte sie vehement darin, und so hat dieser Konflikt auch den jungen Heinz Lux von Kindheit an begleitet. Anders als in Bingen, wo die deutsch-jüdische Symbiose für sie noch selbstverständlich und durch keine ernsthaften Schatten verdunkelt war, stießen die Mutter und sicher auch das Kind in Hamburg gelegentlich, wie inzwischen überall in Deutschland, auf antisemitische Vorurteile, die tiefe Verletzungen auslösen mußten. Einmal, am 16. November 1904, fragte sie sich in ihrem Tagebuch zweifelnd: »Aus einer Familie stammend, die seit Generationen in Deutschland lebt, ohne Religion erzogen – sollte auch ich noch Blut in mir haben, das sich nach Jeruschalajim zurücksehnt?«

Am verregneten Himmelfahrtstag des Jahres 1915 – Heinz Lux hatte es inzwischen zum Gefreiten gebracht – hatte sich Ida erkundigt, ob der Sohn in seiner Geburtsurkunde »als Jude, als Dissident oder als evangelisch« eingetragen sei. Zu weit lagen die Berliner Jahre seiner Geburt für sie zurück, und den Vater ihres Kindes zu fragen kam nicht in Frage. Zwar sei »Religion als Angelegenheit von Registerpapieren«, das hatte nicht zuletzt Richard Dehmel ihr bedeutet, nichts als »ein lächerlicher Unsinn. Wenn mich ein Freund aufs Gewissen fragte, würde ich sagen: Ich fühle mich stark und stolz als ein Kind der jüdischen Rasse«, dennoch seien ihr »Juden gewöhnlicher Art widerlicher als sie manchen Christen sein mögen«. Solche Kritik hatte ihren Nährboden in den Begegnungen, die sie mit den in Altona ansässigen armen Ostjuden gehabt hatte, denen auch der Abscheu ihres Mannes galt.

Idas und Richard Dehmels Welt war die eines blumigen Idealismus und seit 1914 gewiß auch die eines herzhaften Chauvinismus, doch verteilten beide ihre Zu- und Abneigung nicht nach rassischen, auch nicht nach religiösen, sondern allein nach gesellschaftlichen Gesichtspunkten. Ida Dehmel fühlte sich »als überzeugte Christin, wenngleich der Stolz der Jüdin oft über die Demut der Christin siegt. Und da ich so zu keiner Religion ungeteilt gehöre, bin ich Dissidentin geworden, was an sich erst recht nicht das Richtige ist, weil ich eine durch und durch gläubige, ich darf sogar sagen: fromme Natur bin.« Um so schmerzlicher mußte sie die gelegentliche Konfrontation mit dem Antisemitismus empfinden. Sie nahm ihn wahr, aber sie verdrängte ihn. Nichts schien ihr darauf hinzudeuten, daß sich in Deutschland – und nicht nur dort – längst etwas zusammenbraute, was noch einmal grausame Folgen haben sollte. Auch in dieser Hinsicht war sie »nicht von dieser Welt«.

Keinen Augenblick hatten Mutter und Sohn daran gezweifelt, daß Deutschlands Eintritt in den Krieg auch ihr Opfer forderte. Beruhten die Gründe von Dehmels patriotischer Erregung mindestens ebenso auf seiner Sehnsucht nach »Mannesrausch«, Abwechslung und Jungbrunnen wie auf dem allgemeinen Freudentaumel, so gab es für Ida und Heinz Lux nur einen

Grund des Einverständnisses: die gleiche Pflicht auf sich zu nehmen wie alle anderen. Sie teilten dieses Einverständnis mit unzähligen anderen konservativ und patriotisch gesinnten jüdischen Männern, die mit ihrer Teilnahme am Krieg auch die menschenunwürdigen Grenzen zwischen Juden und Nichtjuden ein für allemal auslöschen wollten. Sie hatten sich von diesem nationalen Kriegsrausch die endgültige soziale Integration erhofft. Sie hatten insbesondere den Kampf gegen Rußland begrüßt, das mit seinen Judenverfolgungen schon seit Jahrhunderten für eine breite, blutige Spur gesorgt hatte – jetzt mußten sie erfahren, daß der Antisemitismus auch Deutschland in Besitz zu nehmen begann. Etwa 12000 deutsche Juden waren unter den Kriegsopfern. Ihre in Reih und Glied angeordneten Soldatengräber auf den jüdischen Friedhöfen dokumentieren für immer den hohen Preis dieser unbedingten Loyalität. Ihre Landsleute sollten das bald vergessen. Noch während des Krieges ordnete das Kriegsministerium in Berlin eine »Judenzählung« an. Statt zur Integration kam es zu Ausgrenzung.

Heinz Lux war einer der vielen zum schwersten Opfer bereiten deutschen Juden, und seine Briefe bezeugen auf berührende Weise den bedingungslosen Ernst, mit dem er seinen Militärdienst verrichtete. Er hatte es sehr viel schwerer als sein zweiter »Vater«, und er befaßte sich weder mit der Frage nach seinem Ruhm noch mit der nach Sinn und Unsinn des kriegerischen Treibens. Er tat einfach, was von ihm verlangt wurde. »Wir freuen uns *sehr* auf Dich«, hatte ihm Ida am 24. Dezember des Jahres 1916 erwartungsvoll geschrieben. Am 8. Januar 1917 erhielt sie die Nachricht aus dem Bayrischen Feldlazarett 54.6, daß ihr Sohn mit einem »sehr lebensgefährlichen« Kopfschuß eingeliefert worden sei.

»Wir klammern uns an das Fünkchen, daß er noch lebt«, schrieb sie am 9. Januar an Marie Stern in Langenschwalbach. Doch noch am selben Tag traf ein Telegramm des Lazaretts ein: »Heinz Auerbach gestorben, abends 9.45. Brief unterwegs.« Der Brief traf einen Tag später ein und lautete: »Gnädige Frau. Tief

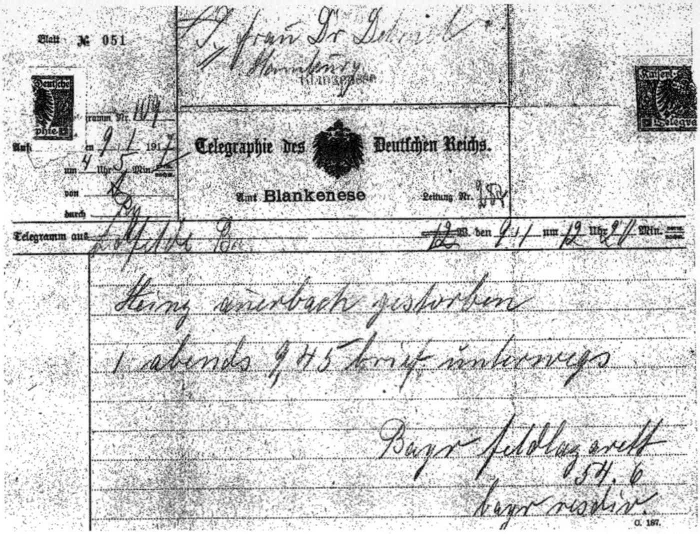

Blatt № 051

Telegraphie des Deutschen Reichs.

Amt Blankenese

Telegramm aus

Heinz auerbach gestorben
1 abends 9,45 brief unterwegs

Bayr feldlazarett
54.6
bayr reserve

Die Todesnachricht

bewegt muß ich Ihnen die schmerzliche Mitteilung machen, daß Ihr Sohn, Heinz Auerbach, gestern Nachmittag 4 Uhr (!) seinen schweren Verwundungen erlegen ist. Ich nehme an Ihrer Trauer aufrichtigen Anteil und spreche Ihnen und Ihrer Familie im Namen meiner Batterie mein herzlichstes, innigstes Beileid aus. Wir haben einen unserer Besten, einen tapferen Soldaten und lieben Kameraden verloren, dem die Batterie allezeit ein ehrendes Gedenken bewahren wird. Gott tröste Sie in Ihrem Schmerz.« Unterschrieben war der Brief mit »Forch, Hauptmann«.

Ein Brief des Chefarztes vom 7. Januar 1917, unterschrieben von einem Stabsarzt der Reserve (dessen Name unleserlich ist), lautete: »Zu meinem großen Bedauern muß ich Ihnen mitteilen, daß Ihr lieber Sohn gestern Abend 9.45 Uhr sanft eingeschlafen ist. Er hat das Bewußtsein nicht mehr erlangt und ist so vor körperlichem Schmerz und besonders vor dem Gefühl der Schwere und Aussichtslosigkeit seines Zustandes bewahrt geblieben. Das wird auch Ihnen ein kleiner Trost sein. Ihr lieber Sohn wird voraussichtlich am nächsten Mittwoch auf dem hiesigen Soldatenfriedhof beerdigt werden und im Kreis seiner Kameraden ruhen. Eine amtliche Todesnachricht und der Nachlaß Ihres lieben Sohnes werden Ihnen noch zugesandt werden.« Ein weiterer Brief des Chefarztes, diesmal unterschrieben von einem Stabsarzt Dr. Zimmer, abgesandt am 9. Januar 1917, lautete: »Vizewachtmeister Heinz Auerbach ward am 5.1.17 abends 1/2 9 Uhr völlig bewußtlos mit Trachealrasseln eingeliefert. Wegen des aussichtslosen Zustandes wurde von operativen Maßnahmen Abstand genommen. Ohne das Bewußtsein wieder zu erlangen, ist Auerbach 6.1. abends 9.45 Uhr gestorben. Eine Abschrift des Obduktionsbefundes liegt bei. (Es wurde nur eine Wundrevision vorgenommen.)«

Heinz Lux Auerbach war einer von neun Millionen Menschen, die in den barbarischen Schlachten dieses ersten industrialisierten Krieges auf europäischem Boden ihr Leben lassen mußten. Der Schuß sei, so schrieb ein Kriegsgefährte am 22. Januar 1917 an Ida Dehmel, »beim Haarwirbel rein und an der Stirne heraus« gegangen. Die Daten über den Todeszeitpunkt widersprachen sich – kein Wunder bei den Anforderungen an die deutschen Sanitäter. In der Stunde der Verwundung hatte Ida übrigens – so hat Richard Dehmel später berichtet – furchtbare Kopfschmerzen verspürt. Ida und Richard Dehmel versandten am 10. Januar 1917 eine Todesanzeige, in deren Mitte ein Eisernes Kreuz prangte, darunter standen die Worte: »Unser lieber Heinz Lux ist fürs Vaterland gestorben; er fiel am 6. Januar bei Souchez. Wir bitten, ihn und unsre Trauer schweigend zu ehren.«

Ida Dehmel hat in vielen Briefen ihre Trauer dargelegt. Am aufschlußreichsten hat sie ihre Gedanken dazu jedoch erst Jahre später für sich selbst niedergeschrieben: »Als vor drei Jahren mein einziges Kind«, heißt es, »mein geliebter, guter, schöner, reiner, kluger, starker Sohn … fiel, da hatte ich einen Mittler an meiner Seite: Dehmel. Er, der acht Tage vorher meinem Jungen geschrieben hatte: ›Ich freue mich, daß Du Offizier geworden bist, denn Du bist ein Mensch, der geschaffen ist, andern ein

Vorbild zu sein‹ – er hat mich damals gelehrt, die äußeren Augen zu schließen, damit die innern aufgehn.« Sie wäre »vielleicht zu Grunde gegangen an meinem Schmerz, hätte ich nicht den Mittler Tag und Nacht an meiner Seite gehabt«. In ihrem tiefen Leid, konfrontiert mit einem Verlust von grausiger Tragweite, kennt Ida nur einen Halt, einen Trost: ihre Liebe zu Richard Dehmel. Daß sie diesen Schmerz überhaupt bewältigte – das verdankte sie gewiß der Unterstützung ihres Mannes, der viel vom deutschen Heldentod gesprochen haben dürfte. Aber sie war inzwischen auch härter geworden gegen sich selbst. Als sie sich mit Richard Dehmel zusammentat, hatte sie zum ersten Mal ihr Leben in die eigenen Hände genommen und alles für ihren Lebenstraum aufs Spiel gesetzt. Sie hatte das Spiel gewonnen, und sie hatte das Leben an der Seite des geliebten Mannes genossen. Aber diese Liebe hatte sie auch stark gemacht, und sie hatte sich ihre eiserne Disziplin bewahrt.

Auf manche in ihrer Umgebung muß Idas Entschlossenheit wie eisige Kälte gewirkt haben. Aber traf das zu? Ida Dehmel war, das bezeugen ihre Briefe, nicht »kalt«. Sie hatte schon früh lernen müssen, sich unter strenge Kontrolle zu nehmen, sich das, was ihr verwehrt wurde, aus eigener Kraft zu nehmen. Sie hatte auch gelernt (es war längst das wichtigste Instrument ihrer Selbstbehauptung geworden), sich vor der Wirklichkeit in die schöne Illusion zu flüchten. Sie rettete sich in ihre Träume. Sie stilisierte sich und ihre Liebe. Sie fürchtete ja nichts mehr als Banalität und Trivialität. Sie hatte nur ein Ziel vor Augen: gestärkt durch ihre Liebe eine Leistung zu vollbringen, »die größer ist als man selbst« – und koste es auch das Leben. Auf das Unbehagen, das sie damit oft auslöste, wußte sie eine Antwort, und die hielt sie in dieser späteren Erinnerung an den Sohn fest: »Auch ich erlebe es, daß die Menschen sagen: Bei Dir ist alles anders als bei andern. Sie verstehn nicht, daß ich nach 20 Jahren seliger, glückerfüllter Ehe keine Stunde zusammengebrochen bin. Sie begreifen nicht, daß ich in der äußerlich furchtbaren Verlassenheit meines Lebens nicht verzweifle. Sie ahnen nicht, daß ich noch keine Minute von meinen beiden allein gelassen worden bin. Ich lebe, ich denke, ich fühle mit Mann und Sohn zusammen. Die Dreieinigkeit, die wir auf dieser Erde gebildet haben, die lebt weiter, reicher als zuvor, nicht nur in unsern Seelen, bis zu den Sternen ist sie gewachsen.«

Das war gewiß eine gehörige Portion Selbsttäuschung. Aber sie hatte keine Alternative. Sie empfand die Verklärung als den einzig richtigen Weg, den ihr der frühe Verlust der Mutter und der kleinen Schwester, die väterliche Erziehung und das Gefühl der Einsamkeit in ihrer Jugend, die grausame Erfahrung mit ihrem ersten Ehemann gewiesen hatten. Sie wollte diesen Weg auf den Schwingen der Liebe zu ihrem Mann zu Ende gehen, in der festen Erwartung dadurch etwas zu leisten, was auch anderen zugute kommen würde. Man kann das Egoismus nennen. Sie empfand es als Altruismus. Sie wußte um ihre Grenzen, sie litt unter ihnen mehr, als sie verraten wollte. Immer wollte sie die höchsten Ansprüche an sich selbst stellen, nicht aus Kälte, sondern weil ein unstillbares »Sehnsuchttreiben« in ihr war.

Richard Dehmel verlor an der Front keine eigenen Verwandten. Am 21. Februar 1918 jedoch erreichte ihn die Nachricht vom Tod Hedwig Lachmanns. Die feinfühlige, kluge Dame hatte einst aus Dehmels Fluchten ihre Konsequenzen gezogen und sich mit dem Schriftsteller und Sozialisten Gustav Landauer verbunden. Dehmel begegnete diesem überaus aufgeschlossenen, vielbelesenen Idealisten einmal im Heidelberger Schloßpark, und nachdem sie sich etwas geniert gegenübergestanden hatten, empfand Dehmel wohl einige Erleichterung, daß sich das Problem Hedwig auf einigermaßen harmonische Weise von selbst gelöst hatte. Hedwig Lachmann ging mit Landauer für ein Jahr nach England und heiratete ihn 1903 nach der Rückkehr nach Deutschland. Zuletzt hatte sie mit ihren beiden Töchtern in Krumbach gelebt.

Wie ihr Mann, dessen anarchistische Überzeugung ihn bald zu einem Opfer der Münchner Räterepublik machen sollte – Ida Dehmel hat ihn in ihrem Brief an Julius Bab vom 22. April 1926 als einen »in die Länge gezogenen Dehmel«, als dessen Karikatur geschildert –, hatte Hedwig Lachmann diesem Krieg im Gegensatz zu Ida und Richard Dehmel nüchtern und scharfsichtig ins Auge gesehen. In einem Brief an Wilhelm Schäfer hatte sie ihre klugen Ansichten dazu in die traurigen Worte gefaßt: »Wäre die soziale Geltung derer, die sich zur geistigen Elite rechnen, nicht vor dem Krieg so exclusiv, so tändelnd spielerisch gewesen, hätten sie die öffentlichen Einrichtungen und Zustände zu ihrer Angelegenheit gemacht und versucht, das Geschick ihres Volkes an entscheidenden Punkten zu beeinflussen, so hätten sie wohl auch angesichts der alles niederreißenden Katastrophe nicht auf so klägliche Weise ihr Unterscheidungsvermögen eingebüßt. Denken Sie an Dehmel ...«

Anfang des Jahres 1918 zog Hedwig Lachmann sich eine Erkältung zu, die nicht weichen wollte. Das Fieber stieg höher und höher, ihr Mann wachte Tag und Nacht an ihrem Krankenlager. Die Erkältung weitete sich zu einer Lungenentzündung aus, und in der Nacht vom 20. zum 21. Februar kam der Tod. Eine letzte Shakespeare-Übersetzung blieb unvollendet. Annegret Walz schreibt in ihrer detaillierten und kundigen Biographie: »Irgendeine Beileidsbekundung Richard Dehmels war nirgendwo zu finden. Auch ein öffentlicher Nachruf existiert nicht. Dehmel spürte wohl, daß er in seiner erstarrten Haltung, seiner verblendeten Begeisterung für den imperialistischen Krieg für einen solchen Nachruf die rechten Worte nicht würde finden können.«

Auch Paula Dehmel, die inzwischen zu einer vielbeachteten Kinderbuchpoetin geworden war, erlebte das Ende des Krieges nicht. Ihr Asthma hatte sich verschlimmert. Nach einem schweren Anfall starb sie am 14. Juli 1918 in Berlin. Ihr Bruder Franz Oppenheimer, einst Dehmels bester Freund, hielt die Totenrede: »Eine Mutter war sie im höchsten Sinne des Wortes, ... eine Mutter jedem, der in ihren Bannkreis trat ... ›Mutter ist warm wie ein guter großer Kachelofen‹, schrieb einmal ihre älteste Tochter. Ja, wie ein guter alter Kachelofen, aus dessen Röhre die gebratenen Äpfel duften, um den sich alles behaglich und fröhlich drängt, junge und alte ... Ich bestatte mit ihr meine Jugendzeit. Der Ring ist gesprengt, den wir Geschwister bildeten, unserm Quartett fehlt fortan die führende Stimme, die süße erste Geige, die melodienreiche ... Schön und still war ihr Ende, und wir klagen nicht um sie, sondern um uns ...« Sie hatte sich zuletzt doch noch mit Ida Dehmel, aber auch mit ihrem Mann ausgesöhnt.

Nach dem Tod von Heinz Lux und nur wenigen Wochen der Verzagtheit hatten sich Ida und Richard Dehmel mit einer geradezu gespenstischen Aktivität wieder in ihre Arbeit gestürzt. Der Dichter beendete ein Drama in drei Akten, »Die Menschenfreunde«, das im selben Jahr in Berlin, Dresden und Mannheim mit einigem Erfolg aufgeführt wurde. Es liest sich heute als schwerverdauliche Paraphrase über die Freiheit des Willens, genauer: die Freiheit des Menschen, die Schönheit der Welt nach eigenem Gutdünken zu zerstören. Es zeugt von der Nachwirkung Nietzsches auf Dehmel und seine Zeit – wieder hatte er deren Stimmung erfaßt und heroisiert, und so wurde das Stück während des Krieges denn auch noch verschiedentlich gespielt. Ein Dramatiker ist Dehmel damit dennoch nicht geworden.

Ida Dehmel widmete sich ihrer Vereinsarbeit mit ungebremster Energie. Sie eilte von Sitzung zu Sitzung, verbrachte viel Zeit in ihrem Büro der »Kriegsspende Deutscher Frauendank« am Hamburger Gänsemarkt, korrespondierte mit ihren Weggefährtinnen ausführlicher denn je. Ein »Frauenbund zur Förderung weiblicher Kunst«, der sich um Ausstellungen junger Künstlerinnen auch in anderen Teilen Deutschlands kümmerte, verdankte nicht zuletzt auch ihr seine Existenz. Für den Stimmrechtsverein und den Allgemeinen Deutschen Frauenverein wirkte sie mit viel Taktik und Geschick, wobei sie auch weiterhin im Gegensatz zu den Wortführerinnen stand, deren politische Argumentation ihr fremd war. Sie ging gelegentlich so weit, für den Fall einer noch radikaleren Politisierung ihren Rücktritt anzudrohen, aber dazu kam es nicht. Mit Ausdauer formulierte sie Geschäftsordnungen und warb neue Mitglieder. Wenn sich die

Damen im Sitzungszimmer des »Frauenclubs« am Neuen Jungfernstieg 19 einfanden, präsidierte sie mit Geschick und Geduld. Als politische Redakteurin des Beiblatts der Zeitung »Deutscher Kurier«, das den Titel »Die Frau« trug, näherte sie sich immer mehr der nationalliberalen Partei. Ihre Aktivitäten schlugen nun auch außerhalb Hamburgs höhere Wellen, und das hatte gelegentlich Folgen unangenehmer Art. Aus Berlin habe sie einmal eine anonyme Zuschrift mit der Bemerkung zugesandt bekommen, »eine Jüdin hätte sich nicht für deutsche Frauen einzusetzen«. Solche Töne verschärften sich jetzt.

Richard Dehmel verfolgte Idas Aktivitäten während dieser letzten Kriegsphase mit distanziertem Respekt. Alles scheint dafür zu sprechen, daß sie seine zunehmend verbohrten Ansichten kritiklos teilte. Dennoch wäre dieses Urteil vorschnell oder zumindest unvollkommen. Sie liebte und bewunderte ihren Dichter so, wie er war. Sie sah keinen Grund, seine Ansichten in Fragen des Geistes oder der Politik anzuzweifeln. Sie stand vor, neben und hinter ihm. Und dennoch hat sie so erbarmungslose, so feindselige Gedanken, wie sie in seinen Verlautbarungen in den letzten Jahren auftraten, nie geäußert. Bei aller unbedingten Zuneigung, ja Abhängigkeit, gab es in ihr doch eine Schranke, die ihm völlig fehlte, man mag sie moralisch nennen oder einfach menschlich. Das galt besonders für die Beurteilung des Krieges.

Dehmels Gedanken drehten sich jetzt vornehmlich um die heraufziehende Apokalypse. Was war aus diesem Deutschland geworden, das er doch immer über alles in der Welt gestellt hatte? Er verbohrte sich in die Rolle des einsamen Sehers und Denkers, sann ruhelos darüber nach, auf welche Weise doch noch ein Sieg zu erringen sei. Seine weltpolitischen Betrachtungen wurden immer widersprüchlicher, seine Briefe immer giftiger. Einige wohlwollende Kritiken zu seinem Stück »Die Menschenfreunde« schmeichelten ihm, aber er ahnte, daß sie nicht von Dauer sein würden. »Es scheint also, daß ich jetzt wirklich ›durch‹ bin«, schrieb er am 4. Mai 1918 an die wieder einmal in Frauenfragen umherreisende Ida, »nun wird man mich wohl bald untendurch rutschen lassen.« Er spürte, daß sich seine Zeit und eine neue Generation von ihm abzuwenden begannen. Er wußte, daß er nur in Ida noch eine Stütze hatte, die sich durch nichts in ihrer Bewunderung für ihn erschüttern ließ. »Wir beide müssen dem Schicksal auf Knien danken, daß uns eine Kette verbindet, die aus Selbstsucht und Mitgefühl gleich stark zusammengegliedert ist«, meinte er in einem Brief an sie vom 13. Oktober 1918.

Die zunehmende Kritik vieler seiner Dichterkollegen an der Kriegstreiberei widerte ihn an: »In keinem anderen Land sind die Dichter so verblendet gegen die Volksehre, ... wir sind tatsächlich noch nicht reif zur Teilnahme an der Weltherrschaft«, schrieb er an Heinrich Simon von der »Frankfurter Zeitung«, der ihn aufgefordert hatte, sich zugunsten eines, wie Dehmel abschätzig formulierte, »friedfertigen Tendenzpoeten« auszusprechen (gemeint war Henri Barbusse).

Am 18. Oktober kam Dehmel bei einem Hauptmann Karl Lorenz abermals um seine Versetzung ein: »Euer Hochwohlgeboren bitte ich, höheren Ortes meine Versetzung an die Front zu erwirken, für den Fall, daß die Verhandlungen zwischen unserer Regierung und der Entente nicht zum Waffenstillstand führen. Ich bin zwar als Kriegsbeschädigter dauernd zum Garnisonsdienst zurückgestellt, fühle mich aber noch felddienstfähig; und im äußersten Notfall muß meines Erachtens jeder Mann von Ehrgefühl an die Front, wenn sein Körperzustand es irgend zuläßt, schon des guten Beispiels wegen.« Der Antrag fand kein Gehör.

Mit einem leidenschaftlichen Aufruf wandte sich Dehmel schließlich an mehrere deutsche Zeitungen. Ein letztes Mal versuchte er, sich bemerkbar zu machen, ohne sich einzugestehen, daß er längst zu den Gestrigen gehörte, die nun nicht mehr zählten. »Es geht ums Letzte«, begann sein Text, »an der Front dürfen nur noch Männer stehn, die in der Tat lieber sterben wollen als einen schmachvollen Frieden erleben ... Die oberste Heeresleitung vertraue dem Volk! Sie lasse einen Befehl ergehen, dessen Wortlaut es jedem Regiment als höchste Freiheitspflicht ans Herz legt, im Handumdrehn die Spreu vom Weizen zu sondern

... Sie rufe durch einen zweiten Befehl jeden deutschen Mann zur Waffe, der in der Heimat, in der Etappe oder in den besetzten Gebieten sich für den Kampf in vorderster Linie bereit fühlt, gleich welchen Alters und welcher Gesundheit.« Es klang wie ein verzweifelter Aufruf zum »Volkssturm«, den andere Deutsche ein Vierteljahrhundert später in ähnlicher Lage fordern sollten. Doch das Echo war beschämend. Dehmels Text wurde »gar nicht erst abgedruckt. Selbst in sozialdemokratischen Blättern wurde ich als verrücktes Schaf kritisiert. Die Berliner Militärbehörde ließ mir durch mein Generalkommando einen förmlichen Verweis aussprechen und verbot die Weiterverbreitung des Aufrufs. Im Reichstag verriß man mich als ›Schwarmgeist‹.«

Gemeinsam mit seinem Sohn verfaßte Dehmel nun ein krauses Papier zum künftigen Völkerbund, das abermals zur Fortsetzung des Kampfes aufforderte. Am 7. November 1917, als die dunklen Wolken einer Revolution Deutschland überzogen, legte Dehmel es der Hamburger »Roten Fahne« vor, aber deren Tage waren bereits gezählt, und als die Sozialdemokraten an die Macht gelangten, nahm niemand davon Notiz. »Wie die Almosenbitter benahmen sich unsere demokratischen Regierungsmänner vor den ausländischen Plutokraten (diese Zeilen veröffentlichte Dehmel 1919! M.W.); besonders der Hauptunterhändler, Herr Erzberger. Diesen kautschukmäuligen Pfaffenknecht hätte das Revolutionskomittee, wenn es wirklich freie Hand kriegen wollte, wegen fahrlässigen Volksverrats einfach vors Standgericht stellen sollen.«

Aus dem Altruisten Dehmel war ein blinder Hetzer geworden, verlassen von allen guten Geistern. Diese Äußerung hatte ursprünglich noch anders gelautet, aber die erste Formulierung ging dem Lektor des S. Fischer Verlages, Oskar Loerke, denn doch zu weit. »Niederknallen« hatte es zuerst geheißen. »Um des lieben Friedens willen«, so schrieb Dehmel an Loerke am 14. April 1919, stelle er »dem Verlag S. Fischer anheim, das Wort ›niederknallen‹ abzuändern in ›vors Standgericht stellen‹.« Sehr viel anders klang das nicht. Es entsprach nicht weniger den

Hetzkampagnen der ultrarechten Versöhnungsgegner gegen den honorigen Finanzminister, der maßgeblichen Anteil am Friedensschluß hatte. Die Kampagnen erreichten ihr Ziel: als Matthias Erzberger am 26. Januar 1920 nach einem gegen ihn angestrengten Verhandlungsprozeß das Gerichtsgebäude in Berlin verließ, wurde er von einem ehemaligen Fähnrich »abgeknallt« – aus »vaterländischem Interesse«, wie der Schütze angab. Seine vom Verlag kritisierte Formulierung habe, so verteidigte Dehmel sich – der Jurist in ihm hatte aufgepaßt –, zu einem »hypothetisch verklausulierten Satz« gehört, für den man ihn nicht strafrechtlich belangen könne. Es änderte nichts daran, daß er zu einem Verbrechen aufgerufen hatte.

Danach habe er »als unmaßgeblicher Eckensteher, wie das der deutsche Dichter gewohnt ist«, noch einmal seine Stimme erhoben, aber die »politischen Pfuscher« hätten sich nicht dafür interessiert, und »die Spartakusleute merkten nicht oder wollten sich nicht eingestehn, daß sie *den rechten Zeitpunkt verpaßt* hatten, wo sie unsere (!!) soldatische Meuterei zum kosmopolitischen Freiheitskampf aufpeitschen und die Revolution internationalisieren konnten«. Was waren das für merkwürdige Töne? War Richard Dehmel, der Nationalist und Chauvinist, der Kriegstreiber und -sänger unter den deutschen Dichtern auf die Seite der radikalen Linken geraten? Fest steht, daß er in seinem ganzen Handeln und Denken stets das Extreme gesucht, daß er Kompromisse immer verachtet hatte. Aber dieser Sprung von ganz rechts nach ganz links war denn doch zu gewaltig. In Dehmels alles andere als politisch klarsichtige Äußerungen haben die Exegeten aller Couleur manches hineininterpretiert, was ihren eigenen Überzeugungen entsprach, und so fehlte es auch nie an Stimmen, die sich auf Dehmels späte Sympathie für die sozialistische Revolution beriefen.

Am ehesten vermochte wieder einmal Ida das Knäuel von Widersprüchen zu entwirren. In ihrem langen Brief an Julius Bab vom 22. April 1922 warf sie diesem vor, daß er ihren Mann mit einem Prädikat versehen habe, »über das er rasend geworden wäre. Sie sprechen da von einem ›demokratischen Herzen‹. Schon früher haben Sie ihn als Demokrat bezeichnet, und die Bezeichnung kommt später noch einmal vor. Niemals würde sich Dehmel das haben gefallen lassen. Die Mittelparteien waren ihm verhaßt, nicht nur parteimäßig, denn selbstverständlich werden Sie mir erwidern, Sie hätten das Wort nicht parteimäßig gemeint.« Nun folgte ihre Auflösung: »Dehmel war Aristokrat oder Kommunist; mit seinem Herzen, mit seinem Blut, mit seinen ganzen Neigungen ... ›Demokratisch‹, das ist heute ein feststehender Begriff, der auf Dehmel so wenig paßt wie das Wort ›bürgerlich‹.« Wie sie selbst zu diesem Begriff stand, sagte sie nicht. Aber sie fügte noch hinzu, Dehmel habe nur zweimal in seinem Leben gewählt, »einmal zur Zeit des Sozialistengesetzes natürlich sozialdemokratisch«, einmal zur Nationalversammlung »unabhängig«.

Gewiß, Dehmel hatte einmal in einem berühmten Gedicht den »Arbeitsmann« gefeiert und so dafür gesorgt, daß noch in der Deutschen Demokratischen Republik einige seiner Gedichte unter der Rubrik »Lieder des sozialen Protestes« veröffentlicht werden konnten. Ein »Linker« war er jedoch mitnichten, vielmehr hatten ihn sein egozentrisches Denken, sein Leiden am Leben, seine Verletzung durch das Schwinden des Echos und die seines Erachtens zu geringfügige Ehrung als Soldat am Ende des Krieges in die radikale Opposition getrieben. Doch hatte er in Wahrheit bei ihr nichts zu suchen, und sie hätte sich wohl kaum seiner bedienen wollen. Dafür waren die Gräben zwischen seinem Individualismus und der marxistischen Ideologie denn doch zu tief.

Dehmel war nie ein Freund von Mehrheitsbeschlüssen, dagegen wehrte sich schon sein autokratisches Kunstverständnis. Charakteristisch dafür war der Auswahlmodus für den von ihm 1911 initiierten Kleist-Preis. So verdienstvoll die bis heute nachwirkende Form einer jährlichen Ehrung für einen neuen Dichter war und ist: Dehmel hatte bewirkt, daß die Entscheidung über den jeweiligen Preisträger nur in *eine* Hand gelegt werden sollte. Sein Argument, daß Mehrheitsbeschlüsse über Werke der Kunst unangemessen seien, hat in der Tat viel für sich, doch übertrug Dehmel solche apodiktischen Ansichten ungehemmt auch auf das Gebiet der Politik.

Und was die Nähe zu den Sozialdemokraten betraf oder, wie Bab meinte, zu den Demokraten überhaupt, war Dehmels Einstellung doch nicht so eindeutig, was nicht zuletzt ein Brief vom 5. Dezember an Hedwig Fischer, die Frau seines Verlegers, verrät. Darin nämlich empfahl er überraschend deutlich: »Meiner Überzeugung nach sollte jeder, dem es ernst um die deutsche Zukunft ist, an der sozialdemokratischen Bewegung mithelfen und ihr geistiges Niveau zu heben versuchen.«

In sich widersprüchliche politische Bekenntnisse gehörten zu Dehmels hemmungslosem Mitteilungsdrang, gerade wenn es um Politik ging. Er gab sie ohne Detailkenntnisse ganz nach subjektivem Gutdünken von sich, und das unterlag Schwankungen. So meinte er in einem seiner letzten Traktate, er sei »niemals ›kriegsbegeistert‹ gewesen, habe den Krieg stets als unmenschlichen Wahnsinn betrachtet, als eine unvernünftige Bürde tierischen oder göttlichen Ingrimms« – auch dies war nur eine schöne Volte.

In einem »Warnruf« versuchte Dehmel dann noch, »sämtliche wertvollen Dichter Deutschlands zu einer geschlossenen Kundgebung gegen die ausländische Halsabschneiderei und die inländische Kopflosigkeit aufzuspornen«. Er bat Kollegen um ihre Unterschrift, aber wieder mußte er erkennen, daß nur die Hälfte der Adressaten ihm folgen wollte. »Und von den 50 Zeitungen, an die ich ihn dann zur Veröffentlichung in der Weihnachtswoche versandt habe, druckten ihn auch nur etwa 30 ab; die meisten natürlich ›unter dem Strich‹, als seien die Dichter, wenn sie einmal von der ›höheren Warte‹ herabsteigen, höchstens als Feuilletonisten brauchbar, die im politischen Teil nichts zu sagen haben.«

Seine Gier nach Anerkennung war maßlos geworden. Ganz so schlecht war zumindest diesmal das Echo auf seine Bemühungen gar nicht ausgefallen, aber der Menschenfresser wollte mehr, er wollte alles. Und dann folgte wieder das alte Lied: »Wegen des realpolitischen Mißerfolges hat Deutschland nicht den geringsten Anlaß, sich vor irgendeiner Großmacht jetzt klein zu fühlen. Wir haben den Krieg nicht deshalb verloren, weil bei uns ein weniger hoher Geist als in den gegnerischen Staaten, sondern weil kein höherer herrschte.« So konnte man es auch sehen. »Wenn alle Welt dem Geschäftsgeist verfallen ist, der nur mit den Kräften und Wirkungen des mechanischen Massenbetriebes rechnet, siegt natürlich die große Masse ... Gewinnsucht und Machtsucht züchten kein Herrschervolk, das auf die Dauer bestehen will, sondern höchstens einen Streberstaat von herrischen Kulis und Lakaien.« Sehr anders sollte das der braune Österreicher im Landsberger Gefängnis 1926 auch nicht formulieren. Vielleicht waren ihm ja auch einige Zeilen Richard Dehmels nicht unbekannt, schließlich zählte man diesen Dichter noch lange zum »völkischen Erbe«.

»Wir sind«, dessen war sich Dehmel auch nach dem Ende des Ersten Weltkrieges sicher, »das gewissenhafteste unter den Völkern.« Er trug dies den »werten Festgenossen« der Berliner Freien Volksbühne vor, die ihn am 5. Januar 1919 zu einer »Revolutionsfeier« geladen hatten. Wenn auch die militärischen Kräfte der Deutschen diesmal nicht ausgereicht hätten, so tröstete er seine Zuhörer, werde doch noch ein Sieg folgen, diesmal eben ohne Waffengewalt. Es werde ein Sieg »unserer Revolution« sein. Wie sollte diese aussehen? »Es ist eben das dritte Reich, in das der ewige Geist der Empörung unsere Zeit emporführen will, der Menschheit zu Ehren, von Gottheits Gnaden.« Die prophetischen Worte beendete er mit einem seiner erbärmlichsten Gedichte, in dem die Zeile »Deutschland, Deutschland, du mein Vaterland« am Beginn aller drei Strophen steht und das in das Fazit mündet, daß dieses Deutschland »einst das Paradies der Menschheit« schaffen werde.

Er hatte aus der Geschichte nichts gelernt. Der einst so begabte Dichter aus der Mark, der schwelgerische Sänger der Liebe, des Eros und der Freiheit, der Barde des nationalen Wahns, der Menschenfresser und hemmungslose Egozentriker mit dem verführerischen Charme eines germanischen Gentleman war der trotzige Rufer der unbelehrbaren Deutschen geworden. Er hatte sich in seinen Talenten ebenso wie in seiner Maßlosigkeit endgültig verirrt. Einen Ausweg aus diesem trüben Gedankendschungel fand er nicht mehr. In der Richard-Dehmel-Literatur fällt auf, daß die wenigsten Kommentatoren das Gesamtwerk einschließlich der Schriften aus der Kriegs- und Nachkriegszeit wirklich gelesen haben dürften. Weithin herrscht ahnungslose Ehrfurcht vor dem Dichter; es mag hier nur der Hinweis genügen, daß Eckard Klessmann sich 1981 noch darüber entrüstete, daß »Dehmels Beitrag zur deutschen Lyrik in Hamburg kaum begriffen worden sei« und die Stadt sich bedauerlicherweise nicht zu einem Ehrensold habe entschließen können.

Das Ende kam jetzt schnell. Die neue Regierung in Deutschland ignorierte den Störenfried weitestgehend, was ihn noch einmal veranlaßte, sich der Treue wenigstens der Hanseaten zu versichern, die ihm bisher herzlich fremd geblieben waren. Einen Brief des Hamburger Bürgermeisters Johannes von Melle beantwortete er am 3. November 1919 mit den Worten: »Daß Sie mich, den geborenen Märker, als ganzen Hamburger begrüßen, bedeutet mir eine Bekräftigung meiner unwillkürlichen Zuneigung zum hanseatischen Wesen. Obwohl ich noch immer an meiner märkischen Landschaft hänge, hält mich doch der Menschenschlag hier fest. Die kernigste Ausprägung des deutschen Geistes haben ja die Leute der Waterkant von Amsterdam bis Riga geschaffen, seit der Backsteingotik bis Kant und Beethoven, ... ich bin überzeugt, daß gerade jetzt, nach dem geistigen Bankrott Berlins und Münchens, Hamburg zum eigentlichsten Vorbild Deutschlands und dadurch auch zum Weltvorbild werden kann, wenn es seine alte Kulturmission wieder aufnimmt ... Groß-Hamburg soll leben!« Was hatte er mit der alten Kulturmission gemeint? Vor allem sich selbst.

Drei Tage später, am 16. November, bemerkte er gegenüber seinem Kollegen Franz Janssen: »Mein Kriegsbein hat wieder aufgemuckt, rückfällige Aderentzündung, aber nicht so schlimm wie das vorige Mal.« In Wahrheit war die Entzündung diesmal gefährlicher. Am 24. November bekannte er seinem Sohn: »Meine Venen-Entzündung hat sich eklig verschlimmert, weil ich an meinem 56. Geburtstag so jugendlich leichtsinnig war, voreilig das Bett zu verlassen. Nun sind drei Aderstränge entzündet (im Unterschenkel diesmal), und ich habe mehr Schmerzen und Fieber als damals bei der Hauptader des Oberschenkels ... 3 Wochen werde ich wohl noch liegen müssen.« Drei Tage danach schrieb er an Alfred Mombert, der noch immer zu seinen treuesten Freunden – und zu den treuesten Verehrern Idas – gehörte: »Nun schwebt meine Wade rund und rot wie eine dicke, elektrische Leuchtbake über der aufgetürmten Kissenflut.«

Den ersten Advent feierten er, Ida, seine drei Kinder, der neue Schwiegersohn Otto (Tetjus) Tügel und Idas Nichte Marianne Neumeier (inzwischen verheiratete Gärtner) in Blankenese. Man sang das Lied »Es ist ein Ros' entsprungen«. Danach fühlte sich der Dichter unwohl und versank in Schlaf. Ein Arzt mußte herbeieilen, er stellte Thrombose fest. »Ausgeschlossen, daß mir etwas geschieht«, habe Dehmel seine Familie beruhigt – so jedenfalls hat es Julius Bab überliefert. Ida ahnte, was nun bevorstand, und wich nicht mehr von seiner Seite.

Am 14. Januar feierten sie gemeinsam Idas fünfzigsten Geburtstag. Diesmal ging es im Hause stiller zu als bei Dehmels großem Fest, das ihm durch Idas kluge Führung die Villa beschert hatte, in der er jetzt als hilfloser Patient liegen mußte. In Blankenese herrschte, wie überall im Lande, Not und Hunger. Ida wußte, daß es mit ihrem Mann zu Ende ging. Sie rief den Freund Mombert herbei. Mit einer Krankenschwester teilte sie sich Tag und Nacht die Wache an Dehmels Bett. Sie pflegte ihn mit der gleichen hingebungsvollen Fürsorge, die er ihr entgegengebracht hatte, als ihr eigenes Leben bedroht war. Doch sie konnte ihn nicht mehr retten. Die Entzündung, die sich ihr Mann 1915 im verdreckten Schützengraben zugezogen und von der sie optimistisch und wirklichkeitsfremd ihrem Sohn geschrieben hatte, sie sei »nicht so schlimm«, hatte den Anfang vom

Ende eingeläutet. Auch Richard Dehmel war, wie drei Jahre zuvor Heinz Lux Auerbach, ein Opfer des Krieges geworden.

Ida Dehmel hat sechs Jahre später den »Roman« ihres Lebens mit der Schilderung der letzten Augenblicke vor dem Tod ihres Mannes beendet. Man spürt, wie schwer ihr diese Zeilen geworden sind. Aber erneut fällt auf, wie sehr sie sich dabei gegen den Ansturm der tatsächlichen Begebenheit aufbäumte, wie träumerisch entrückt sie jeden Realitätsbezug vermeidet. Sie bekennt selbst, daß sie »über diesen Tag nur wenig schreiben« könne. Die Worte flossen nicht aus der Feder. Sie klammerte sich an blumige Verklärungen, jede Form von Sachlichkeit war ihr verwehrt. In den Augenblicken tiefster Trauer blieb ihr einziger Halt die Flucht in Stilisierung und Idealisierung. Da ihr literarisches Sprachvermögen diesem Druck nicht gewachsen war, geriet ihr die Wiedergabe ihrer Verzweiflung – zu Kitsch.

Es war ihr bitterernst zumute, es ging um die Zerstörung ihrer Lebensfundamente, und doch vermochte sie nicht, ihrem Ernst den Nachdruck des Wahrhaftigen zu verleihen. In ihren spontanen Briefen hatte sie so oft treffliche, zu Herzen gehende Worte und Bilder gefunden. Aber das Bemühen, den Tod ihres geliebten Dichters in der Sprache der Kunst auszudrücken, führte sie an ihre Grenzen. »Du gabst mir Deine Augen mit derselben grenzenlosen Offenheit, Vertrauensseligkeit, Glaubenssicherheit, mit der ganzen Unendlichkeit deiner gottvollen Seele. Alles Tröstliche, alles Auffrischende, alles Bestärkende boten wir uns in dieser stummen Zwiesprache dar. Wir waren erfüllt vom Bewußtsein der unlösbaren Gemeinsamkeit unsere Ehe und ihrer Verflochtenheit in das Weltganze.«

Dies war der verzweifelte Wunsch, den Tod des geliebten Mannes nicht als das zu akzeptieren, was er war: der Zusammenbruch ihrer bisherigen Existenz, die sie sich im Laufe von fast zwanzig Ehejahren »erliebt« und erkämpft hatte. »Wir überwanden den Tod, er konnte uns nicht scheiden« – sie wollte, sie konnte sich nicht damit abfinden, daß ihr seit der ersten Begegnung mit Richard Dehmel stets präsentes Glücksgefühl, das

Glück der verklärten und verzückten »Zwei Menschen«, die Gemeinsamkeit ihrer »WRWlt«-Empfindung in Scherben vor ihr lagen. Das einzige Geländer, das ihr noch Halt bot, war die Verklärung. Der Traum ihres Lebens war doch noch nicht zu Ende geträumt. Das Leben mußte weitergehen, wenngleich sie förmlich aufschrie: »Ach, daß solches Leid nicht tötet!« Als sie gemeinsam mit dem Freund Alfred Mombert am Bett des Sterbenden saß, habe die ihnen dreien gemeinsame Welt ihre höchste Vollkommenheit erreicht: »die liebsten Menschen durch reinste Kunst verbunden«. Der letzte Satz ihres Mannes an sie sei gewesen: »Du – bist – ein Adler. Danach schlief er leise und sanft und völlig kampflos in die Ewigkeit hinüber.«

Es hatte für Ida Dehmel keinen Augenblick ihres Lebens in Frage gestanden, daß ihr Mann einer der großen, vielleicht sogar der größte Dichter seiner Zeit sei. Sie hatte sich in dieser Gewißheit geborgen gefühlt und manches, ja vieles mit den Augen der Liebe gesehen und verziehen. Wir mögen darüber lächeln, denn wir wissen, daß dies ein schöner Lebenstraum war, den die Zeit längst korrigiert hat. Richard Dehmel war ein ehrgeiziges, gewiß talentiertes Kind seiner Epoche, aber ein Dichter von nur begrenztem, zuweilen sogar fragwürdigem Rang. Aber die Liebe zu ihm hatte Ida Dehmel auf Wolken des Glücks getragen, erst durch und mit ihm hatte sie Erfüllung und Selbstbestätigung, hatte sie ihren Ariadnefaden durch ein Leben gefunden, das ihr nur auf den ersten Blick mehr als anderen gewogen war.

Die Wahrheit trug ein anderes Gesicht. Das Aufwachsen ohne wirkliche Nähe zu ihrem Elternhaus in einer ihr unzugänglichen, »geistlosen«, materiellen Welt, der zähe, aber stets unbefriedigende Kampf mit ihren keineswegs außergewöhnlichen Begabungen, die frühen Begegnungen mit Tod und Enttäuschung, Verlassenheit und Zurückweisung hatten sie nach dem Dichter Richard Dehmel greifen lassen wie nach einem Strohhalm. Er bot ihr die einzig tragfähige Brücke zu einem Leben in den Gefilden der Kunst. Dieser märkische Försterssohn, dieser sich im tiefsten Innern als »deutsch« empfindende Mann des

Geistes und der Feder, der – wie sie – das »gewöhnliche« Leben und alle berufliche »Normalität« hinter sich ließ, hatte ihr das Fundament zu einem Dasein als integrierter und anerkannter Teil eines – nicht nur geistigen – Kosmos gelegt.

Das Jüdische, das Religiöse hatte an der Seite dieses Mannes kaum noch eine Rolle gespielt. Spätestens mit dem Eintritt von Mann und Sohn in den Weltkrieg schienen alle Unterschiede ohnehin nivelliert: Ida hatte sich hinter ihre, ja hinter alle deutschen Männer und besonders auch die Frauen gestellt, denen nun endlich eine neue Kraft erwachsen würde. Sie wußte sich in ihrem Gefühl einig mit der ganzen Nation. Sie hatte den Sinn dieses Krieges nicht in Frage gestellt, ihn mitgetragen wie alle anderen um sie herum. Sie wollte ihre patriotische Pflicht verrichten wie die Männer, nur an anderem Ort. Ihr Mann hatte in seinen Aufzeichnungen aus dem Krieg, in seinen Brandreden und Briefen der deutschen Sache gedient, und was er dachte und tat, das war richtig gewesen. Schließlich war er ein gefeierter, mit einem (wenngleich bescheidenen) Orden ausgezeichneter deutscher Dichter, dessen Konterfei auf den Feldpostkarten prangte und den man trotz seines Alters als Soldaten eingesetzt hatte, weil er den anderen als strahlendes Vorbild dienen sollte. Keinen Augenblick hatte sie sich ein von seinen Ansichten abweichendes Denken gestattet. Derartiges wäre ihr niemals in den Sinn gekommen. Nein, die Liebe hatte auch sie blind gemacht – und es war ihr recht gewesen.

Richard Dehmels Tod am 8. Februar 1920 wurde in allen deutschen Zeitungen betrauert. Aber es fällt auf, daß die meisten Berichte verhältnismäßig kurz gefaßt waren, einige Jahre zuvor wären sie wohl ausführlicher ausgefallen. In der Berliner Volksbühne hielt Julius Bab, der glühende Bewunderer, die Gedenkrede (sechs Jahre später veröffentlichte er eine apologetische Monographie über den Dichter). Bab habe, so formulierte es das »Berliner Tageblatt« am 3. April 1920, Dehmel als einen Menschen gezeichnet, »der die Krone der Schönheit in allem suchte und fand, wie eines seiner schönsten Gedichte in dem inmitten der grauenhaften Verwüstung Nordfrankreichs unversehrt blühenden Apfelbaum«. Die Berliner Zeitung »Der Tag« bemerkte apodiktisch: »Wenn der Zweiundfünfzigjährige beim Beginn des Weltkrieges begeistert zu den Waffen griff, so war es nicht Kriegsbegeisterung, sondern Schicksalsbegeisterung.« Schon aus solchen Worten wird deutlich, wie unversehrt das verhängnisvolle Pathos der Kriegsjahre weiterlebte.

Die »linke« Zeitung »Volksstimme« in Frankfurt sprach trauernd vom »Sozialisten« Dehmel – jede politische Richtung konnte sich ja etwas Passendes aus Werk und Persönlichkeit des Dichters heraussuchen. Die Zeitung »Fränkischer Kurier« betonte Dehmels »schwungvollste Erotik«, sein »schrankenloses Sehnen, das eigene Ich auszuleben«, und spielte ihn dann gegen die Kriegsgegner aus: »Der als Zweiundfünfzigjähriger in den Krieg zog und sich nichts kümmerte um den Schwarm von Kriegsgewinnlerschmutz und Revolutionsverbreitenden Heimhockern, wußte, warum er's tat, ... er hatte begriffen, daß der Erzfeind Frankreich diesmal dem ganzen deutschen Volk an die Kehle wollte.«

Schon aus diesen kleinen Medienpartikeln läßt sich ablesen, wie wenig die deutsche Öffentlichkeit inzwischen ernüchtert, wie revanchistisch die Stimmung im Lande war und wie sehr Dehmel in der Rolle des chauvinistischen Fanfarenbläsers reüssiert hatte. Die »Wiesbadener Zeitung« feierte den Toten nach einer Trauerveranstaltung im Kursaal als »den größten und eigenwilligsten deutschen Künstler, der in Deutschland außer Liliencron gestorben ist«.

Der Autoren- und Freundeskreis des S. Fischer Verlages versammelte sich zu einer Trauerfeier, an der unter anderen Gerhart Hauptmann und Lovis Corinth teilnahmen. Die Gedenkrede hielt der alte Freund Ludwig Schleich, Alexander Moissi trug Gedichte Dehmels vor. Bei einer Trauerstunde im Deutschen Nationaltheater zu Weimar am 8. März wurde Arnold Schönbergs Sextett »Verklärte Nacht« gespielt, dazu wurden Gedichte und ihre Vertonungen präsentiert. Im Münchner Schauspielhaus wurde, wie die »München-Augsburger Zeitung« ehrfürchtig berichtete, eine »Heilige Stunde« für Richard Dehmel abgehalten. Im Mannheimer Nationaltheater erstreckte sich das Gedenken über zwei Tage.

In Hamburg dagegen scheint man dem Tod des Wahlhanseaten aus Blankenese weniger Aufmerksamkeit geschenkt zu haben. Josef Schapiro hielt im Conventgarten eine Gedächtnisrede, Gedichte wurden hier von Gertrud Eysoldt, Ernst Deutsch und Fritz Kortner (der gerade an den Hamburger Kammerspielen Erich Ziegels seine Karriere begann) vorgelesen. Allerdings sei der Vortrag »schwer verständlich« und der Saal halbleer gewesen, stellte das »Hamburger Echo« lakonisch fest. »Armselig und zugleich niederdrückend und erhebend« sei die Feier verlaufen. Dehmel habe Hamburg geliebt und viel von seinen Bewohnern gehalten, weil sie »noch urwüchsiger und naturhafter, für Kunst empfänglicher als die Münchener und Berliner« seien. »Er ist mit diesem Glauben gestorben. Er hat die Enttäuschung nicht erlebt. Nur eine kleine Schar gab ihm das Trauergeleit.«

Daß in Hamburg der Abschied von Dehmel so bescheiden ausfiel, mag mit dem denn doch gegenüber München und Berlin geringeren literarischen Interesse der Hamburger zu tun gehabt haben, dessen sich Dehmel in früheren Jahren sehr wohl bewußt war. Doch zumindest in Fachkreisen der Kultur war sein Stern inzwischen in ganz Deutschland verblaßt. Als Praeceptor Germaniae wurde er noch gebraucht und gefeiert, sein literarisches Werk hingegen war in den Schatten anderer Autoren zurückgetreten. Autoren wie Schnitzler und Hofmannsthal, Thomas und Heinrich Mann, Klabund oder Wedekind hatten ihm den Rang abgelaufen, und mochten Dadaismus und Expressionismus auch noch in die engeren Grenzen der Avantgarde verbannt sein, so zeigte in Dehmels Todesjahr ein Stück wie Arnolt Bronnens »Vatermord« – ganz zu schweigen von Franz Kafkas Erzählung »Ein Landarzt« –, daß es mit der einst so gerühmten Modernität Richard Dehmels nicht mehr weit her war. Der Dichter hatte seine große Zeit gehabt, sie lag jedoch schon weit zurück.

10

»Ach, dass solches Leid nicht tötet!« Mit dem Tod ihres Mannes war Ida Dehmel alles genommen. Sie hatte sich als einen untrennbaren Teil von ihm empfunden, hatte ihn seit den dramatischen Berliner Zeiten mit nie ermüdender Emphase durch Höhen und Tiefen begleitet, hatte mit strategischen Listen und bedingungsloser Energie alle Konkurrentinnen um seine Liebe aus dem Felde geschlagen, hatte die Ordnung und Verbreitung, nicht zuletzt auch die kritische Kontrolle seines Werkes, das sie so sehr bewunderte, zu ihrer Lebensaufgabe gemacht. Niemals hatte sie sich Richard Dehmel willenlos ausgeliefert – dazu war sie denn doch eine zu eigenwillige und aufrechte Person –, aber daß ihr Lebenstraum wahr geworden war, das verdankte sie mehr oder weniger ausschließlich ihrer vom ersten bis zum letzten Augenblick unerschütterlichen Liebe zu diesem Dichter. Sie hatte trotz mancher Krisen von seiner Seite nicht weniger erfahren dürfen: Waren Richard Dehmels jähe Aufwallungen gegenüber anderen Damen verrauscht, war er sich schnell wieder seiner tiefen Verbundenheit mit seiner Frau innegeworden, hatte sie mit Liebesbeteuerungen überhäuft, und die alte Vertrautheit hatte sich jedesmal wieder eingestellt. Er wußte, was er an ihr hatte, wie sehr sie ihm Stütze und Partnerin war, wie sehr ihrer beider Liebe auch sein Leben bestimmte.

Richard Dehmel war, von seinen gelegentlichen Verirrungen abgesehen, ohne jeden Zweifel ein großer Liebender und wußte diesen Part mit verführerischer Großzügigkeit und beflügelnder Phantasie zu spielen. Als Ida Dehmel nach seinem Tod daranging, eine Auswahl seiner Briefe für den S. Fischer Verlag zusammenzustellen, äußerte der Lektor Oskar Loerke nach Lektüre des Materials: »Spricht man von den großen Liebenden aller

Zeiten, so wird man von nun ab auch dieses Liebespaares gedenken müssen.«

Nicht wenige waren zu diesem Urteil schon sehr viel früher gelangt, hatte doch Ida und Richard Dehmels »Weg ins Freie« einer ganzen Generation manchen Anlaß zur Bewunderung geliefert. Mochten auch Gustav Schiefler, Hugo von Hofmannsthal und manch anderer – aus welchen Gründen auch immer – Distanz gegenüber der Frau wahren: Diese zwei Menschen wirkten, wo immer sie auftraten, wie eine Wiedergeburt von Tristan und Isolde. Sie schienen stürmisch und gründlich vom Liebestrank genossen zu haben, zumindest legten ihre unermüdlichen Bekundungen gegenüber allen, die es hören wollten (oder auch nicht), diesen Eindruck nahe, und ihr stets auf stolze Repräsentation bedachtes gemeinsames Auftreten gab dieser Empfindung immer wieder neuen Auftrieb. Dehmels Freunde wußten, was ihn an seine Frau kettete, wie abhängig er von ihr geworden war, und Idas kaum weniger weit gespannter Kreis von Anhängern und Anhängerinnen, ja sogar ihre Kritikerinnen respektierten oder bewunderten diese Ehe, die wie eine einzige »verklärte Nacht« anmutete.

Drei Jahre nach dem Verlust ihres einzigen Kindes hatte Richard Dehmels Tod erneut wie eine Axt auf Idas nicht immer stabilen Selbsterhaltungswillen eingeschlagen, und ihre engsten Vertrauten wußten nur allzu gut um die Gefährdung, der sie nun ausgesetzt war. Was war diese Frau aus Bingen am Rhein ohne ihren gefeierten Dichter? Was konnte ihr das Leben noch bringen? Die Angst vor allem Banalen und Trivialen kam erneut über sie.

Gewiß, Ida Dehmel hatte sich bereits als tatkräftige Fürsprecherin weiblicher Kreativität und Selbstbestimmung einen Namen gemacht. Ihre Mitwirkung in diversen Frauenvereinigungen hatte ihr Achtung wie Zuspruch eingebracht und neue Freundinnen zugeführt. Doch sie gehörte nicht zu den markanten, politisch tätigen Wortführerinnen der Frauenbewegung. Ihre Verbandstätigkeit hatte sie gänzlich vernachlässigt, als sich der Zustand ihres Mannes verschlechtert und dieser von ihr verlangt hatte, sich nunmehr ausschließlich auf seine Pflege zu beschränken. Im Februar 1919 hatte sie darüber Alice geklagt: »Es ist nun also doch so weit gekommen, daß ich alles Öffentliche aufgebe und vom 1. März an ganz zu Hause bleibe. Es kommt so vieles zusammen, was mich dahinführt, ... ich bin plötzlich meiner verschiedensten Arbeitsfelder beraubt, sehe mich in den Sessel am Schlafzimmerfenster verbannt ...«

Dehmels letzte Lebensphase hatte Idas eigene Pläne zunichte gemacht, ihr Platz war zuletzt nur noch an seiner Seite gewesen. Der Einsatz für das Frauenstimmrecht (das nach dem Ende des Krieges endlich Wirklichkeit geworden war), die zaghafte Tätigkeit im Vorstand der späteren Volkspartei (die ihr die Bekanntschaft mit Gustav Stresemann und dessen Frau eingebracht hatte) sowie im Stadtbund Hamburgischer Frauenvereine und im Frauenbund zur Förderung Deutscher Bildender Kunst hatte sich mit den Ansprüchen ihres seit Kriegsende zunehmend verbitterten und infolge seiner sich wieder schmerzhaft meldenden Verletzung schließlich weitgehend bettlägerigen Mannes nicht mehr vereinen lassen. Ida Dehmel stand vor dem Nichts. Der Traum vom freien Leben in der und für die Kunst war ausgeträumt, die in Jahrzehnten verinnerlichte Flucht in die Welt des Schönen und Verklärten schien mit dem Tod ihres Mannes unmöglich geworden zu sein. Sie war jetzt eine Frau von fünfzig Jahren, eine Witwe ohne Mann und Sohn, verschlagen in eine Stadt, die ihr nur über die Liebe zu ihrem Dichter vertraut geworden war und deren konservativ-patriarchalische Bürgergesellschaft es alleinstehenden Frauen nicht eben leichtmachte.

Zum ersten Mal mußte sie sich auch Sorgen um ihren Lebensunterhalt machen: Zu den Honoraren aus Dehmels Werken waren ja immer die Einnahmen aus seinen vielfältigen Auftritten als Vortragender hinzugekommen. Das Haus, das er als Geschenk erhalten hatte, verursachte hohe Unterhaltskosten und war nicht für das Leben einer alleinstehenden Person ausgelegt. Sie und Richard Dehmel hatten es wie eine feste Burg der Poesie ausstaffiert, stilisiert und bewohnt – würde es sich unter den traurigen neuen Umständen überhaupt halten lassen? Würde sie an ihrer Einsamkeit darin zerbrechen? Ida Dehmel war seit ihrer Scheidung finanziell unabhängig gewesen. Dem Hamburger Finanzamt gegenüber erklärte sie am 29. April 1921 zwar, »wie hoch sich das während meiner Ehe von meinem Vater ererbte Vermögen beläuft, kann ich Ihnen nicht mehr angeben«; aber noch immer sorgten einige »Liegenschaften, Häuser, Kapitalvermögen etc.« dafür, daß sie regelmäßig den ihr zustehenden Anteil der Verzinsung, der allen Kindern von Kommerzienrat Coblenz zustand, ausgezahlt bekam.

Richard Dehmel war alles andere als ein vorsichtiger Kaufmann gewesen, was er verdiente, gab er leichten Herzens aus, und auch vor Schulden hatte er nie haltgemacht. Nicht selten hatte Ida mit ihrem Vermögen nachgeholfen – auch das entsprach ihrem Verständnis von hingebungsvoller Förderung der Kunst. Doch die kriegsbedingte schleichende Geldentwertung der letzten Jahre hatte auch sie getroffen. Als Dehmel stolzer Hausbesitzer wurde, hatte er unbesorgt erst einmal eine Hypothek auf das Geburtstagsgeschenk aufgenommen. Nun drohten Inflation und Einkommensschwund, auch wenn Dehmels Bücher vorläufig noch beachtliche Honorare abwarfen. Idas wirtschaftliche Aussichten waren alles andere als rosig, das sollte sie in den folgenden Jahren noch spüren. Für ganz Deutschland sollten nun karge Jahre kommen, man konnte auch in Blankenese die Spuren der allgemeinen Knappheit und drastischer Arbeitslosigkeit nicht übersehen. Nicht ohne Selbstironie zitierte Ida am 8. Dezember in einem Brief an Alice »den jetzt so beliebten Fürstenberg-Witz: wer diesen Winter gut übersteht, macht im Frühjahr pleite«. Immerhin erhielt sie seit dem Tod ihres Mannes »Kriegswitwengeld«.

Aber die finanziellen Einbußen bedeuteten ihr nichts im Vergleich zu dem schmerzhaften Verlust ihres Mannes. Am 5. Mai 1920 schrieb sie der Langenschwalbacher Freundin Marie Stern: »... und wenn ich dann ins Haus komme: immer als ich die Gartentür klinkte, rief ich laut ›Ri‹! Bis ich dann die Treppe oben war, stand er schon in der aufgeschlossenen Tür, immer mit ausgebreiteten Armen, immer mit einem seligen Lächeln über meine Heimkehr. Und ich sagte: Gott sei Dank und war im Hafen. Nun weine ich jedes Mal, wenn ich meine Hand auf die Gartentür lege.« Und in einem undatierten Schreiben aus diesen Wochen heißt es: »Ach Gott, kann denn kein Wunder geschehen, und er sitzt an seinem Schreibtisch und macht mir die Türe auf, und ich werf mich an seine Brust.« Sie weinte viel in diesen Jahren. Mochte sie auch nach außen Gefaßtheit an den Tag legen – sie hatte ihre Mitte verloren. Während des Krieges hatte sie mit viel Einsatz und Anteilnahme dazu beigetragen, das Leid der Mütter und Ehefrauen zu lindern, deren Männer gefallen waren. Nun war sie selbst an die Reihe gekommen. Wer vermochte jetzt ihr zu helfen?

Blickt man auf Ida Dehmels Leben, das so manch schmerzhaften Verlust bereithielt, so erscheint die Art und Weise, wie sie den drastischen Einschnitt nach dem Tod ihres Mannes zuletzt doch zu meistern verstand, als ihre vielleicht bewundernswerteste Leistung. Nach der ersten Erschütterung begann das Bewußtsein um die Unzerstörbarkeit ihrer Liebe wieder zu erstarken. War Richard Dehmel nun auch in einer anderen Welt: die Empfindung, unverbrüchlich mit ihm verbunden zu sein, konnte ihr niemand nehmen. In ihren Träumen und einsamen Stunden lebte der Dialog mit ihm so leidenschaftlich weiter wie zuvor. Und da war ja noch seine dichterische Hinterlassenschaft: War es nicht ihre Pflicht, sie soweit wie möglich am Leben zu erhalten, ihr zur Nachwirkung zu verhelfen? Sie beide hatten sich ja als »Firma« verstanden, niemand war wie sie in der Lage, alle noch so verborgenen Einzelheiten von Dehmels Gesamtwerk zu überblicken, niemand stand ihm so bewundernd gegenüber, niemand verfügte über ähnliche Detailkenntnisse seiner geistigen und materiellen Bedingungen.

Sie durfte sich jetzt nicht aufgeben, es hätte den Dichter und sein Werk ein zweites Mal beschädigt. Sie empfand sich als Hüterin eines Grals, und keine noch so kritische Infragestellung von Dehmels künstlerischem Rang konnte sie in dieser Gewißheit beeinträchtigen, auch nicht die krausen Verirrungen seiner letzten Jahre, die Borniertheiten und Haßtiraden in seinen verblendeten politischen Bekenntnissen. Nichts konnte sie in ihrem Urteil beirren, denn sie vermochte Werk und Persönlichkeit längst nicht mehr auseinanderzuhalten – überdies vereitelte die Liebe jeden Ansatz zur Distanzierung.

Das grenzenlose Vertrauen, das Ida Dehmel ihrem Dichtergatten in ideologischen und politischen Fragen entgegenbrachte, war auch ein – gewiß zu hoher – Preis ihrer grenzenlosen Liebe zu ihm. Aggressivität hatte ihr freilich immer ferngelegen. »Ich habe nie im Leben einen Menschen hassen können«, bekannte sie am 21. September 1920 Marie Stern, »für ein gutes Wort wäre ich meinem Todfeind an die Brust geflogen. Und wenn ich dem Engländer begegnet wäre, der meinem Jungen die Kugel geschickt hat, ich hätte ihm die Hand gegeben und gesagt: armer Mensch, du wußtest nicht, was du tatest.« Ihre »Feinde« waren, so empfand sie es zumindest selbst, an den Fingern einer Hand abzuzählen. »Ich habe Frau Benemann geflucht, weil sie mich in Todesangst versetzt hat; und Emil Ludwig samt seiner Frau sind mir fatal«, heißt es in einem kurz zuvor, am 15. September 1920, ebenfalls an Marie Stern gerichteten Brief. »Damit aber ist die Liste meiner Negationen geschlossen, ... ich finde niemand mehr, dem ich nicht wohl will. Ein peinlicher Gedanke, daß ich also über so und so viele Menschen gut denke, die meine Feinde sind. Ich find's aber besser so als umgekehrt.« Sie registrierte die gelegentliche Ablehnung, die ihr entgegengebracht wurde, aber sie ignorierte sie nach Kräften.

Ihren Traum von einem Leben in liebevoller Harmonie, aufgehoben in den Gefilden der Kunst, ließ sie sich nicht zerstören. Der Tod hatte sie für einen Augenblick aufgeschreckt, aber sie hatte zurückgefunden in ihre Traumwelt. Sie wollte sich wieder entschlossen an die Arbeit machen – an die Arbeit für Richard Dehmel und, nicht zuletzt, an die Arbeit für ihre alten Ideale einer tatkräftigen Unterstützung jedweder kreativen Entfaltung von Künstlerinnen, die mehr Talent vorzuweisen hatten, als es ihr in die Wiege gelegt worden war.

Noch im Todesjahr Richard Dehmels gründete Ida gemeinsam mit Blankeneser Freunden einen »Kunstbund«, der zu Vorträgen einlud (ein Referat »Das schöne Buch« machte den Anfang) und sich dabei, wie es im Aufruf hieß, an »50–60 künstlerisch gerichtete Menschen« wandte. Einige Häuser seien für die Zusammenkünfte »bereits zur Verfügung gestellt. Für weitere Bereitstellungen geeigneter Häuser wären wir dankbar.« Natürlich sollte auch das Dehmel-Haus als gastliche Stätte den Kunstfreunden zur Verfügung stehen. Als Gastgeberin und Maklerin von Talenten war die Hausherrin ja erfahren genug. Mochten solche Bemühungen auch bürgerlich-harmlos erscheinen, sie zeigten an, daß Ida Dehmel entschlossen war, ihre tiefe Lebenskrise zu überwinden und tatkräftig einen neuen Anfang zu wagen.

Sehr bald begann sie mit den Vorbereitungen der Auswahl von Briefen Richard Dehmels. Das hört sich einfach an, verlangte aber viel Geduld und Energie. Sie machte sich daran, den wesentlichen Korrespondenzpartnern zu schreiben, bat sie, Briefe Dehmels auszuleihen, die sie auch bergeweise erhielt und sorgfältig sichtete. Dehmels umfangreiche briefliche Hinterlassenschaft gehört zu jenem Teil seines widerspruchsvollen Werkes, der es am meisten verdient, nicht in Vergessenheit zu geraten, offenbaren die Briefe doch viele seiner durchaus bezaubernden, oft auch entwaffnend selbstkritischen Seiten, und nicht zuletzt zeigen sie eine erhebliche Formulierbegabung. Da er mit beinahe allen großen Geistern der Zeit Gedanken und Nachrichten austauschte, bildet seine gewaltige Korrespondenz ein umfassendes und höchst aufschlußreiches Tableau der Zeit- und Kulturgeschichte.

Die Auswahl stellte Ida vor manch schwer lösbare Aufgabe: Was sollte für die Nachwelt bewahrt, was unterschlagen werden? Die Durchsicht der beiden erschienenen Briefbände macht deutlich, daß sie nicht davor zurückschreckte, auch Dokumente aufzunehmen, die sich nicht mit ihren eigenen Ansichten vertrugen oder privateste Empfindungen bloßlegten. Als sie wieder einmal in den Briefen stöberte, sei ihr – so heißt es in einer Mitteilung an Marie Stern vom 5. Mai 1920 – allerdings klar geworden, »daß manches fort muß. Es gibt doch Dinge, die die Welt nichts angehen«. Sie bat die Freundin um Hilfe, diese möge doch entscheiden, was ungedruckt bleiben solle. Daß in die Auswahl auch Briefe an Richard Dehmels erste Frau Paula aufgenommen werden sollten, war für Ida selbstverständlich.

Unter der Post, die nun bei ihr eintraf, war auch manche schmerzliche Nachricht. Im März 1921 verlor ihre Schwester Alice den Sohn, und auch die in München lebende Schwester Hedwig hatte dieses Schicksal ereilt. Seit 1921 waren alle drei Schwestern Witwen. Ida nahm alle Schicksalsschläge hin und vertiefte sich in ihre Arbeit. Infolge der allgemeinen Notlage in Deutschland und der knapperen Geldmittel lebte sie jetzt, wie sie am 5. Mai 1920 an Marie Stern schrieb, »unendlich einfach, manchmal bin ich eigentlich nicht ganz satt, wenn ich vom Tisch aufstehe«. Doch sie klagte sonst nicht über ihre Lage, sondern war erfüllt von den vor ihr liegenden Aufgaben und dem festen Vorsatz, Richard Dehmel ein für allemal ein Denkmal zu setzen, das noch weit in der Zukunft Bestand haben sollte.

Der Bildhauer Richard Luksch beriet mit ihr, welches Denkmal Dehmel gesetzt werden könne. Am 27. Februar erinnerte er sie in einem Brief daran, daß Dehmel »immer den heißen Wunsch (hatte), ein Baum sein zu können … Lassen Sie uns einen Baum auf seine Asche pflanzen … Um den Baum herum kann dann eine architektonische Lösung gefunden werden, die der Nachwelt das Zeichen erklärt.« Über ein angemessenes Monument kam es jedoch zu keiner Einigung. Bei der Durchsicht der Briefe fiel Ida dann ein Schreiben Dehmels an Detlev von Liliencron in die Hände, das sie als Wink des Himmels empfand. Dehmel bedankt sich darin bei Liliencron für eine Vase, die in seinem Bücherregal einen Ehrenplatz erhalten habe, den er für die Urne mit seiner eigenen Asche und der seiner Frau ausersehen hatte. Ida beschloß, diesen Wunsch in die Tat umzusetzen. Luksch bemühte sich um einen Entwurf, und wenig später war die Urne fertiggestellt. Sie nahm Dehmels Asche auf und erhielt in seinem Arbeitszimmer jenen »Ehrenplatz«, auf dem sie noch heute steht.

In langwierigen, von ihrer Seite klug geführten Verhandlungen mit der Stadt Hamburg gelang Ida 1926 ein überraschender Coup: Das von ihr über viele Jahre so umsichtig und geduldig aufgebaute und vermittels Karteien sorgfältig geordnete Archiv mit Dehmels sämtlichen Schriften, den Durchschlägen seiner Briefe (etwa 15000!), den an ihn gerichteten Briefen (es waren mehr als 35000 von etwa 700 Verfassern!), mit Zeitungsausschnitten und Photographien, zahlreichen Büchern und Notenblättern ging gegen Zahlung einer stattlichen Summe und die Verpflichtung zu weiteren Aufwandsentschädigungen in den Besitz der Staatsbibliothek über, sollte jedoch vorläufig im Dehmel-Haus bleiben. Das Archiv wuchs kontinuierlich an. Ida Dehmel sammelte, was immer ihr im Zusammenhang mit Dehmels Wirken in die Hände kam, bat alle, die mit Dehmel in Beziehung gestanden hatten, um Dokumente aller Art. Man mag sich kaum vorstellen, welche Arbeit allein diese Sammlertätigkeit verursachte. Auch die beiden Fassungen ihrer verschlüsselten Lebensgeschichte bis zur Heirat mit Dehmel vertraute sie dem Archiv an. Als Julius Bab 1926 die erste umfangreiche Biographie Dehmels publizierte, konnte er sich auf ein gewaltiges, vorzüglich geordnetes Quellenmaterial stützen.

Trotz des erfreulichen Abschlusses mit der Stadt Hamburg (ein Betrag von 40000 RM wurde sofort ausgezahlt) wuchs die berechtigte Sorge, was aus dem Dehmel-Archiv noch werden sollte, bedurfte es doch ständiger Betreuung, und Ida zweifelte daran, daß im Falle ihres Todes irgend jemand in der Lage sein würde, die Materialfülle weiterhin angemessen zu ordnen und zu verwalten. Zu der Schreibtischarbeit für das Archiv kam ja noch die finanzielle Kontrolle von Dehmels Honoraren hinzu, die inzwischen allerdings spärlicher flossen. »Vom Rundfunk habe ich heute 400,– Mark Vorschuß bekommen, jede Zeile, die jemals im Radio gesprochen worden ist, muß nachhonoriert werden. Darum kämpfe ich nun genau seit einem Jahr, aber es ist erreicht, und ich bin die Erste, die das Geld bekommt«, schrieb sie am 7. Dezember 1926 der Schwester Alice, die weiterhin ihre intimste Gesprächspartnerin war. Es quäle sie die »Gewißheit, daß Dehmels Kinder das alles einmal vernachlässigen werden«.

Ida hatte inzwischen die drei Kinder Dehmels zu sich genommen, befürchtete aber, daß diese mit der Archivarbeit überfordert wären. Zudem kam es zu Diskussionen um die gerechte Teilung der Erlöse nach dem Verkauf. In einem langen und grundsätzlichen Brief aus Langenschwalbach – wo sie wieder einmal bei den Sterns zur Kur weilte – legte sie Dehmels Sohn Heinrich, der – wie sie meinte – ihr gegenüber starke Ressentiments empfand, am 17. September 1928 dar, was sie in bezug auf das Archiv bedrückte. Es sei ihr unmöglich, den erzielten Betrag auszuschütten, denn sie habe sich »dem Hamburgischen Staat gegenüber verpflichtet, den Zinsertrag auch mit zu verwenden, um das Archiv auszubauen«. Sie sei laut Dehmels Testament »einwandfrei Vorerbin des von mir geschaffenen Archivs. Vaters Absicht war, daß grundsätzlich seine Hinterlassenschaft zwischen Euch und mir geteilt werden sollte (auch das Haus war zu gleichen Teilen an Ida und die Kinder gegangen, M.W.)«. Anstatt den Kindern nun einen Anteil auszuschütten, empfehle sie, »solange ich lebe, gehört der Ertrag (also die Zinsen auf Wertpapiere, M.W.) mir, nach meinem Tode sind die ganzen M. 40 000 Euer Eigentum«. Sie sei aber bereit, von nun an eine Miete für ihr Wohnrecht im Dehmel-Haus zu zahlen, außerdem eine kleine regelmäßige Summe aus den Erträgen. Es folgen dann einige Erörterungen zur gerechten Teilung von Dehmels weiteren Hinterlassenschaften, die erkennen lassen, wie wichtig es ihr war, daß der Dehmelsche Nachlaß zusammenblieb, wie sehr sie sich dagegen sträubte, diesen zugunsten jedes einzelnen Kindes aufzulösen.

Es waren Erbauseinandersetzungen, wie sie in allen Familien an der Tagesordnung sind, aber ihre Argumentation verriet ebenso viel Gerechtigkeitssinn wie wirtschaftlichen Sachverstand. Sie wußte mit Geld umzugehen. Schon bald nach Dehmels Tod hatte sie mit Unterstützung des Hamburger Bürgermeisters Werner von Melle und einiger Freunde eine Richard-Dehmel-Stiftung und eine Dehmel-Gesellschaft gegründet, die den Unterhalt des Hauses sichern sollte und der das Archiv ursprünglich zugedacht war – bis der Hamburger Staat zugriff. Das erwies sich als weitsichtig.

Trotz der heiklen Erbauseinandersetzung mit Dehmels Kindern lebten diese mit ihrer »Stiefmutter« nun unter demselben Dach – Ida nannte es »eine Art Genossenschaft« –, hilfreich gelenkt von einer treuen Haushälterin, die souverän die Ausgaben für das tägliche Leben bestimmte, welche jedes Mitglied zu entrichten hatte. Das Haus hatte sich wieder mit Leben gefüllt, wozu nicht zuletzt die Notwendigkeit beitrug, einzelne Zimmer gelegentlich zu vermieten, um die Unkosten auszugleichen. Einsam war Ida nun nicht mehr, vielmehr war ihr Tag so ausgefüllt mit Arbeit, daß sie oft an die Grenzen ihrer Belastbarkeit stieß. Seit den regelmäßigen Künstlertreffen im Hause Auerbach war Ida es gewöhnt, ein offenes Haus zu führen, und diese Gewohnheit nahm sie nun wieder auf. Das Haus sollte eine Stätte der Begegnung sein für alle, die entweder zu Dehmels Freunden gehört hatten oder sich überhaupt der Kunst verschrieben. »Achtzig geladen, sechzig scheinen zu kommen«, heißt es am 26. November 1926 in einem Brief an Alice, und ihr Kalender sähe aus »wie eine Landkarte, vollgeschrieben von oben bis unten«.

Sie lud viel ein und wurde viel eingeladen. Interessant ist eine kleine Episode während eines gemeinsamen Sanatoriumsaufenthalts mit Gerhart Hauptmann in Bad Liebenstein. Im Kreise von Gästen kam es zu einem Gespräch über Juden, in dessen Verlauf ein Gast von einer Wahlversammlung berichtete. Irgend jemand habe dort vom zunehmenden Antisemitismus gesprochen, »darauf«, so Ida an die Schwester am 31. Mai 1925, sei Hauptmann zum »Berserker« geworden. »1 1/2 Stunden war er nicht abzubringen. Er war sacksiedergrob. Ihr Mistbauern! Ihr Stinkbauern!« habe er gerufen. »Bei denen ist die Brutalität, bei den Juden die Intelligenz. Ich halte es mehr mit der Intelligenz! Er war geradezu rasend« und habe darauf bestanden: »Niemand darf es wagen, in meiner Gegenwart ein Wort gegen die Juden zu sagen.« Geflissentlich habe ein Gast mit den Worten eingelenkt: »Aber selbstverständlich, das wissen wir doch, daß es Ausnahmen giebt«, aber Hauptmann habe erzürnt erwidert: »Ausnahmen ... sind es, wenn Adelsfamilien kein jüdisches Blut in der Familie haben«, und einige illustre Beispiele angeführt.

Ida Dehmel zitierte diese Kontroverse mit Ironie, sie hatte ihre jüdische Identität inzwischen mehr oder weniger zu den Akten gelegt, jedenfalls soweit es ihr möglich war und sie nicht von mißgünstigen Gesprächspartner(inne)n darauf hingewiesen wurde. Gerade das geschah jetzt aber immer öfter. Sie trat in der Öffentlichkeit stolz als »Frau Richard Dehmel« auf, vor allem die Älteren nannten den Namen ihres Mannes ja noch immer mit Ehrfurcht, und sie ließ keine Gelegenheit aus, an ihn und ihre Gemeinsamkeit zu erinnern. Ihr Interesse galt noch immer allem Künstlerischen, sie verfolgte die Literatur der Zeit, wenn sich auch ihr Blick für jüngere Autoren inzwischen etwas verengt hatte. Doch sie sorgte beispielsweise auch dafür, daß Hans Henny Jahnn im Dehmel-Haus einen Vortrag über seine waghalsigen »Ugrino«-Pläne halten konnte, wobei sie ihn artig fragte, ob er mit ihrer Gepflogenheit einverstanden sei, daß jeder Zuhörer eine Gebühr entrichten müsse, »deren Ertrag (ca. 50 Mark) dem Vortragenden überwiesen wird« (Brief vom 30. Oktober 1925).

Idas Leben hatte wieder eine Mitte gefunden, und es sollten noch – oder wieder – ganz andere Aktivitäten hinzukommen. Eine robuste Natur war sie nie gewesen, und nun war sie auch nicht mehr die Jüngste. Mitte der zwanziger Jahre stellten sich besorgniserregende Anzeichen von Krankheit ein, und was sie jetzt immer öfter verspürte, signalisierte im wahrsten Sinne des Wortes trübe Aussichten für ihre Zukunft: Ihre Augen begannen den Dienst zu versagen. Ihr Arzt, so schrieb sie am 8. Dezember 1925 an die Schwester Alice, meine, »daß mein Augenleiden eigentlich kein Augenleiden sei, sondern reine Gicht, ... eigentlich dürfe ich nicht länger als 4–5 Monate in einem Klima sein, und daß es eine reine Augenbehandlung bei mir überhaupt nicht gäbe; man könne immer nur die Gicht bekämpfen und dem Auge etwas nachhelfen«. Im übrigen habe sie »einen Star«.

Am 26. April 1926 schrieb Ida der Schwester von einem Theaterbesuch, bei dem ihre Begleiterin plötzlich festgestellt habe: »Um Gottes willen, Ihr Auge ist ja ganz rot.« Es war Ida schon am Nachmittag aufgefallen, »daß ich recht schlecht sah, aber das kommt ja häufiger vor«. Beim Zeitunglesen am nächsten Tag habe sie gemerkt, »daß es nicht ging, d.h. nur sehr schlecht ging. Im Laufe des Vormittags merkte ich, daß es *Trübungen* sind, also nicht eine konstante Verdunkelung.« Sie müsse wohl wieder das Klima wechseln, aber sie habe doch »wirklich Berge hoch zu erledigen«. Einige Tage später, am 3. Mai 1926, waren es wieder »Schmerzen im linken Auge«, es habe »blutrot wie rohes Fleisch« ausgesehen. Der Arzt verschrieb Kokaintropfen, um den »Druck hinter den Augen« zu senken, sprach aber nachdenklich von einer möglicherweise notwendigen Operation. Nur hatte das Augenleiden ja wirklich einen anderen Hintergrund, zunehmende Ischiasschmerzen signalisierten Gicht im fortgeschrittenen Stadium, und ziemlich verzweifelt entschuldigte sich Ida bei ihrer Schwester: »Es tut mir schrecklich leid, daß ich Dir so viel Kummer machen muß, aber ich kann Dir nichts verschweigen, und ich brauche Deinen Trost« (den sie von der fürsorglichen Schwester auch umgehend erhielt).

Die Verschlechterung ihres Gesundheitszustandes machte sich immer häufiger bemerkbar, doch Ida Dehmel gestattete sich keine Ruhe. Immer hatte sie davon geträumt, »eine Leistung zu vollbringen, die größer ist als man selbst«, und dieses »man« sollte keineswegs nur für sie selbst gelten. Ihr Mädchentraum von einer nachhaltigen Rolle als Maklerin und Förderin war ja auch aus der Erkenntnis erwachsen, daß die eigenen Talente nicht für eine außergewöhnliche künstlerische Tat reichten, und so sollten wenigstens andere in den Genuß ihrer Gewißheit kommen, daß das Leben erst in und mit der Kunst die Erlösung aus Banalität und Trivialität erfahre. Sie hatte ihr »Urerlebnis« aus ihrer Binger Begegnung mit Stefan George bezogen, das erste Zusammensein mit Richard Dehmel hatte diese Erfahrung sogleich wieder belebt, seine emphatische Lust an der Überhöhung der Wirklichkeit durch die Kunst hatte ja von Anfang an ihren innersten Nerv getroffen. Es war auch der Atem der Zeit am Beginn des 20. Jahrhunderts, der diese Begeisterung allerorten beflügelte, bevor der Erste Weltkrieg solchen Träumen ein Ende bereitete.

Ida Dehmel gehörte gewiß nicht zu den bahnbrechenden Persönlichkeiten der Epoche, da waren ihr andere weit voraus, doch mit ihrem untrüglichen Instinkt, ihrer Lust am Engagement, ihrem Verständnis für die Mühsal künstlerischen Wachsens glich sie diese Defizite aus. Sie blieb darin dem Lebensgefühl des Jugendstils verhaftet, aber wenn auch dieser längst historisch geworden und durch eine neue, in ihrem Kunstverständnis sehr viel radikalere und weniger schwärmerische Künstlergeneration verdrängt worden war – Ida Dehmel träumte, bei allem Festhalten an bürgerlicher Selbstdisziplin, weiterhin unbeirrt ihren schönen Traum von einem besseren Diesseits durch den Segen der Kunst. Bei ihrem Mann hatte sie gelernt, daß dazu vor allem auch harte Arbeit und die einfühlsame Unterstützung durch andere gehörte. Ihr Teil war neben Begeisterung und Verständnis die »technische« Arbeit geworden, sie wollte, wo immer es nötig war, Steigbügelhalterin sein.

Durch die organisatorische Mitwirkung in Vereinigungen und Verbänden vor dem Krieg hatte Ida Dehmel ihre Chance erkannt, jedenfalls einen kleinen, aber unentbehrlichen Anteil zu den Ergebnissen künstlerischer Bemühung beizutragen. Das entsprach nicht zuletzt ihrer Sehnsucht nach Austausch, der Verbindung mit Gleichgesinnten. Da sie um die Schwierigkeiten junger Künstlerinnen wußte, deren Weg zu einer selbständigen und nicht zuletzt auch materiell ausreichenden Entfaltung in einer noch weitgehend patriarchalisch orientierten Gesellschaft weit schwerer war als der ihrer männlichen Kollegen, nahm sie ihr Engagement für die Entfaltung weiblicher Eigenständigkeit wieder auf und widmete sich der Förderung von Künstler*innen*.

Schon in der zweiten Hälfte des 19. Jahrhunderts hatten sich Frauen zusammengetan, um weibliche Kreativität durch Solidarität und Mithilfe zu fördern. Die erste Berufsorganisation von angehenden und ausübenden Künstlerinnen war 1867 in Berlin mit dem »Verein der Künstlerinnen und Kunstfreundinnen zu Berlin« gegründet worden. Die sich danach an verschiedenen Orten (und das nicht nur in Deutschland) allmählich herausbildenden ähnlich orientierten Organisationen hat Cornelia Matz in einer Dissertation an der Universität Tübingen untersucht und dazu viele Details über die deutschen Künstlerinnenverbände zusammengefügt. Die Studie macht am Rande auch deutlich, daß Ida Dehmels Anteil daran vor allem auf kommunikativer Mitwirkung beruhte, daß sie bemüht war, zu jedweden politischen Strategien vorsichtig, ja ängstlich Distanz zu halten. Zu einer »Führerin« eignete sie sich nicht, dazu war sie zu verbindlich, wohl auch zu emotional und, nicht zuletzt, zu vornehm. Aber es fehlte ihr nicht an praktischen Ideen, taktischem Geschick und Enthusiasmus.

Nach dem Tod ihres Mannes war Ida zur Ersten Vorsitzenden des Bundes niederdeutscher Künstlerinnen gewählt worden. Schon während des Krieges hatte sie ja der Hamburger Frauenkünstlerinnenhilfe vorgestanden, und 1918 war sie in die von Gustav Stresemann geführte Deutsche Volkspartei eingetreten, hatte sich aber bald wieder daraus zurückgezogen. Immerhin bewarb sie sich einmal – allerdings erfolglos – um ein Mandat für die Hamburgische Bürgerschaft. Im Dezember 1926 gründete sie gemeinsam mit Hamburger Gefährtinnen den Bund Hamburgischer Künstlerinnen und Kunstfreundinnen. Nach diesem Vorbild erfolgten bald viele ähnliche Gründungen in anderen Städten Deutschlands, und so konnte am 22. November 1927 unter Idas Vorsitz die erste Vorstandssitzung einer weiblichen »Republik der Künste« (Ingeborg Drewitz) stattfinden, welche zahlreiche Gruppierungen in vielen deutschen Städten, darunter Frankfurt, Hannover, Stuttgart, Mannheim/Heidelberg/Ludwigshafen, Königsberg, Karlsruhe sowie fünf Vereine aus Österreich einschloß.

Als die maßgebliche Aufgabe der Gemeinschaft proklamierte Ida Dehmel »die Förderung und Vertretung der Künstlerinnen in allen Fragen des öffentlichen Kunstlebens«. Aus der Idee eines überregionalen Gesamtverbandes entstand die Gemeinschaft Deutscher und Österreichischer Künstlerinnenvereine aller Kunstgattungen, kurz GEDOK. Anders als der in Berlin von Käthe Kollwitz geleitete Frauenkunstverband, der von den Mitgliedern einen strengen Leistungsnachweis forderte, legte Ida Wert auf die Tatsache, daß »ihre« Vereinigung auch allen kunstgewerblich arbeitenden Frauen offenstehen sollte. In einer Grundsatzrede sprach sie sich auch für die Aufnahme von Autodidaktinnen aus, selbst »ein armes Huhn wie ich« sollte diese Gemeinschaft erfahren dürfen. Es ging ihr um die Förderung von Talenten und Kreativität, weniger um eine Standesorganisation nach klassischem Muster. Gemeinsam mit der Hamburger Kunsthistorikerin Rosa Schapire bemühte sie sich rastlos um Gründungen angeschlossener Kreise in anderen Städten. »Im Förderkreis des Expressionismus wuchs Ida Dehmel in die Rolle der Mäzenin und Organisatorin hinein«, schreibt Cornelia Matz, »ohne ihre Hilfe, ihre Beziehungen und ihre Tatkraft wäre der Frauenbund nicht lebensfähig gewesen.« Durch ihren Mann, den sie auf Reisen begleitete, hatte sie die deutsche und österreichische Kunstwelt kennengelernt, und man kannte sie.

In Hamburg vertrat Ida Dehmel »die Interessen der Kunstszene und der Frauenbewegung«, sie wollte, wie sie in einem Aufsatz der Zeitschrift »Frau und Gegenwart« am 28. Dezember 1926 verkündete, »den Musikerinnen die Gelegenheit für Konzerte im kleinen Kreis ..., den Dichterinnen die Vorlesung ihrer neuen Schöpfungen vor verstehenden Hörerinnen« bieten –

nicht »Vereinsmeierei« leitete sie, vielmehr ihre Vision von einer eigenen Welt Gleichgesinnter. Malerinnen, Bildhauerinnen, Schauspielerinnen und Tänzerinnen sollten darin ebenso Aufnahme finden wie Debütantinnen aller anderen Künste. Ein Netzwerk weiblicher Talente sollte daraus erwachsen. »Wir wollen den Sammelpunkt bilden für die Künstlerinnen, die sich aus der Einsamkeit ihres Lebens nach Gemeinschaft sehnen«, meinte sie und machte dabei die eigenen Sehnsüchte zum Kriterium ihrer weitgesteckten Ziele. Die Hamburger »Keimzelle«, die sich nun den Namen Bund Deutscher Künstlerinnen gab, nutzte die Räume des »Frauenclubs« am Jungfernstieg, boten diese doch ideale Möglichkeiten für regelmäßige Zusammenkünfte (eine Inschrift erinnert heute noch an diesen Ort der Begegnung).

Ida Dehmel habe »eine enorme Anziehungskraft« ausgeübt, »die sich im rapiden Anstieg der Mitgliederzahlen« ausdrückte, stellt Cornelia Matz in ihrer Studie fest. Zum Jahreswechsel 1927/28 habe sie bereits auf 477 Beitrag zahlende Mitglieder allein in Hamburg verweisen können. Die GEDOK sei »zunächst nur die Verkörperung eines Zukunftstraumes«, schrieb Ida Dehmel voller Zuversicht, aber dabei solle es nicht bleiben. Im Sommer 1927 schlossen sich mit dem österreichischen Künstlerinnenverband »Panthea« und noch einigen weiteren Vereinigungen wie beispielsweise dem Wiener Frauen-Sinfonie-Orchester andere Verbände an. In Wien unterstützten Idas alte Bekannte – die Frau von Gerhart Hauptmann und Alma Mahler-Werfel – ihre Arbeit. Sie hielten engen Kontakt mit der Hamburger »Urzelle«.

Die ständige Aufnahme neuer Mitglieder, die regelmäßigen Verkaufsausstellungen (bis 1931 erzielten die von Ida Dehmel initiierten Hamburger Ausstellungen von Kunst und Kunsthandwerk einen Gesamterlös von fast 70 000 RM), intensive Werbung und häufige Zusammenkünfte in allen beteiligten Städten machten den Namen GEDOK bald weithin bekannt. Freilich, so Cornelia Matz, drohte »die Aufbruchstimmung der Anfangsjahre nach dem Zusammenbruch der Weltwirtschaft von lähmendem Pessimismus verdrängt zu werden. Nach der Entfaltung reger

Aktivitäten engte sich im Geschäftsjahr 1930/31 der Handlungsspielraum deutlich ein.« Aber zu diesem Zeitpunkt zählte die GEDOK bereits mehr als dreitausend Mitglieder, wobei Hamburg die mit Abstand größte Gruppierung stellte. Hier kam es zu eigenen Orchester- und Quartettgründungen. Lange vor der neuerlichen Emanzipationsbewegung späterer Jahre hatte Ida Dehmel die Grundlagen einer – unpolitischen! – Frauenbewegung gelegt.

Ihren sechzigsten Geburtstag am 14. Januar 1930 würdigte das angesehene »Hamburger Fremdenblatt« mit einem liebenswürdigen Artikel einer Dame namens Frieda Radel. Es heißt da: »Es hat oft zu verlöschen gedroht, dieses Herzfeuer des kleinen verträumten, in Märchen eingesponnenen Mädchens, das durch die alte Familientradition und die konventionellen gesellschaftlichen Regeln einer Kleinstadt in der Enge einer pedantischen Umwelt festgehalten wurde, während eine freischweifende Phantasie und künstlerische Intuition hinausstrebten über die Hemmungen und Hindernisse, die das Machtgebot eines herrischen Vaters aufgerichtet hatte.« Besonders werden natürlich ihre Ehe mit Richard Dehmel und ihre Frauenarbeit hervorgehoben, auch der beharrliche Aufbau des Dehmel-Archivs.

Es wurde ein glanzvoller Geburtstag. Aus ganz Deutschland trafen Glückwünsche und Blumen in Blankenese ein. Ida Dehmel hatte den Zenit ihres Ansehens als *selbständige* Initiatorin und Maklerin der Kunst erreicht. Sie hatte mit eisernem Willen und einem nicht zuletzt auch sie selbst überraschenden organisatorischen Geschick ihren großen Traum einer weiblichen Wiege der Kunst verwirklicht, hatte die Einsamkeit der trauernden Witwe gegen die neue Rolle einer der herausragenden Hamburger »Stadtmütter« eingetauscht – so der Titel eines Büchleins von Helmut Stubbe-da-Luz, das auch ihr Wirken in und für Hamburg beschreibt. Sie hatte sich und der Welt bewiesen, daß sie eben doch mehr war als die Frau an der Seite eines Dichters. Sie war wirklich aus seinem Schatten getreten.

Helmut Stubbe-da-Luz weist in seiner Würdigung zu Recht

darauf hin, daß es sich bei ihren Aktivitäten nicht etwa – wie Gustav Schiefler mit unverkennbarer Geringschätzung unterstellt hatte – »um eine kompensatorische Umtriebigkeit handelte, sondern um das ausgeprägte Bedürfnis einer geistig regsamen, kommunikativen, kreativen Persönlichkeit, deren eigentliche Lebenssphäre nicht die private Zurückgezogenheit war, sondern das gesellschaftliche Miteinander«. Eben das unterschied ja Ida Dehmel von ihrem überschätzten Dichter, daß es ihr nicht nur um Selbstverwirklichung ging, sondern auch um den Dienst am anderen. Ihre Kräfte und Talente waren begrenzter, dafür aber war sie offener und vorurteilsfreier gegenüber abweichenden Positionen und Meinungen, neugieriger auf Andersdenkende. Ihr Lebenstraum, das hatte sich nun erwiesen, half ihr, manche Berge zu versetzen, aber sie blieb bis zuletzt frei von jeglichem Dogmatismus.

Richard Dehmel hatte dem Zeitgeist und dem Vaterlandspathos reichlich Tribut gezollt, Ida Dehmels Träume dagegen galten der Überwindung der eigenen Schwächen jenseits individueller Machtansprüche. Seinem männlichen Ehrgeiz stand ihr sehr viel sanfteres Geschick der Maklerrolle gegenüber. Natürlich war sie nicht minder ein Kind ihrer Zeit. Auch sie war, wie ihr Mann, von Nietzsches frühen kunstmetaphysischen Hoffnungen auf eine Kulturerneuerung durch autonome Selbstbestimmung und ästhetische Überhöhung geprägt worden, doch handelte sie weit mehr auf dem Boden ihres sicheren Instinktes als aufgrund ihres Durchsetzungswillens. Sie war, wie Sabine Henning es formuliert hat, eine »an Widerständen dickköpfig gewordene Pragmatikerin«. Sie wußte immer, wo sie stand und wo ihre Grenzen lagen, was man von Richard Dehmel gewiß nicht sagen kann. Ihre Fähigkeit zur Selbstkritik war ebenso ausgeprägt wie ihr entschlossener Wille, sich mit Erreichtem nicht zufriedenzugeben und unbeirrt von einer Leistung zu träumen, »die größer ist als man selbst«.

Im Alter von sechzig Jahren hatte Ida Dehmel, unbeschadet aller gesundheitlichen Gefährdungen und tiefen seelischen Verwundungen durch den Verlust von Sohn und Mann, noch einiges vor. Die Entwicklung der deutschen Geschichte sollte ihre Pläne, wie die Millionen anderer, gründlich zunichte machen.

Sie hatte seit ihren vorsichtigen und kurzen Ausflügen in die Politik die politischen Ereignisse um sich herum nur am Rande wahrgenommen. Sie hatte sich in ihre Welt versponnen und (wieder einmal) die bedrohlichen Signale einer Umwertung aller Werte ignoriert. Im Frühsommer 1931 trug sie sich mit Rücktrittsgedanken, was auf vorübergehende interne Streitereien innerhalb der Ortsverbände der GEDOK zurückzuführen war. Bei den Vorstandswahlen im Oktober wurde sie jedoch wieder einstimmig zur Vorsitzenden gewählt. Man wollte auf sie nicht verzichten. Allerdings wurde ihr – nicht gegen ihren Willen – ein künstlerischer Beirat zur Seite gestellt, dem unter anderen Ina Seidel für Literatur, Luise Dumont für darstellende Kunst und Charlotte Berend-Corinth für bildende Kunst angehörten. Bald darauf wurde der Name des überregionalen Dachverbandes in »Verband der Gemeinschaften Deutscher und Österreichischer Künstlerinnen«, abgekürzt Reichs-GEDOK, geändert. Ziel war es, die künstlerische Substanz der Organisation zu verbessern.

Achtzehn Ortsgruppen bildeten nun den Verbandsrahmen. Bei dieser Größenordnung kann es nicht verwundern, daß es hie und da bereits Stimmen gab, die bei der Besetzung von Vorstandsposten nach »arischer Abstammung« fragten. Insbesondere in München sorgte Elsa Bruckmann, die Ehefrau des Verlegers Hugo Bruckmann, der sich schon früh als Helfer und Befürworter Adolf Hitlers einen Namen gemacht hatte, für aggressive und antisemitische Töne. Dort hatte 1927 die »Nationalsozialistische Gesellschaft für deutsche Kultur« und der zwei Jahre später gegründete »Kampfbund für deutsche Kultur« unter der Führung Alfred Rosenbergs begonnen, »inmitten des heutigen Kulturverfalls die Werte des deutschen Wesens« zu verteidigen. Die Satzung forderte, »das deutsche Volk über die Zusammenhänge zwischen Rasse, Kunst, Wissenschaft, sittlichen und willenhaften Werten aufzuklären«. Es waren nur marginale Signale unter unzähligen sehr viel drastischeren, daß jenes Deutschland, das Ida Dehmel die Rahmenbedingungen für die Erfüllung ihres Lebenstraums geboten hatte, vor dem Untergang stand.

Nach dem Tode ihres Mannes hatte Ida von vielen Freunden und Freundinnen eine Fülle an Hilfe und Zuneigung verspürt, und seither hatte sie sich einigen von ihnen, wie ihr reger Briefwechsel belegt, enger angeschlossen. Das betraf insbesondere ihren Dichterfreund Alfred Mombert, der sich mit rückhaltloser Aufopferung bemühte, sie über ihren großen Verlust hinwegzutrösten. Mombert hatte die Freundschaft mit Richard Dehmel stets so leidenschaftlich wie die Beziehung zu ihr gepflegt. Sie wußte, daß sie in ihm einen Verehrer besaß, der ihr seit der ersten Begegnung ergeben war. Doch auch nach Dehmels Tod – Mombert war damals sofort an ihre Seite geeilt – versagte er sich jeden direkten Hinweis auf seine mehr als freundschaftlichen Empfindungen ihr gegenüber, beschränkte sich ihre Korrespondenz auf den Austausch von Gedanken zur beiderseitigen Arbeit und liebenswürdige Sympathiebezeugungen. In den folgenden Jahren sollten sie an Intensität noch zunehmen, standen doch beide nun auf der Seite der Geächteten. Mombert, jüdischer Abstammung wie sie, vermied dabei jeden Ausflug in politische Betrachtungen. Das lag wohl auch an der Scheu vor jeder Form von Öffentlichkeit, ebenso aber an ihrer beider entschlossenen Ausgrenzung alles Trivialen.

Mombert ermutigte Ida in ihren Aktivitäten, sah sich selbst aber als einen einsamen Wanderer über den Wolken: Er konnte und wollte sich aufgrund ererbter wirtschaftlicher Sicherheit ausschließlich seiner geistigen Arbeit, seinen Dichtungen hingeben, mied alle Ausflüge in die literarische Szene und schrieb ihr am 28. November 1928 einmal: »Mit meinem ›Allein-sein‹ hat es übrigens ein *sehr besonderes* Bewandtnis. Seit über dreißig Jahren versuche ich meinen verehrten ›Zeit-Genossen‹ einiges darüber im Druck mitzuteilen; lesen tun das aber wohl nur ›die Fische an den Küsten Borneos‹.« Die »Zeit-Genossen« hielten sich lieber an »die Verwirrung der Gefühle des wohledlen Stefan

Zweig« – das war alles andere als bitter gemeint. Er suchte nicht das große Publikum, er schrieb für sich selbst und war es zufrieden. Auch ihm standen nun harte Zeiten bevor, er klagte darüber nicht, auch dann nicht, als die Bedrohung übermächtig wurde.

Auch eine andere alte Freundschaft belebte sich nach Dehmels Tod vorsichtig wieder. Nie hatte Ida ihren Jugendfreund Heinz von Hahn vergessen, mit dem sie ein ganz anderes Leben als das der Vertrauten eines Dichters geteilt hätte. Seit 1920 hatten sich die beiden verschiedentlich wiedergesehen, ohne daß freilich auch nur ein Hauch der alten Liebe die neue Freundschaft überschattete – zumindest für Ida war jeder Weg zurück ganz und gar ausgeschlossen. In einem Brief vom 15. August 1923 an Marie Stern erwähnte sie einmal beiläufig, daß sie auf einer Reise nach Mannheim auch bei ihrem inzwischen (glücklich?) verheirateten »Jugendfreund« wohnen werde, der mit seiner Frau und seinen beiden Söhnen nun in Darmstadt lebte.

Die Pflege dieser Beziehung war Ida, der gereiften und selbstsicheren Witwe, selbstverständlich geworden, sie hatte keine Furcht davor, schöne Erinnerungen aufleben zu lassen. Aber der Freund unterließ es, sich mit Ida zu treffen, wenn sie nicht bei ihm Besuch machte, und am 6. April 1932 machte er in einem Brief an sie keinen Hehl daraus, daß es inzwischen etwas gebe, was sie voneinander trenne. Er erinnerte sie daran, »daß das Wahrzeichen meines Hauses ein Schwert u. ein Kreuz ist; es könnte auch ein Hakenkreuz sein, um völlige Klarheit zu schaffen. Die nationale Gesinnung auf nordischer Grundlage, die seit 1918 geschlafen hatte, teils geknebelt war, ist aufgestanden.« Er sprach von der neuen politischen Bewegung, die »von uns alten Offizieren selbstverständlich gestützt« werde, legte allerdings Wert darauf, daß sein Denken, »obwohl es uns weltanschaulich trennt, eine Freundschaft nicht austilgen (dürfe), die in unserer Jugendzeit unter so ungewöhnlichen Umständen aufblühend uns wie ein Frühlingssturm erfaßte und zwei Herzen so weit aufschloß, daß es einst bittere Schmerzen kostete, sie wieder zu schließen«.

In einem merkwürdigen Spagat unterschied der einstige Leutnant zwischen der Jüdin Ida und der ehemaligen Geliebten, »wie sie nur ich allein gekannt habe«, und alle weiteren Ausführungen belegen den durchaus repräsentativen Konflikt eines blauäugigen Konservativen und nationalistischen Schwarmgeistes mit den rassistischen Ansprüchen der von ihm bewunderten neuen Helden. Heinz von Hahn beschwor Ida zwei Monate später, am 4. Juni 1932: »Ich bin kein Nazi. Ich habe nie einer Partei angehört und werde es nie tun«, und im selben Atemzug wies er darauf hin, daß er »immer den am weitesten rechts stehenden Mann gewählt und keine Kompromisse mitgemacht« habe, daß er sich also für Hitler entschieden hatte, »einen der ganz seltenen Führer, der einen solchen Weg zeigt«. Heinz von Hahns weitere Äußerungen belegen auf symptomatische Weise die Widersprüche nationalen Denkens vor dem Zusammenbruch der Weimarer Republik: Da versuchte einer mit letzter Anstrengung die Quadratur des Kreises, ohne zu übersehen, worauf er sich längst eingelassen hatte. Seine Worte mußten auf Ida wie ein Wurfgeschoß wirken: »Daß Du sie (die Bewegung) hassest, kann ich Dir nicht verdenken, denn sie richtet sich in sehr ausgesprochener, ja rigoroser Weise gegen das Judentum. Nicht aber gegen die Judenmenschen (das bleibt jedem überlassen), sondern gegen die Rechte, die einem fremdrassigen Gastvolk zum nachgewiesenen Schaden des eigenen Volkes eingeräumt wurden und die ihm wieder abzunehmen Pflicht der Selbsterhaltung ist.«

Da waren sie, die dumpf-geistlosen Klischees des Antisemitismus, die auch nicht vor einem begeisterten Soldaten haltmachten, der einmal unsterblich in eine Jüdin verliebt gewesen war. Ida, die patriotische Deutsche, die den Sohn und den Mann »für das Vaterland« hatte hergeben müssen, war jetzt die Angehörige eines »fremdrassigen Gastvolks«, dessen verderbliche Wirkung auf »das eigene Volk« als schädlich »nachgewiesen« war. »Wenn das die Juden veranlaßt, auszuwandern, was übrigens schon begonnen hat, so ist das vielleicht der glücklichste Weg für beide Teile.« War das ein kühler Wink mit dem Zaunpfahl?

»Grausamkeiten, wie sie propagandistisch verbreitet werden«, seien abwegig, »an solche Entgleisungen glaubst Du doch selbst nicht, ... Du siehst durch die schwarze Brille verletzten Stolzes«.

Seit ihren frühen Jugendtagen war Ida in größeren Abständen antisemitischen Ressentiments begegnet, nun aber mußte ausgerechnet ihre (adlige!) Jugendliebe darauf verweisen, wie weit es inzwischen in Deutschland gekommen war. Wir kennen ihre Reaktion auf diesen Brief nicht, aber sie muß im Innersten erschüttert gewesen sein. Die politische Realität, der sie immer auszuweichen versucht, die sie immer ignoriert hatte, hatte sie in den Würgegriff genommen. Es war nur der Anfang.

Der 30. Januar 1933 brachte Deutschland nicht die »Machtergreifung« durch die Nationalsozialisten, die neue Macht verdankte sich der Todsünde *jeder* Demokratie: dem Schulterschluß von Konservativen und Radikalen. Das weltläufige Hamburg hatte schon bei den Wahlen zur Bürgerschaft am 24. April 1932 einen politischen Erdrutsch erleben müssen: Von 160 Sitzen waren 51 an die Nationalsozialisten gefallen, die nun die stärkste Fraktion im ehrwürdigen Rathaus stellten. Am 13. März 1933 hielt sich Ida Dehmel – Cornelia Matz hat es belegt – bei ihrer Schwester Alice in Mannheim auf. Dort wurde sie »telefonisch ... von antisemitischen Straßenunruhen, Verhaftungen und Schließungen von Warenhäusern unterrichtet. Man riet den Jüdinnen, eine geplante Autofahrt zu einem GEDOK-Konzert nicht anzutreten.«

Den Schwestern wurde nun klar, was die kommende Zeit für die GEDOK und für sie selbst bringen würde. Am 16. März sollte Ida an einer Veranstaltung der GEDOK in Hamburg teilnehmen. »Sie war aufgefordert worden, ›ein starkes nationales Wort‹ zu sprechen, wohingegen sie die Ansicht vertrat, ›daß eine Frau, die Mann u(nd) Sohn im Krieg hergegeben hat, es wohl nicht nötig hat, durch ein Wort ihr Deutschtum zu betonen‹.« In einem Brief an Agnes von Zahn-Harnack, Vorsitzende des Bundes deutscher Frauenvereine, berichtete Ida dann von den Ereignissen einer weiteren Zusammenkunft der GEDOK Hamburg am 3. Mai 1933,

Die Schwester Alice Bensheimer

bei der die Auflösung beschlossen werden sollte: »Da wir dazu die Zustimmung unserer Mitglieder brauchten, die uns in diesem Falle sicher war, hatten wir zu einer Versammlung aufgefordert, um dort die Auflösung zu beschließen. Der Kampfbund erfuhr von dieser Absicht und untersagte die Auflösung. Es sollte mir auch versagt werden, mich von den Mitgliedern zu verabschieden, und der Kommissar erschien in unserem Vereinslokal mit 10 Uniformierten mit Gummiknüppeln. Ich bin in solchen Momenten völlig ruhig und beherrscht, und damit erreichte ich es, daß ich mich von meinen Mitgliedern verabschieden konnte.«

In Wahrheit stellte der Beauftragte des »Kampfbundes« Ida wohl ein zehnminütiges Ultimatum, an dessen Ende Ida vom Vorsitz der GEDOK Hamburg zurücktrat. Das galt auch für ihren Austritt aus der Reichs-GEDOK. »Mit ihrem Ausscheiden aus dem Vorstand der Gesamtorganisation vollzog Ida Dehmel einen Schritt, den sie seit längerem geplant hatte«, schreibt Cornelia Matz. Idas Hamburger Mitstreiterin Anna Maria Darboven legte aus Solidarität ihr Mandat nieder. Aber der »Kampfbund für deutsche Kultur« war gar nicht daran interessiert, die GEDOK aufzulösen, vielmehr wollte er sie den Zielen der Nationalsozialisten unterordnen, was dann auch schnell geschah. Dafür sorgte nicht zuletzt die neue Vorsitzende Elsa Bruckmann, Hitlers Gönnerin aus München.

Noch einmal wandte sich Heinz von Hahn in einem Brief vom 18. Mai 1933 an Ida, versicherte sie erneut seiner Zuneigung und der Gewißheit, »daß zwischen uns beiden alles beim Alten bleibt. Eine innere Gemeinschaft, die fast 40 Jahre Stand gehalten hat, ist stärker als alle Veränderungen, auch wenn sie die Welt umwälzen, wie sie es zu tun beginnen.« Das war nobel gemeint, aber hoffnungslos unrealistisch. Der wehrhafte Nationalist hatte sich in seinen Träumereien und Idealismen verlaufen. »Aus Deinem Entschluß, den Vorsitz der GEDOK niederzulegen, muß ich entnehmen, daß Du aufs tiefste erbittert bist oder der Gewalt weichend die Bahn freigeben willst.« Als ob es sich bei ihrem »Rücktritt« um einen freiwilligen Akt gehandelt hätte!

Heinz von Hahn hatte noch immer nicht begriffen, welchem Regime er die Hand gereicht hatte. »Es ist so gekommen, wie ich Dir vor etlicher Zeit vorausgesagt. Es sind in dieser aufgeregten Zeit einer noch gar nicht genug erkannten Revolution Fehler und Ungerechtigkeiten begangen worden, nicht nur gegen Juden, die sich aber nicht aufrecht erhalten können. Eine Diffamierung Deines Blutes, wie sie sich zu äußern schien, ist sicher nicht beabsichtigt.« Hatte er Hitlers »Mein Kampf« nicht gelesen? Wo hatte er seine Augen und Ohren gehabt? Konnte er nicht täglich sehen, wohin das braune Staatsschiff trieb?

Wie viele Deutsche teilten diese Blauäugigkeit! Sich vorzustellen, was geschehen sollte, war ja auch wirklich viel verlangt, obgleich es genügend Beobachter gab, die längst wußten, was die Stunde geschlagen hatte. In Hahns Brief heißt es weiter: »Die Zurückdrängung der Vorherrschaft jüdischen Einflusses auf allen Gebieten der Führung im Politischen, im Wirtschaftsleben, (in) Kultur, Presse, Justiz, Verwaltung, der die Selbständigkeit deutschen Wesens fesselte und entfremdete, ... ist ein Reinigungsprozeß, der zur Gesundung Deutschlands notwendig ist, ehe wir ein neues Reich aufrichten. Euer Leben und Eure Existenz – diese allerdings augenblicklich hart bedrängt und für alle Zukunft eingeengt – wird nicht verneint.« Dann formulierte er einen Satz von noch grausamerer Härte: »Wenn von 65 Millionen 2 Millionen Schaden erleiden, so muß das ertragen werden, besonders von einem Gastvolk ...« Es konnte Ida wenig trösten, daß er abermals hinzufügte: »Das Verhältnis von Mensch zu Mensch wird m.E. durch all' diese Dinge nicht im mindesten berührt.« Es könne zwischen ihnen »nichts Trennendes« geben. So sei es, und so bleibe es! Er hoffe, daß ihr dieser Brief »Trost und Hoffnung« geben werde. Das Gegenteil dürfte der Fall gewesen sein.

In den folgenden Jahren vertraute sich Ida nur noch wenigen Menschen ihrer nächsten Umgebung offen an. In ihren Briefen vermied sie es, zu klagen. Sie zog sich in das ohnehin labile Schneckenhaus ihrer Seele zurück, bemühte sich, mit anmutiger Würde und einer noch radikaleren Verdrängung der Realität als jemals zuvor irgendwie durchzuhalten. Sie arbeitete wieder an ihrem verschlüsselten Lebensbericht, lebte ganz in der Erinnerung. Und sie tat ein zweites Mal das, was sie schon während des Ersten Weltkrieges aufopferungsvoll getan hatte: Sie half, so gut sie konnte, den Mühseligen und Beladenen. Insbesondere wirkte sie als Mäzenatin bedrohter Künstler, und das waren nicht wenige. Doch der Radius ihrer Möglichkeiten wurde enger und enger.

Auch der Kreis der Freundinnen verengte sich von Jahr zu Jahr. Einige verließen das Land, andere wie die Malerin Anita Rée oder die selbstlose Olga Herschel, die 1913 mitgeholfen hatte, Richard Dehmel das Blankeneser Haus zum Geschenk zu machen, zogen in ihrer Verzweiflung den Selbstmord vor. Ida Dehmel, die Witwe eines deutschen Dichters, der, obgleich schon lange tot, den Nationalsozialisten als verehrungswürdiger Barde eines glühenden Nationalismus erschien, konnte sich, so bedrückend ihre Lage auch war, zunächst noch einiger Schutzengel erfreuen. Deren Wissen um ihre unentbehrliche Rolle als Konservatorin des Dichternachlasses sorgte für emsige Bemühungen, jedenfalls die gröbsten Benachteiligungen zu verhindern. »Frau Richard Dehmel« – das war noch immer ein Gütezeichen, mit dessen Kapital sich einigermaßen wuchern ließ. Noch führten im Literaturbetrieb des neuen Reiches Autoren das Wort, deren Wurzeln in jene Zeit zurückreichten, da Richard Dehmel die deutschen Fanfaren geblasen und eine ganze Generation begeistert hatte.

Natürlich wurde es Ida Dehmel versagt, in die Reichsschrifttumskammer einzutreten, aber das war weniger schlimm, schließlich ging es ihr ja nicht um das eigene Werk, sondern um das ihres Mannes. Am 8. Dezember 1934 teilte sie dem Verleger Gottfried Bermann Fischer über ihren Umgang mit dem Fragebogen der Reichsschrifttumskammer mit: »Die Leute schrieben mir dazu, der Fragebogen sei nicht etwa auf Dehmel hin zu beantworten, sondern auf mich hin, denn ich solle ja Mitglied werden ... Die Beantwortung ... war für mich eine Groteske. Ich habe meine Personalien selbstverständlich ausgefüllt, habe dann aber alles ... auf Dehmel ausgefüllt. Frau Ida Dehmel kann doch unmöglich für ihre Person in die Unterabteilung Theater oder Lyrik ... eintreten. Sie war ja auch nicht an der Front etc., und das alles wird ja gefragt ...« Sie erhielt schließlich eine Sondergenehmigung, über die das Bundesarchiv in Koblenz eine interessante Karteikarte der Reichsschrifttumskammer aufbewahrt hat (ihren Fund verdanke ich Cornelia Matz). Darin heißt es, sie sei Verwalterin des Nachlasses von Richard Dehmel, und es sei ihr nur dessen Auswertung erlaubt, »d. h., daß die Obengenannte nur die von Richard Dehmel verfaßten Bühnentexte und lyrischen Gedichte in unveränderter Form an Verleger verkaufen darf«. Zur Begründung wird auf eine »Rücksprache Dr. Blunck/Hinkel« verwiesen.

Zumindest der Name Blunck war in der literarischen Welt Deutschlands alles andere als unbekannt. 1888 in Altona geboren, hatte er in Heidelberg und Kiel Jura studiert, sich früh der Jugendbewegung angeschlossen und 1913 seinen ersten Roman »Ritt gen Morgen« veröffentlicht. Später hatte er mit einigen im Selbstverlag erschienenen niederdeutschen Stücken auch als Bühnenautor debütiert, Richard Ohnesorgs Volksbühne und Erich Ziegels Hamburger Kammerspiele hatten sie aufgeführt. 1920 war er Oberregierungsrat in Hamburg geworden, von 1925 bis 1928 war er Syndikus der Universität. Er hatte sich am Aufbau des Hamburger Pen-Clubs beteiligt und sich emsig bemüht, die Sympathie Thomas Manns zu erwerben, was ihm verständlicherweise nicht recht gelingen wollte.

Mit Beginn des »Dritten Reiches« war Blunck als »völkischer« Repräsentant einer harmlosen Blut-und-Boden-Literatur von Goebbels zum Präsidenten der Reichsschrifttumskammer berufen worden. Er beteiligte sich nicht an antisemitischen Ausfällen und verfügte über ein umfangreiches Netz von Beziehungen zu Autoren jeder Couleur. Besonders in Hamburg hatte er viele Freunde jenseits der engeren Grenzen des Nationalsozialismus, und so kann man unterstellen, daß er auch für die Witwe von Richard Dehmel ein gutes Wort einlegte. Viel dürfte das kaum geholfen haben, denn Blunck war nur bis August 1935 Präsident der Reichsschrifttumskammer und das letzte halbe Jahr beurlaubt. Im »Entnazifizierungsverfahren« nach dem Kriege wurde ihm bescheinigt, ein »Nachweis, daß sich Blunck während der Zeit seiner Präsidentschaft gegen andersrassige und parteigegnerische Mitglieder der Reichsschrifttumskammer gestellt, ... daß er ihren Ausschluß oder das Verbot ihrer Publikation erwirkt habe, ist in keinem Fall erbracht«. Dennoch: Als Held hat sich Blunck zu keinem Zeitpunkt erwiesen, er hielt es weit mehr mit der Anpassung, und das Verfahren dürfte nicht die ganze Wahrheit ans Licht gebracht haben.

Anders muß es sich mit Heinrich Landahl verhalten haben, damals Lektor des Claassen-Verlages und fraglos ein aufrechter

Kritiker des Nationalsozialismus, der nach dem Kriege Senator in Hamburg wurde. Harriet Wegener, die enge Freundin (und Tennispartnerin) des Ehepaares Dehmel, hat in einem privaten Bericht festgehalten: »Im Dritten Reich« seien »für Frau Dehmel besondere Ausnahmen gemacht« worden, »sie behielt ihr Haus, ihr Telephon, ihr Radio«. Landahl habe das vermittelt. Gleichwohl traf auch dieser Hinweis nicht uneingeschränkt zu, ganz so einfach verhielt es sich mit Idas »Sonderstatus« denn doch nicht. Wie dem auch sei: Ida Dehmel durfte sich als relativ Bevorzugte in der jüdischen Bevölkerung empfinden, und das trug dazu bei, ihr die Bedrängnis, in der sie sich befand, zu verschleiern.

Am freiesten sprach sich Ida Dehmel über ihre veränderten Lebensumstände natürlich gegenüber ihrer Schwester Alice Bensheimer aus, die wie sie gezwungen war, sich jeder öffentlichen Stellungnahme zu enthalten. Sie hatte 1933 ihr Amt als Schriftführerin im Reichsverband deutscher Frauenvereine niederlegen müssen und lebte als alleinstehende Witwe nun in größter Zurückgezogenheit. Wer weiß, was ihr noch widerfahren wäre – ihr Tod am 20. März 1935 hat sie vor weiteren Katastrophen bewahrt. Ida aber verlor ihre engste und heißgeliebte Vertraute, die letzte Angehörige der Coblenzschen Familie in ihrer Generation, mit der sie sich jahrzehntelang auf das engste ausgetauscht und verbunden gefühlt hatte. Nun war sie wirklich allein, und das in einer ihr zunehmend feindlich gesinnten Umgebung.

Noch durfte sie im Dehmel-Haus wohnen, noch war sie intensiv mit ihren Archivarbeiten beschäftigt, noch war sie zumindest in literarischen Kreisen eine gewisse Instanz. Am 19. November wurde ihr sogar »im Namen des Führers und Reichskanzlers« das »Ehrenkreuz für Eltern gefallener Söhne« durch den Hamburger Polizeipräsidenten überreicht. Aber die Einsamkeit nahm zu – und um ihre Gesundheit stand es immer schlechter.

Die Schwester hatte ihr testamentarisch einen größeren Geldbetrag vermacht. Was aber damit tun unter den unsicheren

Verhältnissen? Wie lange war jüdisches Geld noch halbwegs sicher? Ida Dehmel faßte einen Entschluß, der sich ausnimmt wie das Durchschlagen des Gordischen Knotens: Sie begab sich auf eine längere Weltreise. Viele ihrer Freunde hatten inzwischen die Flucht aus Deutschland angetreten, hatten sich bereits ins Exil gerettet. Sie selbst kannte von der Welt noch immer herzlich wenig. Noch war es ihr möglich, eine Schiffspassage zu buchen und das Ausland zu bereisen. An Exil dachte sie nicht. Es war für sie unvorstellbar, das Dehmel-Haus, ihren Platz im Dehmel-Archiv zu verlassen. Aber eine Kreuzfahrt – das war eine Reise ohne endgültigen Abschied. Am Ende der zwanziger Jahre, als es wieder ein zahlungskräftiges Publikum gab, hatte diese Form des Reisens Hochkonjunktur. 35 Fahrten mit mehr als 12000 Passagieren hatten die Schiffe der Hapag seit 1933 unternommen. Vor allem ausländische Passagiere, die in Deutschland eingefrorene Gelder besaßen, machten regen Gebrauch von dieser Möglichkeit des Vergnügens.

Ida Dehmel war fünfundsechzig Jahre alt, als sie 1935 an Bord eines Hapag-Kreuzfahrtschiffes ging. Es war ein Schiff der Luxusklasse mit eigenem »Kur- und Sportbad«. Es verließ am 16. September Venedig, fuhr über Athen, Istanbul, Port Said (von wo aus Kairo und die Pyramiden besucht wurden), Haifa (von dort aus fuhr man nach Tiberias, Jerusalem, Bethlehem und Nazareth), Beirut und Neapel zurück nach Genua. Das Schiff sei auf den Namen »Milwaukee« getauft worden, so stand im Reiseprospekt zu lesen, weil »die über eine Million zählende Einwohnerschaft Milwaukees zu drei Vierteln aus Deutschstämmigen besteht, deren Unternehmungsgeist die Stadt zu ihrer heutigen Bedeutung emporblühen ließ«. Da es noch eine Passagierliste dieser Mittelmeerfahrt gibt, wissen wir, in wessen Gesellschaft Ida die Reise antrat. Es sind darunter auch einige Vertreter der »besseren« Kreise Hamburgs, etwa der Bankier Hermann Münchmeyer mit Frau und Tochter. Die »Milwaukee« lief übrigens zwei Jahre später mit dem »Chef der Sicherheitspolizei und des SD« Reinhard Heydrich zu einer Reise aus. Da am Tage von

Ida (links auf einem Kamel) vor den Pyramiden

Führers Geburtstag keine rechte Weihestimmung aufkommen wollte, wurden mehrere Besatzungsmitglieder nach der Rückkehr in den Hamburger Hafen von der Gestapo verhaftet und dem Kapitän der Paß entzogen. Der Erste Offizier erschoß sich noch im Hafen.

Ida Dehmels Schiffsreise sollte nur ein Auftakt sein. Ein Jahr später, im Januar 1936, schiffte sie sich auf der »Reliance« ein, die sie weit weg in die große, weite Welt führen sollte. Sie wollte vergessen. Sie wollte fernab von Europa Freiheit atmen. Sie wollte etwas von jener Welt sehen, die ihr bisher verschlossen geblieben war. Sie wollte neue Menschen kennenlernen und in ganz und gar unbekannter Umgebung noch einmal glücklich sein dürfen. Die »Reliance« fuhr nach New York, nach Trinidad, nach Brasilien und Südafrika, nach Madagaskar und Indien, nach Singapur und China, nach Korea und nach Hawaii, nach Los Angeles und nach Kuba und schließlich über New York wieder zurück.

Es mutet abenteuerlich an: Eine Deutsche jüdischer Abstammung geht zum zweiten Mal an Bord eines luxuriösen Vergnügungsdampfers ohne jede Absicht zur Emigration, sondern im festen Vorsatz, zuletzt wieder in Hitlers braunes Reich zurückzukehren. Die Gesetze der bedrohlichen Zeit schienen für diese Frau einfach nicht zu gelten. An Bord waren, so zählte Ida, »82 Deutsche, etwa 130 Amerikaner, 20 Engländer, 15 Franzosen, 3 Dänen, 1 Rumäne. Von den Deutschen waren etwa 6 Hundertfünfzigprozentige. Sie ließen sich mir nicht vorstellen, wir grüßten uns nicht.« Während dieser Reise führte sie nahezu täglich Tagebuch. Als eine »entlaubte Baumruine« bezeichnete sie sich darin, entschlossen, der heimischen Isolation noch einmal zu entfliehen, den Abend des Lebens mit allen Fasern ihrer Seele auszukosten.

Sie empfindet New York als bedrückend, registriert versonnen »bei siebeneinhalb Millionen Einwohnern drei Millionen Juden«. Die Wolkenkratzer erscheinen ihr wie »nicht sehr kunstvolle Kirchtürme, … als hätte Mutter Natur da ein Nest gebaut, in dem Riesen und Zwerge nebeneinander aufwachsen«. Sie leidet im tropischen Klima unter Bluthochdruck und Ohnmachtsanfällen, aber sie übersteht auch das. Sie trifft auf andere Passagiere, denen die Beschwerden des Alters zusetzen, aber sie notiert: »Jahrelange Fügsamkeit unter ärztlicher Vorschrift, jahrelange Qual, grauenvolles Ende. *Ich mache das nicht mit.*«

In Bahia, in Rio wird sie durch Vermittlung einer Mitreisenden »vom vornehmsten, reichsten, witzigsten gentleman der Stadt« zu einem Dinner ihr zu Ehren eingeladen, aber sie lehnt ab. »Mein schwarzes Abendkleid, daheim vornehm, ist hier ein Lümpchen, mein Decolletee spießig, meine ungemalte Visage leichenhaft zwischen diesen glänzenden Vögeln.« Sie ist noch immer die auf Schönheit und Festlichkeit erpichte Dame: entweder ihren eigenen Ansprüchen an dekorativen Glanz genügend oder lieber unsichtbar. Dafür zeigt ihr der fünfunddreißigjährige »Grande« nachmittags sein Schloß, und sie verspricht ihm, seinen Wunsch zu erfüllen, für ihn in Deutschland nach einer Frau Ausschau zu halten: »blond, schlank und nicht zu klug«.

In Delhi ist sie verzaubert von der Schönheit der Inderinnen. Sie reist mit der Eisenbahn quer durchs Land, besucht das Taj Mahal, »wahrscheinlich das reinste Kunstwerk der Welt«, ist bestürzt über die Armut. Mitreisende erklären ihr, »die Leute merkten davon nichts. Sie seien so jenseitig eingestellt und sähen das Leben, das sie jetzt führen, so als vorübergehenden Zustand an, daß sie nicht leiden. Ich kann das nicht glauben: eine Mutter wird sich nie damit trösten, daß ihr Kind in einer anderen Existenz nicht zu hungern braucht ...«

Während die Amerikanerinnen »wie die Narren kaufen«, fühlt sie sich »wie eine angepflockte Ziege: Man sieht die schönsten Dinge, aber die Dollarknappheit hält uns kurz«. Sie bewundert auf Java »die braunen schönen Menschen mit Ruhe und Würde«. Sie macht die Bekanntschaft eines mitreisenden Bildhauers, würdigt seine mitgebrachten Skulpturen und fühlt noch einmal ihr altes Bedürfnis, ihm zu helfen, seine Kunstwerke an den Mann oder die Frau zu bringen. Er lebe in einer glücklichen Ehe, habe drei begabte Söhne und sei »in jeder Beziehung unbelastet, rassemäßig und politisch, und doch leidet er bis zur Verzweiflung«. Das Leiden an Deutschland begleitet sie überallhin.

In Peking erscheinen ihr die Leute als »märchenhaft liebenswürdig«, in der Verbotenen Stadt ist »alles noch viel schöner, als man es sich vorstellen kann«. Sie studiert alles mit gespannter Aufmerksamkeit, beschreibt detailliert, was ihr gefällt und was ihr mißfällt. In Japan, das ihr am meisten zusagt, registriert sie einmal einen über die Straße gespannten Holzbogen, der jeden Passanten ermuntert, sich einen Wunsch an die Zukunft zurechtzulegen. »Ich brauche nicht nachzudenken: ›ein schneller Tod, bald‹, das habe ich jedes Mal gedacht, inbrünstig gewünscht. Gewiß, wir haben in Deutschland vielerorts Muttergottesbilder stehen – aber dürfen sich alle davor bekreuzigen?« In San Francisco trifft sie sich mit dem dort lebenden Bruder ihres Mannes, »manchmal, wenn er gütig lächelte, war das Gemeinsame so stark, daß mir das Herz blutete«.

Die Amerikaner auf dem Schiff sind ihr die liebsten Reisegefährten. »Der Grund ist klar: Sie sind unbelastet. Sie machen diese Reise, um sich zu vergnügen – von uns machen viele sie, um sich selbst oder ihren Sorgen eine Weile zu entfliehen.« Mit den Amerikanern verbinden sie die meisten Brücken: »Dort wird voraussetzungslos dem Fremden die Hand geboten – sei es auch in Oberflächlichkeit –, hier wird erst Name, Herkunft, Rasse etc. geprüft, ehe es zur gewissenhaften Vorstellung kommt ... Die Reiseleitung unterstützt erstaunlicherweise die Beziehungen unter den Passagieren verschiedener Länder nicht. Bei den Ausflügen werden Böcke und Schafe gesondert.«

Im Juni 1936 kehrte Ida Dehmel in ihr Haus zurück. Das bedrohliche Deutschland hatte sie wieder. Keinen Augenblick hatte sie daran gedacht, im Ausland zu bleiben. Aber etwas anderes hatte sie sich vorgenommen: so schnell wie möglich abermals eine Schiffsreise zu buchen. Was hatte sie denn noch zu verlieren? Wer brauchte sie denn noch, wer rief nach ihr? Gewiß, sie hatte mit ihrer Archivarbeit ihre Pflichten, und die wollte sie, komme was wolle, erfüllen. Doch ihr Eifer begann zu erlahmen, und die einst so strapaziöse Korrespondenz mit aller Welt war nur noch eingeschränkt möglich. Zu Hause wurde sie täglich an ihr »Anderssein« erinnert, galt sie nun als Mensch dritter Klasse. Ihre Familie gab es nicht mehr, nur noch Dehmels Kinder. Ihr Leben war liebeleer geworden. Der unbefangene Umgang mit interessanten Menschen war ihr nur noch auf Schiffen möglich, auf denen Verordnungen und Diskriminierungen nicht zählten. Sie waren das letzte Pfand der Welt von einst, einer Welt des friedlichen Miteinanders und der schönen Ideen – ihrer Welt des schönen Traums.

Noch einmal ging Ida auf große Fahrt: An Bord der »Caribia« besuchte sie Mittelamerika und Westindien. Doch zuvor galt es eine Vorsorge zu treffen. Wer wußte schon, was die nahe Zukunft bringen würde? In ihrem Besitz befanden sich noch immer die Briefe Stefan Georges, der am 12. Juli 1933 im schweizerischen Minusio gestorben war, und diese wollte sie ihrem Archiv nicht übereignen. So reiste sie nach Genf zu Georges Erbe Dr. Richard Boehringer und vertraute diesem die Briefe an. Sie besuchte dann noch Karl Wolfskehl, der nach Italien emigriert war, bevor es ihn später nach Neuseeland verschlagen sollte, wo er 1948 starb. Wolfskehl schrieb nach diesem Besuch am 19. März 1937 beeindruckt an Boehringer, sie suche »nicht, wie sie selber vermeinte, der traurigen Zeit zu entfliehen, sondern der geheimnisvollen Schwelle näher zu kommen« – sie bereitete sich auch innerlich auf ihren Tod vor.

Idas Schiffstagebuch setzt nicht mit Beobachtungen ein, sondern mit Gedanken über Stefan George. Der Besuch bei Boehringer hatte Erlebnisse hervorgeholt, die inzwischen schon fast ein halbes Jahrhundert zurücklagen. Wie war es wirklich zum Bruch gekommen, »wer hat das Abschiedswort gesprochen«? Sie hatte George zuletzt geschrieben: »Es scheint, alle Menschen wollen nur Freunde haben, nicht selbst Freunde sein«, und George hatte von diesem Brief geschrieben, er sei ihm »lieb« gewesen. Woran war die Seelenfreundschaft wirklich zerbrochen?

Boehringer und Wolfskehl hatten ihr versichert, George habe »als Mann« in ihr »das weibliche Wesen geliebt«. Doch das glaubte sie nicht: »Es müßte einmal ein Funke auf mich übergesprungen sein. Abstoßend (wahrscheinlich) oder anziehend. Ich war ja ein gesundes Mädchen, von der Liebe anderer Männer schon umworben. Sein Leib war mir so fremd, als gehöre er einem anderen zoologischen Bereich als ich an ... Stefan George verheiratet, Familienvater gar! Mädcheninstinkt sei gelobt.«

Boehringer hat ihr wohl einen sanften Vorwurf gemacht und gefragt, ob Liebe nicht geweckt werden könne, aber sie habe nur geantwortet, »in diesem Falle nicht«. Und doch ließen sie die Gedanken an diese erste, ihr Leben in eine andere Bahn lenkende Berührung mit der Poesie nicht los. Es war die entscheidende Weichenstellung ihrer Träume gewesen: nach einem faszinierend-anderen Kosmos Ausschau zu halten und darin die Erdenwirklichkeit zu verzaubern. Ihre Tagebuchnotizen führten denn auch schnell zum strahlenden Mittelpunkt ihres Lebens zurück, der entscheidenden Begegnung mit Richard Dehmel. Sie danke »Gott in Ehrfurcht«, daß sie »Dehmel glücklich machen durfte«.

Auf der dritten Seereise blieben anfangs die erfreulichen Begegnungen mit anderen Reisenden weitgehend aus. Es seien »gewiß wertvolle Menschen an Bord, aber niemand aus meiner geistigen Heimat«. Lag es auch daran, daß man inzwischen die Worte abzuwägen gelernt hatte? Das Gefühl des Ausgestoßenseins trübte diesmal auch den Blick auf die Reiseziele. Barbados sei ihr als »einförmiges Land« erschienen, noch dazu habe sie sich eine Rippe gebrochen. Als wenig später ein betrunkener Offizier an Bord randaliert, ist ihr Ehrgefühl »tief verletzt, weil ein Deutscher in verantwortungsvollster Stellung sich so degradiert hatte«. Erst in Trinidad scheint die Welt wieder in Ordnung, optimistische Töne schleichen sich vorsichtig in die Aufzeichnungen. Sie werde nun immer gläubiger, und auch mit Deutschland werde »es schließlich so werden, wie die besten unseres Volkes es verdienen«.

Wieder hatte sie die Realität verdrängt, zurückgelassen auf

heimischem Boden. Doch die Gespräche mit den Passagieren wurden endlich vertraulicher, weil sie gemeinsam mit einigen von ihnen gemerkt habe, »daß wir eines Sinnes sind«. In Caracas und Curaçao, in Costa Rica ist sie bezaubert von der Blumenwelt, doch der farbigen Bevölkerung tritt sie voller Distanz entgegen: »Das Deutschsein steckt unausrottbar in unserem Blut ..., ›unser Vaterland, Mutterland, Kinderland‹, wie Dehmel sagte, wurzelt in Tiefen, die vom Tag oder gar der Tagespolitik nicht berührt werden.« Äußerlich gesehen war sie weit weg von ihrer Heimat, innerlich war sie ihr näher als vielleicht jemals zuvor. Nein, ein Verlassen Deutschlands war undenkbar. Wie mußte da erst jenen Emigranten zumute sein, die sich an fremde Küsten gespült sahen, ohne die Rückkehr vor Augen zu haben? Es war ja nicht nur die vertraute Umgebung, es war die »geistige Welt«, die sie zurückgelassen hatten, und die zählte oft mehr als alles andere. Ida hingegen hat diese Nabelschnur nicht durchtrennen müssen oder wollen.

Während der siebenwöchigen Reise, so notierte sie beinahe mit Stolz, hat »niemand etwas von meinem Geburtsfehler bemerkt. Der Mann, mit dem ich am meisten zusammen war, besitzt den Blutorden. Zuweilen, wenn sehr offen gesprochen wurde, kam ich in tiefe Verlegenheit. Wäre je ein Wort gegen Juden gefallen, hätte ich mich recht verständlich bekannt. Aber das geschah nie ... Als mich beim Abschiedsfest der Kapitän zum Anführen der Polonaise holte, lehnte ich zunächst ab. Als ich merkte, daß ihn das kränkte, nahm ich seinen Arm. Aber ich mußte immerfort denken: wenn Ihr wüßtet!«

Von 1937 an ging die Konjunktur der Kreuzfahrten merklich zurück, die Abwertung verschiedener europäischer Währungen, die von Ausländern geforderten Devisenzahlungen, erhebliche Preiserhöhungen dämpften die Reisemöglichkeiten, obgleich noch bis zum Beginn des Krieges deutsche Schiffe auf den Weltmeeren auch bei Ausländern beliebt waren. Ida Dehmel hat ihre Seereisen in vollen Zügen genossen, aber die Melancholie des Abschieds liegt über all ihren Eintragungen. Ihre Empfindung, nur noch eine »Minderwertige zwischen den Rassen« zu sein, verließ sie nicht mehr, und als sie schließlich für immer in das Land unter dem Hakenkreuz zurückkehrte, wußte sie, daß der Abschied von ihrem Leben endgültig begonnen hatte. Nun wartete das Dunkel auf sie.

Einer freilich bejubelte ihre Heimkehr wie eh und je, Alfred Mombert: »Wie freue ich mich, daß Dein zweites großes Erde-Abenteuer Dich gesund wieder im Dehmelhaus abgesetzt hat ... Du kannst nun gewiß von herrlichen Erinnerungen zehren. Du frägst: wie mir ums ›Herz‹ ist –? Schon in der ›Schöpfung‹ kommt der Vers vor: ›jetzt ist mein Herz nur noch Geist‹. Mein ganzes Bestreben ging dahin (mit einigem Erfolg!), die Sentimentalität los zu werden. Wer aber in *diesem* Zeitalter irgendwie sentimental ist, der ist verloren!« Ida war nicht sentimental, sie war nur noch traurig. Mombert schrieb ihr am 27. November 1938 mutig: »Ich finde, während es vor 30 Jahren keine Kunst war, zu leben, ist es *heute* eine wirkliche Kunst, und das reizt mich *in hohem* Grade.« Er war verwurzelt in der jüdischen Überlieferung, er wußte um das Auf und Ab der Gefährdungen, er war entschlossen, nicht aufzugeben. Er sei »übrigens überzeugt: Was wir jetzt erleben, wird sich noch mehr als einmal wiederholen.« Mombert bewunderte und verehrte Ida weiterhin glühend, nannte sie schwärmerisch »die besungenste Frau der neueren Zeit«. Er versuchte, ihren Optimismus wieder zu beleben, doch das konnte nicht mehr gelingen.

Mit den äußeren Gefahren gingen gesundheitliche Beschwerden einher. Das Augenlicht wurde schwächer, die Handschrift immer schwerer lesbar. Die gichtbedingten Schmerzen waren zeitweise unerträglich. »Es stirbt etwas ab in mir«, klagte sie am 12. Januar 1939 ihrer Freundin Maria (Marion) Mittelstädt, einer Schriftstellerin, die trotz der engen Freundschaft mit Ida dem Nationalsozialismus keineswegs abgeneigt war. »Gestern sagte mein Arzt, ich sei vollständig entkräftet. Ich habe die Empfindung, als verwandelten sich meine roten Blutkörperchen in weiße. Leider ist mein Herz noch ziemlich in Ordnung. Ich schrieb an Alexander Zinn (ein honoriger Hamburger Journalist und Schriftsteller, M.W.): ›Vielleicht ist auch der Tod Judenfeind geworden. Man scheint sich ihm gewaltsam aufdrängen zu müssen‹.« Das signalisierte düstere Pläne. »Marion, glaub es mir: Du kannst Dich in meine Seele jetzt nicht hineindenken. Jede Zeitung, jede Verordnung vergiftet mich.« Noch einmal kam sie auf die offenbar von der Freundin gestellte Frage einer Auswanderung zurück, um sie kategorisch zu verneinen. Sie berichtete auch, daß sie jetzt daranginge, ihren Teil am Besitz des Dehmel-Hauses auf Dehmels Kinder zu übertragen, sie dürfe ja laut Dehmels Testament lebenslänglich dort wohnen bleiben. Aber es schien ratsam, im Grundbuch die Übertragung festlegen zu lassen, um jüdischen Besitz war es schlecht genug bestellt. »Man hat uns ausgestoßen aus der Gemeinschaft derer, die würdig sind, in Frieden zu leben.«

Wieder stand Weihnachten vor der Tür, das für sie mit vielen leuchtenden Erinnerungen an ihren Mann verbunden war, denn er pflegte das Fest wie kaum ein anderer zu zelebrieren. Sie werde nachmittags in die Kirche gehen. Sie war am 17. Dezember 1937 in die evangelisch-reformierte Kirche eingetreten. Alles Jüdische war nur noch mit Angst und Schrecken verbunden, zudem war sie diesem Glauben nie verbunden gewesen, nicht einmal in ihrer Kindheit. Nach dem Kirchgang in Begleitung ihrer Nichte Marianne und deren Mann Dr. Robert Gärtner, so schrieb sie in ihrem Brief weiter, wolle sie »den Abend allein im Dunkeln sitzen und an frühere herrliche Weihnachten denken … Ich beginne zu versteinern.« Dann folgte ein einziger Aufschrei: »Herrgott, wie habe ich die Menschen einmal geliebt! Wie habe ich an das Gute geglaubt! … Wie ist es möglich, daß ein solcher Haß-Orkan nur einen Tag wüten kann … Ich weiß, ich weiß es, die Sonne wird wieder scheinen, aber erst müssen noch unzählige Opfer vernichtet werden.« Es wurden in der Tat unzählige. Am Schluß des Briefes folgte abermals der nun immer drängendere Wunsch: »Ich hoffe sehnsüchtig, daß ich nicht mehr viele Tage leben muß.«

Als 1938 jüdische Deutsche biblische Vornamen annehmen mußten, beschloß Ida, sich fortan »Jedidja« zu nennen. Sie tat es freilich nur in rechtlichen Angelegenheiten. Als sie mit den längst erwachsenen Kindern Dehmels zu dem Hamburger Notar Biermann-Ratjen ging, um ihren Erbanspruch auf das Dehmel-Haus an diese zu übertragen, wurde sie noch immer als »Frau Richard Dehmel« behandelt. Die lange Urkunde macht deutlich, wie sehr sich der literaturkundige Notar darum bemühte, durch geschicktes Formulieren das Einverständnis des NS-Statthalters zu dieser Übertragung zu gewinnen, denn das war zwingend. Das Haus sei »nicht aus jüdischem Kapital« angeschafft worden, die Kinder Dehmels seien nur »Mischlinge ersten Grades«, seine drei minderjährigen Enkel sogar »zweiten Grades« und damit »durch Gnadenerweis des Führers und Reichskanzlers in der Weise ausgezeichnet worden, daß ihnen die Mitgliedschaft im B.D.M (Bund Deutscher Mädel, M.W.) gestattet ist«. Die Schenkung biete eine Gewähr dafür, »daß das Dehmel-Haus und seine Einrichtungen auch künftig unverändert dem deutschen Volk erhalten bleiben«. Die Übertragung wurde genehmigt.

Noch immer lebte Ida Dehmel im Vergleich zu anderen jüdischen Deutschen in erstaunlich sicheren Verhältnissen. Sie durfte weiterhin im Dehmel-Haus wohnen, sie mußte keinen Judenstern tragen. Noch immer fehlte es ihr nicht an einflußreichen Helfern und Helferinnen. Aufschlußreich ist der Brief einer Baronin Mary Freiin von Toll vom 5. November 1940, die den ihr bekannten Prinzen Friedrich Christian von Schaumburg-Lippe, damals ein Adjutant von Joseph Goebbels, bat, sich bei Goebbels für Ida einzusetzen, ihr das Wohnrecht im Dehmel-Haus zu sichern. Die jetzt Siebzigjährige sei fast erblindet, und es drohe ihr »möglicherweise im Zuge der Entjudung die zwangsweise Entfernung aus Deutschland«. Die Baronin fügte hinzu, Ida sei das »Kind einer Familie, die durch Jahrhunderte Weinbergbesitzer in der Gegend um Bingen war, sie wuchs in starker Heimatliebe auf, löste sich frühzeitig von ihrer Glaubensgemeinschaft und wandte sich den Kreisen der großen deutschen Dichter zu.

Die Freundschaft mit Stephan George und die Ehe mit Richard Dehmel waren richtunggebend für ihren Lebensweg.« Dann folgen längere Ausführungen über Dehmels Kriegsbeteiligung und seinen Patriotismus. Ida vertrete Dehmels Werk in der Reichsschrifttumskammer und habe sich überdies um die Förderung und Hilfe bedürftiger deutscher Künstlerinnen verdient gemacht. Man habe doch »bereits in mehreren Fällen auf Frau Dehmel schonungsvolle Rücksicht« genommen, und sie bäte, dies auch weiterhin zu tun. Wir kennen die Reaktion auf diesen Brief nicht, fest steht aber, daß Ida im Dehmel-Haus bleiben durfte.

Doch die Entrechtung der Juden nahm täglich und immer dramatischer zu, immer häufiger verschwanden sie aus dem Stadtbild, aus Idas Bekanntenkreis, und auf stillschweigende Wohltaten war alles andere als Verlaß. Es war der Ehemann ihrer Lieblingsnichte Marianne, der Jurist Dr. Robert Gärtner, der in Berlin alles Erdenkliche unternahm, um Sicherheit für Ida zu erlangen. Am 11. November 1941 konnte er endlich – vorsichtig verklausuliert – Entwarnung geben. Er hatte an höchster Stelle – der handschriftliche Brief verwendet nur die Abkürzung »Su.« – eine Zusage erhalten, daß Ida Dehmel von der Deportation ausgeschlossen bleibe. Dieser »Su.« habe ihm »den Verlauf seiner Tätigkeit« folgendermaßen erläutert: »Er hat sich zuerst an das Propagandaministerium gewandt, dort wurde ihm gesagt, nur der Führer könne befreien, und es sei aussichtslos. Er erbat dann eine Empfehlung an den Reichsstatthalter in Hbg., weil er sagte, es dürfe nichts unversucht gelassen werden. Diese wurde ihm nicht gegeben, nur eine solche an die Hamburger Stelle des Propagandaministeriums.« Er habe dann aber, da ihm diese nichts genützt habe, über einen Bekannten in Hamburg doch noch eine Empfehlung bekommen. Der zuständige Referent habe »volles Verständnis und den Willen zu helfen« bekundet. Er habe den Leiter der Staatspolizei kommen lassen und von diesem verlangt, »nichts zu unternehmen gegen Dich«. Aber die offizielle Befreiung von den Maßnahmen sei Reichssache und müsse von Berlin angeordnet werden. »Man hat dann von der Reichsstatthalterei aus an das Propagandaministerium geschrieben. Darauf Anruf v. Propagandaministerium an Su., wieso er unter Übergehung der der Schrifttumskammer vorgesetzten Behörde sich an den Reichsstatthalter gewendet habe.«

Gärtner schilderte noch weitere bürokratische Irrwege dieser Art, um dann aber festzuhalten, »Su.« sei telefonisch zugesichert worden, »es könne natürlich gar keine Rede davon sein, daß Frau D. nicht befreit würde, es werde das Erforderliche veranlaßt. Darauf also Befehl von Berlin an Reichsstatthalter Hamburg: Befreiung von allen Maßnahmen.« Gärtner faßte zusammen: »Mehr Sicherheit kannst Du nicht haben. Su. meinte auch, die schriftliche Bestätigung an Dich werde noch kommen. Man wisse doch, wie langweilig solche Behörden sind.«

Eine solche schriftliche Bestätigung ging erst einmal nicht ein. Ida Dehmel gehörte ohne Zweifel zu den begünstigten Opfern des NS-Rassenwahns, dennoch mußte sie weiterhin damit rechnen, daß ihr diese vermeintliche »Sicherheit« von heute auf morgen aufgekündigt wurde. Sie saß in ihrer Blankeneser Mausefalle und harrte der Dinge.

II

Das Deutschland von 1942 signalisierte denen, die hören und sehen wollten, den Anfang vom Ende des »Dritten Reiches«, auch wenn das »Prinzip Hoffnung« und die Furcht vor dem Untergang noch wie ein eiserner Vorhang von der Wirklichkeit trennte. In dieses Jahr fiel die Konferenz zur »Endlösung der Judenfrage« im Gästehaus des Chefs der Sicherheitspolizei und der SS, Am Großen Wannsee 56, aber sie galt nur noch organisatorischen Fragen, die mörderischen Ziele waren längst beschlossen. Mit der Zerstörung Lübecks im März und Kölns im Mai brachte das Jahr den Deutschen die ersten flächendeckenden britischen Luftangriffe. Montgomerys Großoffensive gegen die Armee des »Wüstenfuchses« Rommel im Oktober sowie die Umzingelung der deutschen Truppen bei Stalingrad zeigten unübersehbar an, was die Stunde geschlagen hatte. Deutschlands Fronten begannen zu bröckeln, aus der vermeintlichen Stärke wurde bald eine klägliche Unterlegenheit. Neun Jahre nach dem tönenden Aufbruch in eine stolze Zukunft senkte sich Angst über die Nation. Es sollte noch drei Jahre dauern, bis das »Dritte Reich« ausgelöscht war. Das Fegefeuer verschlang diejenigen, die es entfacht hatten – und viel zu viele andere.

In Berlin hatten Reinhard Heydrich und die Seinen beschlossen, alle europäischen Juden, derer sie habhaft werden konnten, in den Osten zu deportieren und dort zu vernichten – sei es durch barbarische Zwangsarbeit mit Todesfolge, sei es durch Gas. Schon Hitlers Worte im Reichstag am 30. Januar 1939 hatten allen, die es wissen wollten, angekündigt: »Wenn es dem internationalen Finanzjudentum innerhalb und außerhalb Europas gelingen sollte, die Völker noch einmal in einen Weltkrieg zu stürzen, dann wird das Ergebnis nicht die Bolschewisierung der

Erde und damit der Sieg des Judentums sein, sondern die Vernichtung der jüdischen Rasse in Europa.« Von 1942 an wurde dieser bestialische Plan mit bürokratischer Gründlichkeit in die Tat umgesetzt. Schon seit September 1941 mußten alle Juden, die älter als sechs Jahre waren, den gelben Stern tragen. Ohne Sondergenehmigung durften sie ihren Wohnort nicht mehr verlassen. In Auschwitz begann die SS im Januar 1942 mit den Massenvergasungen.

Am 25. Oktober 1941 schrieb Ida Dehmel an ihre Freundin Marie Stern, sie sei inzwischen »nicht nur dem Tod, sondern der Hölle nahe« gewesen, »seit Mittwoch war nicht nur mein Leben, sondern das von Tausenden eine bodenlose Qual«. Etwa zweitausend Hamburger Juden hatten an diesem Tag den Befehl erhalten, sich für die »Evakuierung« bereit zu machen. Ida Dehmel wußte, daß das nur der Auftakt war: »Man weiß, daß *alle* drankommen sollen.« Es konnte ihr, obgleich ihr Name nicht auf einer der Transportlisten stand, nicht entgehen, was der Aufruf für die Betroffenen bedeutete: »Grausamste Bedingungen. Mitgenommen muß werden: Läusesalbe, Insektenpulver, Staubkamm. Nach Litzmannstadt. Hier u. da eine ganze Familie, aber auch Vater und Mutter, oder Tochter und Sohn herausgegriffen. Die Haushilfe meiner j(üdischen) Mieter ist auch dabei, daher habe ich alles aus nächster Nähe miterlebt.« Eine junge nichtjüdische Frau habe zu ihr gesagt: »Wie gut, daß Sie noch nicht dran sind, da können Sie doch bessere Reisevorbereitungen treffen.« Ida fügte hinzu: »Und da schlägt kein Blitz ein u. lähmt ihre Zunge.« Sie wußte, was den Juden bevorstand, aber sie wollte es nicht hören.

Am 3. Januar 1942 erhielt sie endlich jenes Dokument, das sie von den entsetzlichen Maßnahmen ausnahm. »Ich weiß jetzt, wer es verhindert«, berichtete sie an Marie Stern und bezog sich damit vermutlich auf jenen Mann, dessen Name Robert Gärtner ihr gegenüber mit »Su.« angegeben hatte. Es handle sich dabei um einen »Nobody«, dessen Name sie vorher nie gehört habe, »alles, was für mich geschieht, muß über seinen Kopf weg getan werden«. Sie müsse »von Fall zu Fall« immer wieder »petitionieren«. Das sei zwar »scheußlich«, aber sie müsse »dankbar sein trotz allem«. Sie wußte, wovon sie sprach. Aus Berlin erhielt sie in jenen Tagen einen Brief ihrer Freundin Julie Wolfthorn, jener Malerin, die in glücklicheren Tagen die schönsten Porträts von Ida angefertigt hatte. Die Freundin berichtete, daß sie und ihre Schwester für den nächsten Transport vorgesehen seien. Julie Wolfthorn war mit ihren siebzig Jahren fast so alt wie Ida selbst, die ebenfalls deportierte Schwester zwei Jahre älter. Beide überlebten das Lager nicht.

Am 10. Januar schrieb Ida Dehmel an Marie Stern erneut über einen in Hamburg bevorstehenden Transport, die Leute seien »krank vor Aufregung, wer mitmuß«. Von denen, die bereits ihre »Reise« angetreten hatten, sei nie eine Nachricht gekommen. Noch lebte sie in der Annahme, Juden könnten vom Ort der Internierung aus mit den Zurückgebliebenen korrespondieren. Was da im Osten wartete, war ihr so wenig vorstellbar wie den meisten anderen. Sie sollten, so vermutete Ida Dehmel, »irgendwie konzentriert werden (Ghetto)«, was immer das bedeuten mochte. Als am 24. Januar endlich Post aus dem Osten einging, waren es fast nur ungeöffnete (?) Briefe, die mit dem Vermerk an ihre Absender zurückgesandt worden waren: »In der betr. Straße kein Verkehr: Seuche.« Ein »durchgeschmuggelter Brief« allerdings sprach von elf Personen in einer Dachkammer und von Flecktyphus: »Man weiß nicht, wo es am furchtbarsten ist.«

Sie hoffte, wie konnte es anders sein, mit allen Fasern ihres Herzens auf den Schutz ihres Dokuments und machte sich selbst Mut: »Seitdem mir erlaubt ist, den Reichsstatthalter als Auskunftstelle zu nennen, bin ich nicht mehr bange.« Der Wunsch war Vater dieses Gedankens, denn selbst schriftliche Zusagen ließen sich von einem Tag auf den anderen widerrufen, auch die gegenüber der jüdischen Witwe eines noch bekannten, aber schon vor fast einem Vierteljahrhundert verstorbenen »arischen« Dichters. Die Symptome der Krankheit, das eingeschränkte Augenlicht und die Folgen von Arthrose und Gicht werden ihren

Anteil daran gehabt haben, daß Ida den ungewöhnlichen Schutz unsichtbarer Helfer erfuhr. Sie litt unter schweren Gehbehinderungen, die Schmerzen in ihren Gliedern ließen nur kurze Wege zu, sie wäre kaum transportfähig gewesen. Ihr Arzt versorgte sie mit Morphiumampullen und empfahl ihr, sich regelmäßig im Krankenhaus Tabea mit Kurzwellen behandeln zu lassen. Da sie nur stundenweise dorthinginge, würde sie niemand nach ihren Personalien fragen – als Jüdin wäre sie vermutlich abgewiesen worden.

Am 9. Februar wurde sie von einer Magen- und Darmgrippe heimgesucht. »Vorgestern Nacht habe ich 7 Stunden lang vor unerträglichen Magenschmerzen geschrien, aber sie kommen nur periodisch.« Der Arzt, der sich unermüdlich um sie gekümmert und oft stundenlang an ihrem Bett gesessen habe, verabreichte ihr »einen richtigen Cocktail ... aus Augustora, Rotwein und Tomatensaft«. Sie war in Angst, daß ihre Schmerzen die Vorboten eines Magenkrebses sein könnten, immerhin waren ihre Großmutter, ihr Vater und dessen Bruder daran gestorben. Doch sie nahm ihre Kräfte mit eisernem Willen zusammen, sie wolle »keine Tragoedie daraus werden lassen«. Es könne zwar sein, daß sie ihre jetzige Lage zu schwarz sehe, aber »wird es schlimmer, so ziehe ich die Konsequenzen«. Sie sah ihr Leben als abgeschlossen an.

Ida Dehmel war mit den Aussichten auf ein schnelles Ende beschäftigt und bemühte sich, Vorsorge dafür zu treffen, wohin ihre sterblichen Überreste nach ihrem Tod überführt werden sollten. Mehr als alles andere fürchtete sie, daß man sie womöglich »jüdisch einbuddeln« werde. Sie wollte unter keinen Umständen auf einem jüdischen Friedhof bestattet werden – wer das mißbilligt, erinnere sich, daß Ida Dehmel längst der evangelischen Kirche beigetreten war und sich auch in besseren Zeiten kaum als den Juden zugehörig empfand. Mit jüdischen Friedhöfen verband sie nichts – der in Bingen, wo ihre Eltern ruhten, lag in zu weiter Ferne. Ihre Nichte Marianne beruhigte sie und nahm vorsorglich Gespräche mit einem – noch heute in Hamburg ansässigen – christlichen Beerdigungsunternehmen auf, es sei das beste von allen. Das beruhigte Ida, aber Mariannes Schilderungen hätten »so wahnsinnig komisch (geklungen), daß ich ... hell lachte«.

Sie hatte, abgesehen von der treuen Marie Stern, kaum noch Freunde, mit denen sie verkehrte. Sie saß in ihrer Dichterburg wie eine Gefangene, abhängig von fremder Hilfe und der Gunst unbekannter Machtinhaber. Der letzte Gefährte aus besseren Tagen, Alfred Mombert, war 1940 in das Konzentrationslager Gurs in Südfrankreich verschleppt worden, jenes Lager, in das auch viele der nach Frankreich emigrierten Literaten eingewiesen wurden, wodurch wir über die erbärmlichen Lebensumstände dort viel wissen. Dank seines Schweizer Gönners und Freundes Hans Reinhart in Winterthur, der Mombert freikaufte, konnte der inzwischen schwer Krebskranke das Lager jedoch nach zwei Jahren wieder verlassen.

Am 15. Februar 1942 erhielt Ida von Mombert einen Brief, der noch einmal die Erinnerungen an die gemeinsame Freundschaft in ihr wachrief. Wie stets verzichtete Mombert darin auf jedes Selbstmitleid, jede Anklage – auch er hatte sich ja in das Reich der Poesie geflüchtet und stoisch die Realität des Nationalsozialismus ertragen. In seinem Versepos »Sfaira der Alte. Mythos«, das in zwei Teilen zwischen 1936 und 1942 erschien – der erste wurde, wegen der Zeitumstände fast unbemerkt, im Schocken-Verlag in Berlin veröffentlicht, der zweite durch Reinharts Unterstützung als Privatdruck in Winterthur (was für ein Mäzen!) –, besang er noch einmal in schwer zu entschlüsselnden Bildern und Symbolen den eigenen Weg durch eine chaotische Welt in ein mythenbeladenes Geisterreich. Mombert schickte ihr den Privatdruck mit den schon fast wie aus dem Jenseits klingenden Worten: »Wenn ich die Zeiten überdenke, das viele Leben; und daß es einer 50jährigen Vorbereitung bedurfte, um dieses, wie ich denke, freudige Finale zu erreichen! Daß mir das noch möglich war, erscheint mir heute als Wunder.« Es sei ein »opus *ultimum*«, er sei sich inzwischen selbst schon »zur Sage geworden«.

Ida war von Momberts Lebenszeichen so erschüttert, daß sie

»lange, lange weinen mußte«. Da war sie noch einmal, die geliebte Welt der Dichtung, die nur sich selbst genügt, da war es noch einmal, das Wort des glühenden Verehrers, und freimütig bekannte sie am 26. Februar gegenüber Marie Stern, daß sie einmal vor der Wahl gestanden habe, sich für Dehmel oder Mombert zu entscheiden. Es habe für sie bei dieser Entscheidung nie einen Zweifel gegeben, »aber er hatte mich sehr lieb«.

Alfred Mombert erlag, kurz nachdem er diesen Abschiedsbrief geschrieben hatte, am 8. April 1942 im Alter von siebzig Jahren in Winterthur seiner Krankheit. Diese Nachricht bestärkte Ida noch mehr in ihrem Wunsch nach einem baldigen Ende. Sie habe vor sich »Goethes Wort über die Wiederbegegnung auf dem Planeten liegen ... Ja, nun sind sie alle zusammen, die mir die Nächsten waren. Ich habe keinen anderen Wunsch als den, der Wiederbegegnung mit ihnen würdig zu sein.« In Würde sterben, in einer anderen Welt der Schönheit und der Poesie mit den Gefährten ihrer strahlenden Tage und Jahre wieder zusammenzutreffen, darauf richteten sich nun alle Hoffnungen. Das, was sie in ihren Verbänden und durch spontane Hilfe für Künstlerinnen getan hatte, war ferne Vergangenheit. Man hatte es ihr schlecht vergolten. Sie sprach einfach nicht mehr davon.

Einige dringende Arbeiten waren noch zu verrichten, auch wenn das Augenlicht nur langsames Lesen zuließ. Sie wollte der Nachwelt ihr persönliches Brief- und Archivmaterial wohlgeordnet hinterlassen. Was sie selbst in Jahrzehnten gesammelt und aufbewahrt hatte, sollte künftigen Generationen von Literaturfreunden und -forschern als Objekt der Erinnerung und der wissenschaftlichen Arbeit dienen. Was aber davon aufheben? Was besser vernichten? Die tägliche Beschäftigung mit ihren Briefen machte ihr deutlich, daß vieles darin ja auch sehr banal war: »Selbst das Hauswirtschaftliche kommt zu seinem Recht, unsere Menues bei Gesellschaften (unerhört viel gaben wir den Gästen zu essen), immer wieder, was der Haushalt kostet.« Vieles schien ihr jetzt peinlich belanglos, aber konnte sie beurteilen, was eine ferne Zeit daran interessieren würde und was nicht?

Sie stöberte in ihren Aufzeichnungen, in den Briefen der Schwester und der Freunde, nicht zuletzt auch in ihren Briefen an Heinz von Hahn, die sie offenbar zurückerbeten hatte. Es waren nicht die Briefe aus der Zeit in Bingen, aber doch solche aus ihrer Berliner Zeit. Sie enthielten sehr Privates, und so mußte sie gegenüber Marie Stern schließlich bekennen: »Mit *sehr* schlechtem Gewissen und mit Beschämung gestehe ich ein, daß ich gegen meine frühen Briefe wie eine Barbarin losgegangen bin. Ich habe sie fast alle vernichtet, auch die aus der 1. Ehe.« Schließlich habe sie in ihrem Manuskript »Daja« das Wichtigste erzählt. Sie hatte es jetzt endgültig abgeschlossen, über ihre Berliner Jahre wollte sie darin nicht hinausgehen.

Am 28. Juli teilte sie der Freundin mit, sie schlafe kaum noch, werde von »Neuralgien zwischen den Rippen« geplagt und schlucke »ständig schmerzstillende Medikamente«. Einige Zeilen weiter heißt es: »Ich bin überreif für den Tod«, und in einem (undatierten) Brief vom März meint sie: »Die Nachrichten aus der Welt sind grauenvoll. Manchmal denke ich, ob die Seele nicht mehr in den Menschen wohnt.« Sie berichtete von einem Transportzug, in dem alle Insassen erfroren seien: »Sternmarie, die Schuld der Menschheit reicht bis an die Sterne ... Man wird einmal nicht mehr begreifen können, daß nicht Tausende den Verstand verloren haben. Man *darf* nicht nachdenken (sie unterstrich das »darf« dreimal, M.W.). Es ist sonst nicht zu ertragen.«

Die Mieter, die sie im ersten Stockwerk des geräumigen Dehmel-Hauses beherbergt hatte, waren in Lagern verschollen und vermutlich schon nicht mehr am Leben. An der Haustür hatte sie deren Namen entfernen müssen. Täglich war sie an der Tür des vermieteten Zimmers vorbeigegangen, an der die Gestapo einen Judenstern angebracht hatte. Sie selbst war davon bisher verschont geblieben, aber das Gefühl von Schande und Scham muß wie ein Alb auf ihr gelegen haben. Man weiß ja nur zu gut von jenen Opfern des Rassenwahns, die zwar – wie etwa Primo Levi – die Lager mit Glück überlebten, aber hinterher Selbstmord begingen, weil sie nicht mit der Last, von den Schergen bevorzugt worden zu sein, leben konnten. Die Empfindungen der Opfer, der jüdischen wie der anderen Verfolgten, werden diejenigen, die nie die »Schwarze Milch der Frühe« trinken mußten, niemals wirklich verstehen können.

Ida Dehmels Gesundheit war mehr als angegriffen, aber vielleicht war ein Brief einer guten Bekannten vom 15. September 1942 der Auslöser, der sie zur Tat schreiten ließ. Else Domberger bedauert darin, daß es Ida Dehmel so schlecht gehe. Von der wirklichen Befindlichkeit Idas hat sie sich wohl kein Bild gemacht, denn sie erklärt in bester Absicht, sie wisse »so sehr, was solches Kranksein bedeutet«, da sie ihre Mutter »seit 12 Jahren gelähmt im Fahrstuhl sitzen« sehe, »dauernd von den gräßlichsten Schmerzen geplagt«. Sie sei schon mit 48 Jahren »zu diesem Los verdammt« gewesen, sei, obgleich sie doch so gerne schriebe, kaum in der Lage, einen Bleistift zu halten. Selbst von Kummer gepeinigt, daher wohl ohne Feingefühl für Idas Lage, schildert Else Domberger die Knochenkrankheit ihrer Mutter in drastischen Worten. Diese Schilderungen von einer offenbar sehr ähnlichen Krankheit müssen Ida eine nur noch von Schmerzen überschattete Zukunft vor Augen geführt haben. Wohin sie auch blickte, es wartete das Grauen.

Wir wissen nicht, ob Ida Dehmels Einschätzung ihrer Lage zutraf. Wir wissen nicht, ob die Krankheit den von ihr befürchteten Verlauf genommen hätte, wir wissen nicht, ob ihr trotz der Obhut des Herrn »Su.« doch noch die Verschleppung gedroht hätte. Viele, die sich schon sicher gewähnt hatten, wurden noch in den letzten beiden Jahren des Krieges in die Vernichtungslager geschickt. Aber wer vermag schon zwischen den Motiven von Angst und Schmerz, Trauer und Qual einen Unterschied zu machen? Für Ida war *alles* unerträglich geworden.

Am 29. September 1942 nahm sie eine Überdosis Schlaftabletten. Käte Bub, eine der letzten verbliebenen Helferinnen, benachrichtigte noch in derselben Nacht Marie Stern: »Es ist überwunden.« Wenige Tage später erschien eine Anzeige: »Un-

Unsere geliebte Mutter Isi,
Richard Dehmels Lebensgefährtin ist heute
Nacht sanft in die Ewigkeit hinübergeschlummert.

Die trauernden Hinterbliebenen.

Abschied im Dehmelhaus am Freitag, den 2. Oktober
1942, 17.30 Uhr.

Blankenese, 29. September 1942.
Richard Dehmelstr. 1.

sere geliebte Mutter Isi, Richard Dehmels Lebensgefährtin ist heute Nacht sanft in die Ewigkeit hinübergeschlummert. Die trauernden Hinterbliebenen.« Am Freitag, dem 2. Oktober 1942, um 17.30 Uhr, versammelten sich die Nachfahren Richard Dehmels, Idas Lieblingsnichte Marianne Gärtner und ihr Mann sowie einige Freunde im Dehmel-Haus zu Blankenese, um von »Mutter Isi« Abschied zu nehmen. In der Hamburger Presse überging man den Tod mit Schweigen, das Gedenken an eine »nichtarische« Dichterwitwe verbot sich von selbst.

Idas Lebenstraum war an sein Ende gekommen. Die Flügel der Liebe und der Phantasie, des Schönheitskults und der Poesie, sie hatten das Mädchen aus Bingen am Rhein viele Jahrzehnte durch die Stürme ihrer Seele und ihrer Zeit getragen – bis aller

Glanz erlosch. Aus dem Lebenstraum der Ida Dehmel war zuletzt ein Traum vom Tod geworden: Diese Welt hatte sich als Hölle erwiesen, nun mußten sich die schönen Hoffnungen in einer anderen Welt erfüllen. Die Kraft der Illusion, die Kraft der Verklärung, die Kraft der Liebe – aus Ida Dehmels Leben sollte die Banalität des Alltags verbannt bleiben. Das Himmelreich der Kunst sollte der Trivialität des Irdischen nicht mehr Raum überlassen, als zum Leben unbedingt notwendig war: Ida Dehmels träumerische Weltflucht war symptomatisch für eine ganze Generation in der ersten Hälfte des 20. Jahrhunderts. In ihrem Schatten konnten die Wurzeln des Bösen gut gedeihen. Aus hellen Träumen kann schnell Verblendung werden. Der Glaube an die Autonomie der Kunst ist eine wunderschöne Illusion, doch die davon Unberührten wissen ihn auszunutzen, und ihre Rache ist furchtbar.

Der große Architekt und Hamburger Baudirektor Fritz Schumacher bezeichnete Ida Dehmel einmal als »medeaartige Erscheinung«. Sie und ihr Mann hätten »auch im gewöhnlichen Leben den Klang ergeben, der in ›Zwei Menschen‹ so eigentümlich tönt«. Die beiden stilisierten sich und ihre Umwelt in einer Weise, die die einen in Ehrfurcht erschauern und die anderen in Verstörung fliehen ließ. Aber die Liebe hatte sie weit und hoch getragen. Richard Dehmel hatte zuletzt nicht mehr erkennen können oder wollen, daß er auf die Seite der Zerstörer geraten war und mit seinem egomanisch-intoleranten Weltbild am Ende seines Lebens die eigenen Ideale verriet.

Ida Dehmel ist sich selbst treu geblieben bis in den Tod. Sie habe, so hat es Ingeborg Drewitz einmal in einem Vortrag vor der GEDOK gesagt, »noch einmal zum Ende des Zeitalters des Bürgertums die Frau verkörpert, wie sie hundert Jahre früher die Frauen in den literarischen Salons dargestellt hatten … Ida Dehmel gab sich nie ganz preis, blieb immer an der Sache und fand doch immer einen persönlichen Ton … Sie konnte sich selber zusehen, sie gab sich Rollen. Sie hatte viele Häute, in die sie hineinschlüpfen konnte, die wie die sieben Schleier der Salome

Nuancierungen ihres Wesens waren.« Doch selbst eine so kluge, politisch unverdächtige Fürsprecherin wie Ingeborg Drewitz huldigte Richard Dehmels »Pflichtgefühl«, das ihn veranlaßt habe, »in Vorträgen für die Humanisierung des Krieges« einzutreten. Es war anders: Während Richard Dehmel das Opfer seines Narzißmus und seiner Widersprüche wurde, ging Ida Dehmel seit ihren frühen Anfängen in Bingen ihren Weg als Muse und Fördernde, als Liebende und Leidende bis zum bitteren Ende und schuf dabei jene Leistung, »die größer ist als man selbst«.

»Ich kann mir die Herrlichkeit des wahren Lebens nur schaffen an der Seite eines Sterblichen, den ich lieben kann« – das schrieb Rahel Varnhagen fast hundert Jahre, bevor Ida und Richard Dehmel in ihre Blankeneser Götterburg einzogen. Wie Ida Dehmel war sie eine Autodidaktin gewesen, wie diese hatte sie sich einem Manne förmlich ausgeliefert und diesem am 15. Dezember 1811 geschrieben: »Dein Dasein, die Hoffnung, das Bestreben mit Dir zu teilen, erhält mich.« Sie war Ida Dehmel an natürlicher Intellektualität überlegen, aber es gibt ein paar überraschende Parallelen zwischen den beiden Musen. »Ich liebe unendlich Gesellschaft ... und bin dazu gebohren, von der Natur bestimmt und ausgerüstet« – in Rahel Varnhagen und Ida Dehmel entsprechen sich manche Zweifel und Gewißheiten, manche Begabungen und, nicht zuletzt, auch manche durch sie hervorgerufene Widerstände. Sie betreffen auch ihr gemeinsames Schicksal als jüdisch geborene deutsche Frauen in einer sich überlegen fühlenden, wenn nicht dünkelhaften Männergesellschaft. Beide hatten unter einem strengen Vater zu leiden, beide haben ihre jüdische Herkunft als Schmach empfunden (Rahel sprach von einer »falschen Geburt«), beide fühlten sich gerade deswegen als deutsche Patriotinnen, beide verhielten sich allem Jüdischen gegenüber distanziert und traten zum Christentum über. Und für beide waren die Überhöhung der Wirklichkeit, Liebe, Kunst und Schönheit das Lebenselixier. Beide rüttelten an den Grenzen der weiblichen Entfaltung, die ihre Gesellschaft ihnen gezogen hatte, beide standen im Mittelpunkt literarischer Salons – und waren doch fixiert auf ihre Männer. Mochten sie sich sonst noch so sehr unterscheiden: Nicht wenig von dem, was sie taten und wie sie es taten, erzählt von wichtigen Kapiteln deutsch-jüdischer Geschichte.

Was ist, außer der Erinnerung, von Ida Dehmel geblieben? »Ihre« GEDOK formierte sich nach 1945 erneut. Seit 1948 blühte durch die Initiative von Marianne Gärtner, Idas »Lieblingsnichte«, auch das Hamburger GEDOK-Leben wieder auf. Neugründungen in anderen deutschen Städten und in Wien führen mit vielen Ausstellungen, bildnerischen und musikalischen Veranstaltungen, umfangreichen finanziellen und ideellen Hilfen, vielseitigen Tagungen und Berichten die Konzepte von damals fort. Ein von der GEDOK gestifteter Ida-Dehmel-Literaturpreis wird alle zwei Jahre vergeben (bisher unter anderen an Rose Ausländer, Ingeborg Drewitz und Barbara Frischmuth). Dehmels Archiv, das bis zu Idas Tod im Dehmel-Haus bleiben sollte, war bei Kriegsausbruch 1939 in bombensichere Keller ausgelagert worden. Seit 1945 befindet es sich in der Staats- und Universitätsbibliothek Hamburg und ist ein vielbesuchter und gefragter Ort für die Forschung weit über das Werk Richard Dehmels hinaus.

Ida Dehmel hat ihre Zeitgenossen gespalten. Sie genoß zeit ihres Lebens Verehrung und Bewunderung, ebenso häufig erfuhr sie aber auch schroffe Ablehnung – und das nicht nur aus der dunklen Ecke des Antisemitismus. Den einen galt sie als Inbegriff der Muse, anderen nur als (zu) anspruchsvolle »Designerin« ihrer selbst. Doch sie war bei aller Neigung zur Anpassung, vor allem gegenüber Richard Dehmel, eine eigenwillige Träumerin mit einer oft überraschenden Fähigkeit zum pragmatischen Handeln. Sie war mit manchen Talenten gesegnet, aber nicht mit Genialität. Verhielt es sich aber bei Richard Dehmel, den einige Zeitgenossen vorschnell als »größten deutschen Dichter« feierten, anders?

Wir sind heute mehr denn je geneigt, die unbedingte Hingabe einer Frau an ihren Mann als »Unterwerfung« zu kritisieren.

Überhaupt entspricht Ida Dehmels Bild mitnichten dem Frauenideal unserer Zeit, die sich daran gewöhnt hat, von »großen« Frauen sehr viel mehr Selbständigkeit oder gar eine Karriere zu verlangen. »Selbstverwirklichung« ist zur Parole einer Epoche geworden, in der den Frauen (glücklicherweise) ein sehr viel größerer Entfaltungsspielraum zugestanden wird als zu Beginn des vorigen Jahrhunderts.

Ida Dehmel eignet sich nicht für die Rolle der strahlenden Heldin weiblicher Emanzipation. Ihre Waffen waren dazu nicht scharf genug, und ihre Bereitschaft, sich nicht für sich selbst, sondern für die Männer, die sie liebte (aber nicht nur für diese) emphatisch einzusetzen, erscheint uns zwiespältig. Die Liebende und begeisterte Ehefrau schwankte stets zwischen Unterwerfung und Emanzipation, suchte zwischen bürgerlicher Anpassung und Befreiung stets ihren eigenen Weg zu einem selbstbestimmten Leben. Und doch darf man sie getrost als Heldin bezeichnen, weil sie den ihr vorgezeichneten Weg aus freien Stücken verließ und sich ohne falsche Illusionen über ihre begrenzten Begabungen mutig den Traum vom erfüllten Leben jenseits von Banalität und gesellschaftlichen Normen konsequent erfüllte. Sie hat zuletzt doch ein beachtliches Lebenswerk hinterlassen – das einer einflußreichen Muse. Als Jüdin in Deutschland hat sie ihrem Land so vehement zu dienen versucht, wie es ihre Kräfte vermochten. Sie hat Mann und Sohn dabei eingebüßt, aber niemals, selbst dann nicht, als es niemand mehr hören wollte, den Glauben an ein besseres Deutschland und die heilenden Kräfte der Kunst verloren. Auf den Grundfesten ihres Wirkens entstand eine weibliche Republik der Künste, die – wie das von ihr gegründete Literaturarchiv – ihr Andenken für immer bewahren wird.

Um Richard Dehmels Werk ist es still geworden. Nur in einigen Anthologien, vor allem aber in Konzert- und Liedprogrammen taucht sein Name noch gelegentlich auf. Lebendig ist dieses Werk kaum noch – Ida Dehmels Nachwirkung hingegen ist noch längst nicht an ihr Ende gekommen.

Das Dichterhaus in Blankenese ist inzwischen zugewachsen. Der Autoverkehr der nahen Elbchaussee ist deutlicher vernehmbar als das gelegentliche Tönen der Schiffssirenen vom nahen Strom. Die unteren Räume des Dehmel-Hauses sind ein Privatmuseum geworden, die erste Etage ist vermietet. Im Garten erinnert ein Gedenkstein an Idas Sohn Heinz Lux. Im Haus, auf dem Regal im Salon, steht noch immer die Urne, in der Ida die Asche ihres Mannes aufbewahrte und in der auch, wohl mit Einwilligung der NS-Stadtregenten, ihre sterblichen Überreste aufbewahrt sind für alle Zeit.

Häuser erzählen Geschichten.

Anhang

Dank

Für freundliche Unterstützung schulde ich Dank:

Dr. Elisabeth Höpker-Herberg, ohne die dieses Buch schwerlich hätte geschrieben werden können. Sie war Hans Wolffheims Mitarbeiterin bei der Edition von Alfred Momberts Briefen an Richard und Ida Dehmel und begann noch als Doktorandin (ihre Arbeit über Mombert erschien 1959) damit, Ida Dehmels Briefe aus dem Nachlaß zu sichten. Sie regte die Überführung des schriftlichen Nachlasses von Ida Dehmel in das Dehmel-Archiv der Staats- und Universitätsbibliothek Hamburg Carl von Ossietzky an und kümmert sich seither um dessen philologische Aufarbeitung. 1970 betreute sie die Ida-Dehmel-Ausstellung, deren Katalog bis heute maßgebend ist. Sie veröffentlichte wissenschaftliche Studien zu Ida Dehmel, Stefan George und Alfred Mombert und unterstützte meine Arbeit von Anfang an freimütig.

Dr. Petra Blödorn-Meyer, der Leiterin der Handschriften-Abteilung der Staats- und Universitätsbibliothek Hamburg Carl von Ossietzky, die mir den Zugang zu den Archiv-Materialien ermöglichte.

Marion Sommer, der Mitarbeiterin im Handschriften-Lesesaal, die mir das Auffinden von Text- und Bilddokumenten mit stoischer Geduld und Sachkenntnis erleichterte.

Ditta Ahmadi, die auch diesmal mit Umsicht und vielen Anregungen das Lektorat besorgte und bei der Bildauswahl half.

Claus Großner, der mir jederzeit den Zugang zum Dehmel-Haus ermöglichte.

Joachim Stüsser-Simpson, der seit Jahren mit Schülern und Schülerinnnen des Leistungskurses Deutsch am Hamburger Christianeum und mit einer *Website* (www.richard-dehmel.de) die Erinnerung an das Werk Richard Dehmels wachhält.

Literatur

Die wichtigste Grundlage für jede Beschäftigung mit Ida Dehmel stellt das von ihr seit 1895 eingerichtete, heute in der Staats- und Universitätsbibliothek Hamburg Carl von Ossietzky befindliche Dehmel-Archiv dar. Darin finden sich neben den in diesem Buch zitierten Briefen von und an Ida Dehmel auch nahezu alle hier verwendeten Dokumente und die beiden Fassungen des ungedruckten Typoskripts »Daja«, das ich nach der letzten Fassung zitiere. Einige der Briefe wurden in der nachfolgend angegebenen Auswahl der Briefe Richard Dehmels veröffentlicht, die Ida Dehmel selbst herausgegeben hat. Insbesondere folgende Literatur wurde berücksichtigt:

Bab, Julius: Richard Dehmel, Berlin 1902.

Bab, Julius: Richard Dehmel. Die Geschichte eines Lebenswerkes, Leipzig 1926.

Neue Beiträge zur George-Forschung 12, hrsg. von der Gesellschaft zur Förderung der Stefan-George-Gedenkstätte im Stefan-George-Gymnasium Bingen e.V., Bingen 1987.

Benemann, Maria: Leih mir noch einmal die leichte Sandale. Erinnerungen und Begegnungen, Hamburg o.J.

Dehmel, Ida: »Das blaue Buch«. Edition und Kommentierung des Tagebuchs aus den Jahren 1902 und 1903 von Sabine Henning, Typoskript, Hamburg 1993.

Dehmel, Ida: Daja. Typoskript der letzten Fassung, Dehmel-Archiv Hamburg.

Dehmel-Haus. Arbeitspapiere für den Leistungskurs Deutsch des Abiturjahrgangs 1997 am Christianeum in Hamburg.

Dehmel, Richard: Ich radle, radle, radle. Brettllyrik und Chansons, Berlin 1975.

Dehmel, Richard: Mein Leben, Berlin 1922.

Dehmel, Richard: Blinde Liebe. Eine Geschichte aus den höchsten Kreisen, sehr frei nach dem Englischen des Laurence Housman, Berlin o.J.

Dehmel, Richard: Eine Prüfung der Gründe für den ausschließlich öffentlichen Betrieb der Feuerversicherung. Diss., Berlin 1886.

Dehmel, Richard: Zwischen Volk und Menschheit. Kriegstagebuch, Berlin 1919.

Drewitz, Ingeborg: Gespaltenes oder doppeltes Leben? Gedanken über die Frau als Künstlerin. Vortragsmanuskript, Göppingen 1969.
Engelhardt, Friedrich Rudolf: Die Geschichte der Binger Juden, Bingen am Rhein 1982.
Flasch, Kurt: Die geistige Mobilmachung. Die deutschen Intellektuellen und der Erste Weltkrieg. Ein Versuch, Berlin 2000.
»Heraus mit dem Frauenwahlrecht«. Die Kämpfe der Frauen in Deutschland und England um die politische Gleichberechtigung, hrsg. von Christl Wickert, Pfaffenweiler 1990.
Fritz, Horst: Literarischer Jugendstil und Expressionismus. Zur Kunsttheorie, Dichtung und Wirkung Richard Dehmels, Stuttgart 1969.
Glöckner, Ernst: Begegnung mit Stefan George. Auszüge aus Briefen und Tagebüchern 1913–1934, Heidelberg 1972.
Greven-Aschoff, Barbara: Die bürgerliche Frauenbewegung in Deutschland, Göttingen 1981.
Henke, Christiane: Anita Augspurg. Reinbek 2000.
Henneke, Hans: Alfred Mombert. Eine Einführung in sein Werk und eine Auswahl, Wiesbaden 1952.
Hildebrandt, Kurt: Das Werk Stefan Georges, Hamburg 1960.
Hipp, Hermann: Das Haus des Dichters Dehmel in Blankenese. In: Zurück in die Zukunft. Kunst und Gesellschaft von 1900 bis 1914, Hamburg 1981.
Höpker-Herberg, Elisabeth: Ida Dehmel. Maklerin in rebus litterarum, in: Stephan, Inge, und Hans-Gerd Winter (Hrsg.): »Liebe, die im Abgrund Anker wirft«. Autoren und Literarisches Feld im Hamburg des 20. Jahrhunderts, Berlin/Hamburg 1989.
Höpker-Herberg, Elisabeth: Das Dehmel-Archiv der Staats- und Universitätsbibliothek Hamburg. Ein Bericht über die Geschichte und die Bestände sowie über einen Brief Alfred Momberts, Hamburg 1986.
Höpker-Herberg, Elisabeth: Frau Isi. Materialien zur Biographie Ida Dehmels, beschrieben anhand einer Lebensskizze. In: Year Book XII of the Leo Baeck Institute, London 1967.
Horn, Fritz: Das Liebesproblem in Richard Dehmels Werken, Berlin 1932.
Kessler, Harry Graf: Tagebücher 1918–1937, hrsg. von Wolfgang Pfeiffer-Belli, Frankfurt am Main 1979.
Klim, George: Stanislaw Przybyszewski. Leben, Werk und Weltanschauung im Rahmen der deutschen Literatur der Jahrhundertwende, Paderborn 1992.
Knehl, Karen A.: Leben in Bingen, Erfurt 1999.

Der Konzertführer. Orchestermusik von 1700 bis zur Gegenwart, hrsg. von Attila Csampai und Dietmar Holland in Zusammenarbeit mit Irmelin Bürgers, Reinbek 1987.
Krebs, Diethart, und Jürgen Reulecke (Hrsg.): Handbuch der deutschen Reformbewegungen 1880–1933, Wuppertal 1998.
Kühl, Gustav: Richard Dehmel, Berlin und Leipzig o. J.
Mendelssohn, Peter de: S. Fischer und sein Verlag, Frankfurt am Main 1970.
Metz, Cornelia: Die Organisationsgeschichte der Künstlerinnen in Deutschland von 1867–1933, Diss., Tübingen 2000.
Oberhausen, Fred, und Nicole Henneber: Literarischer Führer Berlin, Frankfurt am Main und Leipzig 1998.
Przybyszewski, Stanislaw: Erinnerungen an das Literarische Berlin. Mit einem Geleitwort von Willy Haas, München o. J.
Schiefler, Gustav: Eine Hamburgische Kulturgeschichte 1890 bis 1920. Beobachtungen eines Zeitgenossen, bearb. von Gerhard Ahrens, Hans Wilhelm Eckardt und Renate Hauschild-Thiessen, Hamburg 1985.
Schleich, Carl Ludwig: Besonnte Vergangenheit. Lebenserinnerungen 1859–1919, Berlin 1920.
Schonauer, Franz: Stefan George, Reinbek1960.
Schumacher, Fritz: Stufen des Lebens. Erinnerungen eines Baumeisters, Stuttgart 1935.
Stern, Bolko: Stunden mit Richard Dehmel, Wiesbaden 1926.
Sternberger, Dolf: Über den Jugendstil und andere Essays, Hamburg o. J.
Stubbe-da-Luz, Helmut: Die Stadtmütter. Ida Dehmel, Emma Ender, Margarete Treuge, Hamburg 1994.
Thiel, Friedrich: Vier sonntägliche Straßen. A Study of the Ida Coblenz Problem in the Works of Stefan George, New York / Bern / Frankfurt am Main / Paris 1988.
Vahle, Fredrik: Das große Vahle-Liederbuch. Lieder und Texte, die Kindern Spaß machen, Weinheim und Basel 1994.
Velde, Henry van de: Geschichte meines Lebens, hrsg. und übertragen von H. Curjel, München 1962.
Vogel, Hans: Die Frau in Richard Dehmels Dichtung, Diss., Hamburg 1931.
Voß, Richard: Zwei Menschen. Roman in 3 Teilen, Stuttgart 1911.
Walz, Annegret: »Ich will ja gar nicht auf der logischen Höhe meiner Zeit stehen«. Hedwig Lachmann. Eine Biographie, Flacht 1993.

Weiß-Mann, Edith: Richard Dehmel und die Musiker seiner Zeit. In: Die Musikwelt. Monatshefte für Oper und Konzert 1/1922.
Wienbarg, Dominik Jost: Literarischer Jugendstil, Stuttgart 1969.
Wilhelm, Ernst: Richard Dehmels »Zwei Menschen«, Diss., Marburg 1930.

Ausstellungskataloge

Ida Dehmel 1870–1942, bearb. von Elisabeth Höpker-Herberg, Hamburg 1970.
Richard Dehmel zum Gedächtnis, Hamburg 1930.
»Fitzebutze«. 100 Jahre Kinderbuch, Marbach am Neckar 2000.
Die Quadratur des Kreises. Peter Behrens als Architekt und Designer, Oldenburg 1990.
WRWlt – o Urakkord. Die Welten des Richard Dehmel, bearb. von Sabine Henning u. a., Herzberg 1995.

Briefwechsel und Werkausgaben

Briefwechsel zwischen George und Hofmannsthal. Zweite ergänzte Auflage, München und Düsseldorf 1953.
Hans Carossa, Briefe 1886–1956, hrsg. von Eva Kampmann-Carossa, 3 Bde, Frankfurt am Main 1978–1981.
Hans Carossa. Sämtliche Werke, Frankfurt am Main 1962.
Richard Dehmel. Ausgewählte Briefe aus den Jahren 1883–1902, Berlin 1922.
Richard Dehmel. Ausgewählte Briefe aus den Jahren 1902–1920, Berlin 1923.
Richard Dehmel. Dichtungen – Briefe – Dokumente, hrsg. von Johann Schindler, Hamburg 1963.
Richard Dehmel. Gesammelte Werke in Einzelausgaben, Berlin 1926.
Richard Dehmel. Gesammelte Werke in 3 Bänden, Berlin 1913.
Richard Dehmel. Gesammelte Werke in zehn Bänden, Berlin 1906–1909.
Stefan George. Werke in 2 Bänden, 4. Aufl., Stuttgart 1983.
Stefan George – Ida Coblenz. Briefwechsel, hrsg. von Georg Peter Landmann und Elisabeth Höpker-Herberg, Stuttgart 1983.
Alfred Mombert. Briefe an Richard und Ida Dehmel, ausgewählt und eingeleitet von Hans Wolffheim, Wiesbaden 1955.

Stanislaw Przybyszewski. Studienausgabe der Werke, Aufzeichnungen und ausgewählten Briefe in acht Bänden und einem Kommentarband, Paderborn 1992.
Rahel Varnhagen. Gesammelte Werke, hrsg. von Konrad Feilchenfeldt, Uwe Schweikert und Rahel E. Steiner, München 1983.
Rahel Varnhagen. Jeder Wunsch wird Frivolität genannt. Briefe und Tagebücher, ausgewählt und hrsg. von Marlis Gerhardt, Darmstadt und Neuwied 1983.

Personenregister

Abbildungsnachweis

Archive

Archiv für Kunst und Geschichte, Berlin: 52, Farbtafel 1
Dehmel-Archiv der Staats- und Universitätsbibliothek Hamburg
Carl von Ossietzky: 24, 29, 33, 40, 48, 68, 87, 98, 117, 133 rechts, 153, 175, 191, 210, 211, 216, 232, 236, 263, 268, 288, 294, 315, 320, 340, 372, 384, 393, Farbtafel 2–4
Elisabeth Höpker-Herberg, Hamburg: 17, 150, 233, 365
Interfoto, München: 9, 91
Staatliche Landesbildstelle Hamburg: 10

Publikationen

Benemann, Maria: Leih mir noch einmal die leichte Sandale, Hamburg 1978: 279
Walz, Annegret: »Ich will ja gar nicht auf der logischen Höhe meiner Zeit stehen«. Hedwig Lachmann. Eine Biographie, Flacht 1993: 133 links